JN043572

# この1冊で 合格！

## 馬淵敦士の

# ケアマネ

# テキスト&問題集

かいごのがっこう
ベストウェイケアアカデミー学校長　**馬淵敦士**　著

KADOKAWA

本書には、**「赤色チェックシート」**がついています。

# はじめに

　はじめまして。大阪府豊中市で「かいごのがっこう　ベストウェイケアアカデミー」で介護支援専門員（ケアマネジャー。以下、「ケアマネ」）の受験対策講座の講師をしている馬淵敦士と申します。

　ケアマネとは、保健・医療・福祉で一定の経験を積んだ人がチャレンジできる資格であり、**介護に関わる多くの人たちが取得を目指す資格**でもあります。

　ただ、試験範囲は多岐にわたり、一定の資格や経験がある人からも、「学習の仕方がわからない」「なかなか勉強が進まない」という声を多く聞きます。そうした声を反映するように、合格率は20％前後で推移しており、難関資格の1つとなっています。

　そうしたケアマネ試験に、「最小限の努力で合格したい！」というのが、本書を手にとられたみなさんの望まれていることだと思います。その思いを実現するには、**効率的かつ効果的に学習を進めていくことが不可欠**です。「**効率的**」とは最小限の努力で力をつけること、「**効果的**」とは再現性が高い学習方法を採り入れることです。

　本書では、ケアマネを目指すみなさんが、仕事をしながら効率的かつ効果的に学習を進められるよう、**この1冊でインプット（知識の定着）からアウトプット（問題演習）までができる**組み立てになっています。

　実際、これまでの16年の指導経験において、数多くの受講生たちが、この「**インプット→アウトプット学習法**」**を実践し、合格を手にされてきました。**そうした実績からも、これが合格にもっとも近い学習方法だと考えています。

　本書でのインプット部分は、左側に要点のまとめ、右側に図表による解説を掲載し、見開き2ページで完結しています。得意な部分から取り組むことも可能ですので、まず**は学習しやすい箇所から、毎日コツコツと進めていきましょう。**

　一方、アウトプット部分は、インプット部分の各ページ下にある練習問題と、各章末の復習問題、一問一答、そして後半部分の予想模擬試験になります。これらの問題演習の取り組み方については、8ページからの「オススメ勉強法」でまとめていますので、参考にしてください。なお、拙著『ゼロからスタート！　馬淵敦士のケアマネ1冊目の教科書』（KADOKAWA）は、インプットに特化していますので、本書と併用して学習を進めると、一層の知識の定着につながります。

　ケアマネ試験は、日頃から少しずつでも勉強時間を確保し、本書を利用して、「**効率的かつ効果的**」**に学習に進めていけば、必ず合格できます。**途中であきらめることなく、学習に取り組んでいきましょう！

　　　　　　　　かいごのがっこう　ベストウェイケアアカデミー　学校長　　馬淵　敦士

# 指導実績1,500人超の人気講師が最短&独学合格をナビゲート！

本書は、ケアマネ・介護福祉士の受験対策講座を各地で開催している「かいごのがっこう ベストウェイケアアカデミー」（大阪府豊中市）学校長の馬淵講師が執筆しています。合格率の全国平均を大幅に上回る実績を残し、「わかりやすい」「覚えやすい」と好評を得てきた合格メソッドを1冊に凝縮。合格レベルの知識が、初学者でも独学者でも楽しく着実に身につきます！

本書で効率的・効果的に学習して、一発合格をつかみましょう！

介護支援専門員試験講師
馬淵 敦士

## 本書の4大ポイント！

### ① ケアマネ講座の人気講師が必修ポイントを公開

ケアマネ講師歴16年、自社講座・外部セミナーの指導実績1,500人超の馬淵講師が、合格のための必修ポイントを丁寧に解説。**親身な指導でわかりやすいと支持を得ている講座を紙面を通じて体験**でき、確実に知識が身につきます。

### ② カラー＋赤シート付＋見開き完結

「テキスト」「まとめ」「復習問題」「一問一答」をカラーで掲載。必修テーマが見開き完結でまとまり、**テンポよく学べます**。また、各テーマの重要語句などを付属の赤シートで隠しながら覚えられるため、**暗記もしやすいです**。

### ③ テキストと問題集が一体のオールインワン

必修テーマをしっかり学べるテキストと復習問題などの問題集が一体になった「テキスト＆問題集」。**インプットとアウトプットの両方が本書だけで完結できる**ため、持ち運びに便利で、試験合格のための勉強がいつでも・どこでもできます。

### ④ 豊富な問題でアウトプットも◎

必修テーマに即した「練習問題」「復習問題」「一問一答」に加え、3回分の「予想模擬試験」を用意。本試験で出題されるテーマについて、過去問ベースの問題をたくさん解けるため、自信を持って試験本番に臨むことができます。

# テキスト〜予想模試の５つのツールで
# 独学でもケアマネ合格を一発ゲット！

## Step 1 テキスト

豊富な図解を交えて必修テーマをわかりやすく解説！
練習問題を解きながら学んで、試験合格に向けて一直線！

### ①必修ポイント！
各セクション（§）で学ぶ内容を掲載。まずはここ
をチェックしてからテキストを読み進めていこう

### ②図表
重要な内容が図や表で
まとまっていてわかりやすい！

### ③練習問題
各セクションの内容に即した問題。学んだ内容が試験
でどう問われるかがわかる！　テキストを読んだら解
いてみよう。練習問題だけを解き進めるのもオススメ

### ④重要語句
付属の赤シートで
隠しながら覚えよう

### ⑤練習問題・解答＆解説
練習問題を解いたらココを
チェック！

## Step 2 まとめ

各パートで学んだ内容で、とくに重要な内
容を「まとめ」として掲載。基本的にテキス
トとは違う切り口で整理しており、重要語
句やポイントの部分などを付属の赤シート
で隠しながら覚えよう。試験直前期に、ざっ
と全体を見直す際にも活用しよう。

## Step 3
## 復習問題

各パートの終わりに、それまでに学んだ必修テーマに関する過去問ベースの問題を掲載。各セクションの練習問題とは違った内容になっており、知識をより深めることができる。重要度の高い順に「★★＞★＞無印」をつけているので、直前期に活用しよう。

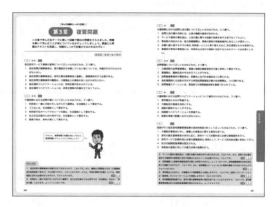

## Step 4
## 一問一答

各章の内容を穴埋め形式の一問一答で掲載。各問題には、重要度の高い順に「★★＞★＞無印」が記載されているので、試験直前期の復習にも超お役立ち！ 付属の赤シートで隠しながらどんどん解いていき、重要語句をしっかりと覚えていこう。

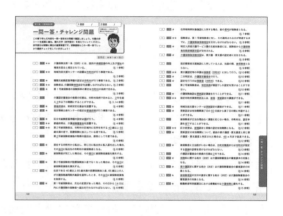

## Step 5
## 予想模擬試験

テキストや復習問題などで一通り学習したら時間を計って予想模擬試験（3回分）にチャレンジ！ 問題は、試験合格のために必須な内容を過去問ベースで厳選して掲載。後半の解説部分は、赤シートで重要語句が隠せるので、読むだけでも知識が定着！

ケアマネの試験合格のための
メソッドが満載！
楽しく学んで必須の知識を
身につけましょう！

# 合格率 20％前後の難関資格。
# 80％の得点率を目指して学習を進めよう！

## ① ケアマネ資格とは？

**ケアマネ**（介護支援専門員）とは、介護保険法に定められている資格です。いわゆる「ケアプラン」を作成したり、サービスの調整を行ったり、利用者や家族の相談支援を行ったりするなど、利用者やその家族の生活を支えていく専門職です。

## ② ケアマネになるには？

ケアマネになるためには、都道府県が実施する「**介護支援専門員実務研修受講試験（ケアマネジャー試験）**に合格することが第1歩です。受験するには、国家資格にもとづいた業務、もしくは規定された相談援助業務に**5年以上**従事し、かつ**900日の実務経験**が必要となります。

ただし、試験に合格したらケアマネになれるわけではありません。合格後、各都道府県で行われる**実務研修を受講**する必要があります。それを修了し、都道府県知事から**登録証を交付**された段階で、晴れてケアマネ業務に就くことができます。

## ③ 試験の内容

### （1）試験形式・試験科目

試験形式は各都道府県によって異なりますが、**マークシート方式**が多いです。試験科目は、①**介護支援分野**（25問）、②**保健医療分野**（20問）、③**福祉サービス分野**（15問）で、計**60問**を**120分**で解く必要があります（1問1点／60点満点）。

### （2）合格基準

合格点は毎年変わりますが、近年では下の表のようになっています。

| 試験科目 | 合格点<br>得点率 | 第22回<br>（2019年度） | 第23回<br>（2020年度） | 第24回<br>（2021年度） | 第25回<br>（2022年度） |
|---|---|---|---|---|---|
| 介護支援<br>分野 | 合格点 | 15点 | 13点 | 14点 | 18点 |
| | 得点率 | 60.0% | 52.0% | 56.0% | 72.0% |
| 保健医療・福祉<br>サービス分野 | 合格点 | 24点 | 22点 | 25点 | 26点 |
| | 得点率 | 68.6% | 62.9% | 71.4% | 74.3% |

各分野とも**得点率は70％前後**が基準とされているので、本番では**80％**（介護支援分野は20点、保健医療・福祉サービス分野は28点）を目標に学習を進めましょう。

## ④ 受験者数・合格者数

次に、受験者数と合格者数を見ていきましょう。

| | 第22回<br>（2019年度） | 第23回<br>（2020年度） | 第24回<br>（2021年度） | 第25回<br>（2022年度） |
|---|---|---|---|---|
| 受験者数 | 41,049人 | 46,415人 | 54,290人 | 54,406人 |
| 合格者数 | 8,018人 | 8,200人 | 12,662人 | 10,328人 |
| 合格率 | 19.5% | 17.7% | 23.3% | 19.0% |

　**合格率は、20%前後**で推移しています。つまり、**5人に1人しか合格しない難関試験**なわけですが、この数字にあまりおののく必要はありません。その「1人」になるための学習を、本書で取り組んでいきます。

## ⑤ 試験地・受験会場・試験日

　試験は**各都道府県**で実施され、試験会場は毎年各都道府県が定めます。9月頃に届く受験票に試験会場が記載されていますので、必ず確認しましょう。

　試験日は例年**10月第2日曜日**に設定されており、令和5（2023）年度の試験日は10月8日（日）でした。試験時間は午前10時から正午までの**2時間**となります。

## ⑥ 受験申込方法・願書提出期間

　受験申込先は、各都道府県になります。そして、基本的には、**勤務先が所在する都道府県**での受験となります（現在勤務していない人は、住んでいる都道府県）。勤務先と住んでいる都道府県が異なる方は、受験申込の際にご注意ください。

　申込期間については、都道府県によって若干異なりますが、例年**5月頃～7月頃**となっています。願書は市役所や保健所などに置かれていますので、早めに手に入れておきましょう。なお、初めて受験する人は**実務経験証明書を取得**しなければなりません。過去の職場などに郵送で依頼する場合、返送が遅れることもありますので、早めに依頼しておきましょう。

## ⑦ 合格発表

　合格発表は、多くの都道府県で例年**11月下旬～12月上旬**に行われます。郵送での合格発表のほか、多くの都道府県で**ネット**上での受験番号の公開も実施しています。なお、公開される時刻は各都道府県によって異なります。

# 「インプット→アウトプット学習法」で7ヵ月での最短合格を目指せ！

## 早すぎるアウトプットはNG。その理由は……？

「合格するために、どれくらいの期間が必要ですか？」という質問を毎年多くの受験生から頂戴します。直前の1〜2ヵ月だけの詰め込み勉強で合格した人もいますし、1年前からコツコツ学習を進めて合格した人もいます。つまり、合格に必要な学習期間は、「一概には言えない」というのがその質問への答えとなります。

ただ、「はじめに」で触れた「**インプット→アウトプット学習法**」で、インプット期間をしっかり確保したいのであれば、学習期間として**最低7ヵ月程度**は必要だと考えます。試験は10月ですので、3月〜9月にかけて学習に取り組むイメージです。

その場合、インプットに取り組むのは、最初の4ヵ月間（つまり3月〜6月頃）です。そして、次の1ヵ月（つまり7月頃）でインプット中心からアウトプット中心にシフトしていきます（10ページ図）。

もちろん、7月以前から問題を解いてはダメというわけではありません。少しずつインプットの量が増えてくる5月〜6月頃に、アウトプットの部分を取り入れてもOKです。ただし、そこにエネルギーを注ぎすぎるのは禁物です。なぜなら、早い段階でアウトプット学習を進めすぎると、試験日より早くにモチベーションのピークが来てしまい、試験直前までそれを保つのが苦しくなってしまうからです。

実際、私が指導してきた受験生の中で、早くからアウトプットに取り組んだ人たちからは、「問題が解けるのが楽しくなり、どんどん問題を解いていった結果、**最後の1ヵ月にそのモチベーションをキープするのがつらかった**」という声をよく聞きます。

そのため、5月〜6月の時期は、インプット中心の学習を続けながら、本書の復習問題や一問一答などをちらっと見る程度で我慢しましょう。じつはこうした我慢が、その後の大きな爆発力につながっていきます。

## 最初は「覚える」よりも「読む」に徹する

では、具体的な学習の進め方ですが、最初の1ヵ月目は、拙著『ゼロからスタート！馬淵敦士のケアマネ1冊目の教科書』（KADOKAWA）を使って、試験で問われる内容をざっと確認していきます。

この本は現役ケアマネさんにも好評で、ケアマネ業務を進めていくのにも役立っているそうです。「1冊目の教科書」と銘打っている通り、基礎中の基礎を盛り込んでいますので、インプット学習のスタートに最適です。使い方は、「**まずは一通り最後まで目を通す**」を目標としましょう。つまり、「理解しよう」「覚えよう」とする必要はなく、「**読む**」**に徹する**のです。人によっては二度三度と目を通すことができるかもしれません。繰り

返し目を通すだけでも、不思議と頭に入ってくるものです。

　そして、次の2ヵ月目からは、いよいよ本書を使ったインプット学習です。以降、3ヵ月間は本書を使って学習を進めていきます。

　最初の1ヵ月は、先ほどの「『読む』に徹する」勉強法を続け、次の1ヵ月では、復習問題や一問一答にチャレンジします。テキストに含まれていない内容もありますが、この時点ではあまり気にしなくても大丈夫です。また、点数を気にする必要もありません。アウトプット学習への移行のための「練習」という感じで進めていきましょう。

　インプット学習の最後の1ヵ月では、復習問題や一問一答の深掘りや、まとめページの確認などを進めていきます。この時期あたりから、過去問題にもチャレンジしてみましょう。過去問題は、試験実施機関のウェブサイトに公開されていて、過去問題に触れることは合格のために必須です。といっても、この段階で点数にこだわる必要はナシ！それよりも、問題にある**選択肢の1つひとつを通じて「新たな知識を獲得する」という意識**で問題を解いていってください。

## 苦手な単元は「克服すべき」と「捨てるべき」に仕分ける

　試験まで残り3ヵ月になった頃から、アウトプット学習を本格化します。**過去問題や本書の模擬試験にどんどんチャレンジ**し、試験直前までに、過去問題であればおおよそ**9割**、模擬試験であれば**8割**の正答率を目標にしてください。

　最初の1ヵ月は、過去問題を解いていきます。ただし、そのペースは「1日、数問を解く」です。問題が解けるか解けないかではなく、解けなかった問題を通じて、現状、どの部分の知識が足りないのかを抽出していくことが大事です。そして、知識不足の部分については、再度インプットをしていきます。

　こうした学習を続けることで、だんだんと自分にとっての「得意な単元」と「苦手な単元」が明確になっていきます。そこで、アウトプットの初期段階で、次のような**仕分け（スクリーニング）**を実施し、得点源（「得意な単元」と「苦手だけど克服すべき単元」）を増やしていきます。

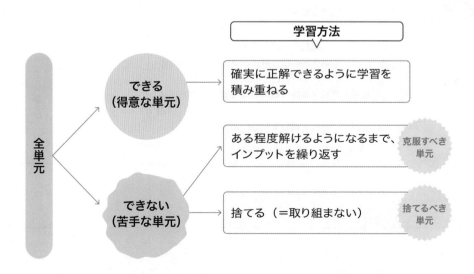

前ページの図にあるように、苦手な単元には、「**克服すべき単元**」と「**捨てるべき単元**」があります。後者については、取り組む必要はありません。ただ、その見極めは難しいですよね。目安として、本番で8割解けていればいいので、どうしても「正解できない2割」は「捨ててOK」としてよいでしょう（こうした見極め感覚は、学習を続けるうちにつかんでいけるはずです）。

次に、残りの2ヵ月ですが、この時期は本書の模擬試験に集中的に取り組んでください。模擬試験にはあえて難問といわれるものを加えています。それは、本番でこのような問題が出てきたときに、どう対応するのかを身につけてもらうためです。つまり、これらはいわゆる「捨て問題」ですので、あまり深くまで学ぶ必要はありません。

そして、直前2週間の学習では、「**できる問題**」だけを取り組んでください。その理由は**自信**をつけるためです。自信を持って本番に臨むことで、この7ヵ月の学習で身につけた実力が存分に発揮できるはずです。

今回示した学習の流れは、あくまで一例です。随時、計画を調整し、自分にとって進めやすい方法で取り組んでいってください。

▼ **本書を使った勉強方法（学習期間7ヵ月の場合）**

| | | 学習方法 | 割合 | |
| --- | --- | --- | --- | --- |
| | | | インプット | アウトプット |
| 3月 | インプット | 「一通り最後まで目を通す」を目標にテキストを読む。時間の許す限り、これを繰り返す<br>テキスト 『ゼロからスタート！ 馬淵敦士のケアマネ1冊目の教科書』 | 9 | 1 |
| 4月〜6月 | インプット | 4月：「読む」に徹して本書の記載内容を確実に覚えていく<br>5月：復習問題や一問一答にチャレンジする<br>6月：まとめページを暗記し、かつ一問一答を深掘りする<br>テキスト 本書 | 8<br>↓<br>6 | 2<br>↓<br>4 |
| 7月〜9月 | アウトプット | 7月：過去問題を1日数問のペースで解き、知識不足の部分はインプットに立ち返る<br>：9ページの「仕分け」を実施する<br>8月〜9月：本書の模擬試験を解きながら、本番形式の問題に慣れていく。問題を通じて新しい知識を獲得する<br>テキスト 本書、過去問題 | 5<br>↓<br>2 | 5<br>↓<br>8 |
| 10月 | | 新しい問題を解くより、これまで解いてきた問題の正答率を上げ、自信をつけていく<br>テキスト 本書 | 1 | 9 |

# Contents

## ▌第1章 介護支援分野

**パート4　ケアマネジメント**

# 第2章 医療の知識とソーシャルワーク

**パート1　在宅医療管理とバイタル・検査**

# 第3章 事業者・施設と他制度

本文デザイン　Isshiki／本文イラスト　寺崎 愛／本文DTP　エヴリ・シンク
編集協力　前嶋 裕紀子／校正　安東 乙羽

本書は原則として、2023年10月時点の情報をもとに原稿執筆・編集を行っています。試験に関する
最新情報は、試験実施機関のウェブサイト等でご確認ください。

# 第1章
## 介護支援分野

介護支援分野が苦手な受験生は多いですが、合格するためには決して外せない分野です。とくに出題頻度が高いのが、保険者・被保険者・要介護認定・ケアマネジメントなどです。覚えるのに時間がかかる部分ですが、時間をかけてじっくりと取り組んでいきましょう。

Contents

# 01 介護保険法条文

**必修ポイント!**

☑ 介護保険法条文は毎年出題されます
☑ すべての条文を覚える必要はありません
☑ 条文をもとに介護保険法の内容の理解につなげましょう

ケアマネ試験で必ず出題される**介護保険法条文**ですが、条文を丸覚えする必要はありません。条文を読み込み、介護保険法の全体像を理解することを目標としましょう。

## 📖 出題実績のある「条文」のキーワードを押さえる

さっそく過去に出題された条文の解説をしていきます。まず第1条「目的」です。介護保険の目的は「要介護状態等になった被保険者に対して、国民が支える形で**保険給付**をし、それによって**国民の保健医療向上・福祉増進を図る**」ことです。

次に第2条です。タイトルは「介護保険」ですが、書かれているのはその理念や考え方です。具体的には、保険給付を行うにあたり、「**要介護状態等の軽減・悪化防止**」「**医療との連携**」「**被保険者が多様なサービスを選択できるよう配慮**」「**居宅での自立生活ができるように配慮**」などが介護保険のキーワードになっている、ということです。

第4条「国民の努力及び義務」では、2つの努力と、1つの義務について述べられています。2つの努力とは、「要介護状態等にならないように**常に健康の保持増進に努める**」「要介護状態等になっても、**リハビリテーション**等を利用することで、**その状態の維持向上に努める**」です。1つの義務とは、「介護保険事業に要する**費用を公平に負担する**」になります。つまり、保険料の負担などは、国民の義務ということです。

第5条は「国及び地方公共団体の責務」とある通り、国や地方公共団体の責務が述べられています。具体的には、介護保険の運営が健全かつ円滑に行われるよう、国は「さまざまな措置」を、都道府県は「必要な助言及び適切な援助」を行うこととされています。また、国および地方公共団体共通の責務は、「医療及び居住に関する施策や障害者福祉等との**有機的な連携を図る**」とともに、「**共生社会の実現**」を目指すことです。第5条の2「認知症に関する施策の総合的な推進等」も確認しておきましょう。

## 練習問題1

介護保険法第1条（目的）又は第2条（介護保険）に規定されている文言はどれか。3つ選べ。

1 自立した生活
2 国民の共同連帯
3 利用者主体
4 医療との連携
5 介護の社会化

## ▼「介護保険法」の類出条文はこれだ！

(注) わかりやすいよう、一部を省略・言換えをしています

| 第1条<br>（目的） | 加齢に伴って生ずる心身の変化に起因する疾病等により要介護者となった者が尊厳を保持し、その有する能力に応じ<u>自立した日常生活</u>を営むことができるよう、必要な保健医療福祉サービスに係る給付を行うため、<u>国民の共同連帯の理念に基づき</u>介護保険制度を設け、その行う保険給付等に関して必要な事項を定めることで<u>国民の保健医療の向上及び福祉の増進を図る</u>ことを目的とする。 |
|---|---|
| 第2条<br>（介護保険） | 介護保険では、要介護者又は要支援者に保険給付を行う。<br>2　保険給付は、<u>要介護状態等の軽減又は悪化の防止</u>に資するように実施され、<u>医療との連携に十分配慮</u>して行わなければならない。<br>3　保険給付は、被保険者の心身の状況や環境等に応じて、<u>被保険者の選択に基づき</u>、<u>適切な保健医療福祉サービス</u>が、多様な事業者・施設から、総合的かつ効率的に提供されるよう配慮して行われなければならない。<br>4　保険給付の内容及び水準は、可能な限り<u>居宅</u>で、有する能力に応じ<u>自立した日常生活</u>を営むことができるように配慮されなければならない。 |
| 第4条<br>（国民の努力及び義務） | 国民は、自ら要介護状態となることを<u>予防</u>するため、加齢に伴って生ずる心身の変化を自覚して常に健康の保持増進に<u>努める</u>とともに、要介護状態となった場合においても、進んでリハビリテーションその他の適切な保健医療福祉サービスを利用し、<u>有する能力の維持向上に努める</u>ものとする。<br>2　国民は、共同連帯の理念に基づき、介護保険事業に要する<u>費用を公平に負担</u>するものとする。 |
| 第5条<br>（国及び地方公共団体<br>の責務） | <u>国</u>は、介護保険事業の運営が<u>健全かつ円滑</u>に行われるよう保健医療福祉サービスを提供する体制の確保に関する施策等の<u>措置</u>をしなければならない。<br>2　<u>都道府県</u>は、介護保険事業の運営が<u>健全かつ円滑</u>に行われるように、<u>必要な助言及び適切な援助</u>をしなければならない。<br>3　<u>国及び地方公共団体</u>は、被保険者が可能な限り、住み慣れた地域でその有する能力に応じ自立した日常生活を営むことができるよう、保険給付に係る保健医療福祉サービスに関する施策・要介護状態等となることの予防又は要介護状態等の軽減や悪化の防止のための施策・地域における自立した日常生活の支援のための施策を、<u>医療及び居住に関する施策との有機的な連携</u>を図りつつ包括的に推進するよう努めなければならない。<br>4　<u>国及び地方公共団体</u>は、障害者その他の者の福祉に関する施策との有機的な連携を図り、地域住民が相互に人格と個性を尊重し合いながら、<u>参加・共生する地域社会の実現</u>に資するよう努めなければならない。 |
| 第5条の2<br>（認知症に関する施策の<br>総合的な推進等） | 国及び地方公共団体は、認知症に対する国民の関心及び理解を深め、認知症である者への支援が適切に行われるよう、<u>認知症に関する知識の普及及び啓発</u>に努める。<br>2　国及び地方公共団体は、被保険者に対して認知症に係る適切な保健医療サービス及び福祉サービスを提供するため、研究機関、医療機関、介護サービス事業者等と連携し、認知症の予防、診断及び治療並びに認知症である者の心身の特性に応じた<u>リハビリテーション及び介護方法に関する調査研究の推進</u>に努める。<br>3　国及び地方公共団体は、地域における認知症である者への支援体制を整備すること、認知症である者を現に介護する者の支援並びに認知症である者の支援に係る人材の確保及び資質の向上を図るために必要な措置を講ずることその他の<u>認知症に関する施策を総合的に推進</u>するよう努めなければならない。<br>4　国及び地方公共団体は、認知症である者及びその家族の意向の尊重に配慮するとともに、認知症である者が地域社会において尊厳を保持しつつ他の人々と<u>共生することができるように</u>努めなければならない。 |

## 練習問題1｜解答＆解説

介護保険法第1条と第2条について問われています。すべての選択肢が正しく見えてしまうのですが、上の表で赤字になっているキーワードが頭に入っていれば正解を選択できます。

正解 **1, 2, 4**

# 保険者の事務

**必修ポイント！**

- ☑ 介護保険の保険者は「市町村および特別区」です
- ☑ 保険者の事務について主なものを覚えましょう
- ☑ 保険者は介護保険特別会計を設置しなければなりません

　保険というしくみには、必ず「保険者」と「被保険者」（24ページ）が存在します。介護保険制度では、保険者は**市町村および特別区**と定められています。特別区は東京23区のみですので、このテキストでは、**保険者＝市町村**で進めていきます。

## 保険者である市町村の主な事務

　保険者について覚える必要があるのが「事務」です。主なものを解説します。

　保険者としてもっとも重要な事務といえるのは、**被保険者の管理**です。資格管理や介護保険被保険者証の発行・更新、住所地特例（28ページ）の管理などを行います。

　また、**要介護認定等に関する事務**も重要です。認定（36ページ）に関する一連の流れを担い、介護認定審査会（36ページ）の設置も行うことになります。

　さらに、**保険給付に関する事務**も行います。保険者は被保険者に対して保険給付を行いますので、この事務は当然必要となってきます。

　市町村は**介護保険特別会計**を設置します。「一般会計」は使い道が自由なのに対して、「特別会計」は「専用の財布」のイメージです（この場合は「介護専用の財布」）。

　ここからは少し趣が変わり、「保険者」というより「市町村」としての事務の解説です。まずは、**地域包括支援センターの設置**や**地域支援事業の実施**など、その市町村内における事業の実施に関する事務を行います。介護支援分野で「地域」というワードが多く出てきますが、その場合、すべてといっていいほど市町村を指すことが多いです。

　また、**市町村介護保険事業計画**を策定する義務があります。こちらは3年に1回策定します。そして、市町村は、**居宅介護支援事業・介護予防支援事業・地域密着型サービス（介護予防含む）の指定等**を行うという重要な事務もあります。指定については48ページで詳しく解説します。

 **練習問題2**

介護保険法に定める市町村の事務について正しいものはどれか。3つ選べ。

1　財政安定化基金の設置
2　第2号被保険者の保険料の算定
3　居宅介護支援事業者の指定
4　地域包括支援センターの設置
5　被保険者の管理

#### ▼保険者とは？

保険者 ＝ 市町村 および 特別区（東京23区）

#### ▼市町村の主な事務

| | | |
|---|---|---|
| ① | 被保険者に関する事務 | ● 被保険者の資格管理<br>● 介護保険被保険者証の発行・更新<br>● 住所地特例の管理 |
| ② | 認定事務 | ● 認定調査など<br>● 介護認定審査会の設置 |
| ③ | 保険給付事務 | ● 償還払いの保険給付<br>● 区分支給限度基準額の上乗せ、および管理<br>● 種類支給限度基準額の設定<br>● 市町村特別給付の実施 |
| ④ | 保険料に関する事務 | ● 第1号被保険者の保険料率の決定など<br>● 保険料の普通徴収<br>● 保検料の特別徴収にかかる対象者の確認・通知など |
| ⑤ | 財政に関する事務 | ● 特別会計（保険事業勘定・介護サービス事業勘定）の設置・管理<br>● 財政安定化基金への拠出など |
| ⑥ | 地域支援事業 | ● 地域支援事業の実施<br>● 地域包括支援センターの設置など |
| ⑦ | 計画作成の事務 | ● 市町村介護保険事業計画の策定など |
| ⑧ | 指定事務 | ● 居宅介護支援事業<br>● 介護予防支援事業<br>● 地域密着型サービス事業<br>● 地域密着型介護予防サービス事業 |

> 地域密着型サービスの指定をする際には、あらかじめその旨を、都道府県知事に届け出なければならない

> 市町村介護保険事業計画策定の際、市町村は都道府県から技術的助言を受けることができます

 練習問題2 ｜解答＆解説

1の「財政安定化基金の設置」は都道府県の事務です。2の「第2号被保険者の保険料」は医療保険者が決定します。その他は保険者である市町村が行う事務となります。市町村の事務は多いですが、上の表に記載されている内容を中心に覚えておけば大丈夫です。

正解 3,4,5

# 03 市町村条例で定めること

出題頻度 ★★☆

**必修ポイント！**

☑ 条例とはその地域内(都道府県や市町村)のみで有効な決め事です
☑ 介護保険では、市町村独自での取決め(条例)が存在します
☑ 市町村が条例で定めるべき内容を覚えましょう

　介護保険は国の制度ですが、保険者である市町村が決めることも数多くあります。ここでは、市町村が条例で定めなければならないものについて、試験対策として覚えておきたいものに絞って解説していきます。

## 市町村が条例で定める主な５項目

　まず１つ目が、**介護認定審査会の委員の定数**です。要介護認定等の流れで必要な会議の委員定数を決めることになります。

　２つ目が**支給限度基準額の上乗せ**で、対象は区分・福祉用具購入費・住宅改修費の３つです。ちなみに、支給限度基準額とは「サービスを使うことができる上限」のことで(54ページ)、決めるのは**国**ですが、**上乗せ**分を市町村条例で定められます。

　３つ目は、**支給限度基準額の設定**で、これは「種類」のみになります。そもそも種類支給限度基準額は、その性質上、国ではなく市町村が決めます(54ページ)。そのため、種類支給限度基準額を採用する場合、市町村が条例で定めることになります。

　４つ目が、**第１号被保険者に対する保険料率の算定**です。これも市町村条例で定めなければならず、それにより市町村は第１号被保険者の保険料を決定します。そのため、第１号被保険者の保険料は各市町村によって異なります。

　５つ目は、**普通徴収にかかる保険料の納期**です。第１号被保険者の保険料の納め方には、**特別徴収**(年金から天引き)と**普通徴収**の２通りがあります。年金支給日に自動的に引き落とされるのが特別徴収で、一方の普通徴収は保険者である市町村が、第１号被保険者に納入通知書を送って納めてもらいます。その際の「いつ送り、いつまでに納めてもらうか」は市町村条例で定めることになっています。

## 練習問題３

介護保険法において市町村が条例で定めることとされている事項として正しいものはどれか。３つ選べ。

　1　保健福祉事業
　2　区分支給限度基準額の上乗せ
　3　市町村特別給付
　4　指定介護老人福祉施設に係る入所定員の人数
　5　地域包括支援センターの職員の員数

▼市町村条例で定める主な8つのこと

**1** 介護認定審査会の委員の定数

**2** 支給限度基準額の上乗せ（区分・福祉用具購入費・住宅改修費）

**3** 支給限度基準額の設定（種類）

**4** 第1号被保険者に対する保険料率の算定

**5** 普通徴収にかかる保険料の納期

**6** 市町村特別給付

**7** 地域包括支援センターの基準

**8** 保険料の減免、または徴収猶予

▼支給限度基準額の設定と上乗せ

▨：国が決める

▨：保険者（市町村）が決める

「支給限度基準額＝上限」
と覚えましょう！

| 上乗せ | 上乗せ | 上乗せ | |
|---|---|---|---|
| 【例】<br>要介護5なら<br>36,217単位／月 | 1年<br>（4月〜翌3月）<br>で10万円 | 1住宅<br>20万円 | 設定 |
| 区分 | 福祉用具購入費 | 住宅改修費 | 種類 |

▼第1号被保険者の保険料の納め方

| | 対象者 | 納入時期 | その他 |
|---|---|---|---|
| 普通徴収 | 年額18万円未満の<br>公的年金受給者 …など | 市町村条例で定められた<br>時期 | 配偶者および世帯主に<br>連帯納付義務が課される |
| 特別徴収 | 年額18万円以上の<br>公的年金受給者 | 年金受給時に天引き<br>される | ― |

 練習問題3 ｜ 解答＆解説

1の保健福祉事業については、市町村が実施する事業ですが、市町村条例で定めて行う事業ではありません。また、4は「都道府県条例」で定める事項となっています。

正解 **2,3,5**

# 04

# 都道府県・国の事務・責務

出題頻度 ★★☆

必修ポイント！

☑ 都道府県は、保険者である市町村の後方支援を行います
☑ 国は、介護保険制度の全体像（方向性）を決定します
☑ 出題される可能性は、国より都道府県のほうが多いです

　介護保険制度では、国や都道府県にも事務・責務があります。両者とも出題される可能性はありますが、より出題頻度が高く、かつ覚えることが多いのは都道府県です。ここでしっかり確認していきましょう。

## 方向性を決めるのが「国」の役割

　国の役割は、介護保険制度の方向性（全体像）を決めることです。また、全国どこでも同じ、全国一律のものとして決定すべき事項は、国が決める必要があります。

　たとえば、要介護認定・要支援認定の基準は、地域によって異なるのでは困るため、国が定めることになっています。また、区分支給限度基準額や介護報酬の算定基準なども全国一律ですから、国の事務になります。

## 市町村のバックアップが「都道府県」の役割

　介護保険制度においての都道府県の役割は、市町村のバックアップ（後方支援）です。市町村が困ったときに助ける、市町村ができない部分を扱うなどの役割を担っているとイメージするとよいでしょう。

　都道府県の主な事務ですが、まず、居宅サービス事業と介護予防サービス事業の指定、介護保険施設の指定（許可）があります。これらは市町村も一部実施しますが、多くは都道府県知事が指定をすることになっています。

　また、介護保険審査会と財政安定化基金の設置・運営や、都道府県介護保険事業支援計画の策定も都道府県が担います。

　そのほか、私たちが受験する介護支援専門員についても、試験の実施をはじめ、登録事務や登録証の交付は都道府県が行います。

 **練習問題4**

介護保険法に定める都道府県の事務について正しいものはどれか。2つ選べ。

1　区分支給限度基準額の設定
2　介護保険審査会の設置
3　財政安定化基金の設置
4　地域包括支援センターの設置
5　介護予防支援事業の指定

▼介護保険制度での国・都道府県・市町村の関係

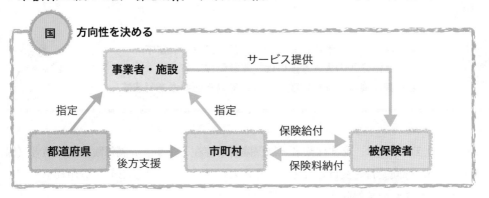

▼国の主な事務

1 要介護認定・要支援認定の基準の設定

2 区分支給限度基準額の設定

3 介護報酬の算定基準の設定

4 第2号被保険者負担率の決定
（第2号被保険者の費用負担割合）

5 計画のもととなる「基本指針」※
の策定

※基本指針には、地域支援事業の実施に関する基本的事項が
含まれる

市町村が出題されず、都道府県
が出題される年度もあります。
とくに都道府県については、
しっかり覚えておきましょう

▼都道府県の主な事務

1 居宅サービス事業の指定

2 介護予防サービス事業の指定

3 介護保険施設の指定（許可）

4 介護保険審査会の設置・運営

5 財政安定化基金の設置・運営

6 都道府県介護保険事業支援計画の策定

7 介護支援専門員に関する事務

8 指定市町村事務受託法人の指定

9 介護サービス情報の公表に関する事務
（指定情報公表センターの指定など）

 練習問題4｜解答＆解説

1の区分支給限度基準額は国が決めます。4の地域包括支援センターの設置は市町村が行います。5の介護予防支援事業は市町村が指定しますが、名前が似ている介護予防サービス事業は都道府県が指定をしますので、間違えないようにしましょう。

正解 2,3

# 05

# 被保険者の資格要件

**必修ポイント！**

☑ 介護保険の被保険者は、第1号と第2号に分かれます
☑ 第1号と第2号の大きな違いは、年齢要件です
☑ 第2号被保険者は医療保険に加入している必要があります

保険という制度には、必ず保険者と被保険者が存在します。介護保険の被保険者（保険料を納め、保険給付を受けることができる人）は、第1号と第2号に分かれます。ここでは、それぞれの被保険者について解説します。

## 被保険者の資格要件とは？

第1号被保険者とは、市町村の区域内に住所を有する65歳以上の者となっています。一方、第2号被保険者は、市町村の区域内に住所を有する40歳以上65歳未満で医療保険に加入している者です。この要件を満たす者は原則、すべて被保険者となります。

## 被保険者の資格要件で間違いやすいもの

上記の要件を満たすことで被保険者資格を取得することができますが、試験でよく出題される引っかけワードが3つあります。それは「外国人」「日本国籍」「生活保護受給者」です。

外国人であっても、日本に長期にわたり居住している方や、3ヵ月を超えて日本に在留している方には住民票がありますので、年齢や医療保険の要件を満たせば、被保険者となります。一方、日本国籍があっても、日本に住民票がなければ被保険者になることはできません。

そして、生活保護受給者は基本的に住民票がありますので、外国人の考え方と同じく、年齢や医療保険の要件を満たせば被保険者となります。

つまり、「外国人」「生活保護受給者」などのワードに関係なく、住所・年齢等の被保険者要件に該当するのであれば、その人は被保険者になれるわけです。こうした引っかけワードに引っかからないよう注意してください。

 **練習問題5**

介護保険法における被保険者について正しいものはどれか。2つ選べ。
1 外国人は被保険者になることができない。
2 生活保護受給者は被保険者になることができない。
3 日本国内に住民票がない者は被保険者になることができない。
4 第1号被保険者は医療保険加入者でないと被保険者になることができない。
5 40歳未満の者は被保険者になることができない。

▼被保険者の要件のまとめ

| 種類 | 住所要件 | 年齢要件 | 医療保険要件 |
|---|---|---|---|
| 第1号被保険者 | ○ | 65歳以上 | × |
| 第2号被保険者 | ○ | 40歳以上<br>65歳未満 | ○ |

▼注意すべき3つのワード（第1号被保険者の場合）

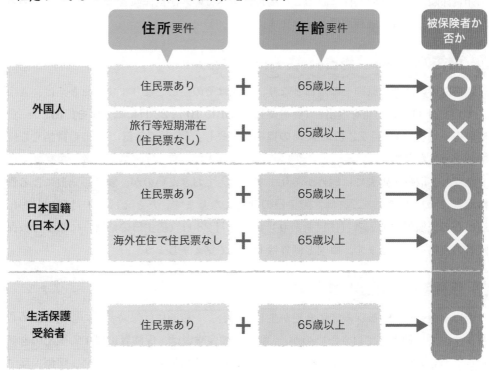

生活保護受給者は国民健康保険に加入できません。よって、多くの40歳以上65歳未満の生活保護受給者は第2号被保険者になりません。ただし、会社などの健康保険に加入している場合は第2号被保険者となるため、介護保険の保険料の支払い義務が生じます

 練習問題5｜解答&解説

　1と2は、外国人や生活保護受給者であっても、資格要件を満たせば被保険者になることができます。5については、第2号被保険者の年齢要件が40歳以上となっているため、40歳未満の者は介護保険の被保険者になることはできません。上の表で被保険者の資格要件をしっかり覚えておきましょう。

正解 3,5

# 06 被保険者資格の取得・喪失と届出

出題頻度 ★★☆

**必修ポイント！**

☑ 被保険者資格の取得は、原則「その当日」となります
☑ 被保険者資格の喪失は、原則「その翌日」となります
☑ 第2号被保険者は介護保険法上の変更があっても届出不要です

介護保険では、その要件に該当した場合、すべての人が被保険者になることが定められています。これを**強制適用**といいます。

### 資格の取得は「当日」、喪失は「翌日」

資格取得の時期は原則**その当日**となり、喪失は**その翌日**となります。たとえば、A市に10月21日に転出届を提出し（資格喪失）、B市に10月22日に転入届を提出した（資格取得）場合、**10月22日にA市の資格を喪失**し、**10月22日にB市の資格を取得**することになります。

ただし、取得・喪失には**例外**があります。覚えておきたいのが、**満年齢到達**による資格取得についてです。これは、**誕生日の前日**になります。たとえば、1月29日で40歳になる医療保険加入者（住民票あり）は、1月28日（**誕生日の前日**）に第2号被保険者の資格を取得します。原則と例外はセットで覚えましょう。

### 保険者への届出について

取得や喪失など、被保険者に変更が生じた場合、一般的には保険者への届出が求められます。まず押さえておきたいのが、「**第2号被保険者は、保険者に対する届出の必要がない**」ということです。第2号被保険者は医療保険に加入しているため、医療保険での変更がそのまま適用されるイメージです。

また、第1号被保険者は、**転入・転出・死亡・氏名の変更**などにおいて、**14日以内**に保険者へ届出をしなければなりません。届出については、**本人**のほかに、**世帯主**（本人が属する世帯）が代わりに行うことができます。

 練習問題6

介護保険の被保険者資格について正しいものはどれか。2つ選べ。

1 居住する市町村から転出した場合は、その翌日から転出先の市町村の被保険者となる。
2 被保険者が死亡した場合は、死亡届が提出された日から被保険者資格を喪失する。
3 第2号被保険者が医療保険加入者でなくなった場合は、その日に被保険者資格を喪失する。
4 障害者総合支援法による指定障害者支援施設を退所した者が介護保険施設に入所した場合は、当該障害者支援施設入所前の住所地の市町村の被保険者となる。
5 第2号被保険者資格の取得の届出は、原則として本人が行わなければならない。

▼被保険者資格の「取得・喪失」の時期

## 資格取得

原則は「当日」

| 要件 | 時期 |
|---|---|
| 住民票がある医療保険加入者が40歳になったとき | 前日 |
| 40歳以上65歳未満の医療保険加入者が住所を有することに至ったとき | 当日 |
| 65歳以上の者が住所を有することに至ったとき | 当日 |
| 住民票がある40歳以上65歳未満の医療保険に加入していない者が65歳になったとき | 前日 |
| 住民である40歳以上65歳未満の医療保険加入者、もしくは65歳以上の者が介護保険適用除外施設を退所したとき | 当日 |

## 資格喪失

原則は「翌日」

| 要件 | 時期 |
|---|---|
| 市町村の区域内に住所を有しなくなったとき | 翌日 |
| 市町村の区域内に住所を有しなくなった日と同一日に他の市町村の区域内に住所を有したとき | 当日 |
| 適用除外施設に入所したとき | 翌日 |
| 死亡したとき | 翌日 |
| 第2号被保険者が医療保険加入者でなくなったとき | 当日 |

▼転出と転入

A市 ¹⁰/₂₁ 転出 → ¹⁰/₂₂ 資格喪失 【翌日】

B市 ¹⁰/₂₂ 転入 → ¹⁰/₂₂ 資格取得 【当日】

▼届出が必要なとき（第1号被保険者のみ）

①転入による資格取得
②転出・死亡による資格喪失
③住所地特例被保険者でなくなったとき
④住所地特例の対象となったとき
⑤外国人で65歳になったとき（一部例外あり）
⑥氏名の変更があったとき
⑦同一市町村内での住所変更があったとき
⑧所属世帯または世帯主の変更があったとき

左ページの練習問題6・設問4にある通り、障害者総合支援法による指定障害者支援施設を退所して介護保険施設に入所した場合は、当該障害者支援施設入所前の住所地の市町村が保険者となります

## 練習問題6｜解答＆解説

1の場合、転出の「翌日」に資格を喪失しますが、転出先の市町村の被保険者資格の取得は必ずしも翌日ではありません。2については、死亡届が提出された「翌日」に被保険者資格を喪失します。5については、第2号被保険者の場合、届出は不要です。

正解 **3,4**

# 07 住所地主義と住所地特例

**必修ポイント！**

☑ 住所地主義とは「保険者＝住民票のある市」ということです
☑ 住所地特例では、「保険者≠住民票のある市」となります
☑ 住所地特例対象施設は、介護保険施設と特定施設のあわせて７つ

　介護保険の被保険者は、「市町村の区域内に住所を有する」という住所要件があります。簡単にいうと「住民票がある」ということであり、難しくいうと「住民基本台帳上の住所を持っている」ということです。

　介護保険では、この「住所を有する」ということが重要です。なぜならば、住民票のある市町村が保険者となるからです。これを<u>住所地主義</u>と呼んでいます。

　しかしながら、この住所地主義を突き通してしまうと、各市町村間の保険給付に不公平が生じてしまうことがあります。たとえば、大きな施設が多数存在する市町村は要介護者の転入が多くなり、住所地主義を突き通すと、その市町村の保険給付が多くなってしまいます。その結果、市町村は大きな施設をつくらなくなる可能性が出てくるので、その不公平さをなくすために、<u>住所地特例</u>というしくみが設けられています。

## 住所地特例の考え方とその対象施設

　住所地特例が適用されるのは、被保険者が<u>住所地特例対象施設</u>（介護保険施設や特定施設）に入所（入居）したときです（介護予防給付も対象）。その際、被保険者は、住所地特例適用届を保険者に提出します（住所地特例施設の変更・終了の場合も変更届・終了届の提出が必要）。

　住所地特例が適用されると、住所地特例対象施設に入所・入居をし、住所地を変更しても、保険者は<u>移転前</u>の市町村となります。たとえば、Ａ市の被保険者がＢ市の住所地特例対象施設に入所（入居）した場合、住民票はＢ市ですが、保険者はＡ市となるわけです。そのため、この被保険者の場合、住民票のある市≠保険者となります。

　こうした住所地特例が適用されることで、住所地特例対象施設がある市町村のみに保険給付の負担が偏るのを避けることができるのです。

 **練習問題7**

住所地特例について正しいものはどれか。２つ選べ。
　1　要介護者に限定される。
　2　サービス付き高齢者向け住宅はすべて対象である。
　3　介護予防給付は、対象となる。
　4　軽費老人ホームは、対象施設である。
　5　有料老人ホームは、対象施設ではない。

## ▼住所地主義と住所地特例とは？

| 原則 | 住所地主義 |
| --- | --- |

住民票のある市町村 ＝ 保険者

| 例外 | 住所地特例 |
| --- | --- |

住民票のある市町村 ≠ 保険者

## ▼住所地特例の考え方

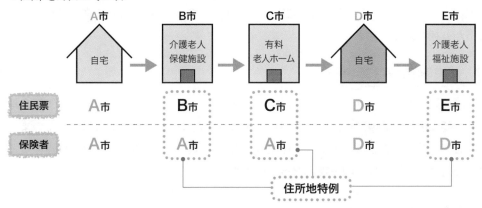

| | A市 | B市 | C市 | D市 | E市 |
| --- | --- | --- | --- | --- | --- |
| | 自宅 | 介護老人保健施設 | 有料老人ホーム | 自宅 | 介護老人福祉施設 |
| 住民票 | A市 | B市 | C市 | D市 | E市 |
| 保険者 | A市 | A市 | A市 | D市 | D市 |

住所地特例

## ▼住所地特例の対象となる施設

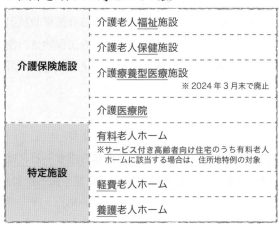

| | 介護老人福祉施設 |
| --- | --- |
| 介護保険施設 | 介護老人保健施設 |
| | 介護療養型医療施設 ※2024年3月末で廃止 |
| | 介護医療院 |
| 特定施設 | 有料老人ホーム ※サービス付き高齢者向け住宅のうち有料老人ホームに該当する場合は、住所地特例の対象 |
| | 軽費老人ホーム |
| | 養護老人ホーム |

> 住所地特例では、保険者は「前の居宅」の市町村となります。「前の所在地」ではないので注意しましょう

### 練習問題7｜解答＆解説

住所地特例対象施設の中には、要支援者が利用できるものもありますので、1は×となります。2のサービス付き高齢者向け住宅は、「有料老人ホームに該当するもの」のみが対象で、「すべて」ではないため2も×です。5の有料老人ホームは対象施設のため、5も×となります。

正解 3,4

# 08

# 介護保険法における「証」について

出題頻度 ★★☆

**必修ポイント!**

☑ 介護保険被保険者証は、第1号被保険者全員に発行されます
☑ 介護保険負担割合証は、要介護者・要支援者に発行されます
☑ 一部の低所得者には介護保険負担限度額認定証が発行されます

　試験対策として覚えておく必要がある「証」とは、「介護保険被保険者証」「介護保険負担割合証」「介護保険負担限度額認定証」の3つです。「**誰**」に対して**交付**されるかをしっかり押さえておきましょう。

## 介護保険被保険者証

　介護保険被保険者証は、第1号被保険者には**全員**、第2号被保険者の場合は①**要介護認定・要支援認定を申請した人**、②**交付を申請した人**に交付されることになっています。

　介護保険被保険者証は、第1号被保険者に対しては、その適用される日が到達するまでに交付され、様式は**全国一律**となっています。

## 介護保険負担割合証

　介護保険の利用者負担（定率負担分）は、所得に応じて1割～3割となっています。ただし、介護保険被保険者証にはその割合の記載はなく、別に交付される介護保険負担割合証で自分が「何割負担」なのかがわかるようになっています。この介護保険負担割合証は、**要介護認定・要支援認定を受けた人**（第1号被保険者・第2号被保険者）のみに交付されることになっています（様式は全国一律）。

## 介護保険負担限度額認定証

　一部の低所得者などには、食費や居住費などが軽減される**特定入所者介護サービス費**（いわゆる補足給付→68ページ）が給付されます。その**支給対象者（介護予防も含む）**に交付されるのが、介護保険負担限度額認定証です（これも様式は全国一律）。

## 練習問題8

介護保険被保険者証について適切なものはどれか。2つ選べ。
1　第1号被保険者全員に交付される。
2　原則、要介護認定申請時に提出する必要がある。
3　保険者ごとに様式が異なる。
4　負担割合が記載されている。
5　低所得者には交付されない。

## ▼介護保険に関わる3つの「証」

### 介護保険被保険者証

表面

| (1) | | | | (2) | | | (3) | | |
|---|---|---|---|---|---|---|---|---|---|

**(1)**

| 介護保険被保険者証 | | |
|---|---|---|
| 被保険者 | 番 号 | |
| | 住 所 | |
| | フリガナ | |
| | 氏 名 | |
| | 生年月日 明治・大正・昭和 年 月 日 | 性別 男・女 |
| 交付年月日 | 年 月 日 | |
| 保険者番号並びに保険者の名称及び印 | | |

**(2)**

| 要介護状態区分等 | | |
|---|---|---|
| 認 定 年 月 日 | 年 月 日 | |
| 認定の有効期間 | 年 月 日～ 年 月 日 | |
| | 区分支給限度基準額 | |
| 居宅サービス等 | 年 月 日～ 年 月 日 | |
| | 1月当たり | |
| （うち種類支給限度基準額） | サービスの種類 | 種類支給限度基準額 |
| | | |
| | | |
| 認定審査会の意見及びサービスの種類の指定 | | |

**(3)**

| | 内 容 | 期 間 |
|---|---|---|
| 給 付 制 限 | | 開始年月日 年 月 日<br>終了年月日 年 月 日 |
| | | 開始年月日 年 月 日<br>終了年月日 年 月 日 |
| | | 開始年月日 年 月 日<br>終了年月日 年 月 日 |
| 居宅介護支援事業者又は介護予防支援事業者及びその事業所の名称 | | 届出年月日 年 月 日 |
| | | 届出年月日 年 月 日 |
| | | 届出年月日 年 月 日 |
| 介護保険施設等 | 種類 | 入所等年月日 年 月 日 |
| | 名称 | 退所等年月日 年 月 日 |
| | 種類 | 入所等年月日 年 月 日 |
| | 名称 | 退所等年月日 年 月 日 |

### 介護保険負担割合証

| 介 護 保 険 負 担 割 合 証 | | |
|---|---|---|
| 交付年月日 年 月 日 | | |
| 被保険者 | 番 号 | |
| | 住 所 | |
| | フリガナ | |
| | 氏 名 | |
| | 生年月日 明治・大正・昭和 年 月 日 | 性別 男・女 |
| 利用者負担の割合 | 適 用 期 間 | |
| 割 | 開始年月日 令和 年 月 日<br>終了年月日 令和 年 月 日 | |
| 割 | 開始年月日 令和 年 月 日<br>終了年月日 令和 年 月 日 | |
| 保険者番号並びに保険者の名称及び印 | | |

### 介護保険負担限度額認定証

| 介 護 保 険 負 担 限 度 額 認 定 証 | |
|---|---|
| 交付年月日 令和 年 月 日 | |
| 被保険者 | 番 号 |
| | 住 所 |
| | フリガナ 氏 名 |
| | 生年月日 年 月 日 性別 |
| | 適用年月日 令和 年 月 日から |
| | 有効期限 令和 年 月 日まで |
| 食事の負担限度額 | 円 |
| 居住費又は滞在費の負担限度額 | ユニット型個室 円<br>ユニット型準個室 円<br>従来型個室(特養等) 円<br>従来型個室(老健・療養等) 円<br>多床型 円 |
| 保険者番号並びに保険者の名称及び印 | |

要介護認定申請時には、介護保険被保険者証を添付します。なお、交付されていない第2号被保険者の場合は、代わりに医療保険被保険者証等を提示します

## ▼交付対象者は?

| 種類 | | 交付される人 |
|---|---|---|
| 介護保険被保険者証 | 第1号被保険者 | 全員 |
| | 第2号被保険者 | 一部 ①要介護認定等の申請をした人<br>②交付の申請をした人 |
| 介護保険負担割合証 | | 要介護認定・要支援認定を受けた人 |
| 介護保険負担限度額認定証 | | 特定入所者介護サービス費（介護予防を含む）の支給対象者 |

## 練習問題8 | 解答&解説

介護保険被保険者証は全国一律の様式ですので、3は×となります。4の負担割合が記載されるのは介護保険負担割合証で、介護保険被保険者証には記載されません。そのため4も×です。所得の多寡に関わらず、第1号被保険者には全員、第2号被保険者は一定の人（要介護等認定の申請をした人、交付の申請をした人）に交付されますので、5も×となります。

正解 1,2

# 09

# 強制適用と適用除外

**必修ポイント！**

- ☑ 社会保険である介護保険は「強制適用」の制度です
- ☑ 要件を満たしても被保険者とならない適用除外者がいます
- ☑ 適用除外者とは適用除外施設に入所（入院）している人です

　介護保険は社会保険であるため、被保険者要件を満たす者はすべて強制的に被保険者となります。これを**強制適用**といい、いわゆる**逆選択**（保険給付の可能性が少ない者が加入を避け、可能性が高い者のみが加入すること）を**防止**し、保険財政を安定化させるためのものです。

　しかし、ほかの法制度を利用することで、介護保険の被保険者となって保険料を納付しても、その保険給付を受ける可能性がほぼゼロである人が一部に存在することが考えられます。

　そこで、公平性を担保するため、介護保険法ではこれらの人を**適用除外者**とし、**当分の間被保険者としない**としました。

## ✏️ 「適用除外施設」を覚えよう！

　適用除外者とされる人たちは、ある一定の施設等に入所（入院）していることが多く、こうした施設のことを**適用除外施設**といいます。

　適用除外施設の種類はたくさんあるため、試験対策としてすべて覚えるのはかなり大変です。そこでオススメしたいのが、キーワードだけを押さえておくことです。

　まず覚えておきたいのが「**障害**」というキーワードです。適用除外施設の多くには「障害」の言葉が入っていますので、「障害関連の施設には適用除外施設が多い」と考えていいでしょう（ただし、「すべて」ではないので注意してください）。

　その他、「**生活保護法の救護施設**」と「**ハンセン病療養所**」のキーワードも押さえておきましょう。

 **練習問題9**

65歳以上のもので、介護保険の被保険者とならないものとして正しいものはどれか。2つ選べ。

1　老人福祉法に規定する軽費老人ホームの入所者
2　生活保護法に規定する救護施設の入所者
3　生活保護法に規定する更生施設の入所者
4　障害者総合支援法の自立訓練及び施設入所支援の支給決定を受けて、指定障害者支援施設に入所している知的障害者
5　障害者総合支援法の生活介護及び施設入所支援の支給決定を受けて、指定障害者支援施設に入所している精神障害者

▼社会保険で「強制適用」が採用される理由

> ①一定の条件に該当する者を<u>強制</u>加入させることで<u>被保険者数を確保</u>し、危険（保険事故）を広く
> 　分散させることにより、<u>保険財政の安定化を図るため</u>
> ②健康な者など保険事故発生の確率が低い（と思う）者が加入を避け、高い危険性を有する者のみが
> 　加入すること（いわゆる「<u>逆選択</u>」）を<u>防止</u>するため

▼介護保険適用除外施設とは？

**1** 障害者総合支援法における指定<u>障害者</u>支援施設
（生活介護および施設入所支援を受けている者）

**2** 身体障害者福祉法における<u>障害者</u>支援施設
（生活介護を行うものに限る）

**3** 知的障害者福祉法における<u>障害者</u>支援施設

**4** 児童福祉法における医療型<u>障害児</u>入所施設

**5** 児童福祉法における医療型児童発達支援を行う医療機関

**6** 独立行政法人国立重度知的<u>障害者</u>総合施設 のぞみの園が設置する施設

**7** <u>ハンセン病</u>問題の解決の促進に関する法律上の国立<u>ハンセン病</u>療養所など
（療養を行う部分に限る）

**8** <u>生活保護法</u>における<u>救護施設</u>

**9** 労働者災害補償保険法における被災労働者の受ける介護の援護を図るために
必要な事業にかかる施設

**10** 障害者総合支援法における療養介護を行う病院

### 介護保険適用除外施設の3つの特徴

①長期にわたり継続してこれらの施設に入所している実態があり、<u>介護保険のサービスを受ける
可能性が低いこと</u>
②重度の障害者の入所が想定されるこれらの施設で、**介護に相当するサービス**が提供されていること
③<u>40歳以上の人が多く入所</u>している実態があること

 **練習問題9｜解答＆解説**

2と5が適用除外施設（入所者は当分の間、介護保険の被保険者となりません）ですので、この2つが正解です。4については、設問中の「自立訓練」が「生活介護」であれば正解です。こうした紛らわしい問題も出題されるので、上記の適用除外施設は正確に覚えておきましょう。

正解 <u>2,5</u>

# ①保険者と被保険者

ここまでに学んだ試験合格の必修ポイントのまとめです。
重要語句を付属の赤シートで隠すなどして覚えていきましょう。
試験直前期にも要チェック！

▼これだけは覚えておきたい「介護保険法条文のキーワード」

| | |
|---|---|
| 第1条 | 国民の保健医療向上・福祉増進を図る |
| 第2条 | 要介護状態等の軽減・悪化防止・医療との連携<br>被保険者が多様なサービスを選択できるよう配慮<br>居宅での自立生活ができるよう配慮 |
| 第4条 | 要介護状態等にならないようにつねに健康の保持増進に努める<br>要介護状態等になっても、リハビリテーション等を利用することで、その状態の維持向上に努める<br>介護保険事業に要する費用を公平に負担する |

▼国・都道府県・市町村の主な事務など

| | |
|---|---|
| 国 | ●要介護認定・要支援認定の基準や、区分支給限度基準額、介護報酬の算定基準などを定める |
| 都道府県 | ●居宅サービス事業・介護予防サービス事業の指定<br>●介護保険施設の指定（許可）<br>●介護保険審査会や財政安定化基金の設置・運営<br>●都道府県介護保険事業支援計画の策定<br>●介護支援専門員に関する試験実施や登録事務・登録証の交付<br>　　　　　　　　　　　　　　　　　　　　　…など |
| 保険者（市町村） | **事務**<br>●被保険者の管理・認定、保険給付、保険料に関する事務<br>●介護保険特別会計の設置・管理<br>●地域包括支援センターの設置や地域支援事業の実施<br>●市町村介護保険事業計画を策定（3年に1回）<br>●居宅介護支援事業・介護予防支援事業・地域密着型サービス（介護予防含む）の指定　　　　　　　　　　　…など<br>**市町村条例** で定めること<br>●介護認定審査会の委員の定数　●支給限度基準額の上乗せ（区分・福祉用具購入費・住宅改修費）　●支給限度基準額の設定（種類）　●第1号被保険者に対する保険料率の算定　●普通徴収にかかる保険料の納期<br>　　　　　　　　　　　　　　　　　　　　　…など |

## ▼ 被保険者資格のまとめ

**第1号被保険者**　市町村の区域内に住所を有する ＋ 65歳以上

**第2号被保険者**　市町村の区域内に住所を有する ＋ 40歳以上 65歳未満 ＋ 医療保険に加入

## ▼ 介護保険における住所地特例の対象施設

| 住所地特例対象施設 |
| --- |
| ● 介護老人福祉施設 |
| ● 介護老人保健施設 |
| ● 介護療養型医療施設※ |
| ● 介護医療院　　※2024年3月末で廃止 |
| ● 有料老人ホーム（一部のサービス付き高齢者向け住宅を含む） |
| ● 軽費老人ホーム |
| ● 養護老人ホーム |

住所地特例対象施設と
適用除外施設は
重複しませんので、
それぞれ覚える必要があります。
漢字が多くて大変ですが、
コツコツ覚えていきましょう

## ▼ 主な介護保険適用除外施設の例

| 適用除外施設 |
| --- |
| ● 指定障害者支援施設 |
| ● 医療型障害児入所施設 |
| ● 国立重度知的障害者総合施設 のぞみの園 |
| ● 国立ハンセン病療養所 |
| ● 生活保護法の救護施設 |
| ……など |

## ▼ 3つの「証」はそれぞれ誰に交付されるのか？

| | 介護保険被保険者証 | 介護保険負担割合証 | 介護保険負担限度額認定証 |
| --- | --- | --- | --- |
| **交付される人** | ● 第1号被保険者全員<br>● 第2号被保険者の一部<br>　①要介護認定等の申請をした人<br>　②交付の申請をした人 | ● 要介護認定・要支援認定を受けた人 | ● 特定入所者介護サービス費の支給対象者（介護予防も含む） |

# 要介護認定等の流れと特定疾病

**必修ポイント！**

☑ 要介護認定等は「申請」からスタートとなります
☑ 最初に認定調査員が、一次判定をするための認定調査を行います
☑ 特定疾病は 16 種類あります

　認定を受けるためには、「認定を受けたい」という意思表示をしなければなりません。そこで、<u>申請</u>という手続きを保険者（市町村）に対して行います。それを受けて保険者は認定までの手続きを順番に行っていきます。

### 一次判定→二次判定を経て認定が行われる

　最初に実施されるのは、被保険者の状況を把握するための<u>認定調査</u>です。認定調査員が自宅や病院、施設などを訪問して行います。それと並行して、保険者は主治医に対して、<u>主治医意見書</u>を記載するよう求めます。

　認定調査を経て<u>一次判定の結果</u>が出ます。その結果に、<u>特記事項</u>と<u>主治医意見書</u>を加えて、<u>介護認定審査会</u>が開かれます。その介護認定審査会において二次判定の結果が出されます。介護認定審査会はその結果を保険者に伝え、保険者は<u>認定</u>を行うことになります。

### 「特定疾病」とは？

　第1号被保険者が要介護認定を受ける条件（保険事故）については、基本的に、縛りはありません（ただし、第三者から傷病を受ける「第三者行為」などは除かれます）。たとえば、道を歩いていて転倒したという理由であっても、要介護認定の手続きは進められます。一方、第2号被保険者は、転倒だけでは認定を受けることができず、認定を受けるためには、<u>特定疾病</u>（次ページ）が原因でなければなりません。

　介護保険法で定められている特定疾病は、基本的には、老化に伴い発症する可能性が高いものとされています。試験対策としては、次ページの <u>16 の特定疾病</u>をすべて覚える必要はなく、優先順位をつけて少しずつ覚えていけばいいでしょう。

**練習問題 10**

介護保険法における特定疾病として正しいものはどれか。3つ選べ。
　1 関節リウマチ
　2 慢性肝疾患
　3 潰瘍性大腸炎
　4 脳血管疾患
　5 骨折を伴う骨粗鬆症

▼申請から認定までの流れ

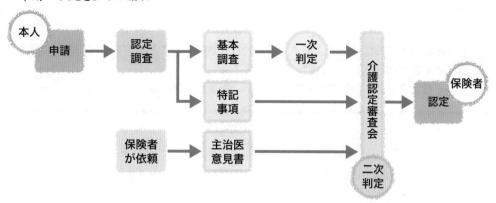

▼ 16の特定疾病

| 最初に覚えたいもの |
| --- |
| ① がん末期 |
| ② 関節リウマチ |
| ③ 筋萎縮性側索硬化症（ALS） |
| ④ 骨折を伴う骨粗鬆症 |
| ⑤ 初老期における認知症 |
| ⑥ 糖尿病（三大合併症） |
| ⑦ 脳血管疾患 |
| ⑧ 変形性関節症（膝・股） |

| 余裕があれば覚えたいもの |
| --- |
| ⑨ 後縦靱帯骨化症 |
| ⑩ 進行性核上性麻痺・大脳皮質基底核変性症・パーキンソン病 |
| ⑪ 脊髄小脳変性症 |
| ⑫ 脊柱管狭窄症 |
| ⑬ 早老症 |
| ⑭ 多系統萎縮症 |
| ⑮ 閉塞性動脈硬化症 |
| ⑯ 慢性閉塞性肺疾患 |

病名を覚えるのは大変ですが、
少しずつ覚えていきましょう。
必ず覚えられます！

 練習問題10 | 解答＆解説

特定疾病を覚えていないと正解することができない問題ですが、上記左側の「最初に覚えたいもの」を覚えていれば、正解することは可能です。このように、特定疾病は16個すべてを覚える必要はありません。まずは左側の①～⑧の疾病を確実に覚えていきましょう！

正解 1,4,5

# 11 申請と認定調査

出題頻度 ★★★

**必修ポイント！**

- ☑ 申請するのは原則本人です。申請代行を依頼することも可能です
- ☑ 申請には「申請書」と「保険証」が必要です
- ☑ 認定調査は、原則市町村職員が実施。更新認定は外部委託も可能

前セクションでは、介護保険サービスの利用は<u>申請</u>からスタートすることを学びました。ここでは、「申請」と「認定調査」について深く学んでいきましょう。

## 「誰」が申請し、必要な書類は「何」かを押さえよう

申請は、**本人**が申請書に**介護保険被保険者証**を添付して行います。申請先は**市町村**です。また、本人申請が難しい場合、家族や親族などの**代理**申請や、居宅介護支援事業者や地域包括支援センターなどによる申請の**代行**も可能です。

ちなみに、第2号被保険者は、介護保険被保険者証を交付されていない場合が多く、その場合は、医療保険被保険者証等を提示することになっています。そのため、申請には、**申請書と保険証**が必要と覚えておきましょう。

また、新規認定や区分変更認定の申請については、いつでも行うことができますが、更新認定の申請については、原則、**有効期間満了日の60日前から満了の日までの間**に行う必要があります。

## 認定調査を行うのは「誰」かを整理しよう

申請が終わると認定調査員が自宅などに訪問し、**認定調査**を行うことになります。認定調査には74項目の内容（生活機能、認知機能、社会生活の適応など）があり、認定調査員はその質問への回答をチェックしていきます。また、チェックだけでは表せない内容については、別に文章で記入します（**特記事項**といいます）。なお、被保険者が調査に従わないときは、認定申請を**却下**できます。

認定調査員は、原則、**市町村職員**ですが、**更新認定**の場合は、その役割を**外部に委託**でき、居宅介護支援事業者や介護保険施設の職員などが担当することがあります。

 **練習問題 11**

要介護認定について正しいものはどれか。3つ選べ。

1 介護保険被保険者証がない者は申請できない。
2 更新認定の申請は、認定有効期間満了日の60日前から行うことができる。
3 新規認定調査は、原則市町村職員が行う。
4 申請は原則本人が行う。
5 新規認定については、都道府県に申請を行う。

## ▼申請は「誰」が行い、「何」が必要？

| 申請者 | 必要なもの |
|---|---|
| 原則、**本人**<br>（代理・代行が可能） | ①申請書<br>②介護保険被保険者証<br>　※ない場合：医療保険被保険者証等を提示 |

## ▼認定調査・申請代行ができるのは？

| 実施者 | 認定調査 新規 | 認定調査 更新 | 申請代行 |
|---|---|---|---|
| 市町村職員 | ○ | ○ | × |
| 指定市町村事務受託法人 | ○ | ○ | × |
| 地域包括支援センター | × | ○ | ○ |
| 居宅介護支援事業者 | × | ○ | ○ |
| 地域密着型介護老人福祉施設 | × | ○ | ○ |
| 介護保険施設 | × | ○ | ○ |
| 介護支援専門員 | × | ○ | × |
| 家族・親族等 | × | × | ○ |
| 成年後見人 | × | × | ○ |
| 民生委員 | × | × | ○ |
| 社会保険労務士 | × | × | ○ |

新規の認定調査を行えるのは、原則、市町村職員のみです。一方、更新認定については、外部への委託が可能です。しっかり押さえておきましょう！
なお、遠隔地に住む被保険者の認定調査は、その居住する市町村に嘱託して行うことができます。覚えておきましょう。
また、申請代行ができない者も、上の表でチェックしておいてください

 ### 練習問題11 │ 解答＆解説

第2号被保険者は、介護保険被保険者証を持っていないケースが多く、その場合、医療保険被保険者証等を提示することで申請ができます。そのため、1は×です。また、認定の申請は保険者、つまり「市町村」になりますので、「都道府県に申請」と記載がある5も×となります。

正解 **2,3,4**

# 新規認定と更新認定の違い

**必修ポイント！**

- ☑ 認定には、新規認定・更新認定・区分変更認定の3つがあります
- ☑ 更新認定の認定調査は、市町村職員以外に委託可能です
- ☑ 区分変更認定は、新規認定と同様の扱いとなります

　介護保険の要介護認定等には、①初めて申請して認定される**新規認定**、②有効期間が終わっても引き続き介護給付（サービス）を受けたい場合に申請する**更新認定**、③認定有効期間中にさまざまな理由で心身の状況が変化し、現在の認定結果にそぐわない状態と判断された場合に認定を受ける**区分変更認定**の**3つ**が存在します。

　同じ認定であっても扱いが異なるものがあり、それに関する問題は試験で頻出です。新規認定と区分変更認定は**同じ扱い**となるため、ここでは、新規認定と更新認定の違いを見ていきます。

## 新規認定と更新認定で異なるのは3つ！

　両者で異なるのは3つです。1つが、前セクションでも述べましたが、**認定調査員**です。新規認定調査は、原則、**市町村職員**が行うことになっていますが、更新認定調査は、**市町村職員以外の者**に**委託**することができます。実際に「誰」に委託できるかは、前ページの表で確認しておきましょう。

　2つ目は、認定結果の「有効な期間」（**認定有効期間**といいます）です。新規認定は原則、**6ヵ月**となっており、短縮・延長（**3ヵ月～12ヵ月**）が可能です。一方、更新認定は原則、**12ヵ月**で、短縮・延長は**3ヵ月～36ヵ月**（同一要介護度等の場合は**48ヵ月**まで延長可能）となっています。

　3つ目は、「認定結果がいつから有効か」（**認定の効力**といいます）です。新規認定の場合は、**申請日**から有効です。一方、更新認定の場合は、**認定有効期間満了日の翌日**から有効となります。更新認定では、必ず更新認定の申請以前に認定された結果と認定有効期間が存在するはずです。その認定有効期間の最終日がいわゆる認定有効期間満了日となります。

**練習問題12**

認定有効期間について正しいものはどれか。3つ選べ。

1　新規認定は24ヵ月まで延長することができる。
2　区分変更認定は24ヵ月まで延長することができる。
3　更新認定は3ヵ月に短縮することができる。
4　新規認定は3ヵ月に短縮することができる。
5　更新認定は要介護度等が変更しない場合、48ヵ月まで延長することができる。

▼認定の3つの種類

| 1 | 新規認定 | 初めて申請する場合の認定 |
| --- | --- | --- |
| 2 | 更新認定 | 有効期間が終わっても引き続き介護給付（サービス）を受けたい場合に申請する認定 |
| 3 | 区分変更認定 | 認定有効期間中に、さまざまな理由で心身の状況が変化し、現在の認定結果にそぐわない状態と判断された場合に受ける認定 |

▼新規認定と更新認定の「効力」の違い

（区分変更認定は、新規認定と同じ扱い）

| | | 新規認定 | 更新認定 |
| --- | --- | --- | --- |
| 認定有効期間 | 原則 | 6ヵ月 | 12ヵ月 |
| | 短縮 | 3ヵ月 | 3ヵ月 |
| | 延長 | 12ヵ月 | 36ヵ月<br>要介護度・要支援度が変わらない場合は48ヵ月 |
| 認定の効力（効力が開始する時期） | | 申請日から | 有効期間満了日の翌日から |

▼「認定の効力」の具体例

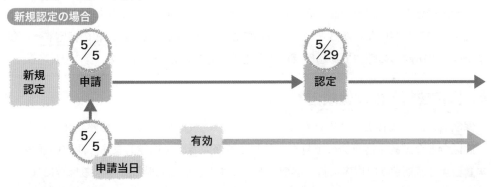

 練習問題 12 | 解答＆解説

新規認定は 12 ヵ月まで延長することができます。そのため、1 は×です。また、区分変更認定は新規認定と同じ扱いとなりますので、2 も×となります。

正解 3,4,5

2 要介護認定等と保険給付

出題頻度 ★★☆

必修ポイント！

☑ 介護保険では、一次判定と二次判定があります
☑ 主治医がいない場合、市町村の指定する医師等の診断が必要です
☑ 申請から認定通知までの期間は原則 30 日以内です

介護保険では、要介護認定等にいたるまでに、2つの**判定**を行います。

最初に行うのが**一次判定**です。まず認定調査員が、国が定めた認定調査票（全国一律）を用いて認定調査を行います。認定調査票は**基本調査**と**特記事項**の2つの部分に分けられ、一次判定は**基本調査のデータ**から算定されます。コンピュータに入力すると自動的に算定されるため、別名「コンピュータ判定」とも呼ばれます。

一次判定はコンピュータに入力するだけなので、利用者の状態を正しく反映していない可能性があります。そのため、基本調査のチェック項目だけでは伝えられない部分を認定調査員が**特記事項**に書き込みます。

その後、人の手を介して正しい判定をする機会として**介護認定審査会**が実施されます。そこで出た結果が**二次判定**となります。二次判定では、**一次判定の結果**と**特記事項**のほか、**主治医意見書**を用いて判定します。

主治医意見書は、認定の流れとは別に、**保険者**が被保険者の主治医に対して記入を求めます。主治医がいないからといって省略できず、被保険者は、**市町村の指定する医師**、またはその**市町村の職員である医師の診断**を受けなければなりません。

## 認定を行うのは保険者である

**保険者**は、二次判定の結果をもとに**認定**を行い、被保険者に対して要介護（要支援）状態区分と介護認定審査会の意見を記載した被保険者証を返還します。認定の通知は、**申請日から原則 30 日以内**に行う必要がありますが、認定に時間がかかる場合には、**申請日から 30 日以内**に、**処理見込期間と理由を被保険者に通知**する必要があります。

なお市町村は、要介護の被保険者について軽度になったと認めるときは、職権で変更認定ができ、要介護に該当しなくなったと認めるときはその認定を取り消せます。

 練習問題 13

要介護認定について正しいものはどれか。3つ選べ。

1 主治の医師の意見は、介護認定審査会で検討される。
2 介護認定審査会の意見は、主治の医師に通知しなければならない。
3 認定については、原則として申請日から 30 日以内に行われる。
4 被保険者に主治医がいない場合、市町村が指定する医師の診断を受けなければならない。
5 認定は、介護認定審査会が行う。

▼判定は「誰」が行い、「何」が必要？

| 判定 | 実施者 | 必要なもの |
|---|---|---|
| 一次判定 | 認定調査員 | ● 認定調査票の基本調査項目（74項目） |
| 二次判定 | 介護認定審査会 | ● 一次判定の結果<br>● 特記事項<br>● 主治医意見書 |

▼基本調査の主なチェック内容

| 主なチェック内容 | 具体的な項目 |
|---|---|
| ① 身体機能・起居動作に関する項目 | 麻痺等の有無、寝返り、歩行、洗身、視力、聴力　…など |
| ② 生活機能に関する項目 | 移動、嚥下、排尿、排便、口腔清潔、洗顔、衣服の着脱、外出頻度　…など |
| ③ 認知機能に関する項目 | 意思の伝達、生年月日や名前を言う、徘徊　…など |
| ④ 精神・行動障害に関連する項目 | 作話、感情の不安定さ、大声を出す、ひどい物忘れ、独り言　…など |
| ⑤ 社会生活への適応に関連する項目 | 薬の内服、金銭の管理、集団への不適応、買い物　…など |
| ⑥ 特別な医療に関連する項目 | 過去14日間に受けた特別な医療 |
| ⑦ 日常生活自立度に関連する項目 | 障害高齢者の日常生活自立度（寝たきり度）、認知症高齢者の日常生活自立度 |

▼主治医意見書の項目

① 基本情報
② 傷病に関する意見：診断名など
③ 心身の状態に関する意見
　　：日常生活の自立度、認知症の症状など
④ 特別な医療：過去14日以内に受けた医療

⑤ 生活機能とサービスに関する意見
　　：移動、栄養・食生活、医学的管理の
　　　必要性など
⑥ 特記すべき事項

▼申請から認定までの期間

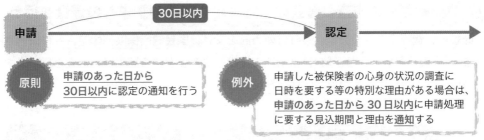

練習問題13｜解答＆解説

2の「介護認定審査会の意見」は、保険者に通知され、主治の医師に通知されることはありません。よって2は×になります。5については、認定を行うのは「保険者」で、介護認定審査会はあくまで二次判定を行うだけです。間違えないようにしましょう。

正解　1,3,4

# 介護保険で出てくる会議について

**必修ポイント！**

☑ 介護認定審査会のキーワードは、市町村・二次判定に関する業務
☑ 介護保険審査会のキーワードは、都道府県・審査請求について審査
☑ 介護給付費等審査委員会は国民健康保険団体連合会に設置

## 介護認定審査会は、二次判定を行う

介護認定審査会は、**市町村**に設置（複数の市町村での共同設置も可）され、**二次判定**を実施します。二次判定では、一次判定の結果・特記事項・主治医意見書の３つを元に、委員が話し合いを行います。介護認定審査会では、①要介護状態に該当するか、②該当する場合はその区分、③第２号被保険者の場合は特定疾病によるものか、などが話し合われ、二次判定の結果を出していきます（主治医や家族の意見を聴くことも可能）。

介護認定審査会の委員は、**市町村長**が任命し、**任期は２年**です。ただし、市町村の条例で定めた場合は、任期を２年を超え**３年**以下にすることができます。

## 介護保険審査会は、被保険者からの審査請求を審査する

介護保険審査会は、**都道府県**に設置されます。被保険者から保険者に対する不服申立て（審査請求）があった場合に、介護保険審査会が被保険者・保険者両者の意見を聴き、仲裁する、という役割を担っています。

ちなみに、介護保険審査会での審査の対象となるものは、①**保険給付に関する処分**（要介護認定や被保険者証の交付に関するものなど）、②**保険料その他介護保険法の規定による徴収金に関する処分**（保険料の決定に関するものなど）に限られています。

構成する委員は**都道府県知事**が任命し、**任期は３年**です。

## 介護給付費等審査委員会は、介護給付費等の請求書の審査を行う

介護給付費等審査委員会は、市町村の委託を受け、**国民健康保険団体連合会**に設置されます。介護給付費や介護予防・日常生活支援総合事業に関する請求書の審査を行います。

構成する委員は**国民健康保険団体連合会**が**委嘱**し、**任期は２年**です。

## 練習問題14

介護保険法に定める介護認定審査会について正しいものはどれか。３つ選べ。

1 委員は市町村長が任命する。
2 専門調査員を置くことができる。
3 介護給付費請求書の審査を行う。
4 委員の任期は２年である。
5 保健・医療・福祉の学識経験者が委員となる。

**▼３つの会議の概要**

| | ❶ 介護認定審査会 | ❷ 介護保険審査会 | ❸ 介護給付費等審査委員会 |
|---|---|---|---|
| 設置場所 | 市町村 | 都道府県 | 国民健康保険団体連合会 |
| 審議する内容 | ● 国が作成した全国共通の客観的な判定基準に従って審査・判定を行う<br>● その結果を市町村に通知する<br>● 必要があるときは、主治医の意見を聞くことができる | ● 被保険者の保険者に対する不服申立（審査請求）を受理し、審理・裁決を行う | ● 介護給付費請求書および介護予防・日常生活支援総合事業費の審査を行う |
| 委員 | ● 保健・医療・福祉の学識経験者<br>※原則、保険者である市町村の職員は委員になれない | ①被保険者を代表する委員３人<br>②市町村を代表する委員３人<br>③公益を代表する委員３人以上<br>※審査請求を迅速かつ正確に処理するために、専門調査員を置くことができる | ①介護給付費等対象サービス担当者、または介護予防・日常生活支援総合事業担当代表委員<br>（関係団体の推薦が必要）<br>②市町村代表委員<br>（関係団体の推薦が必要）<br>③公益代表委員 |
| 委員の選出 | 市町村長 | 都道府県知事 | 国民健康保険団体連合会 |
| 委員の任期 | ２年<br>※条例で定めるところにより、２年を超えて３年以下とすることができる | ３年 | ２年 |

３つの「会議」について、それぞれ「どこに設置」され、「どのような内容が審議されるのか」を整理しておきましょう

## 練習問題14｜解答＆解説

２については、専門調査員を置くことができるのは介護保険審査会です。よって２は×です。３の介護給付費請求書の審査を行うのは、介護給付費等審査委員会ですから、３も×です。なお、４の「任期」については、市町村の条例で定めた場合は２年を超えて３年以下とすることができますが、原則は２年です。注意しましょう。

正解 **1,4,5**

**必修ポイント！**

☑ 介護保険法以外の法律でも介護サービス等を提供しています
☑ 給付調整とは、どちらかの法律を優先して使用することです
☑ 介護保険法が優先する法律・制度を覚えましょう

介護保険法以外にもホームヘルプサービスなどを提供している法律があります。その1つが障害者総合支援法で、こちらでもさまざまな障害福祉サービスを提供し、介護保険法のサービスと重なるものもあります。では、身体障害者手帳を取得している69歳の人で、要介護5の認定を受けている人は、どちらのサービスも利用できるのでしょうか。

答えは「NO」です。日本の社会保障制度では、どちらを優先するかがあらかじめ決まっています。この優先関係を給付調整といいます。「介護保険法が優先」の場合は介護保険法が勝つ、「介護保険法に優先」の場合は介護保険法が負けるとなります。

## どの法律に対して「介護保険法が優先する」のか？

では、「介護保険法が優先」するのは、どの法律に対してでしょう。具体的には、老人福祉法、医療保険各法、生活保護法、障害者総合支援法などです。

ただし、老人福祉法の場合、虐待などで介護保険法のサービスが使えない場合は、例外的に老人福祉法が優先します。これは、命を守るための措置です。また、障害者総合支援法では、介護保険法にないサービスがたくさんあります。その1つが移動支援（ガイドヘルプサービス）です。この場合には優先関係は発生せず、介護保険の被保険者であっても、障害福祉サービスを利用できます。間違えないようにしましょう。

一方で、「介護保険法に優先」するものとしては、労働者災害補償保険法などが挙げられます。この場合のキーワードは補償です。具体的には、労働災害に対する補償（労働者災害補償保険法、労働基準法など）、公務災害に対する補償（国家公務員災害補償法、地方公務員災害補償法など）、国家補償的なもの（戦傷病者特別援護法、原子爆弾被爆者に対する援護に関する法律など）です。

 **練習問題15**

介護保険と他制度との関係について正しいものはどれか。2つ選べ。

1 障害者総合支援法による行動援護を利用している障害者が、要介護認定を受けた場合には、行動援護は利用できなくなる。
2 労働者災害補償保険法の通勤災害に関する療養給付は、介護保険法の保険給付に優先する。
3 医療保険の訪問看護は、介護保険法の保険給付に優先する。
4 戦傷病者特別援護法の療養給付は、介護保険法の保険給付に優先する。
5 生活保護法の介護扶助は、介護保険法の保険給付に優先する。

▼給付調整で介護保険が勝つ場合・負ける場合

| 介護保険法が「勝つ」 | ● 老人福祉法 |
| | ● 医療保険法 |
| | ● 後期高齢者医療制度 |
| | ● 公費負担医療 |
| | ● 生活保護法 |
| | ● 障害者総合支援法 |

これらの法律に対して介護保険が優先する

| 介護保険法が「負ける」 | ● 労働災害に対する補償の給付 |
| | ● 公務災害に対する補償の給付 |
| | ● 国家補償的な給付 |

これらの法律は介護保険に優先する

▼給付調整の例外

老人福祉法 関連

虐待などで介護保険法のサービスが受けられない場合は、老人福祉法の措置が適用される
【例】介護保険非該当（自立）である70歳の高齢者を、虐待などで特別養護老人ホームに入所させるケースなど

障害者総合支援法 など

障害者総合支援法などで、介護保険法にないサービス（移動支援、行動援護など）については、優先関係が発生せず、介護保険の被保険者であっても、その障害福祉サービスを利用することができる
【例】69歳で、身体障害者手帳1級を取得している要介護5の被保険者が移動支援（ガイドヘルプサービス）を利用するケースなど

給付調整とは異なりますが、保険者が保険給付の責任を免れるものとして、たとえば、給付事由が第三者の加害行為による場合で、第三者から同一の事由で損害賠償を受けたとき、というのがあります。
この場合、保険者は賠償額の限度で保険給付の責任を免れます

 練習問題15 | 解答＆解説

1の「障害者総合支援法による行動援護」とは、重度の行動障害がある知的障害者・精神障害者に対して行われる自立支援給付であり、介護保険法にはそのサービスがそもそもありません。
よって優先関係は発生せず、要介護認定を受けたあとでも引き続き利用することができます。
3の医療保険と、5の生活保護法は、介護保険給付が優先するので、ともに×です。

正解 2,4

# 16

# サービスの種類

**必修ポイント！**

☑ 介護サービスの指定ができるのは、都道府県知事と市町村長だけ
☑ 介護給付と予防給付の違いを理解しましょう
☑ 要支援者が使えない介護サービスも押さえておきましょう

　ここでは保険給付における介護サービスを見ていきます。覚えるポイントは、「誰が」利用できて、「誰が」指定するか、です。

## 指定するのは、都道府県知事か、市町村長か

　介護サービスは大きく**介護給付**と**予防給付**の２つに分類できます。それぞれ利用できるのは、介護給付の場合、**要介護者**（要介護１〜５の認定を受けた者）で、予防給付を利用できるのは**要支援者**（要支援１〜２の認定を受けた者）になります。

　介護給付、もしくは予防給付としてサービスを提供するには、介護保険法による**指定**を受けなければなりません。その指定ができるのは、**都道府県知事**か**市町村長**のみです。各サービスの指定は**6年**間有効で、更新には手続きが必要です（要件は新規と同様）。

　まず、都道府県知事が指定するサービスですが、介護給付として**居宅サービス・施設サービス**、予防給付として**介護予防サービス**があります。居宅サービスと介護予防サービスの内容はほぼ共通しており、予防給付の場合、居宅サービスの各サービス名に「介護予防」とつくだけです（次ページ）。ただし、「介護予防訪問介護」と「介護予防通所介護」は存在しませんので注意しましょう。

　また、介護給付の施設サービスには４つあります。そのうちの介護老人保健施設と介護医療院は、厳密にいうと「指定」を受けるのではなく**開設許可**を受ける、となります。

　次に、市町村長が指定するサービスです。介護給付には、**地域密着型サービス・居宅介護支援**、予防給付には、**地域密着型介護予防サービス・介護予防支援**があります。

　地域密着型サービスは９つ、地域密着型介護予防サービスは３つあります。また、居宅介護支援と介護予防支援は**ケアマネジメントを行う事業**なので、市町村長が指定するサービスには、**地域密着型**と**ケアプランセンター**（92ページ）があると覚えましょう。

## 練習問題 16

都道府県知事が指定するサービスはどれか。３つ選べ。

　1　介護予防サービス
　2　施設サービス
　3　地域密着型介護予防サービス
　4　介護予防支援
　5　居宅サービス

▼介護給付と予防給付のサービス一覧

（注）地域密着型サービスについては、2024（令和６）年４月の介護保険法改正にて追加の可能性あり

| | 都道府県知事が指定権者（指定都市・中核市の長を含む） | 市町村長が指定権者 |
|---|---|---|
| 介護給付 | **居宅サービス**<br>【訪問サービス】<br>訪問介護<br>訪問入浴介護<br>訪問看護<br>訪問リハビリテーション<br>居宅療養管理指導<br>【通所サービス】<br>通所介護<br>通所リハビリテーション<br>【短期入所サービス】<br>短期入所生活介護<br>短期入所療養介護<br>【特定施設サービス】<br>特定施設入居者生活介護※<br>【福祉用具サービス】<br>福祉用具貸与<br>特定福祉用具販売<br>※特定施設入居者生活介護とは、介護付有料老人ホーム・養護老人ホーム・軽費老人ホームが指定を受けて実施するサービスのこと | **地域密着型サービス**<br>定期巡回・随時対応型訪問介護看護<br>夜間対応型訪問介護<br>地域密着型通所介護（療養通所介護含む）<br>認知症対応型通所介護<br>小規模多機能型居宅介護<br>認知症対応型共同生活介護<br>地域密着型特定施設入居者生活介護（定員29人以下）<br>地域密着型介護老人福祉施設入所者生活介護（定員29人以下）<br>看護小規模多機能型居宅介護（複合型サービス）<br>**居宅介護支援** |
| | **施設サービス**<br>【福祉系施設サービス】<br>介護老人福祉施設（定員30人以上）<br>【医療系施設サービス】<br>介護老人保健施設<br>介護医療院<br>介護療養型医療施設※<br>※2024年３月末で廃止 | |
| 予防給付 | **介護予防サービス**<br>【訪問サービス】<br>介護予防訪問入浴介護<br>介護予防訪問看護<br>介護予防訪問リハビリテーション<br>介護予防居宅療養管理指導<br>【通所サービス】<br>介護予防通所リハビリテーション<br>【短期入所サービス】<br>介護予防短期入所生活介護<br>介護予防短期入所療養介護<br>【特定施設サービス】<br>介護予防特定施設入居者生活介護<br>【福祉用具サービス】<br>介護予防福祉用具貸与<br>（特定）介護予防福祉用具販売 | **地域密着型介護予防サービス**<br>介護予防認知症対応型通所介護<br>介護予防小規模多機能型居宅介護<br>介護予防認知症対応型共同生活介護<br>**介護予防支援** |

市町村独自のサービスに、市町村特別給付というものがあり、原則、第1号被保険者の保険料のみを使って、要介護者・要支援者などに向けて実施されます

一部の地域密着型サービスには公募指定という方法がある。公募指定とは、事業者に応募してもらい、市町村が選考し、事業者を決定する方法

## 練習問題 16 ｜解答＆解説

３と４は市町村長が指定するサービスです。「介護予防」という言葉がつくと市町村のイメージが強くなるため、１も市町村長が指定すると勘違いする人が多いのですが、指定するのは都道府県知事です。注意しましょう。

**正解** 1,2,5

# 17

# 償還払い（金銭給付）と現物給付

**必修ポイント！**

☑ 介護保険の保険給付には償還払いと現物給付があります
☑ 償還払いは、「いったん全額支払い→保険給付分の払戻し」
☑ 現物給付は、「現物（サービス）の提供＝保険給付」

介護保険の保険給付は**被保険者**に対して行われます。その方法には、**償還払い**（**金銭給付**）と**現物給付**の２つがあります。

## 全額支払ったあとに保険給付分が戻ってくるのが、償還払い

まず償還払いから見ていきましょう。これは、お金で支払われる金銭給付です。その方法は、たとえば、被保険者が福祉用具事業者からポータブルトイレを 20,000 円で購入した場合、被保険者はいったん**全額支払い**、あとから 18,000 円（被保険者負担が１割負担の場合）が**払戻し（償還）**される、という流れになります。

ただし、現在、この方法での保険給付は少なくなっており、償還払いが採用されているのは、①**福祉用具購入費**、②**住宅改修費**、③**高額介護サービス費**、④**高額医療合算介護サービス費**、⑤**特例サービス費**の５つのみです。なぜ少なくなっているかというと、償還払いだと立替金額が高くなるため、利用者の負担が重くなってしまうからです。

## 現物給付では、被保険者は負担分だけを支払う

次に現物給付ですが、これは簡単にいえば、被保険者は負担分だけを支払う、というものです。たとえば、被保険者が 20,000 円分のデイサービスを利用するとします。この場合、被保険者がデイサービスに支払うのは、負担分の 2,000 円です（１割負担の場合）。残りの 18,000 円は、**保険者**から**デイサービスの事業者に直接**支払われます。

つまり、本来は被保険者に支払われるべきお金が、被保険者の代わりにデイサービス（事業者・施設）が受けとる形（代理受領）になっているのです。現物給付は現在、介護保険ではメジャーな保険給付の方法となっています。なお、償還払いが採用されているサービスの場合、現物給付が認められていません。

**練習問題 17**

現物給付が認められていないものはどれか。３つ選べ。

1 地域密着型介護サービス費
2 福祉用具購入費
3 住宅改修費
4 福祉用具貸与費
5 高額介護サービス費

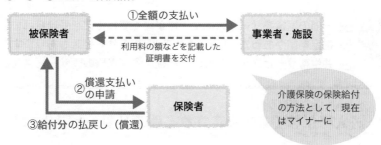

**償還払い** ：①→②→③の流れで保険給付

- 被保険者 — ①全額の支払い → 事業者・施設
- （利用料の額などを記載した証明書を交付）
- ②償還支払いの申請 → 保険者
- ③給付分の払戻し（償還）

介護保険の保険給付の方法として、現在はマイナーに

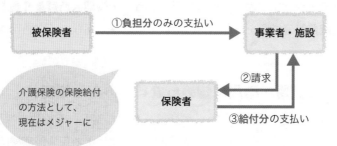

**現物給付** ：①→②→③の流れで保険給付

- 被保険者 — ①負担分のみの支払い → 事業者・施設
- 保険者 — ②請求
- ③給付分の支払い

介護保険の保険給付の方法として、現在はメジャーに

---

**償還払いが採用されているもの**
＝現物給付が認められていないもの

① 福祉用具購入費
② 住宅改修費
③ 高額介護サービス費
④ 高額医療合算介護サービス費
⑤ 特例サービス費

まず①〜③を覚え、余裕ができたら④と⑤を覚えるという順番で！

ちなみに、被保険者の持つ「保険給付を受ける権利」は差し押さえることができません！これも覚えておきましょう

2
要介護認定等と保険給付

---

 **練習問題 17** │ 解答＆解説

「現物給付が認められていない」という問いに戸惑った人は多いと思いますが、保険給付の方法は２つしかありません。そのうち、「現物給付が認められない」ということは「償還払いで行う」ということになります。つまり、「償還払いはどれか？」が問われている問題なのです。

**正解** 2,3,5

# 18

# 法人格不要の特例・みなし指定・共生型サービス

**必修ポイント!**

☑ 一部の医療系サービスは法人格がなくても指定を受けられます
☑ 指定申請があったと「みなされる」医療系サービスもあります
☑ 共生型サービス事業者は障害福祉＆介護保険の両サービスを提供

## 法人格がなくても指定される医療系サービスとは？

保険給付を行う<u>指定</u>サービス（指定されたサービス）を提供する事業所・施設には、原則、<u>法人格</u>が必要です。ただし、①**病院・診療所**が**居宅療養管理指導・訪問看護・訪問リハビリテーション・通所リハビリテーション・短期入所療養介護**を行う場合や、②**薬局**が**居宅療養管理指導**を行う場合については、<u>法人格がなくても可能</u>である、となっています。

## 病院・診療所・薬局に認められる「みなし指定」

また、病院、診療所、薬局については、<u>みなし指定</u>という方法も採用されています。みなし指定とは、病院・診療所、薬局が健康保険法による保険医療機関・保険薬局の指定を受けた場合、①**病院・診療所**が**居宅療養管理指導・訪問看護・訪問リハビリテーション・通所リハビリテーション・短期入所療養介護**を行う場合や、②**薬局**が**居宅療養管理指導**を行う場合には、指定があったものとみなされ、指定申請が<u>不要</u>になる、ということです。

そのほか、介護保険法で開設許可を受けた③**介護老人保健施設**や**介護医療院**は、みなし指定として**通所リハビリテーション・短期入所療養介護**を行うことができます。

## 共生型サービスとは？

障害福祉サービス（障害者総合支援法や児童福祉法）の指定を受けている事業者は、一定の条件はありますが、介護保険の指定を受けやすくなりました。そのような事業者を<u>共生型サービス</u>事業者と呼びます。これは<u>福祉系サービス</u>（ホームヘルプサービス・デイサービス・ショートステイ）に限って主に行われています。

### 練習問題18

介護老人保健施設がみなし指定として行うことができるものはどれか。2つ選べ。

1 訪問看護
2 訪問リハビリテーション
3 通所リハビリテーション
4 短期入所療養介護
5 短期入所生活介護

## ▼「法人格不要」または「みなし指定」が認められるサービス

| | サービス名（予防含む） | 法人格 | みなし指定 |
|---|---|---|---|
| **1 病院・診療所** | 居宅療養管理指導 | 不要 | ○ |
| | 訪問看護 | | |
| | 訪問リハビリテーション | | |
| | 通所リハビリテーション | | |
| | 短期入所療養介護<br>（療養病床があるものに限られる） | | |
| **2 薬局** | 居宅療養管理指導 | | |
| **3 介護老人保健施設<br>介護医療院** | 通所リハビリテーション | 必要 | |
| | 短期入所療養介護 | | |
| | 訪問リハビリテーション | | × |

## ▼共生型サービスの対象となるもの

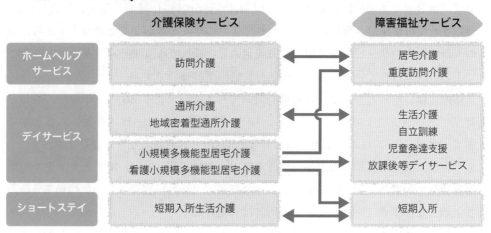

| | 介護保険サービス | 障害福祉サービス |
|---|---|---|
| ホームヘルプサービス | 訪問介護 | 居宅介護<br>重度訪問介護 |
| デイサービス | 通所介護<br>地域密着型通所介護 | 生活介護<br>自立訓練<br>児童発達支援<br>放課後等デイサービス |
| | 小規模多機能型居宅介護<br>看護小規模多機能型居宅介護 | |
| ショートステイ | 短期入所生活介護 | 短期入所 |

小規模多機能型居宅介護と看護小規模多機能型居宅介護については、障害福祉サービスの生活介護等の共生型サービスとしての指定を受けることができます。
一方、その逆（たとえば、障害福祉サービスの生活介護が小規模多機能型居宅介護の指定を受ける、など）は、共生型サービスとして認められていません

 **練習問題18**｜解答＆解説

介護老人保健施設は、みなし指定として通所リハビリテーションと短期入所療養介護を行うことができます。「みなし指定は医療系サービスのみに限定」されていることと、「訪問リハビリテーションはみなし指定としては行うことができない」こと（ただし、指定申請をすると、行うことができます）の2つは、まずしっかり頭に入れておきましょう。

**正解** 3,4

# 19 支給限度基準額①
## ～４つの分類

出題頻度 ★★☆

**必修ポイント！**

☑ 保険給付には、上限（支給限度基準額）があります
☑ 支給限度基準額は４つに分類されます
☑ 出題されやすいのは「種類」を除く、３つです

　保険給付は際限なく行うことはできないため、一定の上限が定められています。それを**支給限度基準額**と呼びます。その内容によって支給限度基準額がそれぞれ設定されており、現在は①**区分**・②**福祉用具購入費**・③**住宅改修費**・④**種類**の**４つ**に分けられています。

### ✎ ４つの支給限度基準額

　ここから、４つの支給限度基準額それぞれについて見ていきましょう。

　まず「区分」です。介護保険では、７つの認定区分（要介護１～５・要支援１～２）に分類されていますが、重度になるにつれて多くのサービスが必要となりますから、重度の人ほど多くのサービスを利用できる設定にしなければなりません。そこで、区分ごとに上限が決められています。これが**区分支給限度基準額**です。

　具体的には、もっとも重度である要介護５では１ヵ月あたり36,217単位分、もっとも軽度である要支援１では、１ヵ月あたり5,032単位分のサービスを受けることができます（次ページ）。なお、１単位はおおよそ10円（地域差あり）となります。

　２つ目は、**福祉用具購入費支給限度基準額**です。福祉用具には、購入とレンタル（福祉用具貸与）があり、購入においては、**１事業年度（４月～翌年３月）について10万円が上限**となります（施設サービス利用者は対象外）。

　３つ目は、**住宅改修費支給限度基準額**です。これは**１住宅20万円が上限**となります。

　４つ目は、**種類支給限度基準額**です。地域に特定のサービスが不足している場合などに設定されます。たとえば、ある地域において、定員50人のデイサービス（通所介護）が１つなのに対し、毎日利用したい被保険者が100人いたとします。その場合、100人が毎日使うことは不可能なので、100人が公平に利用できるよう、種類支給限度基準額という形で「通所介護１月あたり○○単位」というような設定をするわけです。

 **練習問題19**

支給限度基準額について正しいものはどれか。２つ選べ。

1　住宅改修費支給限度基準額は、１事業年度20万円である。
2　福祉用具購入費支給限度基準額は、施設サービスを利用する者にも適用される。
3　区分支給限度基準額は１月あたりの設定となっている。
4　種類支給限度基準額は国が設定する。
5　住宅改修費支給限度基準額は、市町村条例で定めるところにより、上乗せすることができる。

## ▼ 4つの支給限度基準額のまとめ

| | 基準額<sup>※</sup> | | 基準 | 設定者 | 上乗せの有無 |
|---|---|---|---|---|---|
| ①<br>区分<br>支給限度<br>基準額 | 要介護5 | 36,217 単位 | 1ヵ月 | 国 | 市町村条例に<br>定めることで可能 |
| | 要介護4 | 30,938 単位 | | | |
| | 要介護3 | 27,048 単位 | | | |
| | 要介護2 | 19,705 単位 | | | |
| | 要介護1 | 16,765 単位 | | | |
| | 要支援2 | 10,531 単位 | | | |
| | 要支援1 | 5,032 単位 | | | |
| ②<br>福祉用具<br>購入費<br>支給限度<br>基準額 | 10 万円 | | 1事業年度<br>(4月~翌3月) | | |
| ③<br>住宅改修費<br>支給限度<br>基準額 | 20 万円 | | 1住宅 | | |
| ④<br>種類<br>支給限度<br>基準額 | なし | | サービスの<br>種類単位で<br>1ヵ月ごと | 市町村 | なし |

※基準額の単位については、2024（令和6年）4月の介護保険法改正にて変更の可能性あり

> 上の4種類のうち、出題頻度が高いのは、「区分」「福祉用具購入費」「住宅改修費」の3つです。
> ただし、「区分」の単位数については覚える必要はありません

 **練習問題 19｜解答&解説**

1の住宅改修費支給限度基準額は、「1事業年度」ではなく、1住宅20万円の設定となっています。2の福祉用具購入費支給限度基準額は、施設サービスの利用者には設定されません。4の種類支給限度基準額は、市町村が条例で設定することになっています。

正解 **3,5**

**必修ポイント！**

- ☑ 支給限度基準額には一部例外があります
- ☑ 支給限度基準額が設定されないサービスもあります
- ☑ 施設などに入所（入居）している被保険者には、支給限度基準額は設定されません

支給限度基準額の基本については、前セクションで理解できたと思います。ここでは「例外的な扱い」のものや、支給限度基準額が設定されないものなどについて見ていきましょう。

### 「例外的な扱い」にはどのようなものがあるのか？

例外的な扱いのものとして、区分支給限度基準額では、①新規認定などで月の途中からスタートする場合と、②区分変更認定で月の途中で要介護度等が変更する場合とがあります。区分支給限度基準額は、原則、「１ヵ月あたり」ですが、これらの場合、**日割り**などの**対応はしません**。①の場合は１ヵ月未満であっても**１ヵ月分**の区分支給限度基準額が、②の場合は**その月**については**重いほう**の区分支給限度基準額が適用されます。

住宅改修費支給限度基準額の例外的な扱いには**引越し**の場合があり、引越し先で、もう一度利用することができます。また、**要介護度が３段階**上がった（**重度化**した）場合、同一住宅であってももう一度利用することができます。

ちなみ、ここでいう「段階」は「区分」と若干異なります。段階の場合、要介護１と要支援２が同じ段階の所属となるため、区分が７つに分けられるのに対して、段階は６つになります（229ページ）。

### 支給限度基準額が設定されないサービスとは？

一方で、上限（支給限度基準額）の設定が不要な場合もあります。具体的には、**施設等に入所（入居）している**場合と、自宅で生活しながら**居宅療養管理指導**と**ケアプラン（居宅介護支援・介護予防支援）**を利用する場合です。逆にいえば、この２つ以外は支給限度基準額が設定される、ということです。

### 練習問題 20

支給限度基準額について正しいものはどれか。３つ選べ。

1. 福祉用具貸与には、区分支給限度基準額は適用されない。
2. 居宅介護支援には、区分支給限度基準額は適用されない。
3. 居宅療養管理指導には、区分支給限度基準額は適用されない。
4. 転居した場合には、改めて支給限度基準額まで住宅改修費の支給を受けることができる。
5. 地域密着型通所介護には、区分支給限度基準額は適用されない。

## ▼区分支給限度基準額の2つの例外

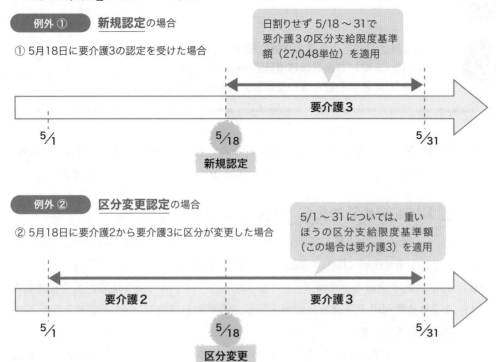

**例外①** **新規認定**の場合

① 5月18日に要介護3の認定を受けた場合

> 日割りせず5/18〜31で要介護3の区分支給限度基準額（27,048単位）を適用

要介護3

5/1　　5/18　新規認定　　5/31

**例外②** **区分変更認定**の場合

② 5月18日に要介護2から要介護3に区分が変更した場合

> 5/1〜31については、重いほうの区分支給限度基準額（この場合は要介護3）を適用

要介護2　要介護3

5/1　　5/18　区分変更　　5/31

## ▼支給限度基準額が設定されないサービス

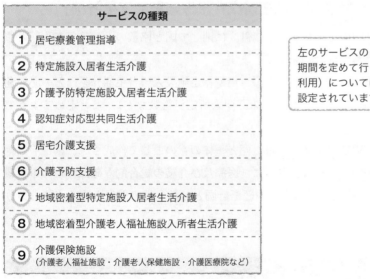

| サービスの種類 |
| --- |
| ① 居宅療養管理指導 |
| ② 特定施設入居者生活介護 |
| ③ 介護予防特定施設入居者生活介護 |
| ④ 認知症対応型共同生活介護 |
| ⑤ 居宅介護支援 |
| ⑥ 介護予防支援 |
| ⑦ 地域密着型特定施設入居者生活介護 |
| ⑧ 地域密着型介護老人福祉施設入所者生活介護 |
| ⑨ 介護保険施設<br>（介護老人福祉施設・介護老人保健施設・介護医療院など） |

> 左のサービスのうち、施設等での利用期間を定めて行うもの（いわゆる短期利用）については、支払限度基準額が設定されています

 **練習問題 20** | 解答＆解説

支給限度基準額について、「適用される」「適用されない」と聞かれたときは、「適用されないサービス」をイメージするとよいでしょう（上記の表を参照）。選択肢の1と5は「適用されない」に含まれていない（つまり「適用される」）ので×となります。

**正解** <u>2,3,4</u>

**2**

要介護認定等と保険給付

# 介護保険事業計画

出題頻度 ★★☆

必修ポイント！

☑ 介護保険は国が定めた基本指針にそって進められます
☑ 市町村は「市町村介護保険事業計画」を策定します
☑ 都道府県は「都道府県介護保険事業支援計画」を策定します

　介護保険は、国が方向性を定め（基本指針）、それをもとに、都道府県や市町村（保険者）が被保険者への支援などを進めていきます。ここではその元となる計画を解説します。

## 介護事業を進めるための「市町村介護保険事業計画」

　市町村は、国が定めた「基本指針」に則して、3年を1期とする市町村介護保険事業計画を策定します（作成に際して都道府県から技術的助言を受けられます）。

　その計画には、「定めるべき事項」（認知症対応型共同生活介護や地域密着型介護老人福祉施設等の必要利用定員総数、地域支援事業の量の見込など）と、「定めるよう努める事項」が盛り込まれます。

　また、その計画は市町村老人福祉計画と一体のものとして作成され、かつ市町村地域福祉計画との調和が保たれたものとして作成される必要があります。

## 市町村を後方支援する「都道府県介護保険事業支援計画」

　都道府県も同様に、国の定めた「基本指針」に則して国と協議の上、3年を1期とする都道府県介護保険事業支援計画を策定します。

　その計画にも、「定めるべき事項」（介護専用型特定施設入居者生活介護などの必要利用定員総数や、介護保険施設の種類ごとの必要入所定員総数など）と、「定めるよう努める事項」が盛り込まれます。

　また、その計画は、都道府県老人福祉計画と一体のものとして作成され、都道府県地域福祉支援計画との調和が保たれ、さらに「医療及び介護の総合的な確保のための事業の実施に関する計画」（都道府県計画）や医療計画との整合性の確保を図る必要もあります。

 練習問題 21

市町村介護保険事業計画について正しいものはどれか。3つ選べ。

1 都道府県知事の定める基本指針に基づき作成されなければならない。
2 市町村老人福祉計画と一体のものとして作成されなければならない。
3 市町村地域福祉計画と調和が保たれたものでなければならない。
4 介護サービス情報の公表に関する事項を定めなければならない。
5 変更したときは、遅滞なく、都道府県知事に提出しなければならない。

▼「介護保険事業計画」で定められる事項

| | | 市町村介護保険事業計画 | 都道府県介護保険事業支援計画 |
|---|---|---|---|
| 定めるべき事項 | 必要利用定員総数 | ● 認知症対応型共同生活介護<br>● 地域密着型特定施設入居者生活介護<br>● 地域密着型介護老人福祉施設 | ● 介護専用型特定施設入居者生活介護<br>● 地域密着型特定施設入居者生活介護<br>● 地域密着型介護老人福祉施設 |
| | 必要入所定員総数 | ● なし | ● 介護保険施設（種類ごと） |
| | 量の見込 | ● 介護給付等対象サービス（種類ごと）<br>● 地域支援事業 | ● 介護給付等対象サービス（種類ごと） |
| | その他 | ● 自立支援等施策※とその目標に関する事項 | ● 市町村による自立支援等施策への支援に関し、都道府県が取り組むべき施策とその目標に関する事項 |
| 定めるよう努める事項 | | ● 定めるべき事項の見込量の確保のための方策<br>● 地域支援事業の見込量の確保のための方策　　　　　…など | ● 介護保険施設相互間の連携確保に関する事業<br>● 混合型特定施設入居者生活介護<br>● 介護サービス情報の公表に関する事項<br>● サービス付き高齢者向け住宅の入居定員総数<br>　　　　　…など |

※自立支援等施策：被保険者の自立した日常生活支援、介護予防、要介護状態等の軽減など、介護給付等に要する費用の適正化に関し、市町村が取り組むべき施策のこと

試験対策としては、「定めるべき事項」を確実に覚えましょう！
また、市町村介護保険事業計画を変更したときには、遅滞なく都道府県知事に提出する必要があることも覚えておきましょう

▼介護保険事業計画と一体・調和・整合性が求められる計画は？

| | 市町村介護保険事業計画 | 都道府県介護保険事業支援計画 |
|---|---|---|
| 一体のもの | 市町村老人福祉計画 | 都道府県老人福祉計画 |
| 調和が保たれたもの | 市町村地域福祉計画 | 都道府県地域福祉支援計画 |
| 整合性の確保を図るもの | 市町村計画 | 都道府県計画、医療計画 |

「老人は一体」「地域は調和」と覚えましょう！

## 練習問題 21 ｜ 解答＆解説

1の基本指針は、都道府県ではなく「国」が定めますので×です。4の「介護サービス情報の公表」は、都道府県介護保険事業支援計画での「定めるよう努める事項」になります。2と3で問われている「一体」と「調和」が必要な計画については、確実に覚えておきましょう。

正解 2,3,5

## まとめ ②要介護認定等と保険給付

ここまでに学んだ試験合格の必修ポイントのまとめです。
重要語句を付属の赤シートで隠すなどして覚えていきましょう。
試験直前期にも要チェック！

▼申請から認定までの流れ

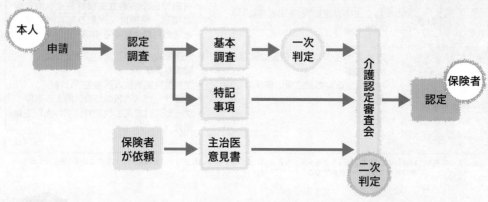

▼申請から認定までのキーワード

| 申請 | ● 必要なものは、<u>申請書と保険証</u><br>● 一部の職種で、<u>申請代行</u>が可能 |
| --- | --- |
| 認定調査 | ● 新規の場合は、原則、<u>市町村職員</u>が実施<br>● 更新の場合は、<u>外部に委託</u>可能 |
| 主治医意見書 | ● 主治医がいない場合は…<br>　<u>市町村の指定する医師</u>、または<u>市町村の</u><br>　<u>職員である医師</u>による診断を受ける |

> 指定市町村事務委託法人は
> 新規・更新の認定調査を
> 実施することができます

▼更新認定の調査と申請代行の両方ができる者とは？

**①**
地域包括支援センター

**②**
居宅介護支援事業者

**③**
地域密着型
介護老人福祉施設

**④**
介護保険施設

▼新規と更新の「効力」はどこが違う？

| | 新規認定 | 更新認定 |
|---|---|---|
| **いつから有効？** | <u>申請日</u>から | 有効期間満了日<br>の<u>翌日</u> |
| **認定有効<br>期間** 原則 | <u>6</u>ヵ月 | <u>12</u>ヵ月 |
| 短縮 | <u>3</u>ヵ月 | <u>3</u>ヵ月 |
| 延長 | <u>12</u>ヵ月 | <u>36</u>ヵ月<br>【要介護度・要支援度が<br>変わらない場合】<br><u>48</u>ヵ月 |

区分変更認定については
新規認定とまったく同じです

▼3つの会議の内容を整理しよう

| | ❶ 介護認定審査会 | ❷ 介護保険審査会 | ❸ 介護給付費等<br>審査委員会 |
|---|---|---|---|
| **設置場所は？** | <u>市町村</u> | 都道府県 | <u>国民健康保険団体連合会</u> |
| **審議する<br>内容は？** | ●国が作成した全国共通<br>の客観的な判定基準に<br>従って審査・判定を行う<br>●その結果を<u>市町村</u>に<br>通知する<br>●必要があるときは、<br>主治医の意見を聞く<br>ことができる | ●被保険者の保険者に対<br>する不服申立（審査請<br>求）を受理し、審理・<br>裁決を行う | ●介護給付費請求書およ<br>び介護予防・日常生活<br>支援総合事業費の審査<br>を行う |
| **委員を構成<br>するのは<br>どんな人？** | ●保健・医療・福祉の<br>学識経験者<br>※原則、保険者である<u>市町村</u><br>の職員は委員に<u>なれない</u> | ①被保険者を代表する<br>委員3人<br>②市町村を代表する委員<br>3人<br>③公益を代表する委員<br>3人以上<br>※審査請求を迅速かつ正確に<br>処理するために、<u>専門調査</u><br><u>員</u>を置くことができる | ①介護給付費等対象サー<br>ビス担当者、または<br>介護予防・日常生活支援<br>総合事業担当代表委員<br>（関係団体の推薦が必要）<br>②市町村代表委員<br>（関係団体の推薦が必要）<br>③公益代表委員 |
| **委員の<br>選出方法は？** | <u>市町村長</u> | 都道府県知事 | 国民健康保険団体連合会 |
| **委員の<br>任期は？** | <u>2</u>年<br>※条例で定めるところにより<br><u>2</u>年を超えて<u>3</u>年以下と<br>することができる | <u>3</u>年 | <u>2</u>年 |

# 22 介護保険の財政構造

出題頻度 ★★☆

**必修ポイント！**

☑ 介護保険は、公費と保険料で賄われます
☑ 公費では、国・都道府県・市町村がそれぞれ分担しています
☑ 第2号被保険者の保険料が使われない事業があります

　介護保険の財源は、**公費**と保険料で賄われ、基本的には半々（公費**50%**・保険料**50%**）という負担となっています。ただし、例外もありますので、ここでは財政基本構造を押さえつつ、例外にも対応できるように解説していきます。

　まず公費ですが、これは税金のことを指します。公費は、国・都道府県・市町村がそれぞれ負担していますが、その負担割合は異なります。基本的には、公費負担50%のうち、国が**25%**、都道府県と市町村がそれぞれ**12.5%**負担することとなります。

　ただし、例外もあります。たとえば、施設等給付費については負担割合が、国が**20%**、都道府県が**17.5%**に変化しますし、包括的支援事業と任意事業（ともに72ページ）については国が**38.5%**、都道府県と市町村がそれぞれ**19.25%**に変化します。

　もう1つの財源である保険料については、第1号が**23%**、第2号が**27%**という割合になっており、**3年に1度見直し**が行われます。ただし、包括的支援事業と任意事業については、**第2号被保険者の保険料は使われません**。注意しましょう。

## 国の負担には「調整交付金」が含まれている

　公費のうち、国の負担分には**調整交付金**が含まれます。これは、介護保険財政における市町村の格差を埋める目的で国から**市町村**に交付されるもので、総額で保険給付費および予防給付費の**5%**が交付されます（すべての市町村に一律5%でないので注意）。

　調整交付金のポイントは2つあります。1つが、**75歳以上の後期高齢者の加入割合**です。これが多い市町村ほど調整交付金の割合が高くなります。2つ目が、**第1号被保険者の所得**です。これが多い市町村ほど調整交付金の割合が低くなります。

　そのほか、災害などが起こり、市町村の財政事情が変化した場合には、**特別調整交付金が交付**されます。

 **練習問題 22**

介護保険の調整交付金について正しいものはどれか。3つ選べ。

　1 国が市町村に交付する。
　2 すべての市町村に一律に交付される定率の公費負担となっている。
　3 調整交付金の総額は、介護給付費及び予防給付費の総額の5%に相当する額とする。
　4 市町村ごとの第1号被保険者の年齢階級別の分布状況を考慮して交付される。
　5 市町村ごとの第2号被保険者の所得の分布状況を考慮して交付される。

## ▼介護保険の財政構造のまとめ

| | | 公費 | | | 保険料※ | |
| --- | --- | --- | --- | --- | --- | --- |
| | | 国 | 都道府県 | 市町村 | 第1号 | 第2号 |
| 介護給付費 | 居宅給付費 | <u>25%</u> | <u>12.5%</u> | 12.5% | 23% | <u>27%</u> |
| | 施設等給付費 | <u>20%</u> | <u>17.5%</u> | | | |
| 地域支援事業 | 総合事業 | <u>25%</u> | <u>12.5%</u> | | | |
| | 包括的支援事業 | <u>38.5%</u> | <u>19.25%</u> | <u>19.25%</u> | | 0% |
| | 任意事業 | | | | | |

※保険料の割合については、第1号、第2号とも2024（令和6年）4月の介護保険法改正にて変更の可能性あり

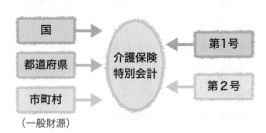

市町村が負担する12.5%は一般財源から拠出されています。また、市町村が担う介護保険事業に要す事務費も一般財源で賄われています

## ▼負担割合の例外

| ① | 施設等給付費 | ● 国の5%分の負担割合を都道府県に渡す |
| --- | --- | --- |
| ② | 包括的支援事業と任意事業 | ● 第2号被保険者の保険料が使われないため、公費と保険料の割合が <u>77：23</u> に変化する<br>● <u>国</u>は、公費の半分を負担するため、77÷2＝<u>38.5%</u>を負担する<br>● <u>都道府県</u>と<u>市町村</u>は、38.5÷2＝<u>19.25%</u>を、それぞれ負担する |

## ▼調整交付金の3つのポイント

| ① | 75歳以上の後期高齢者の加入割合の違い | <u>75歳以上の後期高齢者が多いと、保険給付にかかる費用が増加すると考えられるため、この場合、調整交付金の割合が高くなる</u> |
| --- | --- | --- |
| ② | 第1号被保険者の所得の格差 | <u>第1号被保険者の所得が高いと、保険料収入が高くなると考えられるため、この場合、調整交付金の割合は低くなる</u> |
| ③ | 災害時等の特別調整交付金 | <u>災害等が起こると、市町村は保険料の減免などを行い、保険料収入が減少する。それを埋める必要があるため交付される</u> |

ここからはパート3に入っていきます。
介護保険財政や地域支援事業について、1つひとつのテーマを理解していきましょう

## 練習問題22｜解答＆解説

調整交付金は、総額で介護給付費の5％となりますが、市町村の格差を埋めるためのものですから、一律には交付されません。よって2は×です。所得の分布状況は、第1号被保険者について勘案するものですから、5も×となります。

正解 1,3,4

# 保険料の流れ

**必修ポイント！**

☑ 第1号被保険者の保険料には、2つの徴収方法があります
☑ 第2号被保険者の保険料は、医療保険料と合算して徴収されます
☑ 保険料は、基本的に所得に応じて決定されます

　被保険者は保険料を納めなければなりませんが、第1号被保険者と第2号被保険者では、保険料の納め方が異なります。ここでは、第1号被保険者・第2号被保険者それぞれの納入方法について見ていくことにします。

　第1号被保険者ですが、セクション3で述べた通り（20ページ）、納め方には2パターンあります。1つが**特別徴収**です。これは、年額18万円以上の公的年金（老齢・退職・遺族・障害）を受給している場合に、年金支給額から**天引き**をして、それを市町村に納める方法です。被保険者の手元に残る年金額は減りますが、被保険者がわざわざ納入する手間が省け、かつ保険者も確実に保険料を納めてもらえる方法になります。

　もう1つが**普通徴収**です。これは保険者が被保険者に納入通知書を送り、それにもとづき**銀行など**で納入する方法で、配偶者や世帯主に**連帯納付義務**が課せられます。

　一方、第2号被保険者の納入方法は、**医療保険に加入**していることが要件のため、**医療保険料と合算**して納めます。また、第2号被保険者の介護保険料の場合、事業主負担があります。医療保険や年金保険と同様、会社が半分負担してくれるイメージです。

##  それぞれの保険料決定方法

　次に、それぞれの保険料がどう決まるのかを見ていきましょう。第1号被保険者の保険料の場合、**9段階の所得段階別定額保険料**で算定されます（次ページ）。9段階は**国**が定めたものですが、**市町村**は**条例**で定めることにより、さらに**細分化**（10段階**以上**）することができます。ここで定められる保険料率は、**3年に1度**見直されます。

　一方、第2号被保険者の保険料は、医療保険や年金保険と同様、**標準報酬月額によって決定**します（健康保険の場合）。

### 練習問題23

介護保険における第1号被保険者の保険料について正しいものはどれか。2つ選べ。

1 保険料率は、毎年度改定しなければならない。
2 年額18万円以上の遺族厚生年金受給者は、特別徴収の対象となる。
3 年金を受給していない者は、市町村民税に合算して徴収される。
4 世帯主は、普通徴収の場合には、その世帯に属する第1号被保険者と連帯して納付する義務を負う。
5 保険料減免の対象者は、政令で定められる。

▼ 特別徴収と普通徴収の違い

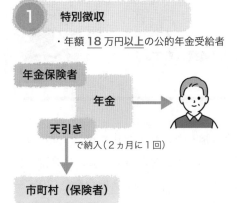

**① 特別徴収**

・年額 **18** 万円以上の公的年金受給者

年金保険者

年金 →

天引き

で納入（2ヵ月に1回）

↓

市町村（保険者）

**② 普通徴収**

・年額 **18** 万円未満の公的年金受給者
・年金未受給（繰下げなど）
・年度途中で保険者変更

納入 — 銀行等

納入通知書

市町村（保険者）

納入時期は、市町村条例で定める

▼ 第1号被保険者の保険料算出の方法　　（注）2024（令和6年）4月の介護保険法改正にて変更の可能性あり

| 所得段階 | 対象者 | 保険料 |
|---|---|---|
| 第1段階 | ● 生活保護受給者<br>● 市町村民税世帯非課税かつ老齢福祉年金受給者<br>● 市町村民税世帯非課税かつ本人の年金収入等が 80 万円以下 | 保険料基準額 × 0.3 |
| 第2段階 | ● 市町村民税世帯非課税かつ本人の年金収入等が 80 万円超<br>　120 万円以下 | 保険料基準額 × 0.5 |
| 第3段階 | ● 市町村民税世帯非課税かつ本人の年金収入等が 120 万円超 | 保険料基準額 × 0.7 |
| 第4段階 | ● 市町村民税本人非課税（世帯に課税者がいる）かつ<br>　本人の年金収入等が 80 万円以下 | 保険料基準額 × 0.9 |
| 第5段階 | ● 市町村民税本人非課税（世帯に課税者がいる）かつ<br>　本人の年金収入等が 80 万円超 | 保険料基準額 × 1.0 |
| 第6段階 | ● 市町村民税本人課税かつ合計所得が 120 万円未満 | 保険料基準額 × 1.2 |
| 第7段階 | ● 市町村民税本人課税かつ合計所得が 120 万円以上 210 万円未満 | 保険料基準額 × 1.3 |
| 第8段階 | ● 市町村民税本人課税かつ合計所得が 210 万円以上 320 万円未満 | 保険料基準額 × 1.5 |
| 第9段階 | ● 市町村民税本人課税かつ合計所得が 320 万円以上 | 保険料基準額 × 1.7 |

所得段階は、市町村の条例で細分化する
ことができます。また、保険料率も、
市町村の条例を定めることで変更する
ことができます

**練習問題 23 │解答＆解説**

第1号被保険者の保険料の保険料率は3年に1度見直されますので、1は×になります。また、年金を受給していない者は普通徴収の扱いとなり、税金に合算されることはないため、3も×です。保険料減免の対象者は、市町村条例で定めることになっているので、5も×です。

正解 **2,4**

必修ポイント！

☑ **利用者負担は原則1割です**
☑ **食費や部屋代（居住費・滞在費）は利用者が負担します**
☑ **理美容代も利用者が負担します**

　介護保険では、保険給付について利用者は**定率負担**しなければなりません。原則は**1割負担**ですが、**第1号被保険者**の場合、その所得に応じて、**2割負担**、または**3割負担**となる場合があります。なお、要介護認定等を受けた人には**介護保険負担割合証**（30ページ）が交付され、そこに自身が何割負担かが記載されています。一方、**第2号被保険者**の場合は、所得に関わらずすべて**1割負担**となっています。なお、**ケアプラン作成費**については、利用者負担は**ゼロ**となっています。

　そのほか、**市町村**は、①震災・風水害・火災等で住宅等の財産が著しく損害を受けた、②世帯の生計を主として維持する者の死亡、心身の重大な障害や長期入院で収入が著しく減少した、③事業の休廃止や著しい損失、失業等で収入が著しく減少した、④干ばつ、冷害等による農作物の不作や不漁等で収入が著しく減少した、という理由により、定率負担を**減額**または**免除**することができます。

## 🖊 定率負担以外に、利用者負担が必要なもの

　定率負担以外でも利用者が負担しなければならないものがあります。具体的に、食費と部屋代（**施設系サービス・短期入所系・小規模多機能系**）は、基本的に**自己負担**（保険給付の**対象外**）です。ここでいう部屋代とは、施設系サービスでは**居住費**、短期入所系では**滞在費**、小規模多機能系では**宿泊費**と呼ばれるものです。居住費は家賃のようなもの、滞在費と宿泊費はホテル代のようなもの、というわけですね。ただし、低所得者については、別途軽減策があります（68ページ）。

　おむつ代も原則、**自己負担**ですが、**介護保険施設・地域密着型介護老人福祉施設・短期入所系サービス**を利用する場合は、**保険給付の対象**です。注意しましょう。理美容代や娯楽費なども**自己負担**となります。

　**練習問題24**

利用者負担について正しいものはどれか。2つ選べ。

　1　介護保険施設では、食費が保険給付の対象となる。
　2　地域密着型介護老人福祉施設では、おむつ代が保険給付の対象となる。
　3　通所介護では、食費が保険給付の対象となる。
　4　短期入所生活介護では、おむつ代が保険給付の対象外となる。
　5　小規模多機能型居宅介護では、滞在費が保険給付の対象外となる。

## ▼利用者の負担率はどのように決まるのか？

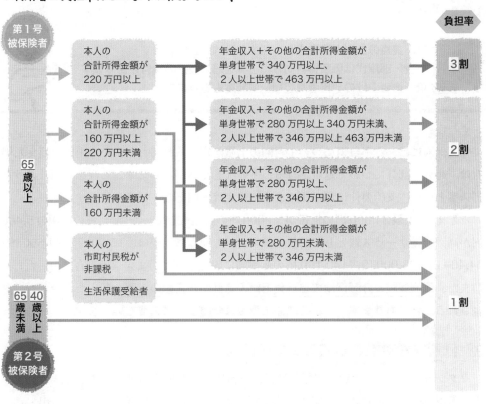

## ▼自己負担となるもの（〇）・ならないもの（×）

〇：全額自己負担（保険給付の対象外）
×：1～3割負担（保険給付の対象）

| サービスの種類 | おむつ代 | 食費 | 部屋代 |
|---|:---:|:---:|:---:|
| 介護保険施設<br>（介護老人福祉施設・介護老人保健施設・介護医療院など） | × | | |
| 地域密着型介護老人福祉施設 | × | | |
| 地域密着型特定施設入居者生活介護 | 〇 | | |
| 短期入所生活介護 | × | | 〇 |
| 短期入所療養介護 | × | 〇 | |
| 小規模多機能型居宅介護 | 〇 | | |
| 看護小規模多機能型居宅介護 | 〇 | | |
| 認知症対応型共同生活介護 | 〇 | | |
| 通所介護 | 〇 | | |
| 通所リハビリテーション | 〇 | | 不要 |

## 練習問題 24 │ 解答＆解説

「保険給付の対象外＝自己負担」と考えるとよいでしょう。食費や部屋代は自己負担（保険給付の対象外）となりますので、1と3は×、5は〇となります。また、おむつ代については保険給付の対象となるものが限定されていて、介護保険施設と地域密着型介護老人福祉施設、短期入所系サービスは給付対象なので、2が〇、4が×となります。

正解 2,5

# 25

# 利用者負担軽減のための給付

**必修ポイント！**

- ☑ 定率負担の上限が設定され、超えた分は返金されます
- ☑ 食費・部屋代は低所得者向けに上限を超えた分の給付があります
- ☑ 低所得者向けの利用者負担額軽減制度もあります

　介護保険には、定率負担について**月額の上限**が定められており、その上限を超えた場合は、超えた部分について返金される、というしくみがあります。これを**高額介護サービス費**といい、支給要件は**国**が決めます。算定は原則として**世帯**単位です。

　たとえば、上限24,600円の世帯が30,000円の負担をしていた場合、その差額の5,400円が高額介護サービス費として給付されます。ちなみに上限は、15,000円・24,600円・44,400円・93,000円・140,100円の**5段階に設定**されています（世帯合計の場合）。

　また、**医療保険と介護保険の自己負担額の合計**が**一定額の上限**を超えた場合にも、返金されることがあります。これを**高額医療合算介護サービス費**といいます。

## 低所得者対策としての2つの給付

　セクション24で、食費や部屋代は自己負担になるというお話をしました。そうすると低所得者の場合、食費や部屋代が払えず、サービスが利用できない可能性も出てきます。こうした事態を生じさせないために、介護保険制度では食費や部屋代について、別途上限を定め、低所得者もサービスが使えるようにする施策が設けられています。これがいわゆる**補足給付**（**特定入所者介護サービス費**）です（給付方法は現物給付）。

　ただし、すべてのサービスに適用されるわけではありません。適用は、**介護保険施設・地域密着型介護老人福祉施設入所者生活介護・短期入所生活介護・短期入所療養介護**に限定されています。このしくみが適用される対象者には、**介護保険負担限度額認定証**（30ページ）が交付されます。なお、低所得者でも預貯金などが一定額を超えている場合は対象外となります。そのほか、社会福祉法人等が低所得者にサービスを提供する場合、定率負担や部屋代、食費を軽減する制度があります（次ページ）。これを**社会福祉法人等による利用者負担額軽減制度**といい、特定入所者介護サービス費と併用できます。

**練習問題 25**

特定入所者介護サービス費の支給について正しいものはどれか。3つ選べ。

1. 対象となる費用は、食費と居住費（滞在費）である。
2. 負担限度額は、所得の状況その他の事情を勘案して設定される。
3. 対象となるサービスには、地域密着型介護老人福祉施設入所者生活介護は含まれない。
4. 対象となるサービスには、特定施設入居者生活介護は含まれない。
5. 対象者には、生活保護受給者は含まれない。

▼利用者負担軽減のための給付ポイント

| | 対象者 | 対象の内容 | 対象サービス |
|---|---|---|---|
| **高額介護サービス費**<br><br>【要支援者の場合】<br>**高額介護予防サービス費** | すべての<br>被保険者 | ● 定率負担分 | ● 居宅サービス<br>　（特定福祉用具販売は除く）<br>● 施設サービス<br>● 介護予防サービス<br>● 地域密着型サービス<br>● 地域密着型介護予防サービス |
| **高額医療合算<br>介護サービス費**<br><br>【要支援者の場合】<br>**高額医療合算<br>介護予防サービス費** | すべての<br>被保険者 | ● 医療保険と介護保険<br>　の自己負担額 | ● 居宅サービス<br>　（特定福祉用具販売は除く）<br>● 施設サービス<br>● 介護予防サービス<br>● 地域密着型サービス<br>● 地域密着型介護予防サービス |
| **特定入所者<br>介護サービス費** | 生活保護受給者<br>等の低所得者<br>（預貯金などの<br>制限あり） | ● 食費<br>● 居住費<br>● 滞在費 | ● <u>介護保険施設（57 ページ）</u><br>● <u>地域密着型介護老人福祉施設<br>　入所者生活介護</u><br>● <u>短期入所生活介護</u><br>● <u>短期入所療養介護</u> |
| **社会福祉法人等による<br>利用者負担額軽減制度** | 低所得者で<br>市町村が生計<br>困難であると<br>認めた者および<br>生活保護受給者 | ● 定率負担分<br>● 食費<br>● 居住費<br>● 滞在費<br>● 宿泊費 | 下記の表の通り |

▼社会福祉法人等による利用者負担額軽減制度での対象サービス

| | |
|---|---|
| **ホームヘルプ関係** | ● 訪問介護<br>● 定期巡回・随時対応型訪問介護看護<br>● 夜間対応型訪問介護<br>● 第 1 号訪問介護 |
| **デイサービス関係** | ● 通所介護<br>● 地域密着型通所介護<br>● 認知症対応型通所介護<br>● 第 1 号通所事業 |
| **ショートステイ関係** | ● 短期入所生活介護 |
| **小規模多機能関係** | ● 小規模多機能型居宅介護<br>● 看護小規模多機能型居宅介護 |
| **特養関係** | ● 介護老人福祉施設<br>● 地域密着型介護老人福祉施設入所者<br>　生活介護 |

住宅改修費・福祉用具
購入費の自己負担額
（定率負担分）は、
高額介護サービス費の
対象となりません

**3**

保険財政構造と地域支援事業

 練習問題 25 ｜解答＆解説

特定入所者介護サービス費は、地域密着型介護老人福祉施設入所者生活介護も対象となりますので、3は×です。また、生活保護受給者も対象となりますので、5も×となります。対象者や対象サービスについては、上の表を活用してしっかり覚えておきましょう。

正解 **1,2,4**

# 26

# 財政安定化基金と社会保険診療報酬支払基金

出題頻度 ★★☆

**必修ポイント！**

☑ 財政安定化基金は都道府県に設置されます
☑ 市町村は、財政安定化基金から交付・貸付を受けることが可能です
☑ 社会保険診療報酬支払基金は第２号被保険者の保険料を扱います

　介護保険事業を実施していくにあたり、その財源が不足する場合があります。しかし、だからといって、一般会計から借りることはできません。そこで、財源が足りなくなった市町村（保険者）を助けるために、財政安定化基金が都道府県に設置されています。

　財政安定化基金には、国・都道府県・市町村が３分の１ずつ積立てをすることになっています。ちなみに、市町村の負担分は第１号被保険者の保険料で賄われます。そしていざ足りなくなった場合には、市町村に対して交付または貸付を行います。

　それには２つのパターンがあり、１つが、通常の努力を行ってもなお生じる保険料未納により、介護保険財政の収入不足が生じた場合で、不足額の２分の１を交付することになります。このパターンでは全額交付はなく、残りの２分の１の不足分は貸付を受けることになります。もう１つが、見込を上回る給付費の増大等のため介護保険財政に不足が生じた場合で、この場合は全額貸付を受けることになります。

　交付と貸付は原則、介護保険事業計画の３年目（最終年度）に実施されます。そのため、貸付を受けた額は、翌期（３年間）で分割して返済することが原則です（返済期限までの間は無利子）。返済の財源は、第１号被保険者の保険料で賄われるため、財政安定化基金から貸付を受けた市町村に住む第１号被保険者の保険料は上がります。

## 社会保険診療報酬支払基金の役割

　社会保険診療報酬支払基金（以下、支払基金）は、第２号被保険者の保険料を扱います。いったん医療保険者のところに納入された介護保険料は、支払基金に納付されます（これを介護給付費・地域支援事業支援納付金といいます）。そして、支払基金は市町村（介護保険での保険者）へ必要額を交付します（これを介護給付費交付金・地域支援事業支援交付金といいます）。支払基金については、この流れを覚えれば大丈夫です。

## 練習問題26

財政安定化基金について正しいものはどれか。３つ選べ。

　1　財源の負担割合は、国２分の１、都道府県４分の１、市町村４分の１である。
　2　基金事業交付金の交付は、介護保険事業計画期間の最終年度において行う。
　3　基金事業交付金の額は、介護保険財政の収入不足分の全額に相当する額である。
　4　基金事業貸付金の償還期限は、次期市町村介護保険事業計画期間の最終年度の末日である。
　5　基金事業貸付金は、償還期限までの間は無利子である。

▼財政安定化基金でのお金の流れ

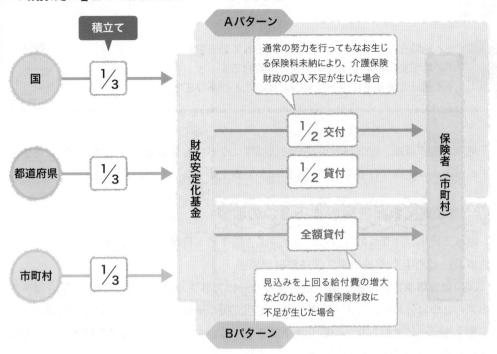

▼社会保険診療報酬支払基金（支払基金）のお金の流れ

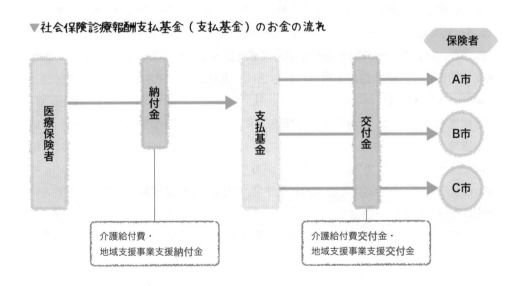

 **練習問題 26 ｜解答＆解説**

財政安定化基金への積立ては、国・都道府県・市町村がそれぞれ3分の1ずつ負担することになりますので、1は×です。また、交付金は収入不足分の2分の1が基準ですので、3も×となります。難しい問題ですが、消去法で解くことができれば大丈夫です。

正解 2,4,5

# 27 地域支援事業の全体像

出題頻度 ★★★

**必修ポイント！**

- ☑ 地域支援事業は、3事業に分けられています
- ☑ 地域支援事業の実施主体は、市町村です
- ☑ 地域支援事業には利用料がかかることがあります

地域支援事業は、被保険者が要介護状態等になってもできるだけ**地域**で**自立した生活**を送れるよう実施されるもので、**市町村**が実施主体となって行われています。

## 📖 地域支援事業を構成する3つの事業

地域支援事業は3つに分けられます。①**介護予防・日常生活支援総合**事業（以下、**総合**事業）、②**包括的支援**事業、③**任意**事業です。

①の総合事業は、**介護予防・生活支援サービス**事業（**第1号**事業）と**一般介護予防**事業の2つに分類されます。介護予防・生活支援サービス事業には、訪問や通所などを実施するサービスがあり、一般介護予防事業では、すべての第1号被保険者とその支援者を対象に介護予防活動を行います。

②の包括的支援事業には、地域包括支援センター運営分と、社会保障充実分があります。地域包括支援センター運営分は、その名前の通り、地域包括支援センター(78ページ)で実施され、(1)**第1号介護予防支援**事業（**要支援者**にかかるものを除く）、(2)**総合相談支援**業務、(3)**権利擁護**業務、(4)**包括的・継続的ケアマネジメント支援**業務という4つの事業（業務）からなっています。社会保障充実分にも同じく、(1)**在宅医療・介護連携推進**事業、(2)**生活支援体制整備**事業、(3)**認知症総合支援**事業、(4)**地域ケア会議推進**事業の4つの事業があります。(4)の地域ケア会議推進事業以外は、地域包括支援センター以外で実施されることがあります。

③の任意事業は、**介護給付等費用適正化**事業、**家族介護支援**事業、その他の事業という構成になっています。

地域支援事業の利用料は、介護予防**把握**事業以外は、請求できることになっています。

## 練習問題 27

地域支援事業について正しいものはどれか。2つ選べ。

1 総合相談支援業務は、包括的支援事業に含まれる。
2 権利擁護業務は、包括的支援事業に含まれる。
3 家族介護支援事業は、包括的支援事業に含まれる。
4 介護給付等費用適正化事業は、包括的支援事業に含まれる。
5 生活支援体制整備事業は、介護予防・日常生活支援総合事業に含まれる。

**▼ 3つの地域支援事業の概略**

| | | |
|---|---|---|
| **①**<br>**介護予防・日常生活支援**<br>**総合事業**<br>**(総合事業)** | **介護予防・生活支援**<br>**サービス事業**<br>**(第1号事業)** | ● 訪問型サービス<br>　(第1号訪問事業)<br>● 通所型サービス<br>　(第1号通所事業)<br>● その他生活支援サービス<br>　(第1号生活支援事業)<br>● 介護予防ケアマネジメント●<br>　(第1号介護予防支援事業) |
| | **一般介護予防事業** | ● 介護予防把握事業<br>● 介護予防普及啓発事業<br>● 地域介護予防活動支援事業<br>● 一般介護予防事業評価事業<br>● 地域リハビリテーション活動支援事業 |
| **②**<br><br>**包括的支援事業** | **地域包括支援センター**<br>**運営分** | ● 第1号介護予防支援事業●<br>　(要支援者にかかるものを除く)<br>● 総合相談支援業務※<br>● 権利擁護業務<br>● 包括的・継続的ケアマネジメント支援業務 |
| | **社会保障充実分** | ● 在宅医療・介護連携推進事業<br>● 生活支援体制整備事業<br>● 認知症総合支援事業<br>● 地域ケア会議推進事業● |
| **③ 任意事業** | | ● 介護給付等費用適正化事業<br>● 家族介護支援事業<br>● その他の事業 |

※令和6 (2024) 年4月以降、居宅介護支援事業者などへ一部委託が可能となる

> 地域ケア会議推進事業は、**地域包括**
> **支援センター運営分**として**事業を実施**
> し、社会保障充実分として**費用が計上**
> されている。よって、**地域包括支援**
> センター以外で実施することができない

> 介護予防・日常生活支援総合事業の
> **介護予防ケアマネジメント**と、地域
> 包括支援事業の**第1号介護予防支援**
> **事業**(**要支援者**にかかるものを**除く**)
> は、事業としては分かれているが、実際
> は両者とも総合事業の**介護予防ケアマネ**
> **ジメント**として一体的に実施され、
> 費用も総合事業で賄われている

**練習問題 27 | 解答＆解説**

家族介護支援事業と介護給付等費用適正化事業はともに「任意事業」となりますので、3と4
は✕となります。また、生活支援体制整備事業は「包括的支援事業」に含まれますので、5も
✕となります。上の表の①〜③の事業の中身を分類できるように整理しておきましょう。

**正解** 1,2

必修ポイント！
- ☑ 総合事業は、第1号事業と一般介護予防事業に分類されます
- ☑ 第1号事業には、訪問や通所など4つのサービスがあります
- ☑ 一般介護予防事業には5つの事業があります

　総合事業には、**介護予防・生活支援サービス**事業（以下、**第1号**事業）と、**一般介護予防**事業の2つの事業があります。

## それぞれの具体的なサービス内容を覚えよう

　第1号事業は、**基本チェックリスト該当者・要支援者・継続利用要介護者**を対象とした事業で、大きく4つのサービスがあります（次ページ）。①**第1号訪問**事業は、利用者宅を訪問して行うホームヘルプサービスです。②**第1号通所**事業は通所介護事業所等で実施されるサービスで、利用者はそこに通ってサービスを受けます。③**第1号生活支援**事業では、主に栄養改善を目的とした配食や見守り、定期的な安否確認を行います。④**第1号介護予防支援**事業では、対象者のケアマネジメントを実施します。

　なお、冒頭の「基本チェックリスト」とは、質問項目が25問あるシートのことで、**第1号被保険者**のみが対象です。該当する項目があれば、要支援認定を受けていなくても、第1号事業を利用することができます。また、要介護者であっても、以前、第1号事業を利用していた場合、市町村が認めれば継続して利用できることになっています。冒頭の「継続利用要介護者」がそれにあたります。

　一般介護予防事業は、**すべての第1号被保険者**、および**その支援のための活動に関わる者**を対象としたサービスで、大きく5つに分類されます。具体的には、①地域住民からの情報提供により対象者等の把握を行う**介護予防把握**事業、②介護予防活動の普及・啓発を行う**介護予防普及啓発**事業、③住民主体の介護予防活動の育成・支援を行う**地域介護予防活動支援**事業、④目標値の達成状況等の検証などを通じ、総合事業の評価を行う**一般介護予防事業評価**事業、⑤介護予防の取り組みを機能強化するため、リハビリ専門職などによる助言を行う**地域リハビリテーション活動支援**事業です。

### 練習問題 28

介護予防・日常生活支援総合事業について正しいものはどれか。2つ選べ。
1　介護給付等費用適正化事業を含む。
2　包括的支援事業の一つである。
3　地域支援事業の一つである。
4　要介護の第1号被保険者も対象である。
5　第1号生活支援事業と第2号生活支援事業がある。

## ▼第1号事業の4つのサービス

| 対象者 | | ●基本チェックリスト該当者 ●要支援者 ●継続利用要介護者 | |
|---|---|---|---|
| サービスの種類 | ①<br>第1号<br>訪問事業 | 旧介護予防訪問介護 | 訪問介護員等による身体介護・生活援助 |
| | | 訪問型サービスA | 生活援助など |
| | | 訪問型サービスB | 住民主体の自主活動として行う生活援助など |
| | | 訪問型サービスC | 保健師等による居宅での相談・指導 |
| | | 訪問型サービスD | 移動支援や移送前後の生活支援 |
| | ②<br>第1号<br>通所事業 | 旧介護予防通所介護 | 通所介護と同様のサービス |
| | | 通所型サービスA | ミニデイサービス・運動、レクリエーションなど |
| | | 通所型サービスB | 体操、運動等の活動など、自主的な活動の場づくり |
| | | 通所型サービスC | 生活行為を改善するための運動器の機能向上や栄養改善、口腔機能向上などのプログラム |
| | ③<br>第1号<br>生活支援事業 | 栄養改善を目的とした配食 | 栄養改善を目的とした配食や、一人暮らし高齢者への見守りとともに行う配食 |
| | | 住民ボランティア等が行う訪問による見守り | 定期的な安否確認および緊急時の対応、住民ボランティア等が行う訪問による見守り |
| | | 自立支援に資する生活支援 | 訪問型サービスおよび通所型サービスの一体的提供など、地域での自立した日常生活の支援に資するサービス（市町村が定める） |
| | ④<br>第1号介護予防<br>支援事業 | ケアマネジメントA | 介護予防支援と同様のケアマネジメント |
| | | ケアマネジメントB | サービス担当者会議やモニタリングを省略したケアマネジメント |
| | | ケアマネジメントC | 基本的にサービス利用開始時にのみ行うケアマネジメント |

## ▼一般介護予防事業の5つのサービス

| 対象者 | | ●すべての第1号被保険者、およびその支援のための活動に関わる者 |
|---|---|---|
| サービスの種類 | ①<br>介護予防把握事業 | 地域住民からの情報提供により地域の実情に応じて、効果的かつ効率的に収集した情報を通じて、対象者等の把握を行う。また、収集した情報等の活用して、引きこもりなど、何らかの支援を要する者を介護予防等へつなげる |
| | ②<br>介護予防普及啓発<br>事業 | 介護予防活動の普及・啓発のため、次の事業の開催などを行う<br>①体操教室や講演会などの開催<br>②介護予防の普及・啓発のためのパンフレットなどの作成・配布<br>③介護予防手帳等の配布 |
| | ③<br>地域介護予防活動<br>支援事業 | 住民主体の介護予防活動の育成・支援を行うため、次の事業を実施する<br>①介護予防に関するボランティア等の人材を育成する研修<br>②社会参加活動を通じた介護予防に資する地域活動の実施<br>③介護支援ボランティア活動を行った場合のポイントの付与 |
| | ④<br>一般介護予防事業<br>評価事業 | 介護保険事業計画に定める目標値の達成状況などの検証を通じ、一般介護予防事業を含め、総合事業全体を評価する |
| | ⑤<br>地域リハビリテーション活動支援事業 | 介護予防の取り組みを機能強化するため、通所、訪問、地域ケア会議、サービス担当者会議、住民主体の通いの場などへのリハビリ専門職等による次の助言等を実施する<br>①住民への介護予防に関する技術的助言<br>②介護職員等への介護予防に関する技術的助言<br>③地域ケア会議やサービス担当者会議におけるケアマネジメント支援 |

## 練習問題 28 ｜解答＆解説

介護給付等費用適正化事業は、地域支援事業の中の「任意事業」に含まれるので、1は×です。包括的支援事業は「地域支援事業」の1つとなるので、2も×となります。また、介護予防・日常生活支援総合事業には、第1号生活支援事業はありますが、第2号生活支援事業はありません。よって5も×です。

正解 **3,4**

# 29 包括的支援事業

**必修ポイント！**

- ☑ 包括的支援事業は2つに分類されます
- ☑ 地域包括支援センター運営分は、地域包括支援センターが一体的に実施します
- ☑ 社会保障充実分には、地域包括支援センター以外で実施する事業があります

　包括的支援事業は、**地域包括支援センター**を中心として、高齢者が住み慣れた地域で安心して過ごせるような事業を実施しています。事業の種類は**8つ**にまで増え、地域包括支援センター以外が実施できる事業もあります。

## 地域包括支援センター運営分の4つの事業

　地域包括支援センター運営分には**4つ**の事業があり、これらすべて**地域包括支援センター**が**一体的**に実施しています。具体的には、①地域におけるネットワークの構築や、総合相談支援を行う**総合相談支援**業務、②成年後見制度の活用促進や、高齢者虐待への対応などを行う**権利擁護**業務、③包括的・継続的なケア体制の構築や、地域における介護支援専門員のネットワークの活用などを実施する**包括的・継続的ケアマネジメント支援**業務、④要支援者以外の**第1号介護予防支援**事業の4つです。

## 社会保障充実分の4つの事業

　社会保障充実分は、具体的に、①在宅医療および介護が円滑に切れ目なく提供されるしくみの構築を目的とした**在宅医療・介護連携推進**事業、②高齢者の社会参加および生活支援の充実を推進するための**生活支援体制整備**事業、③認知症本人の意思が尊重され、できる限り住み慣れた地域で自分らしく暮らし続けることができる地域の構築を推進するための**認知症総合支援**事業、④ケアマネジメント業務の効果的な実施のための**地域ケア会議推進**事業で構成されています。

　④の地域ケア会議推進事業以外は、地域包括支援センター以外が実施することが可能です。4つの事業のほか、**各事業に配置される職名**などを覚えましょう（次ページ）。

**練習問題29**

包括的支援事業の各事業において配置されることとされている者について正しいものはどれか。3つ選べ。

1　生活支援コーディネーター
2　介護サービス相談員
3　認知症地域支援推進員
4　チームオレンジコーディネーター
5　福祉用具専門相談員

## ▼地域包括支援センター運営分の４つのサービス

| | | 対象サービス |
|---|---|---|
| **1** | 総合相談支援業務※ | ①地域における**ネットワーク**の構築<br>②実態把握<br>③総合相談支援（初期段階の相談対応・継続的専門的な相談支援…など）<br>④家族を介護する者に対する相談支援<br>⑤地域共生社会の観点に立った包括的な支援の実施 |
| **2** | 権利擁護業務 | ①成年後見制度の活用促進　　　　④困難事例への対応<br>②老人福祉施設等への措置の支援　⑤消費者被害の防止<br>③高齢者虐待への対応 |
| **3** | 包括的・継続的ケアマネジメント支援業務 | ①包括的・継続的なケア体制の構築<br>②地域における**介護支援専門員のネットワーク**の活用<br>③日常的個別指導・相談<br>④支援困難事例等への指導・助言 |
| **4** | 第１号介護予防支援事業 | 介護予防を目的として、適切な事業が包括的かつ効率的に提供されるために必要な援助を行う |

※令和6（2024）年4月以降、居宅介護支援事業者などへ一部委託が可能となる

## ▼社会保障充実分の４つのサービス

| | | 対象サービス |
|---|---|---|
| **1** | 在宅医療・介護連携推進事業 | ①在宅医療・介護連携に関して、必要な情報の収集・整理および活用、課題の把握、施策の企画および立案、医療・介護関係者に対する周知を行う事業<br>②地域の医療・介護関係者からの在宅医療・介護連携に関する相談に応じ、必要な情報の提供および助言、その他必要な援助を行う事業<br>③在宅医療・介護連携に関する地域住民の理解を深めるための普及・啓発を行う事業<br>④医療・介護関係者間の情報の共有を支援する事業や、医療・介護関係者に対して、在宅医療・介護連携に必要な知識の習得および当該知識の向上のために必要な研修を行う事業、その他の地域の実情に応じて医療・介護関係者を支援する事業 |
| **2** | 生活支援体制整備事業 | ①**生活支援コーディネーター**（地域支え合い推進員）の配置<br>　　高齢者の生活支援等サービスやその提供体制を構築するため、サービスの担い手となるボランティアの養成・発掘などを行う<br>②協議体の設置<br>　　高齢者の社会参加および生活支援の充実を推進し、地域の関係者間の情報共有や連携強化の場とする<br>③**就労的活動支援コーディネーター**（就労活動支援員）の配置<br>　　役割がある形での高齢者の社会参加などを促進する |
| **3** | 認知症総合支援事業 | ①認知症初期集中支援推進事業<br>　　認知症初期集中支援チームを配置し、早期診断・早期対応に向けた支援体制を構築する<br>②認知症地域支援・ケア向上事業<br>　　認知症地域支援推進員を配置し、地域における支援体制の構築と認知症ケア向上を図る<br>③認知症サポーター活動促進・地域づくり推進事業<br>　　チームオレンジコーディネーターを配置し、「共生」の地域づくりを推進する |
| **4** | 地域ケア会議推進事業 | 地域ケア会議の機能<br>①個別課題の解決　　　　　　④地域づくり・資源開発<br>②地域包括支援ネットワークの構築　⑤政策の形成<br>③地域課題の発見 |

## 練習問題29｜解答＆解説

「生活支援コーディネーター」は生活支援体制整備事業に配置され、「認知症地域支援推進員」と「チームオレンジコーディネーター」は認知症総合支援事業に配置されることになります。このように、社会保障充実分の各事業に配置される職名は試験でも出題されやすいので、上の表を利用してしっかり覚えておきましょう。

**正解** 1,3,4

# 地域包括支援センター

**必修ポイント！**

☑ 地域包括支援センターには、直営型と委託型があります
☑ 地域包括支援センターには、3職種の配置が求められます
☑ 市町村ごとに地域包括支援センター運営協議会を設置します

地域包括支援センターは、地域住民の心身の健康保持や生活安定のために必要な援助を行い、保健医療の向上と福祉の増進を包括的に支援する施設で、**市町村**が直接設置することができます（**直営型**）。また、包括的支援事業の委託を受けた**社会福祉**法人等も設置することができます（**委託型**）。

地域包括支援センターの職員には**3職種**（社会福祉士・主任介護支援専門員・保健師）を配置しなければなりません。この3職種を中心として多くの業務を実施していきます。

## 地域包括支援センターの業務

地域包括支援センターは、**包括的支援**事業（そのうちの地域包括支援センター運営分 → 73ページ）を実施する必要があります。また、市町村の**委託**を受けて**総合事業**や**任意事業**を実施することがあります。さらに、市町村の**指定**を受けて、**指定介護予防支援事業**も実施します。なお、**介護予防支援事業の一部**は、**居宅介護支援事業者**に委託することができます。ただし、その場合は**地域包括支援センターの設置者**は、適切に業務が行われているかを確認し、その確認を通じて**事業の質の向上**を図っていく必要があります。このように、地域包括支援センターには、さまざまな顔があることを覚えておきましょう。

また、**市町村**ごとに、**地域包括支援センター運営協議会を設置**する必要があり、地域包括支援センターの方針や運営・評価に関することなどが検討されます（次ページ）。

**市町村**は、地域包括支援センターが**設置**されたときに加えて、おおむね**1年以内**ごとに**1回**、事業の内容および運営状況に関する**情報**について**公表**をするよう努める必要があります。なお、地域包括支援センターに関する情報は、**情報公表システム**を用いて提供することができます。

 **練習問題 30**

地域包括支援センターについて正しいものはどれか。3つ選べ。

1 都道府県が設置することができる。
2 社会福祉法人が設置することができる。
3 介護福祉士を配置しなければならない。
4 設置者は、介護予防支援事業の指定を受けることができる。
5 市町村ごとに、地域包括支援センター運営協議会を設置する。

▼地域包括支援センターの設置形態

| 直営型 | 委託型 |
|--------|--------|
| 市町村が設置 | 社会福祉法人、医療法人、老人介護支援センター、公益法人、NPO法人などが設置できる |

▼地域包括支援センターに配置する3職種

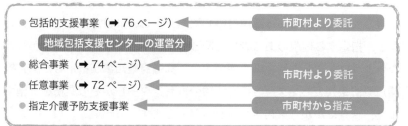

社会福祉士　　主任介護支援専門員　　保健師

▼地域包括支援センターの業務

- 包括的支援事業（➡ 76ページ）　◀──　市町村より委託
  - 地域包括支援センターの運営分
- 総合事業（➡ 74ページ）　◀──　市町村より委託
- 任意事業（➡ 72ページ）
- 指定介護予防支援事業　◀──　市町村から指定

▼地域包括支援センター運営協議会の5つの所管事務

① 地域包括支援センターの設置等に関すること
② 地域包括支援センターの行う業務にかかる方針に関すること
③ 地域包括支援センターの運営および評価に関すること
④ 地域包括支援センターの職員の確保に関すること
⑤ その他の地域包括ケアに関すること

地域包括支援センターが介護予防支援事業の一部を居宅介護支援事業者に委託する際は、地域包括支援センター運営協議会の議を経る必要があります

練習問題30｜解答＆解説

地域包括支援センターを都道府県は設置することができません。よって1は×となります。地域包括支援センターには3職種を配置しなければなりませんが、それは社会福祉士・主任介護支援専門員・保健師であり、介護福祉士ではありません。よって3も×となります。

正解　2,4,5

# 31 介護サービス情報の公表

出題頻度 ★★☆

**必修ポイント!**

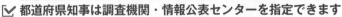

☑ 介護サービス情報の調査・公表を行うのは都道府県知事です
☑ 公表内容には、基本情報や運営情報、任意報告情報があります
☑ 都道府県知事は調査機関・情報公表センターを指定できます

介護保険制度では、被保険者や家族が自らサービスを選択し、契約しなければなりません。選択するには必要な情報を得なければなりませんが、各事業者が公表する情報（ホームページなど）が必ずしも被保険者や家族が必要としているものとは限りません。

そこで、サービスを選択するのに必要な情報の公表が義務づけられています（**介護サービス情報の公表**）。

介護サービス情報の公表に携わるのは**都道府県知事**です。これは指定権者（市町村長や都道府県知事など、指定する権限のある者）に関わらず、すべて都道府県知事が行いますので間違えないようにしましょう。調査や公表は、**都道府県知事**が指定した調査機関（**指定調査機関**）や情報公表センター（**指定情報公表センター**）がその業務を実施することがあり、また、調査にかかる事務手数料を徴収できます。

##  どのような情報が公表されるのか？

介護サービス情報の公表では、**基本情報**（事業所の名称・所在地・従業員に関するもの・提供サービスの内容・利用料・法人情報など）と、**運営情報**（利用者の権利擁護への取り組み・サービスの質の確保への取り組み・相談苦情への対応・外部機関との連携など）が必須事項として定められています。また、任意報告情報については、介護サービス情報以外で介護サービスの質、および介護サービスの従業者に関する情報など、都道府県知事が定めたものとなっています（ただし、改正の可能性があります）。

**練習問題 31**

介護サービス事業に係る事業者の報告について正しいものはどれか。3つ選べ。

1 指定居宅サービス事業者は、その介護サービス情報を都道府県知事に報告しなければならない。

2 指定地域密着型サービス事業者は、その介護サービス情報を市町村長に報告しなければならない。

3 介護サービス事業者がその介護サービス情報を報告しなかった場合には、その指定又は許可が取り消されることがある。

4 介護サービス事業者がその介護サービス情報を報告するのは、その介護サービスの提供を開始するときのみである。

5 介護サービス事業者が報告する介護サービス情報には、第三者による評価の実施状況が含まれる。

▼ 「介護サービス情報の公表」で押さえておきたいポイント

| | 居宅<br>サービス | 施設<br>サービス | 介護予防<br>サービス | 地域密着型<br>サービス | 居宅介護支援<br>介護予防支援 |
|---|---|---|---|---|---|
| 指定権者は？ | 都道府県知事 | | | 市町村長 | |
| 調査の実施をするのは？ | 都道府県知事 | | | | |
| 公表の実施をするのは？ | 都道府県知事 | | | | |

| 公表の内容 | 基本情報<br>（必須） | ● 事業者や事業所の名称・所在地<br>● 事業所の職員の体制<br>● 事業所の運営方針<br>● 介護サービスの内容・提供実績<br>● 利用料金<br>● サービス提供時間　…など |
|---|---|---|
| | 運営情報<br>（必須） | ● 介護サービスに関するマニュアルの有無<br>● サービスの提供内容の記録管理の有無<br>● 職員研修のガイドラインや実績の有無<br>● 身体拘束を廃止する取り組みの有無　…など |
| | 任意報告情報 | ● 要介護の改善状況<br>● 褥瘡の発生状況<br>● 転倒発生の状況<br>● 第三者評価の結果<br>● 従業者の賃金体系<br>● 従業者の離職率<br>● 従業者の勤務時間 |

▼ 指定調査機関と指定情報公表センターに関するルール

| 調査機関 | ● 指定調査機関とその役職員には秘密保持義務が課される<br>● 都道府県知事の指導・監督の下に置かれる<br>● 厚生労働省令で実施方法が定められる<br>● 調査員は、研修修了者で、調査員名簿に登録される |
|---|---|
| 情報公表センター | ● 秘密保持義務等が課される |

介護サービス事業者が介護サービス情報を報告するのは、サービス提供開始時のほか、年1回程度が想定されています。報告をしなかった場合には、指定や許可が取り消されることがあります

 練習問題 31 │ 解答＆解説

介護サービス情報の公表では、指定権者が市町村長の事業であっても都道府県知事に報告する必要があります。よって2が×となります。また、その報告は指定時のみでなく、年1回程度が想定されています。よって4も×となります。介護サービス情報の公表については、「都道府県知事がすべて管轄する」ということと、基本情報や運営情報の具体的な内容について、上の表を利用して覚えておきましょう。

正解 **1,3,5**

# 国民健康保険団体連合会（国保連）

出題頻度 ★★☆

**必修ポイント！**

☑ 国保連は市町村から委託を受けていくつかの業務を行います
☑ 国保連が行う苦情処理等の業務は独自業務です
☑ 国保連は介護保険施設等の運営も可能です

　各都道府県に設置されている**国民健康保険団体連合会**（以下、**国保連**）は、介護保険に関する業務を行います。これは保険者である**市町村**から**委託**を受けて行うものと、国保連**独自**で行うものがあります。ここでは、国保連の業務全般について解説します。

## 国保連の業務内容

　まず、国保連は、保険者である市町村から委託を受けて、①**介護報酬**と**総合事業**に要する費用の**審査・支払い**を行います。事業者・施設は、現物給付として本来、市町村に行うべき請求を**国保連**に対して行います。末日で締めたものを**翌月10日**までに**国保連**に**請求**し、国保連によって**審査**されます。そして**その翌月**（サービス提供月の**翌々月**）に**事業者・施設**に支払われます。

　また、②**介護報酬**等に関する審査を実施する**介護給付費等審査委員会**（45ページ）も、**市町村**の委託を受けて国保連に設置されます。さらに、③**第三者行為求償事務**も、同じく**市町村**から委託を受けて行います。

　そのほか、国保連は④**苦情処理等の業務**も行います。この苦情処理等の業務については、国保連の**独自**業務です。国保連への苦情申立は、原則、**書面**で行うこととされていますが、必要に応じて**口頭**でも認められています。

　なお、国保連は苦情処理を行いますが、事業者・施設への**指定取消**などの処分は行いませんので、注意しましょう。

　こうした業務以外に、国保連は⑤**介護サービスの提供**事業や**介護保険施設**の運営も行います。これらは、私たちがイメージする国保連の業務とは異なりますので、より意識して覚えるようにしましょう。

## 練習問題32

介護保険法で定める国民健康保険団体連合会が行う業務として正しいものはどれか。3つ選べ。

1　第1号被保険者の保険料の特別徴収業務
2　居宅介護サービス計画費の請求に関する審査
3　第三者行為求償事務
4　財政安定化基金の運営
5　介護保険施設の運営

▼国民健康保険団体連合会の5つの業務

| | | 業務 | 業務内容 |
|---|---|---|---|
| 市町村からの委託業務 | 1 | 介護報酬・総合事業に要する費用の審査・支払い | 事業者・施設から請求を受け、その内容について審査し、支払いを行う |
| | 2 | 介護給付費等審査委員会の設置 | 介護給付費請求書および介護予防・日常生活支援総合事業費請求書の審査を行う |
| | 3 | 第三者行為求償事務 | 市町村が第三者行為（交通事故など）により保険給付を行ったときに、第三者（加害者や保険会社）に対して取得する損害賠償請求権にかかる損害賠償金の徴収・収納を行う |
| 独自業務 | 4 | 苦情処理等の業務 | 居宅サービス事業者や介護保険施設などが提供するサービスについて、利用者などからの苦情を受け付けて事実関係の調査を行い、改善の必要が認められる場合、指導・助言を行う（指定取消などの権限はない） |
| | 5 | 介護サービスの提供事業、介護保険施設の運営 | 市町村長または都道府県知事から指定（または許可）を受けて、事業者・施設の運営を行う |

> 国保連で出題されるのは、業務のみです。
> 上の表をしっかり覚えましょう！

▼請求から審査・支払いまでの流れ

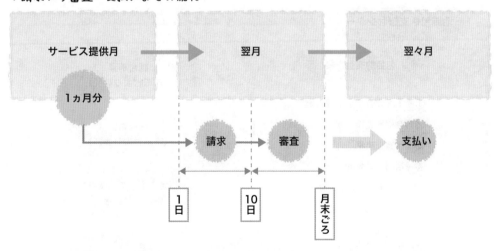

サービス提供月 → 翌月 → 翌々月

1ヵ月分 → 請求 → 審査 → 支払い

1日　10日　月末ごろ

## 練習問題 32 │ 解答＆解説

1の第1号被保険者の保険料の特別徴収業務は、年金保険者が行います。4の財政安定化基金の運営は都道府県が行います。よって、1と4が×です。5の介護保険施設の運営は、国保連の業務としてイメージがつきにくいため、意識して覚えておくようにしましょう。

正解 2,3,5

# ③保険財政構造と地域支援事業

ここまでに学んだ試験合格の必修ポイントのまとめです。
重要語句を付属の赤シートで隠すなどして覚えていきましょう。
試験直前期にも要チェック！

## ▼介護保険の財源は、公費と保険料からなる

| | | 公費 | | | 保険料※ | |
| --- | --- | --- | --- | --- | --- | --- |
| | | 国 | 都道府県 | 市町村 | 第1号 | 第2号 |
| 介護給付費 | 居宅給付費 | 25% | 12.5% | | 23% | 27% |
| | 施設等給付費 | 20% | 17.5% | 12.5% | | |
| 地域支援事業 | 総合事業 | 25% | 12.5% | | | |
| | 包括的支援事業 | 38.5% | 19.25% | 19.25% | | 0% |
| | 任意事業 | | | | | |

※保険料の割合については、第1号、第2号とも2024（令和6年）4月の介護保険法改正にて変更の可能性あり

## ▼地域包括支援センターの業務

### 地域包括支援センター

**包括的支援事業**

①第1号介護予防支援事業
②総合相談支援業務
③権利擁護業務
④包括的・継続的
　ケアマネジメント支援業務

**総合事業**
（市町村より委託）

**任意事業**
（市町村より委託）

**指定介護予防支援事業**
（市町村から指定）

社会
福祉士

主任
介護支援
専門員

保健師

地域包括支援センターは、1ヵ所で
たくさんの事業を行っています

▼ 3つの「地域支援事業」の概略

| ① 介護予防・日常生活支援総合事業（総合事業） | 介護予防・生活支援サービス事業（第1号事業） | ● 訪問型サービス（第1号訪問事業）<br>● 通所型サービス（第1号通所事業）<br>● その他生活支援サービス（第1号生活支援事業）<br>● 介護予防ケアマネジメント（第1号介護予防支援事業） |
|---|---|---|
| | 一般介護予防事業 | ● 介護予防把握事業<br>● 介護予防普及啓発事業<br>● 地域介護予防活動支援事業<br>● 一般介護予防事業評価事業<br>● 地域リハビリテーション活動支援事業 |
| ② 包括的支援事業 | 地域包括支援センター運営分 | ● 第1号介護予防支援事業（要支援者にかかるものを除く）<br>● 総合相談支援業務<br>● 権利擁護業務<br>● 包括的・継続的ケアマネジメント支援業務 |
| | 社会保障充実分 | ● 在宅医療・介護連携推進事業<br>● 生活支援体制整備事業<br>● 認知症総合支援事業<br>● 地域ケア会議推進事業 |
| ③ 任意事業 | | ● 介護給付等費用適正化事業<br>● 家族介護支援事業<br>● その他の事業 |

地域事業はまず全体像を理解しましょう。
「〇〇は△△事業にある」という問題を
たくさんこなすことで覚えることができます

3　保険財政構造と地域支援事業

**必修ポイント！**

☑ 居宅サービス計画にはボランティアなども位置づけられます
☑ 介護保険施設等への紹介などの連携が行われています
☑ 福祉用具については、居宅サービス計画に「必要な理由」を記載

　居宅介護支援事業者（保険者によって指定された、ケアマネジャーのいる機関）の運営基準には、**具体的取扱方針**が定められています。このテーマは試験での出題率も高いので、2回に分けて具体的取扱方針で定められている内容を解説していきます。

　まずは、「**居宅サービス計画の作成**にあたっては、介護給付等対象サービス以外の保健医療サービス又は福祉サービス、**地域の住民による自発的な活動によるサービス**等も、居宅サービス計画上に位置付ける」となっています。ここでのポイントは、介護保険法のサービスだけでなく、**ボランティア**なども居宅サービス計画に盛り込みましょう、ということです（努力義務となっていますが）。つまり、利用者の生活全体がわかる居宅サービス計画が望ましい、ということです。

　また、介護保険施設との連携として、「利用者が**入院又は入所を希望**する場合には、**介護保険施設等への紹介**等を行う」「介護保険施設等から**退院又は退所**しようとする要介護者から**依頼**があった場合には、あらかじめ、**居宅サービス計画の作成等の援助を行う**」なども定められています。後者は、介護保険施設から退院または退所する要介護者がいる場合、スムーズに居宅サービスに移行できるように**介護保険施設にいる間**にアセスメント（課題分析）等を実施するなどの援助を行う、ということです。

## ✏️ 福祉用具を位置づけるときの注意点

　特定福祉用具**販売**と**貸与**については、「**利用の妥当性を検討**し、（居宅サービス計画に）**必要な理由を記載**」が重要で、加えて貸与では「**継続して（貸与を）受ける必要がある場合**にはその**理由を記載する**」と定められています。レンタル（貸与）と購入（販売）によって、居宅サービス計画での記載が少し異なりますので、注意しましょう。

 **練習問題 33**

居宅介護支援事業者の具体的取扱方針について正しいものはどれか。2つ選べ。

1 地域の住民による活動も居宅サービス計画に位置づけるよう努める。
2 介護保険施設への紹介は行ってはならない。
3 介護保険施設等から退所する要介護者がいる場合、退院後からケアマネジメントをスタートする。
4 福祉用具貸与を居宅サービス計画に位置づける場合、必要な理由を記載しなければならない。
5 特定福祉用具販売を居宅サービス計画に位置づける場合、必要な理由の記載は不要である。

▼具体的取扱方針①

| 方針 | 留意点 |
|---|---|
| ● **介護保険以外のサービスの盛り込み**<br>「介護支援専門員は、居宅サービス計画の作成に当たっては、利用者の日常生活全般を支援する観点から、介護給付等対象サービス以外の保健医療サービス又は福祉サービス、当該地域の住民による自発的な活動によるサービス等の利用も含めて居宅サービス計画上に位置付けるよう努めなければならない」 | ● 居宅サービス計画の作成、または変更にあたっては、利用者の希望や課題分析の結果にもとづき、介護給付等対象サービス以外の、たとえば、市町村保健師等が居宅を訪問して行う指導などの保健サービスや、当該地域の住民による見守りや配食・会食などの自発的な活動によるサービス、さらにはこうしたサービスと併せて提供される精神科訪問看護等の<u>医療サービス</u>なども含めて、居宅サービス計画に位置づけることにより<u>総合的な計画となるよう努めなければならない</u><br>● 介護支援専門員は、利用者の希望や課題分析の結果を踏まえ、地域で不足していると認められるサービス等については、介護給付等対象サービスであるかどうかを問わず、<u>地域において提供されるよう関係機関など</u>に働きかけていくことが望ましい |
| ● **入院・入所の希望があった場合**<br>「介護支援専門員は、適切な保健医療サービス及び福祉サービスが総合的かつ効率的に提供された場合においても、利用者がその居宅において日常生活を営むことが困難となったと認める場合又は利用者が介護保険施設への入院又は入所を希望する場合には、<u>介護保険施設への紹介その他の便宜の提供を行うものとする</u>」 | ● 介護支援専門員は、利用者がその居宅において日常生活を営むことが困難となったと認める場合、または利用者が介護保険施設への入院または入所を希望する場合には、介護保険施設それぞれにおいて、医療機関等が異なることに鑑み、「主治医の意見を参考にする」「主治医に意見を求める」などをして、<u>介護保険施設への紹介その他の便宜の提供を行うものとする</u> |
| ● **退院・退所の場合**<br>「介護支援専門員は、介護保険施設等から退院又は退所しようとする要介護者から依頼があった場合には、居宅における生活へ円滑に移行できるよう、あらかじめ、<u>居宅サービス計画の作成等の援助を行うものとする</u>」 | ● 介護支援専門員は、介護保険施設等から退院または退所しようとする要介護者から居宅介護支援の依頼があった場合には、居宅における生活へ円滑に移行できるよう、あらかじめ、居宅での生活における介護上の留意点などの情報を、介護保険施設等の従業者から聴取するなどの連携を図るとともに、居宅での生活を前提とした課題分析を行った上で、<u>居宅サービス計画を作成するなどの援助を行うことが重要である</u> |
| ● **福祉用具の販売**<br>「介護支援専門員は、居宅サービス計画に特定福祉用具販売を位置付ける場合にあっては、その利用の妥当性を検討し、当該計画に特定福祉用具販売が必要な理由を記載しなければならない」<br>● **福祉用具の貸与**<br>「介護支援専門員は、居宅サービス計画に福祉用具貸与を位置付ける場合にあっては、その利用の妥当性を検討し、当該計画に福祉用具貸与が必要な理由を記載するとともに、必要に応じて随時サービス担当者会議を開催し、継続して福祉用具貸与を受ける必要性について検証をした上で、継続して福祉用具貸与を受ける必要がある場合にはその<u>理由を居宅サービス計画に記載</u>しなければならない」 | ● 福祉用具貸与については、以下の2つ項目について留意することとする<br>①介護支援専門員は、**要介護1の利用者（以下、軽度者）** の居宅サービス計画に指定福祉用具貸与を位置づける場合には、当該軽度者の調査票の写しを市町村から入手しなければならない<br>②軽度者が、これらの結果を介護支援専門員へ提示することにあらかじめ同意していない場合については、あらかじめ軽度者の調査票の写しを<u>本人に情報開示</u>させ、入手しなければならない |

 **練習問題 33 ｜ 解答＆解説**

介護支援専門員は、要介護者が介護保険施設などへ入所を希望する場合は、紹介などを行います。よって2が×です。介護保険施設などから退所する要介護者がいる場合、あらかじめ（介護保険施設入所中）に居宅サービス計画の作成等の援助を行いますので、3も×です。特定福祉用具販売も貸与も、居宅サービス計画に位置づける場合、必要な理由を記載しなければならないので5も×です（4は○）。

正解 **1,4**

# 34

# 居宅介護支援事業者の具体的取扱方針②

出題頻度 ★★★

**必修ポイント!**

☑ 短期入所サービスの利用日数は、認定有効期間のおおむね半数以内
☑ 医療系サービスには、主治の医師等の指示が必要です
☑ 生活援助が一定回数以上の場合、市町村に提出が必要です

　前セクションに引き続き、具体的取扱方針を見ていきます。

　まずは<u>短期入所</u>についてです。「居宅サービス計画に<u>短期入所サービス</u>を位置付ける場合、<u>利用する日数が要介護認定の有効期間のおおむね半数を超えない</u>ようにしなければならない」と規定されています。半数以上になると、居宅生活でなくなる可能性があるからです。ただし、機械的な運用を求めるものではありませんので、実際いわゆるロングショート的な利用は可能です。

　また、「<u>地域ケア会議への協力</u>」という項目もあります。これは努力義務となっていますので、協力を断ったからといって即時運営基準違反と判断されるものではありません。

　さらに、「<u>医療サービス</u>を位置づける場合は、<u>主治の医師等の指示</u>がある場合に限る」という点にも注意が必要です。なお、<u>福祉</u>サービスの位置づけについては、主治の医師等の指示は<u>不要</u>です。

##  生活援助の回数が多いと市町村に届出が必要

　訪問介護の生活援助の回数については、「居宅サービス計画に厚生労働大臣が定める<u>回数以上の生活援助</u>を位置付ける場合、その利用の妥当性を検討し、居宅サービスに<u>必要な理由を記載</u>するとともに、<u>市町村に届け出</u>なければならない」と定められています。「何回以上か」という細かい部分まで覚える必要はありませんが、一定回数を超えると市町村への届出が必要という部分はインプットしておきましょう。

### 練習問題 34

居宅介護支援事業者の具体的取扱方針について正しいものはどれか。3つ選べ。

1　訪問看護サービスを位置づける場合、主治の医師等の指示があるか確認しなければならない。

2　短期入所生活介護を位置づける場合、利用する日数が要介護認定の有効期間のおおむね半数を超えないようにしなければならない。

3　身体介護が一定回数以上位置づけられた居宅サービス計画については、翌月に市町村に提出しなければならない。

4　地域ケア会議から資料の提出を求められた場合、これに協力するよう努めなければならない。

5　短期入所療養介護は、いかなる場合であっても利用する日数が要介護認定の有効期間の半数を超えてはならない。

▼具体的取扱方針②

| 方針 | 留意点 |
|---|---|
| ●短期入所の期間<br>「介護支援専門員は、居宅サービス計画に短期入所生活介護又は短期入所療養介護を位置付ける場合にあっては、利用者の居宅における自立した日常生活の維持に十分に留意するものとし、利用者の心身の状況等を勘案してとくに必要と認められる場合を除き、短期入所生活介護及び短期入所療養介護を利用する日数が要介護認定の有効期間のおおむね半数を超えないようにしなければならない」 | ●短期入所サービスは、利用者の自立した日常生活の維持のために利用されるものであり、介護支援専門員は、短期入所サービスを位置づける居宅サービス計画の作成にあたって、利用者にとってこれらの居宅サービスが在宅生活の維持につながるように十分に留意しなければならない<br>●「要介護認定の有効期間のおおむね半数を超えない」という目安については、居宅サービス計画の作成の過程における個々の利用者の心身の状況や、その置かれている環境などの適切な評価にもとづき、在宅生活の維持のための必要性に応じて弾力的に運用することが可能である。要介護認定の有効期間の半数の日数以内であるかについては、機械的な運用を求めるものではない |
| ●地域ケア会議との協力<br>「指定居宅介護支援事業者は、地域ケア会議から、検討を行うための資料又は情報の提供、意見の開陳その他必要な協力の求めがあった場合には、これに協力するよう努めなければならない」 | ●地域包括ケアシステムの構築を推進するため、地域ケア会議が介護保険法上に位置づけられ、関係者等は、会議から資料または情報の提供の求めがあった場合に、これに協力するよう努めなければならない |
| ●医療サービスの利用希望の場合<br>「介護支援専門員は、利用者が訪問看護、通所リハビリテーション等の医療サービスの利用を希望している場合その他必要な場合には、利用者の同意を得て主治の医師の意見を求めなければならない」<br>「介護支援専門員は、居宅サービス計画に訪問看護、通所リハビリテーション等の医療サービスを位置付ける場合にあっては、当該医療サービスに係る主治の医師等の指示がある場合に限りこれを行うものとし、……（以下略）」 | ●訪問看護、訪問リハビリテーション、通所リハビリテーション、居宅療養管理指導、短期入所療養介護、定期巡回・随時対応型訪問介護看護（訪問看護サービスを利用する場合に限る）、および看護小規模多機能型居宅介護（訪問看護サービスを利用する場合に限る）については、主治の医師等がその必要性を認めたものに限られるため、介護支援専門員は、これらの医療サービスを居宅サービス計画に位置づける場合にあっては、主治の医師等の指示があることを確認しなければならない |
| ●一定回数以上の生活援助の場合<br>「介護支援専門員は、居宅サービス計画に厚生労働大臣が定める回数以上の訪問介護（生活援助）を位置付ける場合にあっては、その利用の妥当性を検討し、居宅サービス計画に生活援助が必要な理由を記載するとともに、当該居宅サービス計画を市町村に届け出なければならない」 | ●生活援助の利用回数が統計的に見て通常の居宅サービス計画よりかけ離れている場合には、利用者の自立支援重度化防止や地域資源の有効活用などの観点から、市町村が確認し、必要に応じて是正を促していくことが適当である<br>●一定回数以上の生活援助を位置づける場合には、その必要性を居宅サービス計画に記載するとともに、居宅サービス計画を市町村への届出が必要である<br>●届出にあたっては、当該月において作成また変更（軽微な変更を除く）した居宅サービス計画のうち、一定回数以上の生活援助を位置づけたものについて、翌月の末日までに市町村に届出ることとする |

 練習問題34 | 解答&解説

居宅サービス計画においては、「生活援助」を一定回数位置づける場合、生活援助が必要な理由を記載し、市町村に届け出るという規定があります。「身体介護」ではありませんので、3は×となります。また、短期入所療養介護は、利用する日数が要介護認定の有効期間の半数を超えることが認められることもあるので、5も×となります。

正解 1,2,4

# 35

# 介護支援専門員の基本姿勢

**必修ポイント!**

☑ 介護支援専門員は、都道府県に登録し、登録証の交付を受けます
☑ 介護支援専門員には、秘密保持義務・公正誠実義務等があります
☑ 介護支援専門員の業務には、一定の基本倫理が求められます

　介護支援専門員は、介護保険法に定められている資格で、「**ケアマネジメントを実施する**」ことが定められています。この資格は、①一定の経験を満たし、②介護支援専門員実務研修受講試験に**合格**し、③介護支援専門員実務研修を**修了**して、④都道府県知事の**登録**を受け、⑤介護支援専門員証（有効期間5年）**の交付を受けた者**のみが取得可能です。また、**公正・誠実に業務を行う義務**、**名義貸しの禁止**、**信用失墜行為の禁止**、**秘密保持義務**などを遵守しなければなりません。

## 介護支援専門員の基本倫理を押さえよう

　介護支援専門員は、利用者に**尊厳**をもって接しなければなりません。ケアマネジメントを行う際は、必ず利用者と**面接**をします。認知症があり、判断能力が不十分な利用者もいると思います。その場合でも懇切丁寧に説明する必要がありますし、利用者に理解しやすい方法をさまざまに考える必要があります。「認知症があるし、どうせ理解できないだろう」という考えは利用者に対する権利侵害となってしまいます。

　**公正性・中立性**も介護支援専門員に求められる基本倫理でしょう。

　公正とは、介護支援専門員の価値観で決めていないかという確認です。これは**利用者本位**にも通じる考え方です。中立は、**利用者と事業者・施設の間を調整**するということです。当然ながら、事業者に傾いてしまってはいけません。その一方で、中立といえども、利用者の相談に乗りながら事業者を選択していくという意味では、**少しだけ利用者に傾く**のが、ここでいう中立の考え方となるでしょう。

　そのほか、一定の**社会的責任**を有すること、**法令遵守**を徹底することも、介護支援専門員に求められる基本倫理です。

 **練習問題 35**

介護支援専門員について正しいものはどれか。2つ選べ。

　1　介護支援専門員実務研修受講試験に合格すると介護支援専門員として従事することができる。
　2　要介護1の利用者には、公平に同じサービスを提供しなければならない。
　3　介護支援専門員証の有効期間は、5年である。
　4　その業務のために正当な理由がある場合に限り、その名義を他人に使用させることができる。
　5　介護支援専門員であった者は、退職後においても、正当な理由なしに、その業務に関して知り得た人の秘密を漏らしてはならない。

## ▼介護支援専門員が遵守すべき4つのこと

| | | |
|---|---|---|
| ① | 公正・誠実 /<br>基準遵守 /<br>資質向上 | **【公正・誠実】**<br>● 介護支援専門員は、その担当する要介護者等の人格を尊重し、つねに当該要介護者等の立場に立って、当該要介護者等に提供される居宅サービス、地域密着型サービス、施設サービス、介護予防サービス、もしくは地域密着型介護予防サービス、または特定介護予防・日常生活支援総合事業が、特定の種類、または特定の事業者もしくは施設に不当に偏ることのないよう、<u>公正</u>かつ<u>誠実</u>にその業務を行わなければならない<br>**【基準遵守】**<br>● 介護支援専門員は、<u>厚生労働省令</u>で定める<u>基準</u>に従って、介護支援専門員の業務を行わなければならない<br>**【資質向上】**<br>● 介護支援専門員は、要介護者等が自立した日常生活を営むのに必要な援助に関する専門的知識および技術の水準を向上させ、その他その資質の向上を図るよう努めなければならない |
| ② | 名義貸しの禁止 | ● 介護支援専門員は、介護支援専門員証を<u>不正に使用</u>したり、またはその<u>名義を他人に</u>介護支援専門員の業務のため使用させたりしてはならない |
| ③ | 信用失墜行為の禁止 | ● 介護支援専門員は、介護支援専門員の<u>信用を傷つけるような行為</u>をしてはならない |
| ④ | 秘密保持義務 | ● 介護支援専門員は、<u>正当な理由なしに</u>、その業務に関して知り得た人の<u>秘密を漏らしてはならない</u>。介護支援専門員でなくなった後においても、同様とする |

## ▼介護支援専門員の4つの大切な職業倫理

| | | |
|---|---|---|
| ① | 基本的人権と<br>個人の尊厳 | ● 利用者に対して「<u>人として</u>」接するという姿勢が求められる<br>● 利用者は私たちの「<u>人生の先輩</u>」であり、<u>尊敬の念</u>を持つことが重要である<br>● 利用者が高齢で判断能力が<u>不十分</u>な状態であったとしても、<u>懇切丁寧に説明</u>し、<u>理解してもらう努力</u>を行う |
| ② | 公正性<br>中立性 | ● 公正性：介護支援専門員の価値観で決めない<br>● 中立性：利用者と事業者・施設の間を調整する<br>　中立とはいえども、利用者の代弁という立場になるため、<u>やや利用者側に寄る</u>こととなる |
| ③ | 社会的責任 | ● 介護保険法という法律に規定された資格であるため、<u>社会的な役割をもって行動する必要</u>がある |
| ④ | 法令遵守 | ● 介護保険法だけではなく、<u>法を犯さない行動規範</u>が求められる |

## 練習問題 35 | 解答 & 解説

介護支援専門員として業務に従事するためには、実務研修を修了し、都道府県に登録しなければなりません。試験に合格するだけでは従事できませんので、1は×となります。また、「公平」は「同じサービスを提供すること」ではありません。要介護の中でもっとも介護の必要性が低い「要介護1」の利用者でも、それぞれに必要なサービスを提供する必要がありますので、2も×です。「名義貸し」は、いかなる理由があっても禁止です。よって4も×です。

正解　**3,5**

# 36 ケアマネジメントプロセス

出題頻度 ★★★

**必修ポイント！**

☑ **介護支援サービスとはケアマネジメントを指します**
☑ **ケアマネジメントは原則、インテーク→アセスメントで進めます**
☑ **計画確定後も、介護支援専門員の業務は継続します**

　介護保険法に規定されている介護支援サービスとは、**ケアマネジメント**のことを指します。その実施にあたり、介護支援専門員はケアマネジメントのプロセスを理解し、**ケアプラン**を作成しなければなりません。ここでは、居宅サービス計画を作成する際のケアマネジメントの全体像を把握しましょう。

## ケアマネジメントの全体像

　ケアマネジメントを実施する前に、利用者は**居宅介護支援事業者（ケアプランセンター）**と契約することになります。そこで利用者は、事業所に来所や電話をすることになると思います。その際、事業所は利用者の基本的な情報を収集していきますが、この段階を**インテーク**といいます。

　その後、契約となれば、次は**課題分析（アセスメント）**という段階に進んでいきます。ここでは、基本情報に加え、利用者の細かい話を聴いていき、「これからどのような生活を進めていきたいか」「それを妨げているものは何か」「それを解決するものは何か」などを分析していきます。アセスメントでは、**生活課題（ニーズ）の抽出**が主な目的となります。

　アセスメントの結果から、今度は**プラン**を作成していきます。通常はそれで確定するのですが、ケアマネジメントの場合、**計画作成を2段階**に分けて進めていきます。まず第1段階として原案作成を行い、それにもとづいて**サービス担当者会議**を開き、そこで他職種の意見を求め、最終的に計画を確定させる（第2段階）、という流れです。

　**計画確定後**は、実際に**計画に沿ったサービス提供**が開始されます。しかし、ここでケアマネジメントは終了ではありません。その計画が順調かどうかなどをチェックしなければなりません。そこで**モニタリング**（100ページ）というプロセスが続きます。

### 練習問題 36

居宅におけるケアマネジメントについて適切なものはどれか。2つ選べ。

1　課題分析をインテークという。
2　サービス担当者会議は原則モニタリングのあとに行う。
3　モニタリングを経て居宅サービス計画を作成する。
4　居宅サービス計画原案は、サービス担当者会議で使用する。
5　生活課題の解決のために居宅サービス計画は作成される。

▼ケアマネジメントのプロセス（居宅サービス計画の場合）

**インテーク・契約**
- 要介護認定を受けた利用者が、居宅介護支援事業所に<u>来所・電話</u>する段階
- <u>基本的な情報</u>を聴き取った後、契約を締結する

**課題分析（アセスメント）**
- <u>課題分析標準項目</u>（基本情報、ADL※、IADL※、認知など23項目）を中心に聴き取りを行う
- 聴き取りした情報をもとに、<u>生活課題（ニーズ）を抽出</u>することが主な目的
  ※ADLとIADLについては216ページ参照

**居宅サービス計画原案の作成**
- アセスメントによって導き出された<u>生活課題（ニーズ）</u>の解決に向けた<u>プラン</u>を作成する
- この段階では利用者・家族・介護支援専門員だけが関わっているため、次の段階（サービス担当者会議）で、<u>他職種の意見を聴取</u>する必要がある

**サービス担当者会議**
- 居宅サービス計画原案をもとに、<u>他職種からの意見を聴取</u>し、<u>合意を得る</u>段階
- 修正が必要な場合は修正をし、<u>居宅サービス計画が確定</u>する

**実施**
- 居宅サービス計画にもとづいて<u>サービスが提供</u>される

**モニタリング**
- 「実施状況の把握」「目標達成の経過」「新たな生活課題（ニーズ）の発生」などがないかを<u>把握</u>し、評価・修正する

 練習問題36 ｜ 解答＆解説

課題分析は「アセスメント」のことを指しますので、1は×です。サービス担当者会議は、「モニタリングのあと」ではなく、居宅サービス計画原案作成後に行いますので、2も×です。もちろんサービス担当者会議をモニタリング後に行うこともありますが、「原則」ではありませんので注意しましょう。居宅サービス計画は、モニタリングを経て作成されるものではないので、3も×となります。

正解 4,5

# アセスメント（課題分析）

**必修ポイント！**

- ☑ 課題分析（アセスメント）では、ニーズの抽出を行います
- ☑ 原則、利用者宅を訪問して利用者と面接する必要があります
- ☑ アセスメントの記録は2年間保存しなければなりません

　居宅サービス計画を作成する際は、必ず**アセスメント**（**課題分析**）を実施しなければなりません。ここでは、居宅介護支援の具体的取扱方針にもとづき、アセスメントのポイントについて解説します。

　そもそも、アセスメントは、利用者の**生活課題（ニーズ）を抽出**するために行います。このニーズをこのあとのプロセス（居宅サービス計画の作成）につなげていく必要があります。さらに、アセスメントでは、利用者の能力やどのようなサービス（**インフォーマルサポート、フォーマルサービス**）が必要かなども分析していきます。

　アセスメントの方法ですが、具体的取扱方針では「**適切な方法**により」行うとされています。つまり、介護支援専門員の個人的な考え方や手法のみによって行われてはならず、利用者の課題を客観的に抽出するための手法として合理的なものと認められる適切な方法を用いなければいけないわけです。そこで、利用者の訴えをそのまま計画に反映する（たとえば、利用者が「風呂に入りたい」と言ったので訪問介護の入浴介助を位置づける、など）のではなく、「なぜ、それが必要なのか」を明らかにし、その**合理性を説明できる必要**があります。そのためには、国が出している**課題分析標準項目**（93ページ）に沿って進めていくとよいとされます。

##  アセスメントは、利用者の居宅を訪問して行う

　アセスメントは、**利用者の居宅を訪問**し、**利用者およびその家族に面接**して行わなければなりません。その際、利用者やその家族との信頼関係・共同関係の構築が重要であり、面接の趣旨を理解してもらう必要があります。なお、この訪問は、利用者が入院中であるなどの場合は除かれます。また、その記録は、**2年間保存**しなければなりません。

**練習問題37**

指定居宅介護支援におけるアセスメントについて正しいものはどれか。2つ選べ。

1　利用者との初回面接から居宅サービス計画の作成・交付までの一連の流れを指す。
2　現在利用しているサービスの状況について、介護保険給付以外のものを含めて把握する。
3　いかなる場合であっても必ず利用者の居宅を訪問し、利用者及びその家族に面接して行わなければならない。
4　課題分析標準項目には、地域資源に関する項目が含まれる。
5　アセスメントの結果の記録は、2年間保存しなければならない。

▼ アセスメントのねらい

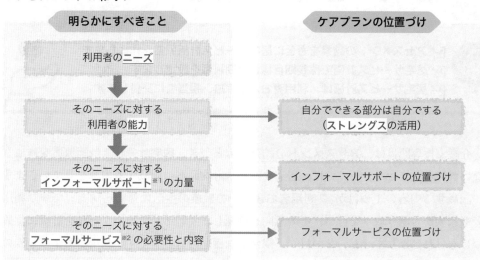

| 明らかにすべきこと | ケアプランの位置づけ |
| --- | --- |
| 利用者の<u>ニーズ</u> | |
| そのニーズに対する<br>利用者の<u>能力</u> | → 自分でできる部分は自分でする<br>（<u>ストレングス</u>の活用） |
| そのニーズに対する<br><u>インフォーマルサポート</u>※1の力量 | → インフォーマルサポートの位置づけ |
| そのニーズに対する<br><u>フォーマルサービス</u>※2の必要性と内容 | → フォーマルサービスの位置づけ |

※1：非公式な支援。家族や親族、友人、ボランティアなどによるもの
※2：公式なサービス。自治体や専門機関によるもの

▼ アセスメントでのポイント（「具体的取扱方針」より）

| 方針 | 留意点 |
| --- | --- |
| ● **課題分析でのポイント**<br>「介護支援専門員は、<u>居宅サービス計画の作成</u>に当たっては、<u>適切な方法</u>により、利用者について、その有する能力、既に提供を受けている指定居宅サービス等のその置かれている環境等の評価を通じて利用者が現に抱える問題点を明らかにし、利用者が自立した日常生活を営むことができるように支援する上で解決すべき課題を把握しなければならない」 | ● <u>課題分析</u>とは、利用者の有する日常生活上の能力や、利用者がすでに提供を受けている指定居宅サービス、介護者の状況といった利用者を取り巻く環境などの<u>評価</u>を通じ、利用者が生活の質を維持・向上させていく上で生じている問題点を明らかにし、利用者が<u>自立した日常生活を営むことができるように支援する上で解決すべき課題（ニーズ）を把握</u>することであり、利用者の生活全般について、その状態を十分把握することが重要である<br>● 課題分析は、介護支援専門員の<u>個人的な考え方や手法のみ</u>によって行われてはならず、利用者の課題を客観的に抽出するための手法として<u>合理的なものと認められる適切な方法</u>を用いなければならない |
| ● **課題分析での留意点**<br>「介護支援専門員は、アセスメントに当たっては、利用者の居宅を訪問し、利用者及びその家族に面接して行わなければならない。この場合において、介護支援専門員は、面接の趣旨を利用者及びその家族に対して十分に説明し、理解を得なければならない」 | ● 介護支援専門員は、アセスメントにあたっては、利用者が<u>入院中</u>であることなど物理的な理由がある場合を除き、必ず<u>利用者の居宅を訪問</u>し、利用者およびそのその家族に<u>面接</u>して行わなければならない<br>● 利用者やその家族との間の信頼関係、<u>協働関係の構築が重要</u>であり、介護支援専門員は、面接の趣旨を、利用者およびその家族に対して十分に説明し、理解を得なければならない<br>● アセスメントの結果について<u>記録</u>するとともに、<u>2年間保存</u>しなければならない |

 **練習問題 37 | 解答&解説**

アセスメントは情報収集や分析のことを指しますので、居宅サービス計画の作成・交付は含まれません。よって1は×です。アセスメントは利用者の居宅を訪問することが原則ですが、入院中などは除かれますので、3も×です。課題分析標準項目には地域資源（176ページ）は含まれません。よって4も×になります。

正解 **2,5**

# 38

# 居宅サービス計画の作成

**必修ポイント!**

☑ アセスメントの結果をもとに居宅サービス計画原案を作成します
☑ 居宅サービス計画では長期目標と短期目標を設定します
☑ 居宅サービス計画は、利用者および家族、担当者に交付します

　介護支援専門員は、**アセスメントの結果**にもとづき、**居宅サービス計画原案を作成し**なければなりません。ここでは、居宅サービス計画原案に記載する内容を見ていきます。

　記載する内容の１つ目が、「**利用者およびその家族の生活に対する意向**」です。利用者や家族から聴き取りを行い、その意向を確認します。そして当然、それを計画に位置づけなければなりません。２つ目が「**総合的な援助の方針**」です。利用者および家族の意向にもとづき、どのような援助を行っていくかを決めて記載します。３つ目が「**生活全般の解決すべき課題**」です。これはアセスメントによって導き出されたニーズになります。これを解決するために、さまざまな援助を行います。４つ目が「**提供されるサービスの目標及びその達成時期**」です。居宅サービス計画での「目標」は、**長期目標**と**短期目標**に分けられ、連動するものでなければなりません。つまり、短期目標をクリアすることで、長期目標が達成できるようにしなければならない、ということです。

　そのほか、サービスの種類や内容、利用料、サービスを提供する上での留意事項等も記載します。さらに、被保険者証に介護認定審査会の意見の記載がある場合には、これも踏まえて作成します。

　こうして作成された計画は、利用者に**説明**し、**同意**を得ておきます。

##  サービス担当者会議後の居宅サービス計画の扱い

　確定した居宅サービス計画は、**利用者および担当者に交付**しなければなりません。また、介護支援専門員は、居宅サービス計画に位置づけた事業者などに対して、**それぞれの計画**（**訪問介護計画**などの**個別サービス計画**）**の提出**を求めるものとしています。

**練習問題 38**

居宅サービス計画の作成について適切なものはどれか。２つ選べ。

1 地域におけるサービス提供体制に関わらず、利用者が希望するサービスを最優先に位置づける。
2 地域の住民による自発的な活動によるサービスは含めない。
3 生活全般の解決すべき課題を記載する。
4 被保険者証に介護認定審査会の意見の記載がある場合には、これに沿って作成する。
5 利用者の選択を求めることなく、同一事業者が提供する複数のサービスのみを組み合わせる。

## ▼計画作成でのポイント（「具体的取扱方針」より）

| 方針 | 留意点 |
|---|---|
| **● 居宅サービス計画の原案作成**<br>「介護支援専門員は、利用者の希望及び利用者についてのアセスメントの結果に基づき、利用者の家族の希望及び当該地域における指定居宅サービス等が提供される体制を勘案して、当該アセスメントにより把握された解決すべき課題に対応するための最も適切なサービスの組合せについて検討し、<u>利用者及びその家族の生活に対する意向、総合的な援助の方針、生活全般の解決すべき課題、提供されるサービスの目標及びその達成時期、サービスの種類、内容及び利用料並びにサービスを提供する上での留意事項等</u>を記載した居宅サービス計画の原案を作成しなければならない」 | ● 居宅サービス計画原案は、利用者の希望および利用者についてのアセスメントの結果による専門的見地にもとづき、利用者の家族の希望および当該地域における指定居宅サービス等が提供される体制を勘案した上で、**実現可能なものとする必要がある**<br>● 居宅サービス計画原案には、利用者およびその家族の<u>生活に対する意向</u>、および総合的な援助の方針、ならびに<u>生活全般の解決すべき課題</u>を記載した上で、提供されるサービスについて、その<u>長期的な目標</u>、およびそれを達成するための<u>短期的な目標</u>、ならびにそれらの達成時期などを明確に盛り込み、当該達成時期には居宅サービス計画、および各指定居宅サービスなどの評価を行い得るようにすることが重要である<br>● 提供されるサービスの目標とは、利用者が**サービスを受けつつ到達しようとする目標**を指すものであり、サービス提供事業者側の個別のサービス行為を意味するものではない |
| **● 利用者への説明と同意**<br>「介護支援専門員は、居宅サービス計画の原案に位置付けた指定居宅サービス等について、保険給付の対象となるかどうかを区分した上で、当該居宅サービス計画の原案の内容について利用者又はその家族に対して説明し、<u>文書により利用者の同意</u>を得なければならない」 | ● 計画原案の作成にあたって、これに位置づけるサービスやその内容についても、利用者の希望を尊重するとともに、作成された居宅サービス計画の原案について、最終的にはその内容について<u>説明</u>を行った上で、<u>文書によって利用者の同意</u>を得る必要がある<br>● 説明および同意を要する居宅サービス計画原案とは、いわゆる居宅サービス計画書の第1表から第3表まで、第6表および第7表に相当するものすべてを指す |
| **● 利用者・担当者への交付**<br>「介護支援専門員は、居宅サービス計画を作成した際には、当該居宅サービス計画を<u>利用者及び担当者</u>に<u>交付</u>しなければならない」 | ● 居宅サービス計画を作成した際には、遅滞なく<u>利用者および担当者に交付</u>しなければならない<br>● 介護支援専門員は、<u>担当者</u>に対して居宅サービス計画を交付する際には、当該計画の趣旨、および内容などについて十分に説明し、各担当者との共有・連携を図った上で、各担当者が自ら提供する個別サービス計画における位置づけを理解できるように配慮する必要がある<br>● 居宅サービス計画は、**2年間保存**しなければならない |
| **● 個別サービス計画の提出の要請**<br>「介護支援専門員は、居宅サービス計画に位置付けた指定居宅サービス事業者等に対して、<u>訪問介護計画</u>などの<u>個別サービス計画の提出を求める</u>ものとする」 | ● 担当者に居宅サービス計画を交付したときは、担当者に対し、<u>個別サービス計画の提出</u>を求め、居宅サービス計画と個別サービス計画の<u>連動性や整合性</u>について確認する |

## 練習問題 38 ｜ 解答＆解説

地域におけるサービス提供体制を考えなければ、利用者のニーズを汲み取ることができませんし、利用者の希望するサービスを最優先にできるかどうかもわかりませんよね。よって1は×です。居宅サービス計画には、インフォーマルサポートとして地域の住民による活動も含めますので、2も×です。5は「利用者の選択を求めることなく」の箇所が×であり、また、サービスの組み合わせにおいては、同一事業者である必要がありません。よって5も×です。

正解 **3,4**

**4**

ケアマネジメント

# 39

# サービス担当者会議

**必修ポイント！**

- ☑ サービス担当者会議は介護支援専門員が招集します
- ☑ サービス担当者会議は一定の同意のもと、オンライン開催も可能
- ☑ 担当者が欠席の場合、照会等で意見を求めることができます

　居宅サービス計画原案が作成されたのちに、**サービス担当者会議**が開催されます。これは、**利用者およびその家族の参加**を基本とし、居宅サービス計画の原案に位置づけた指定居宅サービスなどの**担当者が出席**する会議です。居宅サービス計画原案の内容について、担当者から**専門的な見地**からの意見を求めることになっていて、招集するのは、**介護支援専門員**です。

　サービス担当者会議は、原則、新規・更新・区分変更・計画変更（軽微な変更は除く）の際に開催するのがルールです。ただし、やむを得ない理由で担当者が参加できない場合などには、その担当者から**照会等により意見を求める**ことができます。

　これまでサービス担当者会議は、利用者宅などに集まって開催することになっていましたが、近年、**テレビ電話装置等を活用**して開くことができるようになりました。いわゆる、オンライン会議ですね。ただし、利用者または家族が参加する場合は、その**同意**を得なければならないとされています。

## 末期の悪性腫瘍の患者の場合、照会でも可能

　先述した通り、サービス担当者会議は原則「開催」の形をとりますが、利用者の心身の状況等により（**末期の悪性腫瘍の患者**に限られますが）、主治の医師または歯科医師の意見を勘案して必要であると認められる場合、サービス担当者会議を**開催せず、担当者に対する照会**等により意見を求めることができます。

## 練習問題 39

指定居宅介護支援におけるサービス担当者会議について適切なものはどれか。3つ選べ。

1 家庭内暴力がある場合には、必ずしも利用者や家族の参加を求めるものではない。

2 開催の日程調整を行ったが、サービス担当者の事由により参加が得られなかったときは、サービス担当者への照会等により意見を求めることができる。

3 末期の悪性腫瘍の利用者について、日常生活上の障害が1ヵ月以内に出現すると主治の医師が判断した場合には、その助言を得た上で、サービス担当者への照会等により意見を求めることができる。

4 サービス担当者会議の記録は、要介護認定の有効期間にあわせて最長3年間保存しなければならない。

5 要介護更新認定の結果、要介護状態区分に変更がなかった場合には、サービス担当者会議を開催する必要はない。

▼サービス担当者会議のポイント（「具体的取扱方針」より）

| 方針 | 留意点 |
|---|---|
| ● 「開催」と「照会」<br>「介護支援専門員は、サービス担当者会議の開催により、利用者の状況等に関する情報を担当者と共有するとともに、居宅サービス計画の原案の内容について、担当者から、専門的な見地からの意見を求めるものとする。ただし、やむを得ない理由がある場合については、担当者に対する照会等により意見を求めることができるものとする」 | ● 利用者やその家族、居宅サービス計画原案に位置づけた指定居宅サービス等の担当者からなるサービス担当者会議の開催により、利用者の状況などに関する情報を当該担当者等と共有するとともに、専門的な見地からの意見を求め、調整を図ることが重要である<br>● 利用者やその家族の参加が望ましくない場合（たとえば、家庭内暴力など）には、必ずしも参加を求めるものではない<br>● 「やむを得ない理由がある場合」とは、主に下記が想定されている<br>・利用者（末期の悪性腫瘍の患者に限る）の心身の状況等により、主治の医師等の意見を勘案して必要と認める場合<br>・開催の日程調整を行ったが、サービス担当者の事由により、サービス担当者会議への参加が得られなかった場合<br>・サービス計画の変更であって、利用者の状態に大きな変化が見られないなどにおける軽微な変更の場合<br>…など<br>● サービス担当者会議は、テレビ電話装置等（リアルタイムでの画像を介したコミュニケーションが可能な機器をいう）を活用して行うことができるものとする。ただし、利用者またはその家族が参加する場合にあっては、テレビ電話装置等の活用について同意を得なければならない<br>● サービス担当者会議の要点、または担当者への照会内容については、2年間保存しなければならない |

どういうケースで「照会」が可能なのかや、いわゆる「オンライン開催」が可能な条件は何か、などを整理しておきましょう

▼サービス担当者会議の想定される参加者

招集
介護支援専門員

利用者とその家族

主治医

【目的】
● 情報の共有
● 専門的な見地からの意見を求める
● 利用者・家族の意向確認

住宅改修や福祉用具事業者 …など
必要に応じて

居宅サービス担当者

練習問題39 ｜ 解答＆解説

4の「サービス担当者会議の記録」は、要介護認定の有効期間に関わらず、「3年」ではなく、2年間保存しなければなりません。よって4は×です。「更新」認定においては、要介護状態区分の変更の有無に関わらず、サービス担当者会議は開催する必要はありますので、5も×となります。

正解 1,2,3

# 40

# モニタリング

必修ポイント！

- ☑ 居宅サービス計画では月1回の訪問・面接は義務です
- ☑ 居宅サービス計画・介護予防サービス計画の月1回の記録は必須
- ☑ 施設サービス計画では訪問・記録は「定期的」でOKです

　サービス担当者会議が終了し、居宅サービス計画が確定すると、いよいよサービス提供の開始です。その時点で「介護支援専門員の仕事は終了」ではなく、じつはここからが本番ともいえます。では、何をするのかというと、「計画が意図した通りに実行されているかを確認する」です。その過程をケアマネジメントでは**モニタリング**と呼びます。

　居宅サービス計画に関するモニタリングは、「**少なくとも1月に1回**、利用者の居宅を**訪問**し、利用者に**面接**すること」と規定されています。この規定から、モニタリングは月に1回でいいと思われがちですが、そうではなく、居宅サービス計画が実施されているかどうかを、随時、事業者や本人・家族、主治医などから情報を得ておく必要があります。

　そうした情報収集を通して、居宅サービスが適切に実施されているかどうかを把握し、月1回の訪問でその確認をする、という流れになります。

　モニタリングでは、①居宅サービス計画が適切に実施されているか、②目標設定は適切か、③新たなニーズは発生していないか、の3点を中心に把握し、評価していきます。

　また、モニタリングの結果は記録することとなっており、「**少なくとも1月に1回**、モニタリングの結果を**記録**すること」とも定められています。

## 居宅・介護予防・施設で頻度が異なる

　居宅サービス計画では、「月1回の訪問・月1回の記録」ですが、介護予防サービス計画は、「**3月に1回の訪問・月1回の記録**」と、少し規定が異なっています。

　また、施設サービス計画では、訪問・記録ともに「**定期的に**」となっています。この違いはきちんと整理しておきましょう。

 **練習問題40**

居宅サービス計画の実施状況の把握（以下「モニタリング」という）について正しいものはどれか。2つ選べ。

1　同居家族がいる場合は、家族との面接を実施しなければならない。
2　定期的にサービス提供者との面接を実施しなければならない。
3　モニタリングの結果は、少なくとも1月に1回記録しなければならない。
4　モニタリング標準項目は、厚生労働省から提示されている。
5　モニタリングを行い、必要に応じて居宅サービス計画を変更するものとする。

▼モニタリングのポイント（「具体的取扱方針」より）

| 方針 | 留意点 |
| --- | --- |
| ●**訪問・面接と記録の頻度**<br>「介護支援専門員は、実施状況の把握（モニタリング）に当たっては、利用者及びその家族、指定居宅サービス事業者等との連絡を継続的に行うこととし、特段の事情のない限り、次の①②を実施しなければならない<br>①少なくとも1月に1回、利用者の居宅を訪問し、利用者に面接すること<br>②少なくとも1月に1回、モニタリングの結果を記録すること」 | ●介護支援専門員は、特段の事情のない限り、<u>少なくとも1ヵ月に1回は利用者の居宅で面接をい、かつ少なくとも1ヵ月に1回はモニタリングの結果を記録すること</u>が必要である<br>●「特段の事情」とは、利用者の事情により、利用者の居宅を訪問し、利用者に面接することができない場合を主として指すものであり、介護支援専門員に起因する事情は含まれない<br>●特段の事情がある場合については、その具体的な内容（利用者が入院中など）を記録することが必要である<br>●モニタリングの結果の記録は、<u>2年間保存</u>しなければならない |
| ●**実施状況の把握**<br>「介護支援専門員は、居宅サービス計画の作成後、居宅サービス計画の実施状況の<u>把握</u>（利用者についての継続的なアセスメントを含む。）を行い、必要に応じて居宅サービス計画の<u>変更</u>、指定居宅サービス事業者等との連絡調整その他の便宜の提供を行うものとする」 | ●利用者の解決すべき課題の変化は、利用者に直接サービスを提供する指定居宅サービス事業者等により把握されることも多いことから、介護支援専門員は、当該指定居宅サービス事業者等のサービス担当者と緊密な連携を図り、利用者の解決すべき課題の変化が認められる場合には、円滑に<u>連絡</u>が行われる体制の整備に努めなければならない |
| ●**主治医等の情報提供**<br>「介護支援専門員は、指定居宅サービス事業者等から利用者に係る情報の提供を受けたときその他必要と認めるときは、利用者の服薬状況、口腔機能その他の利用者の心身又は生活の状況に係る情報のうち必要と認めるものを、利用者の同意を得て主治の医師若しくは歯科医師又は薬剤師に提供するものとする」 | ●利用者の服薬状況、口腔機能その他の利用者の心身または生活の状況に関わる情報は、主治の医師もしくは歯科医師、または薬剤師が、医療サービスの必要性等を検討するにあたり有効な情報である。よって、利用者の心身または生活状況に関わる情報を得た場合は、それらの情報のうち、主治の医師もしくは歯科医師、または薬剤師の助言が必要であると介護支援専門員が判断したものについて、主治の医師もしくは歯科医師、または薬剤師に提供するものとする |

▼**各サービス計画での訪問・記録の頻度**

| | 訪問 | 記録 |
| --- | --- | --- |
| 居宅サービス計画 | 月<u>1回</u> | 月1回 |
| 介護予防サービス計画 | <u>3ヵ月</u>に1回 | |
| 施設サービス計画 | <u>定期的</u> | |

第1章のテキストパートも残りあと少しです。
覚えることが多くて大変ですが、焦らずに
1つひとつ理解していきましょう

## 練習問題40 │ 解答＆解説

モニタリングの面接は、同居家族に対して行うものではありません。よって1は×です。ただし、もちろん同席は可能です。サービス提供者と定期的に面接することは、義務にはなっていません。よって2も×です。モニタリングの標準項目はありませんので、4も×となります。

正解　**3,5**

# 居宅介護支援と介護予防支援① ～人員基準

**必修ポイント！**

☑ 居宅介護支援と介護予防支援ではケアマネジメントを行います
☑ 居宅介護支援事業者の管理者は、主任介護支援専門員です
☑ 介護予防支援事業者でのケアマネジメントは、担当職員が行います

　居宅介護支援事業者とは、<u>要介護者</u>のケアマネジメントを行う事業者です。一般的には<u>ケアプランセンター</u>と呼ばれていることが多いです。また、介護予防支援事業者とは、<u>要支援者</u>のケアマネジメントを行う事業者で、地域包括支援センターの設置者や居宅介護支援事業者（後者については2024（令和6）年4月から）が指定を受けることができます。また、介護予防支援の一部を居宅介護予防支援事業者に委託することも可能となっています。ここでは、居宅介護支援と介護予防支援の<u>人員基準</u>について見ていきます。

##  それぞれの人員基準を押さえよう

　居宅介護支援事業者は、事業所ごとに<u>管理</u>者と<u>従業者</u>を配置しなければなりません。管理者としては、<u>常勤専従の主任介護支援専門員</u>を配置します。また、従業者として<u>常勤の介護支援専門員</u>を配置しますが、<u>介護支援専門員1人</u>あたり<u>利用者35人</u>までを担当できます。

　1事業所で36人以上の利用者を担当する場合、介護支援専門員を増員する必要がありますが、その場合、増員する介護支援専門員は非常勤でも可能です（1人目は必ず常勤、2人目以降は非常勤でも可能ということです）。

　介護予防支援事業者は、事業所ごとに管理者のほか、保健師その他の介護予防支援に関する知識を有する職員（以下、担当職員）を配置しなければなりません。管理者については常勤専従の者を配置しますが、資格要件はありません。

　また、担当職員については、「<u>保健師・介護支援専門員・社会福祉士・経験ある看護師・高齢者保健福祉に関する相談業務等に3年以上従事した社会福祉主事</u>のいずれかの要件を満たす者（5職種とする）」と定められていますが、居宅介護支援事業者のように、担当職員1人あたりの担当件数などは定められていません。

### 練習問題 41

居宅介護支援および介護予防支援について正しいものはどれか。3つ選べ。

1 ともに管理者は主任介護支援専門員でなければならない。
2 管理者は従業者と兼務することができる。
3 介護予防支援を行う際、従業者は介護支援専門員でなくてもよい。
4 居宅介護支援事業所の従業者はすべて非常勤でも可能である。
5 介護予防支援事業所において、担当職員1人あたりの担当件数に定めはない。

## ▼居宅介護支援事業者と介護予防支援事業者の基本方針（ほぼ共通）

- 可能な限りその居宅において、自立した日常生活を営むことのできるように配慮する
- 利用者の選択にもとづき、適切な保健医療・福祉サービスが、多様な事業者から、総合的かつ効率的に提供されるよう配慮する
- サービスが特定の種類や事業者に偏らないよう公正中立に行う
- 市町村、地域包括支援センター、老人介護支援センター、指定居宅介護支援事業者、指定介護予防支援事業者、介護保険施設、障害者の日常生活および社会生活を総合的に支援するための法律（障害者総合支援法）に規定する指定特定相談支援事業者等との連携に努める
- 利用者の人権擁護・虐待防止等のため、必要な体制の整備を行うとともに、従業者に対して研修を実施する等の措置を講じる
- 指定居宅介護支援（または指定介護予防支援）を提供するにあたって、介護保険等関連情報その他必要な情報を活用し、適切かつ有効に行うよう努める

## ▼居宅介護支援事業者と介護予防支援事業者の「人員基準」

|  | 居宅介護支援事業者 | 介護予防支援事業者 |
|---|---|---|
| 管理者 | ● 常勤専従（兼務可）の主任介護支援専門員1人 | ● 常勤専従（兼務可）<br>● 資格要件なし |
| 従業者 | ● 常勤専従（兼務可）の介護支援専門員1人<br>● 1人あたり利用者35人 | ● 担当職員<br>● 担当件数の定めなし |

> 居宅介護支援事業者の場合、増員する介護支援専門員は非常勤でも可能

> 介護予防支援事業者の担当職員は、「保健師・介護支援専門員・社会福祉士・経験ある看護師・高齢者保健福祉に関する相談業務等に3年以上従事した社会福祉主事のいずれかの要件を満たす者」を1人以上配置

> 居宅介護支援事業者と介護予防支援事業者の「人員基準」の違いは、きちんと整理してインプットしておきましょう。
> また、上の表にある「兼務」は、同一敷地内にない、ほかの事業所の場合はできません

## 練習問題41 │ 解答＆解説

介護予防支援の管理者については、資格要件がありませんので、1は×となります。居宅介護支援事業所における従業者の1人は必ず常勤です。よって4の「すべて非常勤でも可能である」も×となります。居宅介護支援事業者と介護予防支援事業者は、ケアマネジメントを行うというのは共通ですが、人員基準が異なります。注意しましょう。

正解　2,3,5

**必修ポイント!**

☑ 居宅介護支援と介護予防支援の運営基準はほぼ同じです
☑ ケアプラン等の計画は必ず文書にて説明・同意・交付が必要
☑ 介護予防支援事業者のみに存在する運営基準があります

居宅介護支援事業者と介護予防支援事業者の運営基準は**ほぼ同じ**になっています。そのため、あわせて覚えておくと効率がよいでしょう。両者の運営基準のうち、出題傾向の高いものについて、2回に分けて解説していきます。

まずは両者共通の運営基準から見ていきましょう。

1つ目が、「内容および手続きの説明と同意」です。居宅サービス計画や介護予防サービス計画（ケアプランのこと）については、文書で**説明**し、文書で**同意**を得て、文書を**交付**します。**説明・同意・交付**というルールは、すべての計画に共通しますので、今のうちに覚えておきましょう。

次に、「提供拒否の禁止」ですが、これは「**正当な理由なくサービス提供を拒んではならない**」ということです。ここでいう正当な理由には、「定員が一杯である」「利用者が通常の実施地域以外に居住している」などがあります。また、提供拒否の禁止といっても、絶対に断ってはならないわけではありませんが、**サービス提供が困難な場合は、他事業者を紹介する**など**必要な措置を講ずる**という基準も設けられています。

そのほか、「**身分証を携行**」し、「**初回**訪問時等に利用者・家族に提示する」という基準もあります。ただし、これは「**毎回**、提示しなければならない」という意味ではありません。注意しましょう。

## 介護予防支援のみにある運営基準とは？

介護予防支援事業者の場合には、**委託**について運営基準にまとめられています。具体的に、「**地域包括支援センター運営協議会**の議を経る」「委託先は知識および能力のある**指定居宅介護支援事業者**でなければならない」などの基準が定められています。そのほか、「介護予防支援のための効果的な支援の方法に関する基準」もあります。

### 練習問題 42

居宅介護支援および介護予防支援の運営基準について適切なものはどれか。2つ選べ。

1 利用者の求めがあった場合、サービス提供を拒むことはできない。
2 計画については口頭で同意を得ることでよい。
3 訪問の際、身分証を毎回提示しなければならない。
4 サービス提供困難時は、他事業者の紹介を行うなどの必要な措置を講ずる。
5 通常の事業の実施地域を越える場合は、交通費の支払いを受けることができる。

## ▼居宅介護支援事業者と介護予防支援事業者で共通する「運営基準」(1)

| | |
|---|---|
| 内容および手続きの説明と同意 | ● あらかじめ利用申込者または家族に、運営規程の概要などサービス選択に関係する重要事項を文書で説明し、文書で同意を得て、提供を開始する<br>● あらかじめ、居宅サービス計画が基本方針および利用者の希望にもとづき作成されるものであることや、利用者は複数の指定居宅サービス事業者等を紹介するよう求めることができることなど、事業者における居宅サービス計画の全体的な作成概況などについて利用者・家族に説明し、理解を得る<br>● 利用者・家族に対し、入院時に担当介護支援専門員の氏名等を入院先の医療機関に伝えるように依頼する |
| 提供拒否の禁止 | ● 正当な理由なくサービス提供を拒んではならない |
| 身分証の携行 | ● 介護支援専門員（担当職員）は、介護支援専門員証（身分証）を携行し、初回訪問時等に利用者・家族に提示する |
| 利用料等の受領 | ● 償還払いの場合の利用料と代理受領がなされる場合の費用の額との間に、不合理な差を設けない<br>● 通常の事業の実施地域を越える場合は、交通費の支払いを受けられる |

## ▼介護予防支援事業者のみの「運営基準」

| | |
|---|---|
| 指定介護予防支援の業務の委託 | ● 委託にあたっては、地域包括支援センター運営協議会の議を経なければならない<br>● 適切かつ効率的に業務が実施できるよう、委託する業務の範囲や業務量について配慮する<br>● 委託先は、指定介護予防支援の業務に関する知識および能力を有する介護支援専門員が従事する指定居宅介護支援事業者でなければならない |
| 利用者の受給等の確認 | ● 利用申込者から居宅介護支援の提供を求められた場合、被保険者証で被保険者資格、要介護認定等の有無、有効期間を確認する |

## ▼介護予防支援における「介護予防のための効果的な支援の方法に関する基準」

● 利用者の日常生活の自立のための取り組みを総合的に支援することで生活の質の向上を目指す
● 利用者の主体的取り組みと生活機能の向上に対する意欲を高める支援
● 目標と期間を設定し、それを利用者、サービス提供者などと共有
● できる行為は可能な限り利用者が行うよう配慮
● サービス担当者会議などを通じて、多様な取り組みを積極的に活用
● 地域支援事業、および介護給付との連続性と一貫性をもった支援を行うよう配慮
● 利用者の個別性の重視
● 機能の改善後もその維持を支援

## 練習問題 42 ｜解答＆解説

サービス提供については、「正当な理由」がある場合は断ることが可能です。よって1は×です。計画は「文書」による説明・同意・交付が必要ですので、2が×となります。身分証は携行義務があるだけで、「毎回提示」の義務はありませんので、3が×となります。

正解 4,5

# 居宅介護支援と
# 介護予防支援③　〜運営基準(2)

出題頻度 ★★★

**必修ポイント！**

☑ 秘密保持は仕事を辞めたあとも継続します
☑ 「運営規程」（事業所のルール）を定める必要があります
☑ 記録は、書面のほか、電磁的記録を用いることも可能です

　前セクションに引き続き、居宅介護支援事業者・介護予防支援事業者の運営基準について見ていきます。まず、覚えておきたいのが、秘密保持です。これは、居宅介護支援や介護予防支援の事業者に限らず、すべての事業で定められています。具体的には、「正当な理由なく秘密を漏らしてはならない。退職後も同様である」という基準です。「正当な理由」としては、サービス担当者会議などで利用する場合などが考えられますが、たとえその場合であっても、必ず利用者に文書で同意を得る必要があります。そして、職務上知り得た個人情報などは、退職後も決して漏らしてはいけません。

　また、勤務体制の確保というものもあり、ハラスメント（パワハラ・セクハラなど）の防止措置を講じることなどが求められています。

　事業所はそれぞれ運営規程というものも定めなければなりません。「運営基準」はすべての事業所が守るべきルールですが、「運営規程」は「その事業所に関するルール」となります。具体的には、営業日、営業時間、時間外の対応、通常の事業の実施地域などを、各事業所の運営規程として別途定めます。

　そのほか、運営基準では、記録について、書面に代えて電磁的記録を利用することも可能としています。

## 📖 経過措置的な内容についても押さえておこう

　運営基準の中には、2024（令和6）年3月末まで努力義務となっているものもあります。たとえば、業務継続計画の策定等、感染症の予防およびまん延の防止のための措置、虐待の防止などです。現場では重要な内容ですから、今のうちに覚えておきましょう。なお、これらは居宅サービスに共通する運営基準（208ページ）でも定められています。

 **練習問題 43**

居宅介護支援および介護予防支援の運営基準について適切なものはどれか。3つ選べ。

　1　正当な理由なく、利用者の情報を漏らしてはならない。
　2　通常の事業の実施地域を定めなければならない。
　3　その事業所を退職した後、秘密保持義務はなくなる。
　4　広告を行ってはならない。
　5　書面に代えて電磁的記録を用いることができる。

## ▼ 居宅介護支援事業者と介護予防支援事業者で共通する「運営基準」(2)

| | |
|---|---|
| 要介護・要支援<br>認定の申請の援助 | ● 認定申請について、利用申込者の意思を踏まえ必要な協力を行い、認定申請を行っていない利用申込者の申請（新規・更新など）を援助する |
| 秘密保持 | ● 正当な理由なく秘密を漏らしてはならない。退職後も同様である |
| 勤務体制の確保 | ● 適切な居宅介護支援を提供できるよう、従業者の勤務体制を定め、その資質の向上のために、研修の機会を確保する<br>● ハラスメント防止措置を講じる |
| 広告 | ● 広告を行う場合はその内容が虚偽または誇大なものであってはならない |
| 電磁的記録等 | ● 書面に代えて電磁的記録を用いることができる<br>● 相手方の承諾を得て、書面に代えて電磁的方法による交付・説明等を行うことができる |
| 受給資格等の確認 | ● 指定居宅介護支援・介護予防支援事業者は、指定居宅介護支援・介護予防支援の提供を求められた場合には、その者の提示する被保険者証によって、被保険者資格、要介護・要支援認定の有無、および要介護・要支援認定の有効期間を確かめるものとする |
| 運営規程 | ● 指定居宅介護支援・介護予防支援事業者は、指定居宅介護支援・介護予防支援事業所ごとに、次の運営規程を定めるものとする<br>　①事業の目的および運営の方針<br>　②職員の職種、員数および職務内容<br>　③営業日および営業時間<br>　④指定居宅介護・介護予防支援の提供方法、内容および<br>　　利用料その他の費用の額<br>　⑤通常の事業の実施地域<br>　⑥虐待の防止のための措置に関する事項<br>　⑦その他運営に関する重要事項 |

## ▼ 2024年3月末まで「努力義務」である「運営基準」

| | |
|---|---|
| 業務継続計画の策定等 | ● 感染症や非常災害の発生時において、居宅介護支援・介護予防支援を継続的に提供する等のための業務継続計画を策定し、必要な措置を講じる |
| 感染症の予防および<br>まん延の防止のための措置 | ● 感染症の発生・まん延防止のため、感染対策委員会の開催、予防・まん延防止指針の整備、研修・訓練の定期的実施等の措置を講じる |
| 虐待の防止 | ● 虐待の発生またはその再発を防止するため、担当者を置いて、虐待防止検討委員会の開催、虐待防止指針の整備、研修の定期的実施等の措置を講じる |

> 居宅介護支援・介護予防支援事業者は、
> 介護支援専門員の清潔保持や健康状態について、
> 必要な管理をすることも求められます

 **練習問題 43 ｜ 解答 ＆ 解説**

「秘密保持義務」は、退職後も同様ですので、3は×となります。4の「広告」については、その内容が虚偽または誇大でなければ行うことができます。よって4も×となります。

正解 **1, 2, 5**

## まとめ　④ケアマネジメント

ここまでに学んだ試験合格の必修ポイントのまとめです。
重要語句を付属の赤シートで隠すなどして覚えていきましょう。
試験直前期にも要チェック！

▼ケアマネジメントのプロセス

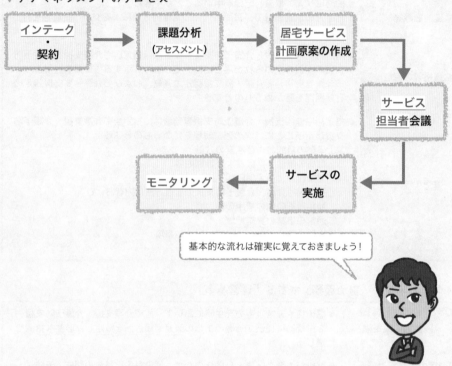

インテーク・契約 → 課題分析（アセスメント） → 居宅サービス計画原案の作成 → サービス担当者会議 → サービスの実施 → モニタリング

基本的な流れは確実に覚えておきましょう！

▼＜アセスメント＞＜計画作成＞の「具体的取扱方針」

| 項目 | ポイント |
|---|---|
| アセスメント | ●介護支援専門員は、適切な方法により、解決すべき課題を把握しなければならない<br>●介護支援専門員は、アセスメントにあたっては、利用者の居宅を訪問し、利用者およびその家族に面接して行わなければならない |
| 計画作成 | ●介護支援専門員は、居宅サービス計画の原案の内容について利用者またはその家族に対して説明し、文書により利用者の同意を得なければならない<br>●介護支援専門員は、居宅サービス計画を作成した際には、居宅サービス計画を利用者および担当者に交付しなければならない<br>●介護支援専門員は、居宅サービス計画に位置づけた指定居宅サービス事業者等に対して、訪問介護計画などの個別サービス計画の提出を求めるものとする |

▼居宅介護支援事業者と介護予防支援事業者の「人員基準」

### 居宅介護支援事業者

**管理者**
- 常勤（兼務可）の
  <u>主任介護支援専門員</u>

**従業者**
- <u>介護支援専門員</u>
  （常勤専従・兼務可）
- 1人あたり、利用者受入れ <u>35</u> 人

### 介護予防支援事業者

**管理者**
- <u>常勤</u>専従（兼務可）
- 資格要件はなし

**担当職員**
- 「<u>保健師</u>、<u>介護支援専門員</u>、
  <u>社会福祉士</u>、<u>経験ある看護師</u>、
  <u>経験ある社会福祉主事</u>」の
  いずれかの要件を満たす者

▼居宅介護支援事業者と介護予防支援事業者の「運営基準」（共通）

| 項目 | ポイント |
|---|---|
| <u>身分証</u>の<u>携行</u> | ● 介護支援専門員（担当職員）は、<u>介護支援専門員証（身分証）を携行</u>し、<u>初回訪問時</u>等に<u>利用者・家族に提示</u>する |
| 利用料等の受領 | ● 償還払いの場合の利用料と代理受領がなされる場合の費用の額との間に、不合理な差を設けない<br>● <u>通常の事業の実施地域を越える場合</u>は、<u>交通費の支払い</u>を受けられる |
| 要介護・要支援<br>認定の<br>申請の<u>援助</u> | ● 認定申請について、利用申込者の意思を踏まえ必要な協力を行い、認定申請を行っていない利用申込者の申請（新規・更新など）を<u>援助</u>する |
| 秘密<u>保持</u> | ● 正当な理由なく<u>秘密を漏らしてはならない</u>。退職後も同様である |
| 広告 | ● 広告を行う場合は、その内容が<u>虚偽</u>または<u>誇大</u>なものであってはならない |

**4**

ケアマネジメント

運営基準は毎年出題されています。
過去問などを利用して
アウトプットを進めていきましょう

## 第1章 復習問題

この章で学んだ各テーマに関して試験で頻出の問題をそろえました。問題を解いて学んだことが身についているかチェックしましょう。間違えた問題はテキストを見直し、知識をしっかり定着させるのを忘れずに！

重要度：★★＞★＞無印

□□ 　　1

「国民の努力及び義務」として介護保険法第4条に規定されているものはどれか。3つ選べ。

1　常に健康の保持増進に努める。

2　自立した日常生活の実現に努める。

3　その有する能力の維持向上に努める。

4　地域における互助に資する自発的活動への参加に努める。

5　介護保険事業に要する費用を公平に負担する。

□□ ★★ 2

介護保険に関する市町村の事務として正しいものはどれか。3つ選べ。

1　保険事業勘定及び介護サービス事業勘定の管理

2　指定情報公表センターの指定

3　財政安定化基金拠出金の納付

4　保険料滞納者に対する保険給付の支払の一時差止

5　医療保険者からの介護給付費・地域支援事業支援納付金の徴収

□□ ★ 3

保険者における介護保険の会計について正しいものはどれか。3つ選べ。

1　介護保険に関する収入及び支出については、特別会計を設けなければならない。

2　特別会計は、保険事業勘定と介護サービス事業勘定に区分する。

3　特別会計の運営は、介護保険法や地方自治法などの諸規定に従って行う。

4　財政安定のため、都道府県に委託して行うことができる。

5　町または村では、一般会計の中で行うことが認められている。

---

### 解答&解説

**1**　介護保険法第4条には、「①国民は、自ら要介護状態となることを予防するため、…（中略）常に健康の保持増進に努めるとともに、要介護状態となった場合においても、…（中略）その有する能力の維持向上に努めるものとする」と「②国民は、共同連帯の理念に基づき、介護保険事業に要する費用を公平に負担するものとする」と定められています。そして、この条文には2と4の文言は含まれていません。　**正解 1,3,5**

**2**　2は都道府県が指定し、5は社会保険診療報酬支払基金がそれぞれ行います。　**正解 1,3,4**

**3**　介護保険特別会計は市町村に設置されます。都道府県に委託することができませんので4は×で、町または村であっても特別会計の設置が必要ですので、5も×です。　**正解 1,2,3**

□□ ★★ 　4

介護保険法において市町村の条例で定めるものはどれか。2つ選べ。

1　介護保険審査会の委員の定数
2　普通徴収に係る保険料の納期
3　第1号被保険者の保険料率
4　指定介護老人福祉施設の設備及び運営に関する基準
5　区分支給限度基準額を上回る額の種類支給限度基準額の設定


□□ ★★ 　5

介護保険の第2号被保険者について正しいものはどれか。2つ選べ。

1　40歳に達した日に、自動的に被保険者証が交付される。
2　健康保険の被保険者である生活保護受給者は、介護保険料を支払う義務はない。
3　強制加入ではない。
4　医療保険加入者でなくなった日から、その資格を喪失する。
5　健康保険の被保険者に係る介護保険料には、事業主負担がある。


□□ ★★ 　6

介護保険の被保険者について正しいものはどれか。3つ選べ。

1　65歳未満の生活保護受給者は、医療保険加入者でもあっても資格がない。
2　65歳以上の生活保護受給者は、住所がなくても第1号被保険者となる。
3　65歳以上の生活保護受給者は、医療保険加入者であっても第1号被保険者となる。
4　年齢到達による資格取得時期は、誕生日の前日となる。
5　児童福祉法上の医療型障害児入所施設の入所者は、被保険者とならない。


□□ ★★ 　7

住所地特例対象施設はどれか。3つ選べ。

1　障害者支援施設
2　地域密着型特定施設
3　養護老人ホーム
4　介護老人福祉施設
5　介護医療院

復習問題

4　1と4は都道府県条例で定められます。また、5はそもそも設定できる内容ではありません。 正解 2,3
5　第2号被保険者については、資格取得と同時に被保険者証は交付されませんので、1は×です。生活保護受給者であっても、被保険者に該当すれば保険料の支払い義務があります。よって2は×です。介護保険制度は強制加入ですから、3も×となります。 正解 4,5
6　医療保険加入者である65歳未満の生活保護受給者は、第2号被保険者になる可能性があるため、1は×です。住所がない場合は被保険者になりませんので、2も×です。 正解 3,4,5
7　障害者支援施設は住所地特例対象施設ではありません。また、地域密着型特定施設についても住所地特例対象施設とはなりません。 正解 3,4,5

□□ ★★　8

介護保険の保険給付について正しいものはどれか。3つ選べ。

1　高額介護サービス費の支給は、介護給付の一つである。
2　高額医療合算介護サービス費の支給は、市町村特別給付の一つである。
3　特定入所者介護サービス費の支給は、介護給付の一つである。
4　特例特定入所者介護サービス費の支給は、市町村特別給付の一つである。
5　居宅介護サービス計画費の支給は、介護給付の一つである。

□□ ★★　9

要介護認定について正しいものはどれか。2つ選べ。

1　第1号被保険者は、医療保険の被保険者証を添付して申請する。
2　認定調査票の基本調査項目には、身体障害者程度等級が含まれる。
3　主治医意見書の項目には、認知症の中核症状が含まれる。
4　被保険者が調査又は診断命令に従わないときは、申請を却下することができる。
5　主治医がいないときは、介護認定審査会が医師を指定できる。

□□　10

要介護認定について正しいものはどれか。3つ選べ。

1　介護認定審査会は、複数の市町村で共同設置することができる。
2　主治医意見書の項目には、医学的管理の必要性が含まれる。
3　介護認定審査会は、必要があるときは、主治医の意見を聴くことができる。
4　介護認定審査会は、認定に際してサービスの種類の指定権限を持つ。
5　認定されなかった場合には、被保険者証は返還されない。

□□ ★★　11

要介護認定の認定調査について正しいものはどれか。3つ選べ。

1　市町村は、その職員である福祉事務所のケースワーカーに認定調査を行わせることができる。
2　市町村は、その職員である市町村保健センターの保健師に認定調査を行わせることができる。
3　市町村は、介護支援専門員に更新認定の調査を委託できない。
4　市町村は、指定居宅介護支援事業者に更新認定の調査を委託できない。
5　市町村は、地域包括支援センターに更新認定の調査を委託できる。

---

解答&解説

**8**　高額医療合算介護サービス費も特例特定入所者介護サービス費も、介護給付ですので、2と4は×です。
正解 1,3,5

**9**　第1号被保険者が申請をする場合、介護保険被保険者証を添付しますので、1は×です。基本調査項目には、身体障害者程度等級は含まれませんので、2も×です。主治医がいないときの医師の指定は市町村です。よって5も×となります。
正解 3,4

**10**　認定に際してサービスの種類の指定権限があるのは、保険者である市町村です。よって4は×となります。認定されなかった場合でも、被保険者証は返還されますので、5は×です。
正解 1,2,3

**11**　市町村は、介護支援専門員や指定居宅介護支援事業者に更新認定の調査を委託することができます。よって3と4は×です。
正解 1,2,5

□□ ★★ 12

要介護認定の申請手続について正しいものはどれか。2つ選べ。

1　指定居宅介護支援事業者は、代行できる。

2　指定訪問介護事業者は、代行できる。

3　地域密着型介護老人福祉施設は、代行できない。

4　介護保険施設は、代行できない。

5　地域包括支援センターは、代行できる。

□□ ★★ 13

要介護認定、要支援認定の有効期間について正しいものはどれか。3つ選べ。

1　区分変更申請の場合は、6月間が原則である。

2　区分変更申請の場合は、24月間の設定が可能である。

3　新規申請の場合は、24月間の設定が可能である。

4　新規申請の場合は、12月間の設定が可能である。

5　新規申請の場合は、3月間の設定が可能である。

□□ 14

介護認定審査会について正しいものはどれか。2つ選べ。

1　審査対象者を担当する介護支援専門員が参加しなければならない。

2　地域包括支援センター職員が参加しなければならない。

3　原則として、保険者である市町村の職員は委員となることができない。

4　審査対象者の主治医の意見を聞くことはできない。

5　必要に応じて、審査対象者の家族の意見を聞くことができる。

□□ ★ 15

介護保険給付が優先するものについて正しいものはどれか。2つ選べ。

1　障害者の日常生活及び社会生活を総合的に支援するための法律による自立支援給付

2　証人等の被害についての給付に関する法律による介護給付

3　健康保険法による療養の給付

4　労働者災害補償保険法による療養補償給付

5　戦傷病者特別援護法による療養の給付

---

**12**　要介護認定の申請について、指定訪問介護事業者は代行できませんので、2は×です。一方、地域密着型介護老人福祉施設と介護保険施設は申請を代行できます。よって3と4も×です。　正解 **1,5**

**13**　区分変更申請の認定有効期間は、最長12ヵ月間ですので、2が×です。また、新規申請の場合も、最長12ヵ月間ですので、3が×です。　正解 **1,4,5**

**14**　介護認定審査会には、介護支援専門員や地域包括支援センター職員は参加する必要はありませんから、1と2が×です。介護認定審査会においては、状況によって審査対象者の主治医から意見を聞くことができます。よって4も×です。　正解 **3,5**

**15**　選択肢内で介護保険給付に優先される法律は、2の証人等の被害についての給付に関する法律による介護給付、4の労働者災害補償保険法による療養補償給付、5の戦傷病者特別援護法による療養の給付です。よって2、4、5が×となります。　正解 **1,3**

□□ ★ 16

介護保険給付について正しいものはどれか。3つ選べ。

1　原子爆弾被爆者に対する援護に関する法律により介護給付に相当する給付を受けているときは、一定の限度で介護保険の保険給付は行われない。

2　給付事由が第三者の加害行為による場合に、第三者から同一の事由について損害賠償を受けたときは、市町村は、賠償額の限度で保険給付の責任を免れる。

3　第1号被保険者に対し生活保護から介護扶助が行われた場合は、保険給付は行われない。

4　やむを得ない事由により介護保険からサービスを受けられない場合には、例外的に老人福祉法に基づく市町村の措置によるサービスが受けられる。

5　保険給付を受ける権利は、差し押さえることができる。


□□ ★ 17

保険給付について正しいものはどれか。2つ選べ。

1　特定福祉用具の購入に係る利用者負担は、高額医療合算介護サービス費の対象となる。

2　高額介護サービス費の負担上限額は、年単位で定める。

3　市町村の条例で区分支給限度基準額を上回る額を定めることができる。

4　種類支給限度基準額は、都道府県の条例で定める。

5　法定代理受領方式で現物給付化されるものがある。


□□ ★★ 18

指定居宅サービス事業者について正しいものはどれか。3つ選べ。

1　指定は、事業所ごとに行う。

2　指定の更新は、保険者が行う。

3　名称及び所在地を変更するときは、都道府県知事に届け出なければならない。

4　事業者の指定をしたときは、都道府県知事が名称などを公示する。

5　診療所が居宅療養管理指導を行うときは、介護保険法による指定の申請をしなければならない。


解答&解説

**16**　生活保護受給者である第1号被保険者は、保険給付を受けた上で介護扶助が行われます。そのため、「保険給付は行われる」となりますので、3は×です。また、保険給付を受ける権利は差し押さえることができません。よって5は×です。　　正解 **1,2,4**

**17**　特定福祉用具の購入についての利用者負担は、高額医療合算介護サービス費の対象外ですので、1は×です。高額介護サービス費の負担上限額は月単位ですので、2も×です。種類支給限度基準額は市町村条例で定めます。よって4は×です。　　正解 **3,5**

**18**　指定居宅サービス事業者の指定の更新は都道府県知事が行いますので、2は×です。診療所が居宅療養管理指導を行うときは、みなし指定になりますので、指定の申請は不要です。よって5が×となります。　　正解 **1,3,4**

区分支給限度基準額が適用されるサービスとして正しいものはどれか。3つ選べ。

1　居宅療養管理指導
2　訪問リハビリテーション
3　小規模多機能型居宅介護
4　看護小規模多機能型居宅介護
5　地域密着型介護老人福祉施設入所者生活介護

介護保険法上、市町村介護保険事業計画に定めるべき事項として正しいものはどれか。2つ選べ。

1　地域支援事業の量の見込み
2　介護保険施設相互間の連携の確保に関する事業
3　介護専用型特定施設入居者生活介護の必要利用定員総数
4　混合型特定施設入居者生活介護の必要利用定員総数
5　認知症対応型共同生活介護の必要利用定員総数

# 21

介護保険事業計画について正しいものはどれか。2つ選べ。

1　市町村介護保険事業計画は、市町村老人福祉計画と調和が保たれたものとして作成する。
2　市町村介護保険事業計画は、市町村地域福祉計画と一体のものとして作成する。
3　都道府県介護保険事業支援計画は、医療計画と整合性が保たれたものとして作成する。
4　都道府県介護保険事業支援計画を定める際には、保険者と協議しなければならない。
5　国が定める基本指針には、地域支援事業の実施に関する基本的事項が含まれる。

介護保険財政について正しいものはどれか。2つ選べ。

1　調整交付金は、各市町村の第1号被保険者の所得の分布状況等を勘案して交付される。
2　遺族年金は、第1号被保険者の保険料に係る特別徴収の対象とならない。
3　市町村特別給付に要する費用には、第2号被保険者の保険料も充当される。
4　第2号被保険者の保険料の一部は、地域支援事業支援納付金の納付に充てられる。
5　第1号被保険者の保険料率は、年度ごとに算定する。

**19**　居宅療養管理指導、地域密着型介護老人福祉施設入所者生活介護は、区分支給限度基準額が適用されないサービスです。よって1と5が×となります。　正解 **2,3,4**

**20**　2と4は「都道府県介護保険事業支援計画で定めるよう努める」事項です。また、3は、「都道府県介護保険事業支援計画で定めるべき」事項となっています。よって、2、3、4は×となります。　正解 **1,5**

**21**　市町村介護保険事業計画は、①市町村老人福祉計画と一体のものとして、②市町村地域福祉計画と調和が保たれたものとして作成します。よって1と2は×です。また、都道府県介護保険事業支援計画については、その作成時に協議するのは「国」ですので、4は×です。　正解 **3,5**

**22**　遺族年金も特別徴収の対象ですので2は×です。市町村特別給付に要する費用は第1号被保険者の保険料のみを利用しますので3も×です。第1号被保険者の保険料率は3年に一度算定されますので5も×です。　正解 **1,4**

復習問題

□□ ★★　23

介護保険の保険料について正しいものはどれか。3つ選べ。

1　第1号被保険者の保険料は、原則として、被保険者の負担能力に応じた9段階の定額保険料となっている。

2　第1号被保険者と第2号被保険者の一人あたりの平均保険料を同じ水準とする考え方がとられている。

3　第1号被保険者の保険料は市町村が条例により定める。

4　第2号被保険者の保険料は市町村が条例により定める。

5　すべての被保険者は特別徴収と普通徴収により徴収される。


□□ ★　24

介護保険制度における利用者の負担について正しいものはどれか。2つ選べ。

1　震災で住宅等の財産が著しく損害を受けたときは、市町村は、定率負担を免除することができる。

2　高額介護サービス費の支給要件は、所得に応じて条例で定められる。

3　短期入所サービスにおけるおむつ代は、利用者が全額負担する。

4　生活保護の被保護者である第1号被保険者には、高額介護サービス費の適用がない。

5　施設サービスにおける食費は、利用者が負担する。


□□ ★　25

介護保険制度の利用者負担について正しいものはどれか。3つ選べ。

1　介護給付は、定率負担である。

2　高額介護サービス費は、世帯単位で算定する。

3　短期入所系サービスの滞在費は、定率負担である。

4　食費は、社会福祉法人等による利用者負担額軽減制度の対象となる。

5　地域支援事業の第1号訪問事業については、利用料を請求できない。

最初からすべて解けなくても大丈夫です。
間違えた問題は解説を読むなどして、
知識を身につけていきましょう

解答&解説

**23**　第2号被保険者の保険料は医療保険者が定めますので、4は×です。特別徴収と普通徴収で徴収されるのは、第1号被保険者のみです。よって5は×となります。　　正解 1,2,3

**24**　高額介護サービス費の支給要件は国が決めますので、2は×です。短期入所サービスのおむつ代は、保険給付の対象となりますので、3も×です。生活保護の被保護者も高額介護サービス費は適用されます。よって4も×となります。　　正解 1,5

**25**　短期入所系サービスの滞在費は、保険給付の対象外のため全額自己負担なので、3は×です。第1号訪問事業では利用者負担が発生した場合、利用料を請求できますので、5は×です。　　正解 1,2,4

□□ ★　26

介護保険の利用者負担に係る低所得者対策について正しいものはどれか。2つ選べ。

1　生活保護受給者は、高額介護サービス費の支給の対象とはならない。

2　特定入所者介護サービス費の対象者には、申請により介護保険負担限度額認定証が交付される。

3　特定入所者介護サービス費支給後の利用者負担額については、社会福祉法人等による利用者負担額軽減制度は適用されない。

4　社会福祉法人等による利用者負担額軽減制度の対象には、食費が含まれない。

5　社会福祉法人等による利用者負担額軽減制度の対象には、居住費が含まれる。

□□ ★　27

財政安定化基金について正しいものはどれか。3つ選べ。

1　財源は、国、都道府県及び市町村がそれぞれ3分の1ずつ負担する。

2　財源には、第2号被保険者の保険料も充当する。

3　給付費増大により市町村の介護保険財政に不足が見込まれる場合に、必要な額を貸し付ける。

4　保険料未納による収入不足が見込まれる場合に、その2分の1を基準として交付金を交付する。

5　資金の貸付けを受けた市町村は、貸付けを受けた計画期間の終了年度末に一括して返済しなければならない。

□□ ★★　28

介護予防・日常生活支援総合事業について正しいものはどれか。2つ選べ。

1　一般介護予防事業は含まれない。

2　介護予防把握事業は含まれない。

3　権利擁護事業は含まれない。

4　第1号事業の対象者に基本チェックリスト該当者が含まれる。

5　第1号事業について要介護者は利用することができない。

復習問題

**26**　生活保護受給者は、高額介護サービス費の対象となりますので、1は×です。特定入所者介護サービス費支給後の利用者負担額に対しては、社会福祉法人等による利用者負担額軽減制度が適用されます。よって3は×です。社会福祉法人等による利用者負担額軽減制度の対象には食費が含まれますので、4も×です。

正解 **2,5**

**27**　財政安定化基金の財源には、第2号被保険者の保険料は含まれません。よって2は×です。財政安定化基金から貸付を受けた市町村は、3年間、分割で返済することになりますので、5も×です。　正解 **1,3,4**

**28**　介護予防・日常生活支援総合事業に、一般介護予防事業が含まれますので、1は×です。介護予防把握事業は介護予防・日常生活支援総合事業の一般介護予防事業に含まれますので、2も×となります。第1号事業は、継続利用要介護者も対象となり、要介護者も利用できます。よって5も×です。　正解 **3,4**

□□ ★★ 　29

包括的支援事業のうち、地域包括支援センター以外に委託できる事業として正しいものはどれか。2つ選べ。

1　総合相談支援事業
2　権利擁護事業
3　認知症総合支援事業
4　包括的・継続的ケアマネジメント支援事業
5　在宅医療・介護連携推進事業

□□ ★★ 　30

地域包括支援センターについて正しいものはどれか。2つ選べ。

1　社会福祉法人は、設置できない。
2　老人介護支援センターの設置者は、設置できない。
3　医療法人は、設置できる。
4　公益法人は、設置できない。
5　市町村は、設置できる。

□□ ★ 　31

介護サービス情報の公表制度について正しいものはどれか。2つ選べ。

1　介護予防サービスに係る情報の公表は、市町村長が行う。
2　地域密着型サービスに係る情報の公表は、市町村長が行う。
3　調査事務は、市町村長が行う。
4　調査機関の指定は、都道府県知事が行う。
5　利用者のサービス選択に資するために行う。

□□ ★ 　32

国民健康保険団体連合会の業務について正しいものはどれか。3つ選べ。

1　広域保険者を監督する。
2　介護給付費等審査委員会の委員を委嘱する。
3　指定居宅介護支援事業を運営することができる。
4　介護保険施設を運営することができる。
5　指定地域密着型サービス事業を運営することはできない。

---

解答&解説

**29** 1の総合相談支援業務、2の権利擁護業務、4の包括的・継続的ケアマネジメント支援業務は、地域包括支援センター以外に委託できません。よって、1、2、4が×です。　**正解** 3,5

**30** 地域包括支援センターは、市町村から包括的支援事業の委託を受けた法人等（社会福祉法人、老人介護支援センター、医療法人、公益法人、NPO法人など）が設置できます。よって1、2、4が×です。　**正解** 3,5

**31** 介護サービス情報の公表は都道府県知事が行います。よって1と2は×となります。また、調査事務についても、都道府県が実施しますので、3も×となります。　**正解** 4,5

**32** 国民健康保険団体連合会の業務には、1の広域保険者の監督というのはありません。よって1は×です。一方、国民健康保険団体連合会が指定地域密着型サービス事業を運営することは可能ですので、5は×です。**正解** 2,3,4

社会保険診療報酬支払基金の介護保険関係業務として正しいものはどれか。3つ選べ。

1　苦情処理の業務
2　医療保険者に対する報告徴収
3　第三者行為求償事務
4　介護給付費交付金の交付
5　地域支援事業支援交付金の交付

介護保険法における介護支援専門員の義務として正しいものはどれか。2つ選べ。

1　資質向上努力義務
2　サービス事業者指導義務
3　基準遵守義務
4　要介護度改善義務
5　保険者協力義務

ケアマネジメントについて適切なものはどれか。2つ選べ。

1　課題分析標準項目には、ADLとIADLが含まれる。
2　作成されたケアプランの原案を、サービス担当者会議で検討する。
3　モニタリング情報は、3ヵ月ごとに保険者に報告しなければならない。
4　生活保護受給者のケアプラン作成は、福祉事務所の現業員が担当する。
5　生活保護受給者のケアプランは、福祉事務所が指定する医師の了解を得なければならない。

# 36

居宅介護支援のアセスメントについて正しいものはどれか。2つ選べ。

1　認定調査員に委託できる。
2　指定市町村事務受託法人に委託できる。
3　居宅サービス計画原案を示しながら行う。
4　利用者の有する能力を評価する。
5　利用者の置かれている環境等を評価する。

**33**　1の苦情処理の業務、3の第三者行為求償事務は、国民健康保険団体連合会の業務であり、社会保険診療報酬支払基金の業務ではありません。よって1と3が×です。　正解 **2,4,5**

**34**　介護支援専門員には、2のサービス事業者指導義務や、4の要介護度改善義務、5の保険者協力義務はありません。よって、2、4、5が×です。　正解 **1,3**

**35**　ケアマネジメントにおいて、モニタリング情報の保険者への報告義務はありません。よって3は×です。生活保護受給者のケアプラン作成を行うのは居宅介護支援事業者であり、その際、福祉事務所が指定する医師の了解は不要です。よって4と5も×となります。　正解 **1,2**

**36**　アセスメント業務は、1の認定調査員や、2の指定市町村事務受託法人に委託できません。よって1と2は×です。また、居宅サービス計画原案が作成されているのであれば、アセスメントは終了しているはずですので、3も×となります。　正解 **4,5**

復習問題

□□ ★★　37

居宅サービス計画原案の作成について適切なものはどれか。３つ選べ。

1　利用者の家族の希望も勘案する。
2　利用者が入院中であっても、必ず居宅を訪問して行う。
3　身体機能だけでなく、置かれている環境についても検討する。
4　地域における指定居宅サービスが提供される体制を勘案する。
5　初回の面接で利用者の状況をすべて把握しなければならない。

□□ ★　38

指定居宅介護支援におけるサービス担当者会議について正しいものはどれか。２つ選べ。

1　招集は、地域包括支援センターが行う。
2　生活保護の被保護者については、福祉事務所が招集しなければならない。
3　少なくとも３ヵ月に１回は、開催しなければならない。
4　利用者や家族の参加が望ましくない場合には、必ずしもその参加を求めない。
5　会議の記録は、２年間保存しなければならない。

□□ ★★　39

居宅介護支援におけるモニタリングについて正しいものはどれか。２つ選べ。

1　地域ケア会議に結果を提出しなければならない。
2　結果の記録は、居宅介護支援完結の日から２年間保存しなければならない。
3　地域包括支援センターの指示に基づいて実施しなければならない。
4　月に１回以上、結果を記録しなければならない。
5　課題分析標準項目を用いて行わなければならない。

□□ ★★　40

指定居宅介護支援事業者について適切なものはどれか。３つ選べ。

1　介護支援専門員の人員が市町村の条例で定める員数を満たすことができない場合、指定されない。
2　指定居宅介護支援事業所ごとに、介護支援専門員を置かなければならない。
3　指定居宅介護支援事業所ごとに、常勤の管理者を置かなければならない。
4　管理者は、同一敷地内にない他の事業所の職務に従事することができる。
5　サービス提供責任者を置かなければならない。

解答&解説

**37**　入院中の利用者には入院先の病院などへ訪問しての実施のため、２は×です。居宅サービス計画原案の作成では初回の面接ですべてを把握する必要はありません。よって５も×となります。　正解 **1,3,4**

**38**　サービス担当者会議の招集は、介護支援専門員が行いますので、１と２が×です。また、サービス担当者会議については、開催頻度は定められていません、よって３も×です。　正解 **4,5**

**39**　モニタリングで結果を地域ケア会議に提出する義務はなく、地域包括支援センターの指示を仰ぐ必要もないため、１と３は×です。５の課題分析標準項目はアセスメントで使用します。よって５も×です。　正解 **2,4**

**40**　居宅介護支援事業者の管理者は、同一敷地内にない事業所への兼務はできません。よって４は×です。また、指定居宅介護支援事業者は、サービス提供責任者の配置は不要ですので、５も×となります。　正解 **1,2,3**

□□ ★　41

指定居宅介護支援事業について正しいものはどれか。3つ選べ。

1　要介護認定を受けた生活保護受給者には、福祉事務所の現業員が居宅サービス計画を作成しなければならない。

2　地域ケア会議に協力しなかったとき、指定が取り消される。

3　利用者が入院または入所を希望する場合は、介護保険施設等への紹介等を行う

4　介護保険施設等から退院または退所しようとする要介護者から依頼があった場合、あらかじめ居宅サービス計画の作成等の援助を行う。

5　指定居宅介護支援事業者は、介護支援専門員の清潔の保持及び健康状態について、必要な管理をしなければならない。

□□ ★　42

指定介護予防支援事業者について正しいものはどれか。2つ選べ。

1　地域包括支援センターの設置者は、指定申請者になることができる。

2　介護支援専門員の配置が義務付けられている。

3　市町村長は、指定した事業者の名称などを公示する。

4　地域包括支援センター運営協議会は、事業者に対して勧告する権限を有する。

5　事業を変更するときは、都道府県知事に届け出る。

□□ ★　43

指定介護予防支援事業所について正しいものはどれか。2つ選べ。

1　管理者は、他の職務に従事することはできない。

2　指定介護予防支援事業所ごとに、主任介護支援専門員を置かなければならない。

3　管理者は、介護支援専門員にアセスメントを担当させなければならない。

4　サービス担当者会議に対応する適切なスペースを確保する。

5　担当職員の身分証には、写真を貼付することが望ましい。

復習問題

---

**41**　生活保護受給者の居宅サービス計画は介護支援専門員が作成しますので、1は×です。地域ケア会議の協力は努力義務ですので、協力しなかった場合でも指定が取り消されることはありません。よって2も×です。

正解 **3,4,5**

**42**　指定介護予防支援事業者の場合、介護支援専門員の配置義務はありませんので、2は×です。地域包括支援センター運営協議会には、勧告する権限はありませんので、4も×です。また、指定介護予防支援事業者が事業変更をする場合、届出をするのは「都道府県知事」ではなく「市町村長」です。よって5は×です。

正解 **1,3**

**43**　指定介護予防支援事業者の場合、管理者は兼務可能ですので、1は×です。また、主任介護支援専門員の配置義務もありませんので、2も×です。アセスメントは担当職員が実施しますが、その際、介護支援専門員であることは要件になっていません。よって3も×です。

正解 **4,5**

# 一問一答・チャレンジ問題

付属の赤シートをかざして隠れ文字を答えよう！

この章で学んだ内容を一問一答形式の問題で確認しましょう。付属の赤シートを紙面に重ね、隠れ文字（赤字部分）を答えていってください。赤字部分は試験に頻出の重要単語です。試験直前もこの一問一答でしっかり最終チェックをしていきましょう！

重要度：★★＞★＞無印

- □□　**1**　★★　介護保険法第 1 条（目的）には、国民の**保健医療**の向上及び**福祉**の増進を図ると規定されている。　　　　　　　　　　（§ 1 参照）
- □□　**2**　★★　地域包括支援センターの設置は**市町村**が行う事務である。　　　　　　　　　　　　　　　　　　　　　　　　（§ 2 参照）
- □□　**3**　★　種類支給限度基準額の設定は**市町村**が行う事務である。（§ 2 参照）
- □□　**4**　★★　保険者は、介護保険**特別**会計を設置しなければならない。（§ 2 参照）
- □□　**5**　★　第 1 号被保険者の保険料率の算定は**市町村**の条例で定める。　　　　　　　　　　　　　　　　　　　　　　　　　　（§ 3 参照）
- □□　**6**　　介護認定審査会の委員の任期は、市町村条例で定めると、**2** 年を超え **3** 年以下の期間にすることができる。　　（§ 3,14 参照）
- □□　**7**　★　**都道府県**は、財政安定化基金を設置する。　　（§ 4 参照）
- □□　**8**　★　指定情報公表センターの指定は**都道府県**が行う事務である。　　　　　　　　　　　　　　　　　　　　　　　　　　（§ 4 参照）
- □□　**9**　★　区分支給限度基準額の設定は**国**が行う。　　　（§ 4 参照）
- □□　**10**　★★　都道府県は、介護**保険審査会**を設置する。　（§ 4 参照）
- □□　**11**　★★　第 2 号被保険者は、市町村の区域内に住所を有する **40** 歳以上 **65** 歳未満の者で、医療保険に加入している者である。　　（§ 5 参照）
- □□　**12**　　第 **2** 号被保険者資格の取得の届出は、原則として不要である。　　　　　　　　　　　　　　　　　　　　　　　　　（§ 6 参照）
- □□　**13**　★　居住する市町村から転出し、同じ日に転出先に転入届を出した場合、その**当日**に転出先の市町村の被保険者となる。　（§ 6 参照）
- □□　**14**　★　被保険者が死亡した場合は、その**翌日**に被保険者資格を喪失する。　　　　　　　　　　　　　　　　　　　　　　（§ 6 参照）
- □□　**15**　★　第 2 号被保険者が医療保険加入者でなくなった場合は、その**当日**に被保険者資格を喪失する。　　　　　　　　　　（§ 6 参照）
- □□　**16**　★　住民である 40 歳以上 65 歳未満の医療保険加入者、65 歳以上の人が介護保険適用除外施設を退所したとき、その**当日**に被保険者資格を取得する。　　　　　　　　　　　　　　　　　（§ 6 参照）
- □□　**17**　★　第 1 号被保険者は、氏名の変更があった場合、その日から **14** 日以内に介護保険の保険者へ届出を行わなければならない。（§ 6 参照）

☐☐ 18 ★ 住所地特例対象施設に入所する場合、前の**居宅**が保険者となる。

(§7参照)

☐☐ 19 ★★ 保険者は、第1号被保険者に対し、その適用される日が到達するまでに、**介護保険被保険者証**を交付しなければならない。(§8参照)

☐☐ 20 ★ 特定入所者介護サービス費の支給対象者には、保険者から**介護保険負担限度額認定証**が交付される。 (§8参照)

☐☐ 21 ★ **介護保険負担割合証**は、要介護・要支援の認定者に交付される。

(§8参照)

☐☐ 22 指定障害者支援施設に入所している人は、当面の間、**被保険者**とならない。 (§9参照)

☐☐ 23 ★★ 要介護認定等の申請は**保険者（市町村）**に対して行う。(§10参照)

☐☐ 24 ★ 二次判定は、**介護認定審査会**で行う。 (§10参照)

☐☐ 25 ★ 認定を行うのは**保険者（市町村）**である。 (§10参照)

☐☐ 26 第2号被保険者は、**特定疾病**が原因でしか認定を受けることができない。 (§10参照)

☐☐ 27 ★ 介護保険施設は**更新**認定調査を行うことができる。 (§11参照)

☐☐ 28 ★★ 指定市町村事務受託法人は、**新規・更新**認定の調査ができる。

(§11参照)

☐☐ 29 ★ 地域包括支援センターは**更新**認定の調査ができる。 (§11参照)

☐☐ 30 ★ 更新認定は有効期間満了日の**60**日前から満了日の間に申請することができる。 (§11参照)

☐☐ 31 被保険者が正当な理由なく調査に応じない場合、市町村は、認定申請を**却下**することができる。 (§11参照)

☐☐ 32 ★★ 区分変更は、**新規**認定と同様の認定有効期間となる。 (§12参照)

☐☐ 33 ★ 更新認定の有効期間について、直前の要介護度・要支援度と同じ要介護度・要支援度と判定された場合は、**48**ヵ月まで延長できる。

(§12参照)

☐☐ 34 ★ 被保険者に主治医がいない場合は、**市町村職員**または**市町村**が指定する**医師**の診察を受けなければならない。 (§13参照)

☐☐ 35 介護認定審査会の委員の任期は**2**年である。 (§14参照)

☐☐ 36 ★ **保険料**に関する処分（決定）は介護保険審査会の審査請求の対象となる。 (§14参照)

☐☐ 37 ★ **要介護**認定に関する処分（決定）は介護保険審査会の審査請求の対象となる。 (§14参照)

☐☐ 38 ★ **被保険者証**の交付の請求に関する処分（決定）は介護保険審査会の審査請求の対象となる。 (§14参照)

☐☐ 39 ★ 戦傷病者特別援護法における療養給付は**介護保険に**優先する。

(§15参照)

一問一答・チャレンジ問題

□□ 40 ★★ 生活保護法の介護扶助は**介護保険**が優先する。 （§15 参照）

□□ 41 ★★ 居宅介護支援事業者は**市町村長**が指定する。 （§16 参照）

□□ 42 ★★ 通所介護は**都道府県知事**が指定する。 （§16 参照）

□□ 43 ★★ 介護予防支援は**市町村長**が指定する。 （§16 参照）

□□ 44 ★ 療養通所介護は**市町村長**が指定する。 （§16 参照）

□□ 45 ★★ 介護予防通所リハビリテーションは**都道府県知事**が指定する。

（§16 参照）

□□ 46 介護予防認知症対応型通所介護は**市町村長**が指定する。（§16 参照）

□□ 47 ★ 住宅改修費は**償還払い**である。 （§17 参照）

□□ 48 ★ 地域密着型サービス費は**現物給付**である。 （§17 参照）

□□ 49 高額医療合算介護サービス費は**償還払い**である。 （§17 参照）

□□ 50 ★ 福祉用具貸与費は**現物給付**である。 （§17 参照）

□□ 51 ★★ 介護老人保健施設は、介護保険施設としての許可を受けた場合には、**通所**リハビリテーション、短期入所**療養介護**につき、指定居宅サービス事業者の指定があったものとみなされる。 （§18 参照）

□□ 52 ★ 福祉用具購入費支給限度基準額は1事業年度**10**万円である。

（§19 参照）

□□ 53 ★ 住宅改修費支給限度基準額は1住宅**20**万円である。 （§19 参照）

□□ 54 ★ 特定施設入居者生活介護は支給限度基準額が**設定されない**。

（§20 参照）

□□ 55 利用期間を定めて行う認知症対応型共同生活介護は支給限度基準額が**設定される**。 （§20 参照）

□□ 56 ★ 介護予防居宅療養管理指導は支給限度基準額が**設定されない**。

（§20 参照）

□□ 57 ★ 市町村介護保険事業計画は、市町村老人福祉計画と**一体**のものとして作成する。 （§21 参照）

□□ 58 ★ 都道府県介護保険事業支援計画は、都道府県地域福祉支援計画と**調和**が保たれたものとして作成される。 （§21 参照）

□□ 59 ★★ 包括的支援事業・任意事業では、**第2号**被保険者の保険料が使われない。 （§22 参照）

□□ 60 ★★ 第1号被保険者の保険料の徴収方法として、年金から天引きされる**特別徴収**がある。 （§23 参照）

□□ 61 ★★ 一定以上の所得がある第1号被保険者は、利用者負担が**2割・3割**となる。 （§24 参照）

□□ 62 特定入所者介護サービス費は**現物給付**である。 （§25 参照）

□□ 63 ★ 地域密着型通所介護は、**社会福祉法人等**による利用者負担額軽減制度の対象サービスである。 （§25 参照）

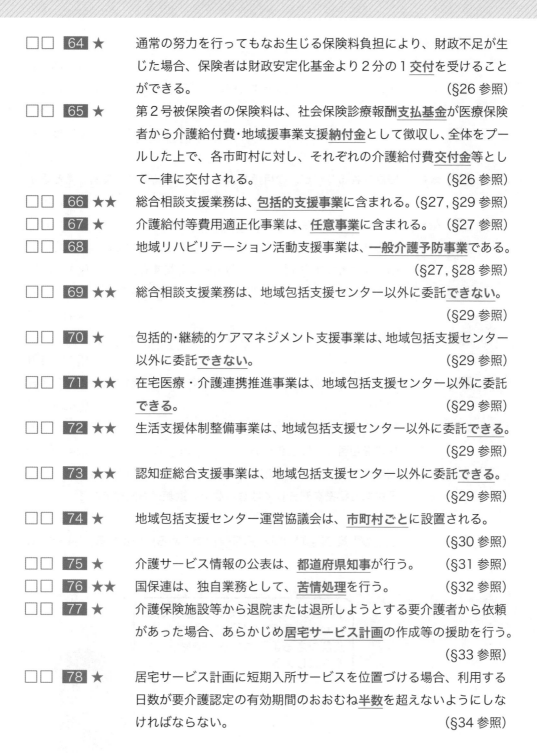

□□ 64 ★ 通常の努力を行ってもなお生じる保険料負担により、財政不足が生じた場合、保険者は財政安定化基金より2分の1**交付**を受けることができる。 (§26 参照)

□□ 65 ★ 第2号被保険者の保険料は、社会保険診療報酬**支払基金**が医療保険者から介護給付費・地域援事業支援**納付金**として徴収し、全体をプールした上で、各市町村に対し、それぞれの介護給付費**交付金**等として一律に交付される。 (§26 参照)

□□ 66 ★★ 総合相談支援業務は、**包括的支援事業**に含まれる。(§27, §29 参照)

□□ 67 ★ 介護給付等費用適正化事業は、**任意事業**に含まれる。 (§27 参照)

□□ 68 地域リハビリテーション活動支援事業は、**一般介護予防事業**である。 (§27, §28 参照)

□□ 69 ★★ 総合相談支援業務は、地域包括支援センター以外に委託**できない**。 (§29 参照)

□□ 70 ★ 包括的・継続的ケアマネジメント支援事業は、地域包括支援センター以外に委託**できない**。 (§29 参照)

□□ 71 ★★ 在宅医療・介護連携推進事業は、地域包括支援センター以外に委託**できる**。 (§29 参照)

□□ 72 ★★ 生活支援体制整備事業は、地域包括支援センター以外に委託**できる**。 (§29 参照)

□□ 73 ★★ 認知症総合支援事業は、地域包括支援センター以外に委託**できる**。 (§29 参照)

□□ 74 ★ 地域包括支援センター運営協議会は、**市町村ごと**に設置される。 (§30 参照)

□□ 75 ★ 介護サービス情報の公表は、**都道府県知事**が行う。 (§31 参照)

□□ 76 ★★ 国保連は、独自業務として、**苦情処理**を行う。 (§32 参照)

□□ 77 ★ 介護保険施設等から退院または退所しようとする要介護者から依頼があった場合、あらかじめ**居宅サービス計画**の作成等の援助を行う。 (§33 参照)

□□ 78 ★ 居宅サービス計画に短期入所サービスを位置づける場合、利用する日数が要介護認定の有効期間のおおむね**半数**を超えないようにしなければならない。 (§34 参照)

付属の赤シートをかざして隠れた重要語句などをどんどん解答していきましょう。試験直前期での知識の確認に活用するのもオススメです！

□□ 79 ★★ 介護支援専門員は、**信用失墜**行為の**禁止**が定められている。

（§35 参照）

□□ 80 ★ ケアマネジメントを実施する前に、利用者は**居宅介護支援事業者**と契約する。 （§36 参照）

□□ 81 ★ アセスメントは、国が提示する**課題分析標準項目**に沿って行われる。

（§37 参照）

□□ 82 ★★ 提供されるサービスの目標およびその達成時期は、**長期目標**と**短期目標**に分けられる。 （§38 参照）

□□ 83 ★★ サービス担当者会議は**介護支援専門員**が招集する。 （§39 参照）

□□ 84 ★★ 居宅サービス計画に関するモニタリングは、少なくとも1ヵ月に1回、利用者の居宅を**訪問**し、利用者に**面接**する。 （§40 参照）

□□ 85 ★★ 居宅介護支援事業者の管理者は、**主任介護支援専門員**の資格が必要である。 （§41 参照）

□□ 86 ★ 介護予防支援事業者の従業者は、諸資格を持つ**担当職員**である。

（§41 参照）

□□ 87 ★★ 指定介護予防支援業務の一部を、**居宅介護支援事業者**に委託できる。

（§42 参照）

□□ 88 ★ 居宅介護支援事業者は、正当な理由がある場合を除き、サービスの提供を**拒否**してはならない。 （§42 参照）

□□ 89 ★ 居宅介護支援事業所の介護支援専門員やその他の従業者は、正当な理由なく秘密を漏らしてはならない。**退職後**も同様である。

（§43 参照）

□□ 90 ★ 通常の事業の実施地域は、**運営規程**で定める必要がある。（§43 参照）

間違えた問題や明確に正解ができなかった問題には☑を入れておき、正解できるようになるまで繰り返し解きましょう

# 第2章

## 医療の知識と
## ソーシャルワーク

この分野では、ケアマネとして理解必須の疾病や相談援助の知識などが幅広く問われますが、試験対策は「浅く広く」学ぶこと。本書でまとめている内容を最低限覚えるようにしましょう。ちなみに頻出項目は、在宅医療管理・高齢者の疾病・ソーシャルワークです。

## Contents

# 01 老年症候群

**必修ポイント！**

☑ **せん妄は、軽度の意識障害となります**
☑ **抑うつは、自殺に至ることがあります**
☑ **フレイルは、筋肉や活動が低下している状態です**

老年症候群とは、いわゆる老化現象です。年齢を重ねるとさまざまな症状が引き起こされます。ここでは、それらのうち、試験に出題されやすい症状について見ていきます。

まず、**低栄養**です。高齢者は食事摂取量の低下、消化吸収能力の低下により、低栄養になることがあります。中でも高齢者によく見られるのが**亜鉛欠乏症**です（薬の副作用でも起きます）。この状態になると、**味覚障害**などを引き起こすこともあります。

次に**せん妄**です。これは脳の器質的疾患や薬剤の副作用など、さまざまな原因によって引き起こされます。一般的に**軽度の意識障害**を引き起こし、**一過性の認知機能障害**や**見当識障害**、**幻覚**などが起こりますが、通常は数週間で治まります。

**抑うつ**は、「気分が落ち込む」という状態です。高齢者では抑うつ状態から**自殺**に至ることがありますので、注意が必要です。抑うつの原因としては、身体的・社会心理的な要因が多いとされています。

**認知機能障害**も高齢者には多く見られます。加齢によって新しいことが覚えにくくなり、思い出すことも難しくなります。ただし、これは**認知症**とは異なるもので、両者をしっかりと区別し、見極める必要があります。

## ✎ フレイルとサルコペニアについて

高齢になり、心身が衰え、健康障害を起こしやすくなっている状態を**フレイル**といいます。健康な状態と要介護状態の中間的な位置づけで、具体的には、①**体重減少**、②**筋力低下**、③**疲労感**、④**歩行速度の低下**、⑤**身体活動量の低下**の５項目うち、**３項目以上**あればフレイルとみなされます。

また、加齢による筋肉量の減少や筋力・身体機能の低下を**サルコペニア**といい、これはフレイルに至る前段階とされています。

**練習問題1**

老年症候群について正しいものはどれか。2つ選べ。

　1　亜鉛欠乏症では、視力障害を引き起こす。
　2　高齢者では、抑うつで自殺に至ることが多い。
　3　せん妄の意識障害は重度である。
　4　フレイルは筋力低下のみを指す。
　5　認知機能障害は認知症と区別されている。

## ▼さまざまな老年症候群

| | |
|---|---|
| 意識障害・せん妄 | ● 意識障害の原因になりやすいものとしては、以下のものが挙げられる<br>　①脳血管障害や頭部外傷などの**脳の器質的障害**<br>　②薬剤の副作用<br>　③低血圧、低血糖、慢性呼吸不全、高血糖、尿毒症など**重篤な全身疾患**<br>● **せん妄**は、一般に意識障害のレベルはそれほど高くなく、一過性の認知機能低下、見当識障害、不眠、興奮、錯乱、幻聴、幻覚など、さまざまな**精神症状**が現れる。興奮や錯乱を伴うせん妄を**過活動型**という<br>● せん妄はとくに夜間に多く見られ、昼間には異常は少なく主に夜間に症状が現れる場合には**夜間せん妄**という。また、転居後や施設入所後にも起こることがある<br>● せん妄は、興奮を伴うことが多いが、活動性が低下するものもある<br>● せん妄の発症の誘因として、睡眠障害、薬剤、環境の変化などが挙げられる |
| 抑うつ | ● 気分や感情の落ち込み、やる気が起きないなどの状態を指す<br>● 気力の低下だけでなく、自尊心の喪失、自責感・罪業感、集中力の低下、不安・焦燥感、不眠、食欲不振などの症状が強いこともある<br>● とくに高齢者では**自殺**に至ることが多いため、注意が必要である<br>● 高齢者に多い**脳血管障害**や**パーキンソン病**などの疾患自体が抑うつを引き起こすこともある。また、薬剤によって抑うつが生じることもある |
| 認知機能障害 | ● 加齢に伴う認知機能の変化については、一般的に次のような特徴がある<br>　・知識は、加齢の影響が**少ない**<br>　・計算能力は、加齢によって**大きく低下**する<br>　・人生の個人的な経験の記憶である**エピソード記憶**は、加齢により、とくに**最近の出来事に対する記憶力**が**低下**していく場合が多く見られる<br>　・覚えようと意識して覚える知識で、学習によって取得される**意味記憶**は、高齢になっても保持される<br>　・知能には、**流動性知能**（新しいことを覚えたり、処理したりする知能）と、**結晶性知能**（過去の経験や学習によって得た知能）があり、**結晶性**知能は加齢による**変化が少ない** |
| 不眠 | ● 加齢とともに夜間の睡眠時間が**短縮**して、睡眠が**浅く**なり、**中途覚醒**や**早朝覚醒**が多くなる<br>● 不眠の原因としては、次のものが注目されている<br>　・睡眠時に舌根が沈下して気道が狭くなり無呼吸となる**閉塞性睡眠時無呼吸症候群**<br>　・心不全などで起きる**中枢性睡眠時無呼吸症候群**<br>　・寝ているときに瞬間的に手や足が痙攣する**周期性四肢運動異常症**<br>　・横になると、むずむずとした不快感や痛みなどの異常感覚・身体症状が、下肢や腰、背中、腕などに現れて眠れなくなる**むずむず脚症候群**（**レストレスレッグス症候群**） |

上記のほか、左ページにある「フレイル」と「サルコペニア」の違いも整理しておきましょう

 練習問題1 | 解答&解説

亜鉛欠乏症は味覚障害を引き起こすもので、視力障害を引き起こすものではありません。よって1は×です。3のせん妄は、一般的に軽度の意識障害となりますので、3も×です。フレイルは身体状態の全般的な低下を指しますので、筋力低下のみではありません。よって4も×となります。

正解 **2,5**

# 在宅医療管理①
# ～自己注射と疼痛管理

出題頻度 ★★☆

**必修ポイント！**

☑ 在宅自己注射は、本人または家族介護者が行います
☑ インスリン製剤投与では、シックデイに要注意です
☑ 悪性腫瘍疼痛管理での麻薬投与でも副作用は起こり得ます

　在宅医療管理とは、<u>自宅でできる医療処置</u>のことです。この分野からは数問が出題されますので、「浅く広く」でいいので、全体的な内容を確実に覚えていきましょう。本書では、出題可能性が高い内容について、5セクションに分けて解説していきます。

## 在宅自己注射と悪性腫瘍疼痛管理

　まず、<u>在宅自己注射</u>からです。これは、基本的に<u>本人</u>または<u>家族介護者</u>が行う注射のことです。在宅自己注射で投与可能な注射薬にはいくつかの種類があります(次ページ)。中でも、糖尿病患者に対する<u>インスリン製剤</u>はしっかり押さえておきましょう。そのほか、アナフィラキシーショックに対する<u>エピネフリン製剤</u>、骨粗鬆症患者に対する<u>副甲状腺ホルモン製剤</u>などがあります。なお、インスリン製剤を投与される糖尿病患者の場合、<u>シックデイ</u>に注意する必要があります。シックデイとは、糖尿病患者が感染症などにかかり体調不良になっている日のことです。

　シックデイの際に、通常通りのインスリン量を投与すると効きすぎる可能性がありますので、医師等に確認し、インスリン量を調整する必要があります。この場合、介護者が勝手に量の調整をすることはできませんので注意しましょう。

　悪性腫瘍疼痛管理は、痛みのコントロールのことです。主な方法として、<u>末期がん</u>の方への<u>麻薬投与</u>が挙げられます。具体的な投与方法には、<u>点滴</u>や<u>飲み薬</u>、<u>舌下錠</u>（舌の下に入れて口腔内で溶かす）、<u>バッカル錠</u>（歯茎と頬の間に入れて口腔内で溶かす）、<u>座薬</u>、<u>貼り薬</u>などがあります。麻薬の使用量を細かく調整する必要がある場合は、<u>自動注入ポンプ</u>を使用することもあります。

　投与の方法は容易になりましたが、吐き気やせん妄、幻覚など、麻薬が持つ副作用は出現します。投与の際には対応に細心の注意を払う必要があります。

**練習問題2**

在宅医療管理について正しいものはどれか。3つ選べ。

　1　在宅自己注射は研修を受けた訪問介護員が実施することができる。
　2　在宅自己注射において、シックデイに留意する必要がある。
　3　悪性腫瘍疼痛管理はがんの痛みへの対応である。
　4　悪性腫瘍疼痛管理では、自動注入ポンプを使用することがある。
　5　貼り薬で麻薬投与すると、副作用は起こらない。

## ▼在宅自己注射

定義 利用者自らが、病気の治療のために在宅で注射をする方法。家族が利用者に代わって行うこともある（訪問介護員は実施することはできない）

種類
● 糖尿病に対するインスリン製剤
● アナフィラキシー（アレルギー反応の1つ）に対するエピネフリン製剤
● 血友病に対する血液凝固因子製剤
● 前立腺がんに対する性腺刺激ホルモン放出ホルモン製剤
● 骨粗鬆症に対する副甲状腺ホルモン製剤など

#### 出題ポイント

● 利用者または家族が行うものであるため、利用者・家族の病気や薬についての理解と、手技を行う能力について把握する
● インスリンの自己注射では、体調不良時（シックデイ）には、注射剤の効果が強く出る
● インスリンの自己注射では、意識レベルの変化に注意し、冷や汗、動悸、震えが見られたら低血糖発作を疑う

シックデイ時におけるインスリン投与には注意が必要です。
ただし、医師の指示なしに、勝手にインスリンの投与量を変更することもできません

## ▼悪性腫瘍疼痛管理

定義 がんの痛みへの対応

種類 ● しばしば医療用麻薬が使われる

#### 出題ポイント

● 痛みは基本的に飲み薬で治療するため、内服を確実にしていくことが大切で、指示に従って行われているか確認することが必要となる
● 麻薬の主な副作用としては、吐き気・嘔吐、眠気、便秘などがあり、まれにせん妄（幻覚を見たり、意味不明な言動をとったりすること）もある
● 副作用が出ても早めに対応できる体制をつくっておくことが大切である
● がんが進行していくと、経口からの摂取が困難になるため、貼り薬や座薬など、投与経路の変更が必要になることがある
● 麻薬の使用量をきめ細かく調整する必要がある場合には、自動注入ポンプを使って、注射薬を継続的に投与する方法が用いられる。自動注入ポンプを用いる場合には、トラブル発生時の対応方法をあらかじめ関係者間で共有しておく

 練習問題2 │ 解答＆解説

在宅自己注射は、本人または家族介護者が行います。また、業（仕事）として行う場合は医療行為となりますので、訪問介護員は実施することができません。よって1は✕です。また、貼り薬であっても副作用がなくなるわけではありませんので、5も✕です。

正解 2,3,4

# 在宅医療管理②
## ～人工透析とネブライザーなど

出題頻度 ★★★

**必修ポイント！**

- ☑ **人工透析には、血液透析と腹膜透析があります**
- ☑ **血液透析では、シャント（人工血管）をつくります**
- ☑ **ネブライザーは、薬剤を霧状にして吸い込む機器です**

　引き続き在宅医療管理の解説を行っていきます。次は**人工透析**についてです。人工透析は出題される可能性が高く、深いところまで理解しておく必要があります。

### 人工透析には2つの方法がある

　人工透析は、**慢性腎不全**などにより腎臓機能が悪くなった際に採り入れられる方法で、**血液**透析と**腹膜**透析があります。

　血液透析は**週2〜3回**程度、血液透析を実施している病院等に通院し、体内の血液をいったん体外に出し、装置内で不要物をろ過し、また体内に血液を戻します。

　血液透析を行う場合、**シャント**という人工血管（静脈と動脈をつなぎあわせた部位）をつくることになります。患者は、シャントをぶつけたり、傷つけたり、シャント側の腕で血圧を測ったりしないようにするなど、注意する必要があります。

　腹膜透析は、腹腔に管を留置して透析液を注入し、腹膜を通してそれをろ過し、老廃物を排出します。これは自宅などで行うことができるため、通院は**月1〜2回**でよく、社会復帰も可能です。在宅でできるなどメリットは多くある一方、腹膜に菌が入ると腹膜炎という重篤な感染症になることがあるため、**清潔管理**が必須になります。

　ネブライザーは、呼吸器疾患のある利用者が、霧状にした薬を気管や肺に吸い込むことで症状を抑えるためなどに用いる機器です。

　そのほか、在宅医療管理では欠かせない機器に、**パルスオキシメーター**があります。**動脈血酸素飽和度**（$SpO_2$／赤血球に含まれるヘモグロビンがどれくらい酸素と結びついているかを示すもの。最大値は100％）を測定する機器で、**指先に装着**することで測定が可能です。これも出題されやすいので、しっかり確認しておきましょう。

**練習問題3**

在宅医療管理について正しいものはどれか。3つ選べ。

1　ネブライザーは薬剤を霧状にして吸い込むことができる機器である。
2　血液透析では、週2〜3回通院する必要がある。
3　腹膜透析は、入院して行わなければならない。
4　腹膜透析では、シャントをつくり、透析を実施する。
5　腹膜透析の実施時間はおおよそ30分程度である。

## ▼人工透析

定義 何らかの病状によって腎臓の働きが悪くなったときに、腎臓の代わりに老廃物の除去や、水分や電解質の調節などを行う方法

種類
- 血液透析
- 腹膜透析

### 出題ポイント

【血液透析】
- 静脈と動脈を、人工血管（もしくは自己血管）でつなぎあわせた部位（シャント）をどちらかの腕につくる
- 注意点としては、シャントをぶつけたり、傷つけたりしないように扱うことや、シャント側の腕で血圧を測らないようにする、など
- メリットは、医療職が透析に関する処置をしてくれること
- デメリットは、頻回の通院（週2〜3回）、拘束時間の長さ、など

【腹膜透析】
- メリットは、在宅でできるため、利用者の都合のよい時間に行えること、食事内容の制限が血液透析に比べて緩いこと、など
- デメリットは、長期間実施していると腹膜の変化が起きて継続できなくなること、カテーテルから細菌が入り、感染を起こして重篤な合併症を起こす可能性があること、など

人工透析の出題は非常に多く、チェックが必要な項目です。血液透析と腹膜透析の違いを正確に理解しましょう

## ▼ネブライザー

定義 呼吸器疾患の利用者が霧状にした薬を気管や肺に吸い込むことで症状を抑えたり、気道を加湿して痰を出しやすくしたりするために用いる機器

種類
- 在宅の場合、次の2つが主に使われている
  ①コンプレッサー（ジェット）式
  ②超音波式

## ▼パルスオキシメーター

定義 手足の指先に光センサーを装着し、血液中にどの程度の酸素が含まれているか（動脈血酸素飽和度：$SpO_2$）を測定する機器

種類
- 取り扱いは簡単だが、装着の位置などについて、医療職からの指示を本人・家族が理解し、正しい計測が行えるようにすることが必要である

## 練習問題3 | 解答＆解説

腹膜透析は在宅で実施することが可能であり、入院して行う必要はありません。よって3は×です。また、シャントをつくるのは血液透析ですので、4も×となります。

正解 1,2,5

# 在宅医療管理③
# ～在宅中心静脈栄養法と経管栄養法

出題頻度 ★★☆

**必修ポイント！**

☑ 血管に直接栄養剤を入れるのが、在宅中心静脈栄養法です
☑ 経管栄養法は、消化器に栄養剤を入れる方法です
☑ 在宅中心静脈栄養法・経管栄養法の利用者は、入浴可能です

在宅医療管理の解説をもう少し続けます。続いて、栄養補給のための医療行為である在宅中心静脈栄養法と経管栄養法についてです。この２つは、過去にも出題実績がありますので、しっかり出題ポイントを押さえておきましょう。

## 在宅中心静脈栄養法と経管栄養法とは？

在宅中心静脈栄養法は、<u>医療処置</u>として栄養を補う方法の１つで、<u>点滴栄養剤を血管に直接入れる</u>方法です。

水分補給などの点滴は腕や手の細い静脈で実施されますが、十分な栄養が入った点滴の場合は<u>浸透圧が高い</u>ため、静脈炎にならないよう、太い静脈である中心静脈から入れる必要があります。また、皮下にポートを埋め込んで実施されることもあります。

一方、経管栄養法も、<u>医療処置</u>として栄養を補う方法の１つで、<u>消化管（食道・胃・腸）に栄養を注入</u>する方法です。

方法には、①経鼻経管・②食道ろう・③胃ろう・④腸ろうの４種類があります。

経鼻経管は、鼻から管を通して胃まで通す方法のため、不快感や苦痛を伴うことがあります。カテーテルを留置している場合、１ヵ月に１回をめどに交換します。

胃ろうカテーテルには、胃の中で膨らませた<u>バルーン型</u>と、ゴム製のストッパーで固定する<u>バンパー型</u>の２種類があります。ともに交換が必要で、バルーン型の場合は１～２ヵ月、バンパー型の場合は４～６ヵ月をめどに行います。

経鼻経管・胃ろう・腸ろうは、一定の研修を受けた介護職が実施することができます。

なお、在宅中心静脈栄養法・経管栄養法ともに医師が問題ないと判断すれば、<u>入浴が可能</u>です。また、ストーマ（人工肛門・膀胱）を造設しても<u>入浴は可能</u>です。

 **練習問題 4**

在宅医療管理について適切なものはどれか。２つ選べ。

1 在宅中心静脈栄養は研修を受けた介護福祉士が実施することができる。
2 在宅中心静脈栄養を行っている場合、入浴は禁忌である。
3 胃ろうカテーテルには、バルーン型とバンパー型がある。
4 胃ろうカテーテルは、交換できない。
5 胃ろうへの注入は、研修を受けた介護福祉士が実施することができる。

## ▼在宅中心静脈栄養法

**定義** 医療処置として栄養を補う方法の１つである

**種類** ● 点滴栄養剤を血管に直接入れる方法
● 皮下にポートと呼ばれる接続部を埋め込むこともある

### 出題ポイント

● 利用者・家族は、点滴の接続交換などの処置や管理が必要となる
● 入浴は可能だが、特別な配慮が必要なので、医師などと連携し、具体的な方法について確認する
● 経口摂取を行ってもよい
● 医療行為のため介護職は実施できない（研修有無に関係なく）

## ▼経管栄養法

**定義** 医療処置として栄養を補う方法の１つで、消化管（胃や腸など）に栄養を注入する方法である

**種類** 次の４種類がある
● **経鼻経管**…鼻から胃に到達する管を入れるもの
● **食道ろう**…首の皮膚から食道に達する穴を開け、そこから胃までカテーテルを留置するもの
● **胃ろう**……腹部の皮膚から胃に達する穴を開け、カテーテルを留置するもの
● **腸ろう**……腹部の皮膚から小腸（空腸）に達する穴を開け、カテーテルを留置するもの

### 出題ポイント

● 一定の研修を受けた介護職は、経鼻経管・胃ろう・腸ろうが実施可能
【経鼻経管】
● カテーテルが常時、鼻から胃に留置された状態であるため、利用者は、不快感や苦痛が伴うことがある
● 交換は、１ヵ月をめどに行う。
【胃ろう】
● 種類は、主にバルーン型とバンパー型の２種類に分けることができる
　①バルーン型：胃内で膨らませた風船で固定するもの
　②バンパー型：ゴム製のストッパーで固定するもの
● バルーン型胃ろうは１〜２ヵ月をめどに、バンパー型胃ろうは４〜６ヵ月をめどに交換する
　（チューブ型バンパーは交換しにくい反面、抜けにくい）
● 胃ろうのカテーテルは、癒着防止のために回転させる
● 胃ろうに栄養剤を注入する際には、逆流を防ぐため、半座位など頭を挙げた状態で行う

「入浴は可能である→○」、「入浴は禁忌である→×」は
よく出題されます。在宅医療管理が必要な利用者で
あっても、医師の指示下において入浴が可能です

 練習問題４ | 解答＆解説

在宅中心静脈栄養法は、研修を受けても介護職が行うことはできません。よって１は×です。
在宅中心静脈栄養法の利用者は入浴が可能ですので、２も×です。胃ろうカテーテルは一定期
間で交換する必要がありますので、４も×となります。

**正解** 3,5

# 05

# 在宅医療管理④ 〜人工呼吸療法と在宅酸素療法

出題頻度 ★★☆

**必修ポイント！**

☑ 人工呼吸療法の実施は自発呼吸が「ない・不安定」な場合です
☑ 在宅酸素療法の実施は、基本的に自発呼吸が「ある」場合です
☑ 人工呼吸療法・在宅酸素療法ともに入浴は可能です

　ここでの在宅医療管理のテーマは、人工呼吸療法と在宅酸素療法です。この２つは似ていますが、対象者などが異なります。それぞれの対象者を整理し、その違いを理解しておきましょう。呼吸に関しては、セクション３で触れた**パルスオキシメーター**もあわせて覚えるとよいです。なお、人工呼吸療法や在宅酸素療法を実施している場合、パルスオキシメーターの購入費用の補助を受けられることがあります。

## 人工呼吸療法と在宅酸素療法の違い

　人工呼吸療法とは、何らかの原因によって呼吸する力が弱くなった利用者に対し、人工呼吸器によって**呼吸の補助**を行うものです。

　筋萎縮性側索硬化症（ALS）患者など、呼吸筋が障害された者や、高齢により呼吸状態が不安定になった者などが利用します（自発呼吸が**ない**か、**不安定**である利用者に用います）。

　人工呼吸療法には、①**侵襲的陽圧換気法**と②**非侵襲的陽圧換気法**の２種類あります。

　**侵襲**とは、「傷をつける」「手術をする」「身体に負担がある」などさまざまな意味がありますが、「侵襲的陽圧換気法＝気管切開をして行う人工呼吸療法」と覚えるとよいでしょう。一方、「非侵襲的陽圧換気法」は、「気管切開をしないで行う人工呼吸療法（＝口・鼻マスクなど）」となります。

　在宅酸素療法は、呼吸器疾患や心疾患、神経・筋疾患、悪性腫瘍などによって**低酸素血症**を起こしている利用者に、酸素投与を行う治療のことです。具体的には、**自発呼吸はある**ものの、酸素をうまく取り入れられない者に用いられる療法です。

　**携帯用酸素ボンベ**の場合、医師の指示により、**呼吸同調器**を使用することがあります。人工呼吸療法と在宅酸素療法はともに、医師が問題ないと判断すれば**入浴が可能**です。

**練習問題5**

在宅医療管理について正しいものはどれか。３つ選べ。

1　非侵襲的陽圧換気法は、気管切開をして行う。
2　在宅酸素療法では、火気厳禁である。
3　在宅酸素療法は在宅でのみ行われる。
4　人工呼吸器を装着している者は、入浴が可能である。
5　在宅酸素療法では、呼吸同調器が使用されることがある。

## ▼人工呼吸療法

**定義** 何らかの原因によって**呼吸する力が弱くなった者**に対し、**人工呼吸器**によって**呼吸の補助**を行い、酸素の取り込みと二酸化炭素の排出を促すもの

**種類** 次の2種類がある

- **侵襲的陽圧換気法**……**気管の中に管を入れる**など、侵襲的（生体を傷つけること）なもの
- **非侵襲的陽圧換気法**…**マスク**などを装着する非侵襲的（生体を傷つけないこと）なもの

**出題ポイント**
- 侵襲的陽圧換気法を長期間行う必要がある場合には、首の皮膚から気管に達する穴を開ける**気管切開**という処置をすることがほとんどである
- **入浴は可能**である

「侵襲的＝気管切開」「非侵襲的＝口・鼻マスク」と覚えておくと理解しやすいでしょう

## ▼在宅酸素療法

**定義** 呼吸器疾患や心疾患、神経・筋疾患、悪性腫瘍などによって**低酸素血症**を起こしている者に、**在宅で酸素投与**を行う治療のこと

**種類**
- **設置型酸素供給装置**（酸素濃縮器）を設置して、自宅の中での生活で使用し、外出時や災害時（停電）には、**携帯用酸素ボンベ**を使用する

**出題ポイント**
- 携帯用酸素ボンベの場合、医師の指示により、**酸素供給時間を延長**する目的で呼吸同調器を使用することがある
- **入浴は可能**である
- **火気厳禁**である（火災の原因になりうる）
- 酸素吸入量の設定は医師の指示のもとに行う
- 鼻からチューブで酸素を投与する**鼻腔カニューレ**の使用中でも食事や会話はできる

呼吸状態が悪く血液中の酸素が欠乏すると、皮膚や粘膜が青紫（紫藍）色になります。これをチアノーゼといいます。覚えておきましょう

## 練習問題5｜解答＆解説

気管切開をして行う人工呼吸療法は、侵襲的陽圧換気法ですので、1は×となります。在宅酸素療法は、酸素ボンベなどを用いて外出先でも実施することが可能です。よって3が×です。

**正解** 2,4,5

# 06

# 在宅医療管理⑤
## ～自己導尿とバルーンカテーテル

出題頻度 ★★☆

**必修ポイント！**

- ☑ 在宅自己導尿では、膀胱内にカテーテルを挿入して排尿します
- ☑ 在宅自己導尿では、蓄尿バッグは不要です
- ☑ バルーンカテーテルでは、カテーテルを膀胱内に留置させます

　在宅医療管理で最後に取り上げるのは、尿路に関連する在宅自己導尿とバルーンカテーテルです。排尿障害に対する医療処置という点でこの2つは似ていますが、その方法や対象者などが異なりますので、比較してしっかり覚えましょう。

### 在宅自己導尿とバルーンカテーテルの違い

　在宅自己導尿とは、脊髄疾患などで神経が障害され、膀胱の収縮力が低下し、自然排尿が困難になっている場合において、1日の排尿の回数にあわせて、毎回、自分で膀胱内にカテーテルを挿入して尿を排泄する、という方法です。

　在宅自己導尿は、本人が自分で行う場合、前傾姿勢になるため、姿勢保持が難しいことがあります。そのため、家族介護者や訪問介護員が姿勢を支えたり、準備やその後の片付けをしたりすることがあります（訪問介護の場合は、身体介護として算定されます）。

　場合によっては、カテーテルの挿入を家族介護者が代わりに行うこともありますが、訪問介護員は代わりに行うことはできませんので、注意しましょう。

　導尿用のカテーテルは柔らかく、持ち運びがしやすいものになっています。また、蓄尿バッグを必要としないメリットがあります。

　次にバルーンカテーテルですが、これは膀胱留置カテーテルとも呼ばれ、カテーテルを膀胱内に挿入・留置し、持続的に尿を排泄する方法です。つまり、排尿の際、毎回、カテーテルを挿入する在宅自己導尿と異なり、カテーテルは常時、体内に入った状態というわけです。

　そのため、バルーンカテーテルは、在宅自己導尿と比べて、尿路感染のリスクが高くなります。また、バルーンカテーテルで用いる蓄尿バッグは、逆流を防ぐため、必ず膀胱の高さより低い位置にしなければなりません。

**練習問題6**

在宅医療管理について正しいものはどれか。3つ選べ。

　1　在宅自己導尿は、訪問介護員が実施することができる。
　2　在宅自己導尿のカテーテルは固くて丈夫なものである。
　3　在宅自己導尿では、蓄尿バッグは不要である。
　4　バルーンカテーテルは、感染のリスクが高くなる。
　5　バルーンカテーテルには、誤抜去のリスクがある。

## ▼在宅自己導尿

定義 脊髄疾患や脳血管障害などで神経が障害され、膀胱の収縮力が低下し、自然排尿が困難になった場合に、自分で膀胱内にカテーテルを挿入して尿を排泄する方法。カテーテルの挿入を、家族介護者が利用者に代わって行うこともある

### 出題ポイント

- 1日の排尿回数にあわせて、毎回、自分で行う
- 訪問介護員は、カテーテルの挿入を代わりに行うことはできない
- 自己導尿用のカテーテルは、とても柔らかく、消毒液に浸して持ち運びが可能な容器とセットになっている
- バルーンカテーテルよりも感染のリスクが低く、蓄尿バッグを必要としない

## ▼バルーンカテーテル

定義 尿道からの排尿をコントロールできない場合に行われる医療行為。カテーテルを膀胱内に挿入・留置する（カテーテルがつねに体内に入っている状態）

### 出題ポイント

- カテーテルを通して排尿を行うため、カテーテルが身体に触れ続ける不快感がある
- カテーテルが常時、膀胱内にあるため、尿路感染のリスクが高い
- 閉塞や誤抜去（誤ってカテーテルを抜いてしまうこと）などのトラブルが生じやすい

> 毎回、カテーテルを挿入するのが「在宅自己導尿」で、つねに膀胱内にカテーテルを留置させておくのが、「バルーンカテーテル」です。
> 両者の違いをきちんと整理しておきましょう

 練習問題6 | 解答＆解説

在宅自己導尿は訪問介護員が実施することができません。よって1は×です。在宅自己導尿のカテーテルは柔らかいものなので、2も×です。

正解 3,4,5

# 07

# バイタルサイン

**必修ポイント！**

- ☑ 脈拍の基準は1分間に60回〜100回です
- ☑ JCSでは、数字が高いほど意識レベルが重篤になります
- ☑ 下顎呼吸は、死期が近くなっていることを表します

バイタルサインとは、生命の維持に関わる人体のもっとも基本的な情報です。具体的には、①体温・②脈拍・③血圧・④意識レベル・⑤呼吸の5つを指すことが多いです。

体温が37度以上を高体温、34度以下を低体温といいます。高体温は、感染症・悪性腫瘍・熱中症・脱水・敗血症などで起こりますが、高齢者の場合、感染症で発熱しないこともあるので注意が必要です。熱型もさまざまなものがあります。解熱せずに持続する発熱を稽留熱、急激な発熱と解熱を繰り返す熱を間欠熱といいます。

脈拍は1分あたり60〜100回が正常とされ、60回未満を徐脈、100回以上を頻脈といいます。感染症や脱水などで頻脈が見られます。徐脈性心房細動などの徐脈性不整脈の場合は、心臓ペースメーカーの植込術などを検討します。

血圧は65〜74歳で130／80mmHg未満、75歳以上で140／90mmHg未満を目指すことが推奨されています（日本高血圧学会「高血圧治療ガイドライン」より）。血圧のコントロールが不良だとめまいなどを起こします。

意識レベルは、ジャパン・コーマ・スケール（JCS）が使われることが多いです。これは、覚醒度によって分類されています（次ページ）。覚醒度は1〜3、10〜30、100〜300で示され、数字が大きくなればなるほど、意識レベルは悪くなります。

呼吸は正常の高齢者で1分間に15〜20回です。1分間に25回以上で頻呼吸、9回以下を徐呼吸といいます。呼吸についてはさまざまな呼吸状態があります。出題されやすいのが起座呼吸と下顎呼吸です。起座呼吸とは、心不全などによる呼吸困難時に利用者が楽になれる呼吸で、臥位（寝た状態）ではなく、起座位（テーブルなどにクッションなどを置いて、そこにもたれかかるように座っている状態）や半座位（ベッド上で上半身を45度程度起こした状態）で行う呼吸です。下顎呼吸は臨終を示す呼吸で、下顎呼吸がはじまると1〜2時間後には亡くなることが多いといわれています。

## 練習問題7

高齢者のバイタルサインについて正しいものはどれか。2つ選べ。

1 バイタルサインとは、体温、脈拍、血圧、意識レベルおよび呼吸である。

2 感染症に罹患しても、発熱が見られないことがある。

3 1分あたりの心拍数60以上を頻脈という。

4 血圧は、160/100mmHg未満を目指すことが推奨されている。

5 下顎呼吸は、慢性閉塞性肺疾患（COPD）によく見られる。

▼4つの熱型

| ① 稽留熱 (けいりゅう) | 解熱せずに持続する発熱。肺炎などで見られる |
|---|---|
| ② 間欠熱 (かんけつ) | 急激な発熱と解熱を繰り返す |
| ③ 弛張熱 (しちょう) | 完全に解熱せず、微熱になってまた高熱となる |
| ④ 回帰熱 (かいき) | 有熱期と解熱期を繰り返す |

▼ジャパン・コーマ・スケール（JCS）

| Ⅰ 刺激しないでも覚醒している | |
|---|---|
| 1 | だいたい意識清明だが、今ひとつはっきりとしない |
| 2 | 見当識障害がある（日時、場所などがわからない） |
| 3 | 自分の名前、生年月日が言えない |
| **Ⅱ 刺激すると覚醒するが刺激をやめると眠り込む** | |
| 10 | 普通の呼びかけで容易に開眼する |
| 20 | 大きな声または身体を揺さぶることにより開眼する |
| 30 | 痛み刺激を加えつつ呼びかけを繰り返すことにより開眼する |
| **Ⅲ 刺激をしても覚醒しない** | |
| 100 | 痛み刺激に対し、払いのける動作をする |
| 200 | 痛み刺激に対し、少し手足を動かしたり、顔をしかめたりする |
| 300 | 痛み刺激に反応しない |

▼呼吸の種類

| 起座呼吸 | 呼吸困難が臥位で増強し、起座位または半座位になると軽減する呼吸状態 |
|---|---|
| 口すぼめ呼吸 | 慢性閉塞性肺疾患がある場合、呼気時に胸腔内圧が高まると、気管支が狭くなって呼吸が苦しくなるため、口をすぼめて息を吐くと呼吸が楽になる |
| 下顎呼吸 | 呼吸のたびに顎で喘ぐような呼吸。この呼吸が始まると、1〜2時間で亡くなることが多いといわれている |
| チェーンストークス呼吸 | 小さい呼吸から徐々に大きな呼吸となったあと、次第に呼吸が小さくなり、一時的に呼吸停止となるような呼吸を、30秒から2分くらいの周期で繰り返す呼吸 |
| クスマウル呼吸 | 異常に深大な呼吸が規則正しく続く呼吸 |
| ビオー呼吸 | 不規則な周期で、無呼吸の状態から急に4、5回の呼吸を行い、再び無呼吸になる呼吸 |

 練習問題7 | 解答＆解説

頻脈は1分あたり100回以上の脈拍を指しますので、3は×です。血圧は、65〜74歳で130／80mmHg未満、75歳以上で140／90mmHg未満を目指す（日本高血圧学会のガイドライン）とされていますので、4も×となります。下顎呼吸は臨終を示す呼吸なので5も×です。

正解 1,2

# 08 検査値①
## ～ BMI・腹囲・肝機能など

出題頻度 ★★★

**必修ポイント！**

☑ BMI では、18.5 未満が低体重、25 以上が肥満となります
☑ 血清アルブミン値が低いと、低栄養の可能性があります
☑ クレアチニンと血清尿素窒素の上昇は腎機能低下の可能性あり

検査値については、毎年、出題されています。しかも、かなり幅広く出題されますので、本書では 2 回に分けて解説していきます。ここでは、BMI、低栄養、肝・腎機能に関する値を見ていきます。

### 各検査値が「何の指標」になっているのか押さえよう

BMI とは、「Body Mass Index」の略で、「体重・kg ÷（身長・m × 身長・m）」の値です。たとえば、体重 70kg、身長 175cm（1.75m）の人の BMI は 22.9 となります。一般的には、18.5 未満が低体重（やせ）、25 以上が肥満とされています。

高齢者の場合は低栄養になりやすいという特性があるので、低体重（やせ）のほうが重視されることになります。なお、BMI が 18.5 未満でなくても低栄養であるケースもあります。実際の介護現場では注意が必要です。

腹囲は、メタボリックシンドロームの診断に使われます。男性で**85cm 以上**、女性で**90cm 以上**が腹部型の肥満（内臓脂肪症候群）とされます。

低栄養の指標で重要なのが、血清アルブミンです。血清アルブミンは、血清中に含まれるたんぱく質で、その主成分はアルブミンであるため、高齢者の**長期にわたる栄養状態を見るための指標**としてもっとも有用なものとされています。そのため、血清アルブミン値が低くなると、低栄養であるといえます。

肝機能の指標としては、AST（GOT）・ALT（GPT）を覚えておく必要があります。ともに肝機能などが悪くなると上昇する値です。さらに、AST（GOT）は、心筋梗塞などでも上昇するため、注意が必要です。

腎機能では、血清クレアチニンと血清尿素窒素（BUN）を覚えましょう。両方とも腎機能が低下すると上昇する値となります。

**練習問題 8**

検査項目について適切なものはどれか。3 つ選べ。

1 BMI（Body Mass Index）は、身長（m）を体重（kg）の 2 乗で除したものである。
2 血清アルブミンの値は、高齢者の長期にわたる栄養状態を見る指標として有用である。
3 AST（GOT）・ALT（GPT）の値は、肝疾患の指標となる。
4 血清クレアチニンの値は、腎機能の指標となる。
5 心筋梗塞で BMI の値は上昇する。

**BMI**

出題ポイント

● 体重・kg ÷（身長・m × 身長・m）で算出する
● 18.5 未満が低体重、25 以上が肥満である
● 高齢者の場合、骨折などにより関節が伸びにくくなるため、身長が低く算出されることがある。よって、BMI は本来の値よりも大きめの値をとることがある
● BMI が 18.5 未満でなくても低栄養のケースもある

**腹囲**

出題ポイント

● 男性で 85cm 以上、女性で 90cm 以上が、メタボリックシンドロームの診断基準の必須項目である

**血清アルブミン**

出題ポイント

● 血清アルブミンは、高齢者の長期にわたる栄養状態を見るための指標としてもっとも有用なものである
● 健康な高齢者では、加齢に伴う血清アルブミンの低下は見られない
● アルブミンが 3.6g/dL 以下の状態では、骨格筋の消耗が始まっている可能性がある

**肝機能**

出題ポイント

● 肝機能の低下で、AST（GOT）・ALT（GPT）の上昇が見られる
● AST（GOT）は、心臓、筋肉などの疾患や、溶血性疾患でも上昇する

**腎機能**

出題ポイント

● 腎機能の低下で、血清クレアチニン・血清尿素窒素（BUN）が上昇する
● 寝たきりの高齢者のように筋肉量が低下している場合には、血清クレアチニンは低値になる

上の図では、アルブミンと、肝機能の AST（GOT）、腎機能の血清クレアチニンが頻出です。
しっかり覚えましょう

 練習問題 8 ｜ 解答＆解説

BMI は、体重（kg）を身長（m）の 2 乗で除したもの（「体重・kg ÷（身長・m × 身長・m）」）であるため、1 は×となります。心筋梗塞で上昇するのは、AST（GOT）の値です。よって 5 も×です。

正解 2,3,4

# 09 検査値②
## ～血糖値・CRP・心電図など

**必修ポイント!**

- ☑ HbA1cは、過去1～2ヵ月の平均的血糖レベルが反映されます
- ☑ 脂質異常症は、動脈硬化の進展を引き起こします
- ☑ 24時間心電図の検査は、入院の「必要ナシ」です

引き続き検査値について見ていきます。続いて、血糖値、脂質異常症、C反応性たんぱく質（CRP）、心電図についてです。

### 各検査値は、どんな「疾患」と関連しているのか？

血糖値には、空腹時血糖、食後血糖、ヘモグロビンA1c（HbA1c）など、さまざまな値があります。空腹時血糖と食後血糖は、測定した「その時」の血糖値を示します。一方、HbA1cの値は、過去1～2ヵ月の平均的な血糖レベルを反映したものになります。

脂質異常症とは、コレステロール（善玉・悪玉）や中性脂肪が異常値を示している病態のことです。悪玉コレステロール（LDLコレステロール）の高値、善玉コレステロール（HDLコレステロール）の低値、中性脂肪値の高値は動脈硬化の要因になるといわれています。

C反応性たんぱく質（CRP）とは、感染症などの炎症性疾患における炎症の程度を判定する検査のことです。感染症が発症すると、このC反応性たんぱく質の値が高値になります。

ちなみに、感染症では白血球数も上昇しますが、CRPの上昇が見られるのは発症から12時間後以降であるため、発症したばかりの炎症初期の頃は、白血球数とCRPの値の間に解離が見られます。

心電図は、循環器系疾患などの診断には不可欠な検査です。ただ、短時間で実施できる反面、症状が出現していないときには異常を把握できないことがあります。そこで、不整脈がある場合や、狭心症が疑われる場合には、24時間心電図（ホルター心電図）という検査が実施されます。これは日常生活を送りながら検査をするというもので、入院の必要はありません。

 **練習問題9**

検査項目について適切なものはどれか。2つ選べ。

1 ヘモグロビンA1c（HbA1c）は、現在の血糖レベルを示したものである。

2 HDLコレステロールの高値は、動脈硬化を引き起こす。

3 C反応性たんぱく質（CRP）は、感染症で低値となる。

4 24時間心電図（ホルター心電図）は入院する必要はない。

5 空腹時血糖はその時の血糖値を示す。

▼ **各検査値の出題ポイントはここだ！②**

**血糖値**

**出題ポイント**
- 空腹時血糖・食後血糖は、測定した「その時」の血糖値を示す
- ヘモグロビンA1c（HbA1c）の値は、過去1～2ヵ月の平均的な血糖レベルを示す

**脂質異常症**

**出題ポイント**
- 悪玉コレステロール（LDLコレステロール）の高値は、動脈硬化の進展を引き起こす
- 善玉コレステロール（HDLコレステロール）は、高値であれば動脈硬化が予防できることが示されている
- 中性脂肪は、糖尿病などで高値となり、動脈硬化を引き起こしやすい
- 低栄養や肝疾患などでは、コレステロールや中性脂肪が低値となる

**CRP**

**出題ポイント**
- CRPは、C反応性たんぱく質の略で、感染症などの炎症性疾患における炎症の程度などを判定する検査である
- 感染症を発症するとCRPの値は高くなる

**心電図**

**出題ポイント**
- 不整脈、心筋梗塞、狭心症などの診断には不可欠な検査で、脈の結滞や胸痛などの臨床症状があるときには、まず行うべき検査である
- 心臓の収縮・拡張の状態、冠状動脈の血流、心筋の異常、カルシウム（Ca）やカリウム（K）などの電解質の異常の判定が可能である
- 不整脈がある場合や狭心症が疑われる場合には、24時間心電図（ホルター心電図）の検査も行われる

検査に関する補足ですが、胸部X線検査は、結核などの呼吸器疾患の診断に有用なほか、うっ血性心不全などの心疾患の診断にも有用です。また、検査値の基準値は、性別で異なることがあり（たとえば、赤血球数や血色素などは男性のほうが女性よりも高い）、年齢によってもカルシウム、コラーゲン、リンなどは変化（加齢に伴って減少）します

 **練習問題9｜解答＆解説**

ヘモグロビンA1cは、過去1～2ヵ月の血糖レベルを示したものですので、1は×です。2の「HDLコレステロール」は善玉コレステロールですので、高値により動脈硬化の予防ができるとされています。よって2は×です。C反応性たんぱく質（CRP）は、感染症で高値となるので、3も×となります。

**正解** 4,5

ここまでに学んだ試験合格の必修ポイントのまとめです。
重要語句を付属の赤シートで隠すなどして覚えていきましょう。
試験直前期にも要チェック！

## ▼在宅医療管理のまとめ

| 行為名 | 押さえておくべきポイント |
|---|---|
| 在宅自己注射 | ● インスリンの自己注射では、体調不良時（シックデイ）に注射剤の効果が強く出るため注意が必要 |
| 悪性腫瘍疼痛管理 | ● 麻薬の副作用に注意<br>● 状態により投与経路の変更が必要になることがある<br>● 自動注入ポンプを使って、注射薬を継続的に投与する方法もある |
| 人工透析 | ● 血液透析と腹膜透析がある |
| ネブライザー | ● 霧状の薬などを気管や肺に吸い込む |
| パルスオキシメーター | ● 動脈血酸素飽和度（$SpO_2$）を計測する機器である |
| 在宅中心静脈栄養法 | ● 血管内に直接、栄養分を注入する方法<br>● 入浴は可能 |
| 経管栄養法 | ● 胃や腸に栄養分を注入する方法である<br>● 入浴は可能 |
| 人工呼吸療法 | ● 侵襲的（生体を傷つけること／気管に管を入れるなど）な方法と、非侵襲的（生体を傷つけないこと／マスクなど）方法とがある<br>● 自発呼吸がない、もしくは不安定な人に実施する |
| 在宅酸素療法 | ● 低酸素血症の人に実施する |
| 在宅自己導尿 | ● 家族介護者が、本人に代わって行うこともある |
| バルーンカテーテル | ● 尿路感染のリスクが高く、閉塞や誤抜去（誤ってカテーテルを抜いてしまうこと）などのトラブルが生じやすい |

## ▼バイタルサインの出題ポイント

| | |
|---|---|
| 体温 | 発熱の際の熱型（稽留熱・間欠熱など）に注意する |
| 脈拍 | 正常値は1分間60〜100回。脱水では頻脈になる |
| 呼吸 | 呼吸の種類（起座呼吸・下顎呼吸など）を覚えておく（141ページ） |
| 意識レベル | ジャパン・コーマ・スケール（JCS➡141ページ）では、数字が大きいほど意識レベルが悪い |
| 血圧 | 高齢者に多い高血圧の種類（収縮期高血圧・本態性高血圧）を覚える（154ページ） |

▼検査値のまとめ

| 検査値 | 押さえておくべきポイント |
|---|---|
| BMI | ● 体重・kg ÷（身長・m × 身長・m）で計算し、<u>18.5</u> 未満が<u>低体重</u>、<u>25</u> 以上が<u>肥満</u>である |
| 腹囲 | ● 男性で<u>85</u>cm 以上、女性で<u>90</u>cm 以上が、<u>メタボリックシンドローム</u>の診断基準の必須項目である |
| 血清アルブミン | ● 高齢者の<u>長期にわたる栄養状態</u>を見るための指標としてもっとも有用なものである |
| 肝機能 | ● 肝機能の<u>低下</u>で AST（GOT）・ALT（GPT）の<u>上昇</u>が見られる<br>● AST（GOT）は心臓、筋肉などの疾患や、溶血性疾患でも<u>上昇</u>する |
| 腎機能 | ● 腎機能の<u>低下</u>で、<u>血清クレアチニン・血清尿素窒素（BUN）</u>が<u>上昇</u>する |
| 血糖値 | ● 空腹時血糖・食後血糖は、<u>「その時」</u>の血糖値を示す<br>● <u>ヘモグロビン A1c（HbA1c）</u>の値は<u>過去 1 〜 2 ヵ月</u>の平均的な血糖レベルを示す |
| 脂質異常症 | ● 悪玉コレステロール（<u>LDL</u> コレステロール）の高値が動脈硬化の<u>進展</u>を引き起こし、善玉コレステロール（<u>HDL</u> コレステロール）は高値であれば動脈硬化を<u>予防</u>する<br>● <u>中性脂肪</u>は糖尿病などで高値となり、<u>動脈硬化</u>を引き起こすリスクが<u>高く</u>なる |
| CRP（C反応性たんぱく質） | ● 感染症などの<u>炎症性疾患</u>における<u>炎症</u>の程度を判定する検査である<br>● 感染症を<u>発症</u>すると CRP の値は<u>高く</u>なる |
| 心電図 | ● <u>不整脈・心筋梗塞・狭心症</u>などの診断には不可欠な検査である<br>● 脈の結滞や胸痛などの臨床症状があるときには、まず行うべき検査であり、状況によっては、<u>24</u> 時間心電図（<u>ホルター</u>心電図）の検査も行われる |

在宅医療管理・バイタルサイン・検査値は、すべて出題される可能性がある内容です。範囲が広く覚えにくい内容ですが、過去問などを繰り返しながら頭に入れるようにしましょう。ただし、細かい数値は覚えなくても大丈夫です

# 10 高齢者の疾患の特徴

**必修ポイント!**

☑ 高齢者の疾患の場合、個人差が大きく出ます
☑ 高齢者の疾患は慢性化しやすいです
☑ 高齢者の疾患の場合、症状が非定型的になることがあります

　年齢を重ねていくと、心身のさまざまな部位での<u>機能低下</u>が見られます。自然に機能低下を迎えることを「<u>生理的老化</u>」、疾病により機能低下を引き起こすことを「<u>病的老化</u>」といいます。ここでは、機能低下を引き起こす中で、高齢者によく見られる特徴について解説していきます。

## 高齢者の疾患の特徴とは？

　65歳以上とされている高齢者の場合、その健康状態には、**個人差**が**大きく**出ます。元気な65歳もいる一方で、寝たきりの状態になっている65歳もいます。こうした個人差は、高齢者の疾患についてもいえます。さらに、疾患に関しては、高齢者の場合、その症状も<u>非定型的</u>（典型的でないこと）となりがちです。たとえば、肺炎を引き起こすと、高熱が出たり、咳が多く出たりするのが、肺炎の定型的な症状です。ところが、高齢者の場合、熱や咳の症状があまり出ないまま、重症化してしまうことがあります。

　また、高齢者の場合、<u>慢性</u>の疾患をもっている人が多い、治療が長引いたり治りにくかったりする、後遺症としても残りやすい、といった特徴もあります。

　薬剤に対する反応も、高齢になるに従い、いわゆる**副作用が出やすい**という特徴があります。また、多剤併用（ポリファーマシー：たくさんの薬を服用すること）の人も多く、その場合、同じ薬を重複して服用していることもあるので、何を服用しているかに注意する必要があります。

　そのほか、高齢者では、疾患やQOL（Quality of Life：生活の質）が、医療だけでなく**社会的要因による影響**も大きく受けてしまうこともあります。社会的要因とは、療養環境（家庭環境や住環境など）を指します。つまり、家庭環境や住環境が悪ければ、治るはずの病気も治らなくなってしまう可能性がある、ということです。

### 練習問題 10

高齢者の疾患の特徴について適切なものはどれか。3つ選べ。
　1　症状が定型的に出現する。
　2　薬の副作用が出やすい。
　3　個人差はほとんどない。
　4　社会的要因に予後が大きく影響する。
　5　疾患が慢性化しやすい。

**① 1人が多くの疾患をあわせ持ち、個人差が大きい**

- 高齢者疾患の特徴として、多臓器におよぶ疾患・障害が挙げられる
- 加齢に伴い多くの臓器の機能が低下していくために、1人で数多くの疾患を持っていることが多くなる

**② 症状が非定型的**

- 症状が非定型的になり、診断の基準となる症状や徴候がはっきりしないことが多くなる
- とくに75歳以上の後期高齢者には、そうした傾向が多く見られる

**③ 慢性の疾患が多い**

- 急性期の病気であっても、若い人より麻痺などの回復が遅く、後遺症として残りやすくなる
- 治療も長引き、慢性化しやすい

**④ 高齢者に特有な病態である老年症候群がある**

- 老年症候群（128ページ）が存在すると、それぞれの臓器障害における典型的な症状がわかりにくくなってしまう
- 安静・臥床（がしょう）が長期にわたると、関節の拘縮（こうしゅく）、褥瘡（じょくそう）の発症、深部静脈血栓症、尿路感染など、さまざまな合併症を起こしやすくなる

**⑤ 薬剤に対する反応が特徴的であり、成人と異なる**

- 高齢者では、薬の有害作用（副作用）が出やすいという特徴がある
- 服用している薬剤の数が多くなればなるほど、有害作用の発現する頻度が高くなる

**⑥ 疾患の予後やQOLが、医療のみならず社会的要因により大きく影響される**

- 高齢者の病気の経過は、療養環境によって決まるといってもよいほど、家庭や地域社会の対応の仕方で高齢者の意欲も病状も変わり、予後（疾患等の回復の見通しのこと）やQOL（生活の質）にも大きく影響する

パート2では、高齢者に多く見られる疾患について学んでいきます。
まずは上の図にある、高齢者の疾患に特徴的な6つのことを覚えましょう

**練習問題10│解答&解説**

高齢者の場合、症状は「非定型的」であるといわれていますので、1は×です。また、高齢者の場合、個人差は大きく出ます。よって3も×です。

正解 **2,4,5**

# 11

# 脳・神経の疾患

**必修ポイント！**

- ☑ 脳卒中は、脳出血と脳梗塞に分けられます
- ☑ 筋萎縮性側索硬化症は、治療方法が未確立な神経系難病です
- ☑ パーキンソン病には、四大運動症状があります

脳・神経の疾患では、中年期から発症する脳卒中や、神経系の疾患（<u>筋萎縮性側索硬化症</u>や<u>パーキンソン病</u>）が出題されやすいです。

## それぞれの疾患の特徴を理解しよう

脳卒中は、脳の血管が詰まる<u>脳梗塞</u>と、脳の血管が破れる<u>脳出血</u>に分けられます。

脳梗塞には、動脈硬化により脳の動脈が狭くなるなどが原因で血管が詰まる<u>アテローム血栓性脳梗塞</u>と、心房細動などにより心臓などでできた血のかたまり（血栓）が流れてきて血管が詰まる<u>心原性脳塞栓症</u>などがあります。

脳出血は、脳の中の<u>細かい</u>血管が破れて出血する脳出血と、脳の表面の大きな血管にできた<u>動脈瘤</u>が破れてくも膜下に出血する<u>くも膜下出血</u>に分けられます。

生活習慣病によって引き起こされることが多いため、予防するには日常生活に注意することが重要です。また、発症すると<u>片麻痺</u>などの後遺症が残ることもあります。

筋萎縮性側索硬化症は ALS とも呼ばれます。四肢の<u>筋力低下</u>が見られ、<u>生活機能低下</u>、<u>嚥下障害</u>、<u>言語障害</u>などが生じます。また、<u>呼吸筋</u>なども障害され、将来的には<u>人工呼吸器</u>や<u>経管栄養</u>などの医療的ケアが必要になってきます。

筋萎縮性側索硬化症では、このように運動神経は障害されるのですが、<u>眼球</u>運動や<u>知覚神経</u>、<u>記憶力</u>などは保たれます。病勢（病気の進み具合）の進行を遅らせる薬剤がありますが、現段階において、病気の進行そのものを止めることができません。

パーキンソン病では、①<u>振戦</u>、②<u>筋固縮</u>、③<u>無動</u>、④<u>姿勢歩行障害</u>の四大運動症状が特徴です。神経細胞である<u>ドパミン</u>を補う<u>薬物療法</u>が基本となりますが、徐々に薬が効かなくなり、将来的には寝たきりになります。

特定疾病である脊髄小脳変性症は、<u>運動失調</u>を伴います。

## 練習問題 11

脳・神経の疾患について適切なものはどれか。2つ選べ。

1 筋萎縮性側索硬化症（ALS）は運動神経・知覚神経がともに障害される。

2 脳出血は、脳の細かい血管が破れ、出血することである。

3 くも膜下出血は後遺症がない。

4 筋萎縮性側索硬化症（ALS）の治療法は確立されており、完全治癒が可能である。

5 パーキンソン病は四大運動症状が特徴的である。

### ▼脳の疾患（脳梗塞・脳出血）

症状 ●脳の血管が詰まったり（脳梗塞）、破れたり（脳出血）、破裂したりする（脳出血）ことにより、先の脳細胞に栄養がいかないことで、意識障害や麻痺、失語など、さまざまな症状が起こる
　　●脳梗塞には、アテローム血栓性脳梗塞と心原性脳塞栓症などがある
　　●脳出血は大きく、脳出血とくも膜下出血に分けられる
　　●徐呼吸が見られる

治療 ●重篤な後遺症や死亡につながる危険があるので、入院治療が必要である

#### 出題ポイント

●部位によって麻痺や失語、認知症などの後遺症を残すことが多い
●再発すると後遺症がさらに重くなるため、再発予防が重要である
●再発予防としては、日常生活において①食事、②運動、③嗜好（飲酒・喫煙）の３つに留意することが重要だといわれている

### ▼筋萎縮性側索硬化症（ALS）

症状 ●四肢の筋力低下による運動や歩行などの生活機能低下、嚥下障害、言語障害などが生じる

治療 ●劇的な効果はないが、病勢の進行を遅らせることができる薬剤が使用される

#### 出題ポイント

●知覚神経や記憶力は保たれる
●筋力低下や筋萎縮は、筋力トレーニングなどでは回復しない
●文字盤やコンピュータによる意思伝達装置を利用することもある

### ▼パーキンソン病

症状 ●脳の黒質の神経細胞が変性、消失することにより、
　　　　①身体のふるえ（振戦）
　　　　②筋の硬さ（固縮）
　　　　③動作の遅さ、拙劣（無動）
　　　　④姿勢歩行障害
　　の四大運動症状を特徴とする

治療 ●基本は薬物療法である

#### 出題ポイント

●薬物治療は初期の数年間はきわめて有効だが、徐々に薬の有効時間が短縮し、中枢神経性副作用や、無動や歩行障害の進行によって次第に自立が困難になる
●精神症状、自律神経症状が出現する

### 練習問題11｜解答＆解説

筋萎縮性側索硬化症（ALS）は、運動神経は障害されますが、知覚神経は障害されません。また、原因不明の疾患ですので、残念ながら完全治癒は不可能です。よって１と４が×です。３のくも膜下出血は、後遺症が残ることがありますので、３も×となります。

正解 2,5

# 12

# 骨・関節の疾患

**必修ポイント！**

- ☑ 脊柱管狭窄症では、間欠性跛行が見られます
- ☑ 関節リウマチは、原因不明の自己免疫疾患です
- ☑ 骨粗鬆症は、骨密度の低下により骨折を引き起こす可能性あり

　脊柱管狭窄症は、主に腰部の脊柱管などが狭窄（狭くなる）し、脊髄などが圧迫されることで症状が出現するものです。症状としては、**腰痛**、**下肢痛**、**しびれ**などがあり、そのほか、**間欠性跛行**（しばらく歩くと痛みやしびれが生じ、少し休むと歩けるようになる症状）なども見られます。

　関節リウマチは、原因不明の**自己免疫**疾患です。自己免疫とは、自分を守るためにあるもので、外敵が侵入した場合に働くものですが、自己免疫疾患では、外敵でない自己の正常な部分を攻撃してしまい、その結果、さまざまな症状を引き起こします。

　関節リウマチの場合は、関節で滑膜炎を引き起こし、それに伴いさまざまな症状が表出します。**初期症状は関節での炎症**が多くを占め、薬物療法が中心となります。

　骨粗鬆症は女性に多いといわれる疾患です。**骨密度が低下**し、**骨折しやすく**なります。「骨折を伴う骨粗鬆症」は特定疾病（36ページ）に該当しますが、多くは**無症状で進行**していきます。そのため骨粗鬆症では、「骨折を予防する」「カルシウムの吸収を意識的に行う」などの対策が必要になります。

　具体的には、**筋力をつけたり**、**転倒リスクを減らしたり**などが重要です。また、カルシウムの吸収については、カルシウムを多く含む食品を摂取する、カルシウム吸収を助けるビタミンDなどを摂取する、といったことが有効だとされています。

##  高齢者の骨折

　高齢者の場合、骨粗鬆症に限らず、骨折のリスクが増加します。原因としては、筋力低下、バランス力の低下などが挙げられます。

　高齢者に多く見られる骨折部位は、**大腿骨頸部骨折**、**脊椎圧迫骨折**、**橈骨遠位端骨折**（手首）、**上腕骨近位端骨折**です。この4つの部位はしっかり覚えておきましょう。

### 練習問題12

骨・関節の疾患について適切なものはどれか。3つ選べ。

　1　高齢者では大腿骨頸部骨折がよく見られる。

　2　関節リウマチは、原因不明の全身における免疫異常である。

　3　脊柱管狭窄症は主に上半身に症状が出現する。

　4　骨粗鬆症では骨折に注意しなければならない。

　5　関節リウマチでは、リハビリテーションを実施してはならない。

## ▼脊柱管狭窄症

**症状** ● 主に腰部において、脊柱管などに狭窄が起きることで脊髄などが圧迫され、それに伴い
さまざまな症状をきたす症候群
● 主な症状には、腰痛、下肢痛、しびれがある

**治療** ● 理学療法、薬物療法、手術

**出題ポイント**
● 間欠性跛行（しばらく歩くと痛みやしびれが生じ、少し休むと歩けるようになる症状）が出現する
のが特徴である
● 同じく脊髄が圧迫される疾患に後縦靭帯骨化症（こうじゅうじんたいこっかしょう）があるが、こちらは主に頸部で起こりやすい

## ▼関節リウマチ

**症状** ● 原因不明の全身における免疫異常であり、関節腫脹（しゅちょう）（はれること）、疼痛、こわばり、変形
などの症状を引き起こす

**治療** ● 薬物療法、手術、リハビリテーション　…など

**出題ポイント**
● ステロイド剤の使用による副作用（骨粗鬆症など）に注意する必要がある

## ▼骨粗鬆症

**症状** ● 基本的には無症状

**治療** ● 骨折を起こす前に、骨折リスクを軽減
すること

**出題ポイント**
● 転倒の予防が重要であるため、予防のために、
筋力をつける、転倒のリスクを減らすなどを
実施する
● カルシウムなどをバランスよく摂取する
● 可能な範囲で運動する

## ▼高齢者で骨折が起こりやすい4つの部位

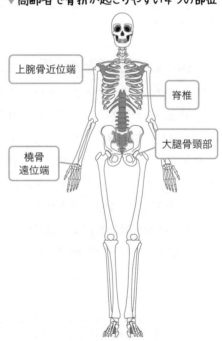

上腕骨近位端

脊椎

大腿骨頸部

橈骨
遠位端

---

 **練習問題 12** ｜ 解答＆解説

脊柱管狭窄症は主に腰部において狭窄が起こるため、下半身に症状が出現することが多いです。
よって3は×です。関節リウマチは、薬物療法が中心となりますが、リハビリテーションも行
われるため、5も×になります。

**正解** 1,2,4

# 13 循環器の疾患

**必修ポイント！**

☑ 高齢者は、本態性高血圧・収縮期高血圧であることが多いです
☑ 狭心症には、労作性狭心症と異型狭心症があります
☑ 高齢者の心筋梗塞では、症状が非特異的なことがあります

　循環器とは、血管・心臓などを指します。試験対策としては、心臓の疾患のうち、とくに<u>狭心症と心筋梗塞の違い</u>について正しく理解することがポイントとなります。

　まずは血管について見ていきます。年齢を重ねると<u>動脈硬化</u>が進行していきます。それによって<u>血圧</u>が高くなります。そのため、高齢者では<u>高血圧患者が増加</u>します。

　ただ、高齢者の場合、とくに大きな病気をして高血圧になったわけではないケースが多く、<u>本態性高血圧</u>と呼ばれています。一方、病気などが原因で高血圧になった場合を<u>二次性高血圧</u>といいます。ちなみに、大動脈疾患や進行した動脈硬化では、左右の上肢で血圧に差が見られることがあります。

　最高血圧（収縮期血圧）だけ高い高血圧というものもあり、<u>収縮期高血圧</u>と呼ばれています。高血圧はほとんど自覚症状がないため、朝夕の血圧測定を習慣にすることなどが重要です。

## 狭心症と心筋梗塞の違いを押さえよう

　次に心臓の疾患です。ここでは、狭心症と心筋梗塞の違いを押さえておきましょう。
　まず狭心症ですが、これは、心筋内の冠動脈が狭窄する（狭くなる）ことにより、血液が不足し、圧迫感などを感じる疾患です。原因は<u>冠動脈の動脈硬化</u>といわれ、運動時に発作が起こる<u>労作性狭心症</u>と、安静時に冠動脈が攣縮（収縮すること）して発作が起こる<u>異型狭心症</u>があります。狭心症の症状としては、<u>前胸部の圧迫感</u>ですが、<u>ニトロ製剤の舌下投与</u>によって発作が治まります。

　心筋梗塞は、冠動脈内で<u>血栓</u>ができ、それにより冠動脈が詰まり、血流が止まってしまう疾患です。症状は前胸部の痛みや締めつけ感などですが、高齢者では<u>症状が非特異的</u>（次ページ）のため、発見が遅れてしまうことがあります。

 **練習問題13**

循環器系の疾患について適切なものはどれか。2つ選べ。

　1　心筋梗塞は、ニトロ製剤の舌下投与が著効を示す。
　2　労作性狭心症は、安静時に発作が起こる狭心症を指す。
　3　高齢者のほとんどは本態性高血圧である。
　4　高血圧は脳卒中の危険因子である。
　5　高齢者の場合、高血圧患者の多くは自覚症状を感じる。

## ▼高血圧症

- **症状** ● 自覚症状は<u>動悸</u>、<u>頭痛</u>、<u>頭重感</u>、<u>ほてり</u>。ただし、大半は<u>自覚しない</u>

- **治療** ● <u>二次性高血圧</u>の場合は、<u>原因疾患に対する治療</u>を実施する
  - ● <u>本態性高血圧</u>では、塩分摂取、肥満の改善など<u>生活習慣の改善</u>を実施する。それでも不十分な場合には、<u>薬物療法</u>を実施する

> **出題ポイント**
>
> ● 本態性高血圧と二次性高血圧の<u>違い</u>を<u>理解</u>しておく
> ● 高齢者の場合、<u>起立性低血圧</u>なども起こりやすく、その場合、血管収縮薬が処方される

## ▼狭心症

- **症状** ● 冠動脈の狭窄により、心筋が必要とする<u>酸素</u>（血流）の需要に対して、<u>供給が不足</u>する病態
  - ● 主に<u>前胸部の圧迫感</u>が症状である

- **治療** ● 発作時は、<u>ニトロ製剤の舌下投与</u>
  - ● 手術することもあり

> **出題ポイント**
>
> ● 労作（身体を動かすこと）時や運動時に心拍数が増加するとともに起こる<u>労作性狭心症</u>と、安静時に冠動脈が<u>攣縮</u>（収縮すること）して起こる<u>異型</u>狭心症がある
> ● 心筋梗塞への移行の危険性が高い
> ● 心電図の測定時に症状が出ないことがあるため、心電図検査で必ずしも診断できるわけでは<u>ない</u>

## ▼心筋梗塞

- **症状** ● 冠動脈の動脈硬化病変の<u>粥腫</u>（じゅくしゅ）（血管の壁にコレステロール等が付着してできたふくらみ）が破綻すると、それに伴う<u>血栓形成</u>により血管を閉塞して、その結果、<u>心筋が壊死</u>し、心臓の<u>ポンプ機能が低下</u>する病態
  - ● 自覚症状は、<u>長引く前胸部の痛み</u>、<u>締めつけ感</u>が典型的である

- **治療** ● 手術など
  - ● 薬物療法の場合、冠動脈を広げる硝酸剤や抗血小板薬などを使用
  - ● 痛みや呼吸困難の症状がある場合には、医療用麻酔や酸素の吸引などを実施する

> **出題ポイント**
>
> ● 高齢者の場合、症状が<u>非特異的</u>（その疾患特有の症状が見られないこと。たとえば、痛みが見られないなど）な場合もあるため、発見が<u>遅れる</u>こともある
> ● 心筋梗塞、弁膜症による心不全では、<u>呼吸困難</u>などの呼吸器症状が出現する
> ● 発症後から短時間であれば、閉塞した冠動脈の再疎通療法が適応となることがある
> ● 心筋梗塞や狭心症が原因で起きる不整脈は、ストレスや喫煙、睡眠不足、飲酒などでも起きる

呼吸困難時には側臥位（そくが）（仰向け）より起座位（きざ）のほうが呼吸が楽になります

 **練習問題13 | 解答＆解説**

ニトロ製剤の舌下投与が著しい効果を示すのは狭心症ですので、1は×です。安静時の狭心症発作は異型狭心症の症状ですので、2も×となります。高血圧では自覚症状をほとんど感じません。よって5も×です。

**正解** <u>3,4</u>

# 14 消化器の疾患

**必修ポイント！**

- ☑ 胃潰瘍や十二指腸潰瘍は、ストレスなどが原因で起こります
- ☑ A型肝炎は急性肝炎です
- ☑ B型肝炎、C型肝炎は慢性肝炎で、感染経路は血液感染です

　消化器は、口から肛門までの一連を指します。出題が多いのは、胃潰瘍、十二指腸潰瘍、そして肝炎です。ここではこの3つを中心に解説していきます。

　胃潰瘍は、胃酸などにより胃壁が溶かされ、潰瘍（皮膚や粘膜の一部が炎症でくずれて、深くえぐられている状態）をつくり、それによって出血などを引き起こしてしまう疾患です。胃酸は通常、胃壁を守る働きをしているのですが、自己免疫の低下などによりその働きが弱くなり、こうした状態を引き起こしてしまいます。十二指腸潰瘍も、同様の原因で起こります。

　胃潰瘍や十二指腸潰瘍の原因としては、①ストレス、②ヘリコバクターピロリ菌、③薬の副作用などが多いとされています。主な症状は痛みで、胃潰瘍の場合、食後に痛みが悪化し、十二指腸潰瘍は空腹時に痛みが悪化します。

## 急性肝炎と慢性肝炎の違いを押さえよう

　肝炎は肝臓に炎症が起こる状態で、大きく急性肝炎と慢性肝炎の2つに分類されます。

　急性肝炎は、その名の通り、一過性のもので、慢性化せずに治るタイプです。ウイルス感染（A型など）や自己免疫疾患、薬剤アレルギーなどで起こります。主な感染経路は、経口感染（口を通して感染すること。A型肝炎の場合、魚介類の生食によるものが多い）とされ、全身倦怠感、食欲不振、腹痛などが症状として現れます。

　一方、慢性肝炎とは肝臓の炎症が慢性的に持続するタイプで、ウイルス感染（B型・C型）によるものがもっとも多いといわれています。慢性肝炎は発症しても無症状のことが多いものの、肝炎が持続すると、肝細胞が破壊され、肝硬変、さらには肝がんまで進行することもあります。慢性肝炎で症状が出る場合、黄疸やむくみなどが出現します。感染経路は、血液感染です。

### 練習問題14

消化器の疾患について適切なものはどれか。3つ選べ。

1　ヘリコバクターピロリ菌によって胃潰瘍が引き起こされる。

2　A型肝炎は経口感染である。

3　胃潰瘍は空腹時に痛みを生じやすい。

4　C型肝炎は肝がんへ進行することはない。

5　慢性肝炎は基本的に無症状である。

## ▼胃潰瘍・十二指腸潰瘍

**症状**
- 胃酸や消化液の働きにより、胃や十二指腸の壁の一部が欠損した状態
- 主な症状は、上腹部の痛みであり、そのほかの症状として、胸焼け、食欲不振、吐き気、ゲップなどがある

**治療**
- 胃薬の内服
- ヘリコバクターピロリ菌（いわゆるピロリ菌）による感染が見つかった場合には、ピロリ菌の除菌治療

**出題ポイント**
- 出血した場合、吐血することがある
- 便に血液が混じって出ることがある（タール便）
- 一般的には、胃潰瘍では食後に痛みが悪化し、十二指腸潰瘍では空腹時に痛みが悪化する

> 胃潰瘍と十二指腸潰瘍は、発症要因が同じです
> （ヘリコバクターピロリ菌・薬剤の副作用・ストレス）。
> また、食道・胃・十二指腸で起こる上部消化管出血では、
> タール便が出ることがあることも覚えておきましょう。
> この2つ以外の疾患として、胃潰瘍などと同じく、
> 上腹部（みぞおち）に痛みが出る胆嚢結石があります

## ▼急性肝炎・慢性肝炎

**症状**
【急性肝炎】……● 全身倦怠感や食欲不振、腹痛　…など
【慢性肝炎】……● 基本的に無症状

**出題ポイント**
【急性肝炎】● A型肝炎は経口感染である
【慢性肝炎】● B型・C型肝炎は血液感染である
　　　　　　● 肝硬変・肝がんへ進行することがある

> 肝炎については感染症でも出題される可能性が
> あります。A型肝炎とB型・C型肝炎の感染経路の
> 違いや進行について理解しておきましょう。
> また、肝炎が持続して起こる肝硬変を根治する
> には、今のところ肝移植しかありません。
> これもあわせて覚えておきましょう

## 練習問題14│解答＆解説

胃潰瘍は「食後」に痛みが生じやすいので、3は×です。また、C型肝炎などは肝硬変や肝がんへ進行することがありますので、4も×となります。

**正解** 1,2,5

**必修ポイント！**

- ☑ 慢性腎不全では、高カロリー食・たんぱく質の制限があります
- ☑ 慢性閉塞性肺疾患は、喫煙が最大の原因です
- ☑ 高齢者では誤嚥性肺炎が多く見られます

　ここでは、腎不全、前立腺肥大症、慢性閉塞性肺疾患（COPD）、肺炎を中心に見ていきます。

　まず、腎不全ですが、これは腎機能の<u>低下</u>によって起こります。急性腎不全では、<u>血液透析</u>などが必要かどうかの見極めが重要で、慢性腎不全では、①<u>食事</u>管理（<u>高カロリー食・たんぱく質の制限</u>）、②<u>電解質</u>（ナトリウム、カリウム、カルシウム、リンなど）の管理を行います。

　前立腺は男性にしかない臓器で、尿道を囲むように存在します。加齢により肥大（これが<u>前立腺肥大症</u>です）してくると、尿の流れが悪くなります。この症状は、加齢に伴って多くの男性に見られますが、症状が軽ければ経過観察で問題ありません。また、前立腺肥大症は、前立腺がんに進行する疾患では**ありません**。

## 📖 高齢者に多い呼吸器の疾患は、肺炎と肺結核

　慢性閉塞性肺疾患（COPD）は、<u>肺気腫</u>と<u>慢性気管支炎</u>の両者をまとめた名称です。試験対策で押さえておきたいのは肺気腫で、最大の原因は<u>喫煙</u>です。喫煙などにより<u>肺胞が破壊</u>され、酸素を取り組むことが難しくなった結果、呼吸困難などを引き起こします。そのため治療では、<u>在宅酸素療法</u>（136 ページ）などがとり入れられます。

　肺炎は、細菌やウイルスによって引き起こされます。高齢者の場合は、<u>誤嚥性肺炎</u>（食物や唾液が誤って気管に入ることで、口腔内の細菌が肺に入り発症する肺炎）も引き起こします。高齢者になるほど肺炎での死亡率は高くなるため（肺炎の死亡者の9割以上は高齢者です）、現在、高齢者への<u>肺炎球菌ワクチン</u>の接種が推奨されています。

　肺結核も高齢者には多い呼吸器系の疾患です。これは結核菌による<u>感染症</u>で、感染者は隔離が必要となります。肺結核の感染経路は<u>空気感染</u>です。

 **練習問題 15**

呼吸器の疾患について適切なものはどれか。2つ選べ。

1　肺炎の死亡者の多くは高齢者である。
2　肺結核は高齢者での発症例はほとんどない。
3　慢性閉塞性肺疾患（COPD）患者は人工呼吸療法を導入することが多い。
4　慢性腎不全では、カリウム摂取に注意する。
5　前立腺肥大症は前立腺がんに進行する疾患である。

## ▼前立腺肥大症

**症状** ●「夜中に何度もトイレに起きる」「尿を我慢できない」「尿に勢いがない」などの症状が現れる

**治療** ● 薬物療法・手術など。ただし、基本的に症状は年齢とともに強くなっていくため、若い頃の状態に戻ることはない

> **出題ポイント**
> ● 溢流性尿失禁（尿がダラダラと漏れてしまう尿失禁）が起こる場合もある

## ▼肺気腫

**症状** ● 慢性閉塞性肺疾患（COPD）のうちの1つで、特徴的な症状として、体動時（体を動かしているとき）のうち、とくに歩行時や階段昇降などに、息切れを感じる労作時呼吸困難や、慢性の咳や痰が挙げられる
● 一部の患者では、喘鳴（呼吸をする際、ヒューヒュー、ゼーゼーといった音がすること）を伴い、喘息のような症状を合併する場合もある

**治療** ● 禁煙
● 薬物療法（気管支拡張薬、吸入ステロイド薬など）

> **出題ポイント**
> ● 在宅酸素療法（136ページ）を利用する者もいる
> ● インフルエンザワクチンや肺炎球菌ワクチンの接種が推奨される
> （肺炎球菌ワクチンは、満65歳以上の者または60～64歳の障害のある者が対象）
> ● COPDは長期に有害物質を吸入することで生じる炎症性疾患で、インフルエンザの罹患で急激に悪化するおそれがある
> ● COPDでは、口をすぼめて息を吐く「口すぼめ呼吸」が積極的に勧められる

## ▼肺炎

**症状** ● 咳や痰、発熱が見られることが多い

**治療** ● 抗菌薬などの薬物治療

> **出題ポイント**
> ● 誤嚥性肺炎では、肺炎の症状がはっきりと出ない（症状が非特異的）こともある
> ● 肺炎球菌ワクチンの接種により、重症化を予防することが大切である

## ▼肺結核

**症状** ● 咳や痰のほか、倦怠感、発熱、体重減少などの症状が出ることもある

**治療** ● 抗結核薬の内服

> **出題ポイント**
> ● 高齢者では結核既感染率（若い頃に感染している率）が高く、細胞性免疫低下によりこれらの既感染者が発病する危険性が高い
> ● 排菌（感染した場合に、病原菌を体外に排出すること）が認められる場合には隔離が必要なため、結核専門施設での入院が必要

 **練習問題15｜解答＆解説**

高齢者では肺結核の発症例は多くあります。よって2は×です。慢性閉塞性肺疾患（COPD）患者は、在宅酸素療法を導入することが多いため、3も×です。前立腺肥大症は加齢に伴い増えてくる疾患であり、また、前立腺がんに進行する疾患ではないので、5も×です。

**正解** 1,4

# 16

# 代謝異常による疾患

出題頻度 ★★★

> **必修ポイント!**
>
> ☑ 糖尿病は、インスリンの働きが不足することで起こります
> ☑ 中高年に多い糖尿病は2型糖尿病です
> ☑ 高LDLコレステロール血症とはLDL（悪玉）が高い状態です

　代謝異常疾患の代表例といえば糖尿病です。試験でもかなりの出題実績がありますので、しっかりと覚えておきたいところです。また、脂質異常症に関する問題もしばしば出題されるので、こちらもきちんと理解しておきましょう。

　糖尿病は、膵臓で生成される<u>**インスリン**</u>というホルモンの働きが不足して起こる疾患です。インスリンには<u>血糖レベルを下げる</u>働きがあります。私たちの身体は、食後に血糖が上がりますが、一定時間経過するとインスリンが放出され、血糖レベルが正常となります。ところが、インスリンの働きが悪いと、血糖値が下がらず、慢性の高血糖状態となります。これが糖尿病という疾患です。

　糖尿病には、1型糖尿病と2型糖尿病があります。中高年のほとんどが<u>**2型糖尿病**</u>で、その症状としては、口渇・多飲・多尿などがあります。ただ、初期症状がはっきりしないことも多く、進行してから気づくこともあります。

　糖尿病には<u>三大合併症</u>（神経障害・腎症・網膜症）があり、これらは介護保険の特定疾病（37ページ）に指定されています。

##  コレステロールの種類

　脂質異常症には、大きく①<u>悪玉（LDL）コレステロール</u>が高い、②<u>善玉（HDL）コレステロール</u>が低い、③中性脂肪値が高い<u>高中性脂肪血症</u>があります。

　脂質異常症の初期症状は糖尿病同様、症状がはっきり出ないことが多いのですが、そのまま放置しておくと動脈硬化の進行を誘発し、狭心症・心筋梗塞・脳血管障害の引き金になります。

　そしてもう1つ、心不全、腎不全、利尿薬の使用などが原因で起こる<u>低ナトリウム血症</u>のポイントも次ページにまとめました。あわせて確認しておきましょう。

### 練習問題16

代謝疾患について適切なものはどれか。3つ選べ。

1　高齢者には1型糖尿病が多い。
2　脂質異常症には、HDLコレステロールが低い状態も含まれる。
3　糖尿病患者の多くは初期症状が現れない。
4　高中性脂肪血症はメタボリックシンドロームの危険因子の1つである。
5　糖尿病はインスリンの過剰放出が原因である。

## ▼糖尿病

**症状** ● 口渇、多飲、多尿などがあるが、初期症状が現れないケースも多い
● 高齢者の場合、症状がはっきりしないことが多い

**治療** ● 食事療法・運動療法・薬物療法

### 出題ポイント

● ①１型糖尿病、②２型糖尿病、③その他の合併症に伴う糖尿病などに分けられ、もっとも患者数が多いのは２型糖尿病である
● 糖尿病の場合、三大合併症になったときだけ特定疾病（37ページ）になる
● 三大合併症とは、神経障害、腎症、網膜症である（下表）
● 糖尿病患者は認知症を合併しやすい
● 検査としては尿検査も有用（尿検査はほかに腎臓病や尿路感染症の診断にも有用）

## ▼糖尿病の三大合併症

| 合併症 | 症状 |
|---|---|
| 神経障害 | 手足の神経が障害され、手足にしびれや感覚の鈍化が起こる。進行すると足の切断などの場合もある |
| 腎症 | 腎臓にある細かい血管が障害されることで腎機能が低下し、悪化すると人工透析が必要になる場合もある |
| 網膜症 | 目の網膜の細い血管が傷つき、視力の低下から、悪化すると失明する危険性もある |

## ▼脂質異常症

**症状** ● 次の３つの場合、脂質異常症として診断される
　　　①LDLコレステロール（悪玉）値が高い ➡ 高LDLコレステロール血症
　　　②HDLコレステロール（善玉）値が低い ➡ 低HDLコレステロール血症
　　　③中性脂肪値が高い（高中性脂肪血症）
● 基本的に無症状である

**治療** ● 食事療法・運動療法・薬物療法

### 出題ポイント

● 動脈硬化が進行しやすく、狭心症や心筋梗塞、脳梗塞などの原因となる

## ▼低ナトリウム血症

**症状** ● 嘔気、食欲低下、頭痛など
**治療** ● 点滴などによる塩化ナトリウムの投与

### 出題ポイント

● 重症化すると、呼吸停止、さらには死に至ることもある

## 練習問題16 │ 解答＆解説

高齢者の糖尿病では２型糖尿病が多くなりますので、１は×です。インスリンの働きが悪くなるのが糖尿病の原因なので、５も×となります。

**正解** 2,3,4

# 17

# 皮膚の疾患

**必修ポイント!**

☑ 疥癬のうち、ノルウェー疥癬は個室管理が必要です
☑ 薬疹は、薬の服用後1～2週間後に起こることが多いです
☑ 帯状疱疹は、ウイルスによって引き起こされる皮膚疾患です

　高齢者は皮膚系のトラブルを抱えていることが少なくありません。また、その原因は多岐にわたりますので、試験では、それぞれの疾患についての深い知識まで問われます。そのため、正確な知識を身につけておくことが重要です。

　高齢者の皮膚は乾燥しやすいため<u>皮脂欠乏症</u>（皮膚がカサカサした状態）が起こりがちです。そうなると、<u>皮膚掻痒症</u>（皮膚がかゆくなる）を起こし、さらに<u>脂漏性湿疹</u>（皮脂が過剰分泌され湿疹ができ、かゆみや赤みを伴う）になることもあります。こうなると保湿だけでは治らないので、患部を清潔に保った上で、<u>抗真菌薬</u>、<u>保湿剤</u>、<u>ビタミン薬</u>などが処方されます。

　疥癬は、ヒゼンダニが皮膚に寄生して発症する疾患です。<u>通常疥癬</u>と<u>ノルウェー疥癬（角化型疥癬）</u>に分類されますが、ダニの数が両者で異なります。ノルウェー疥癬はダニの数が多く、感染力が<u>強</u>いとされ、<u>個室管理が必要</u>となります。

　薬疹は、薬によるアレルギーです。<u>薬剤を服用</u>してから<u>1～2週間</u>で起こることが多いといわれていますが、長期間服用している薬剤でも生じることがあります。

　<u>帯状疱疹</u>は、水痘・帯状疱疹<u>ウイルス</u>によって引き起こされます。<u>水ぶくれ</u>が身体の右または左に<u>帯状</u>に発生します。神経にアプローチしてくるため、チクチクした痛みが生じることがあります。また、<u>後遺症</u>（帯状疱疹後神経痛）が残ることもあります。

## 📝 カビによる皮膚感染症

　カビによる皮膚感染症で覚えておきたいのが、<u>白癬</u>と<u>カンジダ</u>の2つです。白癬はいわゆる<u>水虫</u>で、タオルやスリッパなどの共用により感染が拡がるリスクがあります。ともにジメジメした場所で生じるのですが、白癬は<u>足</u>、カンジダは<u>陰部</u>（<u>おむつの中</u>）と覚えておくとよいでしょう。

**練習問題 17**

皮膚疾患について適切なものはどれか。2つ選べ。
　1　角化型疥癬の利用者には、個室管理が必要である。
　2　帯状疱疹はダニによる感染症である。
　3　白癬はウイルスによる感染症である。
　4　薬疹は薬の服用後1～2日で出現することが多い。
　5　高齢者では、皮脂欠乏症が多く見られる。

## ▼疥癬

症状
- **ヒゼンダニ**が皮膚表面の角層に寄生して起こる
- 激しいかゆみを伴うボツボツした発疹が、腋窩(わきの下)、外陰部、手、手首に好発(発生しやすいこと)する

治療
- 基本は内服薬

> **出題ポイント**
> - **ノルウェー疥癬**(角化型疥癬)は、感染力が非常に**強い**ので、一定期間での**個室管理**が必要となる
> - ノルウェー疥癬では、**疥癬トンネル**と呼ばれる細長い湿疹ができる

## ▼薬疹

症状
- 体内に投与された薬剤への**アレルギー**によって発疹ができる

治療
- 基本は被疑薬(原因薬剤)の速やかな中止

> **出題ポイント**
> - 薬剤服用後**1〜2週間**で起こることが多い
> - 場合によっては、**長期間服用していた薬剤**でも生じることがある

## ▼帯状疱疹

症状
- 水痘や帯状疱疹の**ウイルス**の再活性化によって起こるウイルス性の疾患
- 痛みを伴う**水ぶくれ**が、**身体の半分**(つまり、右側か左側)に帯を巻いたようにできるのが典型的な症状である
- **顔**や**四肢**にできることもしばしばあり、その場合は小さな水ぶくれが集まるようにできることが特徴である

治療
- 軽症であれば自然に治る

> **出題ポイント**
> - 高齢者ではしばしば**重症化**し、**痛み**を残すことがある(帯状疱疹後神経痛)

## ▼白癬・皮膚カンジダ症

症状
- 【白癬】…………**カビ**の一種である**白癬菌**が皮膚に感染することで起こる。いわゆる**水虫**
- 【皮膚カンジダ症】…皮膚や粘膜に常在している**カンジダ**(これも**カビ**の一種)が、**おむつの中**などで増殖する

治療
- 白癬については、通常、外用薬による治療が行われる

> **出題ポイント**
> - 皮膚同士が接触しないようにする
> - 家庭内で、スリッパや風呂場の足拭きマットなどを**共用しない**
>   (物を介しての間接的な接触でも感染しやすいため)

## 練習問題17 | 解答&解説

帯状疱疹はウイルスによる感染症ですので、2は×です。白癬はカビ(白癬菌)による感染症ですので、3も×です。薬疹は服用後1〜2週間で起こることが多いとされています。よって4も×になります。

**正解** 1,5

# 18 感覚器(視覚・聴覚)の疾患

出題頻度 ★★☆

**必修ポイント!**

☑ 加齢黄斑変性症では中心暗点が見られます
☑ 緑内障は失明のリスクが高いです
☑ 高齢者では、感音性難聴が多いです

高齢者の感覚器障害では、視覚と聴覚について症状が顕著に見られます。

まず、視覚に関する疾患から解説していきましょう。高齢者に多い眼の疾患に**加齢黄斑変性症**があります。これは、網膜の中心部にある黄斑が変性する疾患で、視野の中心部分が見えにくくなります。これを**中心暗点**といいます。

高齢になると、**白内障**や**緑内障**に罹患する可能性も高くなります。この2つもしばしば出題されますので、両者を比較しながら覚えていきましょう。

白内障は、水晶体が**白く濁る**疾患で、まぶしく感じたり(羞明)、視力低下を引き起こしたりします。ただ近年は、手術で**眼内レンズ**を挿入することにより視力回復が見込めるようになっています。そのため、放置しておくと**失明**する疾患ではありますが、きちんと眼科を受診すれば、そのリスクは現在、ほぼないといえるでしょう。

緑内障は、**眼圧の上昇**などにより視神経が障害され、視野狭窄(視野が狭くなること)などの症状が起こります。進行すると**失明**することがあり、現在、中途失明の原因疾患第1位となっています。また、日本人においては、眼圧が**正常**であっても緑内障となる場合(**正常眼圧緑内障**)もあり、注意が必要です。

## 高齢者に起こりやすい難聴には2種類ある

高齢者に起こりやすい聴覚のトラブルには、聞こえにくくなる症状(難聴)がありますが、高齢者は、とくに**高音域**が聴き取りにくくなるといわれています。

**外耳から中耳**にかけて障害が起こり聞こえにくくなることを**伝音性**難聴、中耳より内耳、聴神経に障害が起こり聞こえにくくなることを**感音性**難聴といいます。どちらも高齢者に多く見られる難聴ですが、より多いのは**感音性**難聴のほうです。また、内耳が障害されると**めまい**が起りやすくなります。

**練習問題 18**

感覚器の疾患について適切なものはどれか。3つ選べ。

1 緑内障は手術で完治する。
2 高齢者には感音性難聴が多い。
3 高齢者では、低音域が聴き取りにくくなる。
4 白内障は加齢に伴い増加する疾患である。
5 加齢黄斑変性症では、中心暗点が見られる。

### ▼加齢黄斑変性症

症状 ● 早期症状は、視野の<u>中心部のゆがみ</u>（<u>変視症</u>）が認められる

治療 ● 外科治療はあまり有効性がないとされている

出題ポイント

● 進行していくと視野の中心部が<u>黒く</u>（<u>中心暗点</u>）なり、視力が失われることもある

### ▼白内障と緑内障

| | 白内障 | 緑内障 |
|---|---|---|
| 症状 | ● <u>水晶体の混濁</u>により視力低下をきたす疾患で、<u>加齢が原因</u>で生じることが多い<br>● 初期症状は、<u>羞明</u>（まぶしさを過剰に感じる状態）、<u>夜間の視力低下</u>、<u>近見</u>（近くを見ること）障害などである | ● 房水（眼球内を循環している液体）の流れが阻害されることで<u>眼圧が上昇</u>し、<u>視神経と視野が障害</u>される疾患である<br>● 視野の中に、<u>見えない場所</u>（暗点）が生じたり、<u>視野が狭く</u>なったりする<br>● 両眼に生じることもあるが、<u>片側の場合には初期症状を自覚しないことが多く</u>、そのため進行するまで<u>放置</u>されてしまうこともある |
| 治療 | ● 進行予防のための目薬などがあるが、視力回復には<u>手術以外</u>、有効な治療法はない | ● 眼圧降下薬の点眼など |
| 出題の<br>ポイント | ● 老化で眼が悪くなったと考えている高齢者が白内障であるケースがしばしばあるため、受診が必要である<br>● 手術などの治療で、<u>転倒リスク</u>などを改善できる | ● 日本では、眼圧が<u>正常</u>でも視神経障害が生じる<u>正常眼圧緑内障</u>が多い<br>● いったん視神経障害が進行すると、<u>視力・視野</u>は<u>回復しない</u> |

### ▼高齢者で起こりやすい難聴

症状 ● <u>伝音性</u>難聴の原因には、耳垢が詰まった<u>耳垢栓塞</u>が、<u>感音性</u>難聴には<u>加齢性難聴</u>が挙げられる

治療 ● 耳垢栓塞では、耳垢の除去を行う
　　● 加齢性難聴に対する根本的治療はなく、補聴器の装着や人工内耳手術を行わなければ聞こえはよくならない

出題ポイント

● 難聴には外耳や中耳の病気が原因の<u>伝音性難聴</u>と、<u>内耳から神経</u>、脳の病気が原因の<u>感音性難聴</u>、そしてその両者が混じった<u>混合性難聴</u>がある
● 高齢者は、<u>高音域</u>が聴き取りにくくなる

> 伝音性難聴と感音性難聴の違いを理解しておく必要があります。
> 伝音性は「音を伝える」部分に、感音性は「音を感じる」部分に、
> それぞれ障害が起こります

 練習問題18 | 解答＆解説

緑内障は残念ながら手術では完治しませんので、1は×です。高齢者は、高音域が聴き取りにくくなります。よって3も×です。

正解 2,4,5

## まとめ ②高齢者に多い疾患

ここまでに学んだ試験合格の必修ポイントのまとめです。
重要語句を付属の赤シートで隠すなどして覚えていきましょう。
試験直前期にも要チェック！

### ▼脳・神経の疾患

| 疾患名 | 押さえておくべきポイント |
|---|---|
| 脳卒中<br>（脳梗塞・脳出血） | ● 麻痺や失語、認知症などの後遺症を残すことが多く、再発すると後遺症がさらに重くなるため、再発予防が重要である |
| 筋萎縮性側索硬化症 | ● ALS ともいう<br>● 筋力低下が起こるが、知覚神経や記憶力は保たれる<br>● 筋力低下や筋萎縮は、筋力トレーニングなどでは回復しない |
| パーキンソン病 | ● 次の四大運動症状がある<br>　①身体のふるえ（振戦）　②筋の硬さ（固縮）<br>　③動作の遅さ、拙劣（無動）　④姿勢歩行障害 |

### ▼骨・関節の疾患

| 疾患名 | 押さえておくべきポイント |
|---|---|
| 脊柱管狭窄症 | ● 間欠性跛行（しばらく歩くと痛みやしびれが生じ、少し休むと歩けるようになる症状）が特徴である |
| 関節リウマチ | ● 関節腫脹（はれること）、疼痛、こわばり、変形などの症状を引き起こす |
| 骨粗鬆症 | ● 転倒の予防が重要であるため、筋力をつける、転倒のリスクを減らすなどを実施する<br>● カルシウムなどをバランスよく摂取することも必要である |

### ▼循環器の疾患

| 疾患名 | 押さえておくべきポイント |
|---|---|
| 高血圧症 | ● 本態性高血圧では、塩分摂取、肥満の改善など生活習慣の改善を実施する |
| 狭心症 | ● 主に労作性狭心症と異型狭心症がある<br>● 労作性狭心症は、労作（動いていること）時や、運動時の心拍数の増加とともに起こる<br>● 異型狭心症は、冠動脈が攣縮（収縮すること）して起こる |
| 心筋梗塞 | ● 高齢者の場合、症状が非特異的（その疾患特有の症状が見られないこと）な場合もある |

### ▼消化器の疾患

| 疾患名 | 押さえておくべきポイント |
|---|---|
| 胃・十二指腸潰瘍 | ● 主な原因は、ストレス、ヘリコバクターピロリ菌、薬の副作用である<br>● 出血した場合、吐血することがある<br>● 便に血液が混じって出ることがある（タール便） |
| 肝炎 | ● B型・C型肝炎は、肝硬変・肝がんへ進行することがある |

## ▼腎臓・泌尿器・呼吸器の疾患

| 疾患名 | 押さえておくべきポイント |
|---|---|
| 前立腺肥大症 | ● 尿がダラダラと漏れる溢流性尿失禁が起こる場合がある |
| 慢性閉塞性肺疾患 | ● COPD とも呼ばれる<br>● 在宅酸素療法がとられることがある |
| 肺炎 | ● 高齢者の誤嚥による肺炎などでは症状がはっきりしないことがある |
| 肺結核 | ● 排菌（感染した場合に、病原菌を体外に排出すること）が認められる場合には隔離が必要なため、結核専門施設での入院が必要となる |

## ▼代謝異常による疾患

| 疾患名 | 押さえておくべきポイント |
|---|---|
| 糖尿病 | ● 高齢者では、2型糖尿病がほとんどである |
| 脂質異常症 | ● LDL コレステロール（悪玉）値が高い、HDL コレステロール（善玉）値が低い、中性脂肪値が高いという3つのケースがある |

## ▼皮膚の疾患

| 疾患名 | 押さえておくべきポイント |
|---|---|
| 疥癬 | ● 通常疥癬とノルウェー疥癬（角化型疥癬）がある<br>● ノルウェー疥癬は、感染力が強いので、個室管理が必要になる |
| 薬疹 | ● 薬剤服薬後1～2週間で起こることが多い |
| 帯状疱疹 | ● 痛みを伴う水ぶくれが身体の半分に帯を巻いたようにできる<br>● 原因は水痘・帯状疱疹ウイルスである |
| 白癬 | ● 白癬菌（カビ）によるもので、足にできることが多い（いわゆる水虫である） |
| 皮膚カンジダ症 | ● カンジダ（カビ）によるもので、おむつの中（陰部）にできることが多い |

## ▼感覚器（視覚・聴覚）の疾患

| 疾患名 | 押さえておくべきポイント |
|---|---|
| 白内障 | ● 水晶体の混濁により視力低下をきたす疾患で、加齢が原因で生じることが多い<br>● 手術などの治療で転倒リスクなどを改善できる |
| 加齢黄斑変性症 | ● 中心暗点という症状が出ることがある |
| 緑内障 | ● 日本では、眼圧が正常でも視神経障害が生じる正常眼圧緑内障が多い |
| 難聴 | ● 高齢者に多い難聴には、伝音性難聴と感音性難聴がある<br>● 伝音性難聴では耳垢が詰まった耳垢栓塞が、感音性難聴では加齢性難聴が多い |

高齢者の疾患は多いですが、特徴をしっかり
押さえることで点数をとることができます。
ここでまとめられたポイントだけはしっかりと
覚え、問題に挑戦しましょう

# 19 感染症の基礎知識

**必修ポイント!**

- ☑ 感染症予防は「持ち込まない・持ち出さない・拡げない」です
- ☑ 肺炎球菌とインフルエンザのワクチン接種が高齢者に推奨される
- ☑ スタンダードプリコーションが対象とするのは「あらゆる人」

　感染症とは、**病原微生物**が体内で増殖してしまうことをいいます。本来ヒトは外敵から自分を守る機能（**自己免疫**）があるのですが、加齢などでそれが低下し、外敵からの攻撃に身体を守り切れず、体内で異常をきたしてしまうことがあります。これが感染症です。ここでは感染症予防の考え方について見ていきます。

　介護に携わる者としての感染症予防の基本は、「**持ち込まない**」「**持ち出さない**」「**拡げない**」です。つまり、介護職員が施設内に「ウイルスを**持ち込まない**、施設外にウイルスを**持ち出さない**、感染症利用者がいたら速やかに連絡し、感染者を**拡げない**」をつねに意識することが欠かせません。

　また、高齢者の場合、**予防接種**も効果的です。**肺炎球菌ワクチン**（5年に1回）と**インフルエンザワクチン**（毎年）の接種が推奨されています。

## 📖 感染予防の対象は「あらゆる人」

　**スタンダードプリコーション**とは、「**標準予防策**」と訳され、医療や介護等が提供されるすべての場所において適用される感染予防策です。その定義は「**あらゆる人の血液、すべての体液、分泌物、排泄物、創傷のある皮膚、粘膜などには感染性があると考えて取り扱う**」となっており、感染症患者だけでなく、**あらゆる人**が対象となっています。

　スタンダードプリコーションで示されている具体的な予防策には、**手指衛生**（手洗いや**アルコール消毒**）、**うがい**、**個人防護具**（使い捨ての**手袋・マスク**など）の着用、**咳エチケット**などがあります。これを日常的に順守していくことが、感染予防の最善策といっても過言ではありません。

　なお、感染経路によって、スタンダードプリコーションで提唱される感染予防策のどれを用いるかは異なります（171ページ）。あわせて覚えておきましょう。

**練習問題 19**

感染症について適切なものはどれか。3つ選べ。

1　スタンダードプリコーションとは、施設内で行われる専門的な感染対策予防法である。

2　肺炎球菌ワクチンは毎年接種が推奨されている。

3　インフルエンザワクチンの接種は毎年推奨されている。

4　手洗い・マスクは感染症予防に有効である。

5　感染者が発生しても、それを拡げないという対策が必要である。

## ▼感染症の主な症状

| 発熱 | ● 38℃以上の発熱、あるいは平熱より1℃以上高い状態<br>● ぐったりしている。意識がはっきりしない<br>● 発熱以外に、呼吸がおかしいという症状もある |
|---|---|
| 嘔吐・下痢 | ● 嘔吐、腹痛、下痢の症状があり、下痢では便に血が混じることもある |
| 咳・咽頭痛・鼻水 | ● 痰のからんだしつこい咳 |
| 発疹<br>（皮膚の異常） | ● 身体に赤い発疹が出ている<br>● 牡蠣殻状の厚い鱗屑（銀白色のかさぶたのようになった状態）が、体幹や四肢の関節の外側、骨の突出した部分など、圧迫や摩擦が起こりやすいところに多く見られる<br>● 非常に強いかゆみがある場合も、まったくかゆみを伴わない場合もある<br>● 神経に沿って痛みを伴う（帯状疱疹の場合） |

## ▼スタンダードプリコーションで提唱される感染予防策

| 手洗い | ● 感染源となり得るものに触れた後や、手袋を外した後、次の患者に接するときなどに、石鹸を使って手洗いを行う<br>● 手袋使用後や、非汚染物やほかの患者に触れるときには、手袋を外し、石鹸で手洗いをする |
|---|---|
| 手袋 | ● 感染源となり得るものに触れるときや、患者の粘膜や傷のある皮膚に触れるときには、清潔な手袋を着用する |
| マスク・ゴーグル・フェイスマスク | ● 体液や血液、排泄物などが飛び散り、目・鼻・口を汚染する可能性のある場合には、マスク、ゴーグル、フェイスマスクを着用する |
| ガウン | ● 衣服が汚染させる可能性のある場合には、ガウンを着用する<br>● 汚染されたガウンはすぐに脱ぎ、その後、必ず石鹸で手洗いをする<br>● 撥水性（水を弾く）で使い捨てのものが望ましい |
| 器具 | ● 汚染した器具は、粘膜や衣服、環境を汚染しないように操作する<br>● 再使用するものは、清潔であることを確認する |
| リネン | ● 汚染されたリネン類は、粘膜や衣服、環境を汚染しないように操作し、適切に移送・処理する |

## ▼予防接種の種類

| 肺炎球菌ワクチン | ● 一部の肺炎は防げるが、すべてを防ぐことはできない<br>● 接種の目安は5年に1回 |
|---|---|
| インフルエンザワクチン | ● 季節性インフルエンザを予防するためのワクチン<br>● 接種の目安は1年に1回 |

 **練習問題19｜解答＆解説**

スタンダードプリコーション（標準予防策）は、あらゆる人に感染性があると考えて行う予防策であり、施設内だけの専門的予防法ではありません。よって1は×です。2の肺炎球菌ワクチンは5年に1度の接種が推奨されていますので、2は×となります。

正解 **3,4,5**

# 感染症と感染経路

**必修ポイント！**

☑ 感染経路で覚えておくべきものは、5つあります
☑ 高齢者にもっとも多い感染症は、尿路感染症です
☑ 麻疹や水痘、結核は、空気感染による感染症です

感染経路は、感染予防を考えるためには必ず理解しておかなければなりません。それぞれの感染経路に即した感染予防を行っていくことは、感染を拡大させないために不可欠です。感染経路で必ず覚えておきたいのが、①**飛沫感染**、②**空気感染**、③**接触感染**、④**経口感染**、⑤**血液感染**の5つです。

## 高齢者に起こりやすい感染症と、その感染経路

高齢者でもっとも多い感染症として挙げられるのは**尿路**感染症です。おむつの着用や膀胱留置カテーテル（バルーンカテーテル→138ページ）の使用などで、細菌が尿道から侵入しやすいことが考えられ、感染予防として**清潔**管理が重要になってきます。

結核も、高齢者に多く発生しますが、感染経路は**空気**感染とされています。マスクやうがい、手洗いが予防策となります。インフルエンザウイルスも冬期を中心に感染が拡がります。この場合の感染経路は**飛沫**感染で、予防策は空気感染と同じく、マスクやうがい、手洗いです。高齢者介護施設で起こりやすいのがMRSAなどの薬剤耐性菌による集団感染症です。感染経路は**接触**感染です。

感染性胃腸炎（**ノロウイルス**や腸管出血性大腸菌などによるもの）は、生食などでウイルスが体内に侵入した場合については、**経口**感染となります。予防策には、食物に火を通すなどが挙げられます。なお、ノロウイルス感染症では、下痢などの症状がなくなっても嘔吐物や便から感染するため、排泄物や嘔吐物の処理の際は、**次亜塩素酸ナトリウム**で消毒します。

皮膚の接触で感染する疥癬（162ページ）は**接触**感染です。皮膚同士が触れないように気をつけたり、タオルやスリッパなどを共用しないなどが予防策です。B型肝炎、C型肝炎は**血液**感染で、予防策は傷口に触れる際には手袋をする、などです。

### 練習問題20

感染症について適切なものはどれか。2つ選べ。

1 インフルエンザは空気感染である。
2 ノロウイルスは血液感染である。
3 疥癬は空気感染である。
4 結核は空気感染である。
5 C型肝炎は血液感染である。

**1 飛沫感染**

**感染経路**
くしゃみや咳などで飛び散った飛沫を通じて感染する

**主な感染症**
インフルエンザ

**感染予防法**
マスク、うがい、手洗いのこまめな実施

**2 空気感染**

**感染経路**
空気中に飛び出してさまよう飛沫核を通じて感染する

**主な感染症**
麻疹、水痘、肺結核

**感染予防法**
マスク、うがい、手洗いのこまめな実施

**3 接触感染**

**感染経路**
感染者や感染源に直接触れることで感染する

**主な感染症**
MRSA感染症、疥癬、帯状疱疹

**感染予防法**
患者が使用したものと接触しない

**4 経口感染**

**感染経路**
感染した飲食物を摂取することで感染する

**主な感染症**
腸管出血性大腸菌感染症（O-157など）、ノロウイルス感染症、A型肝炎

**感染予防法**
食べ物は生で食べない（火を通す）…など

**5 血液感染**

**感染経路**
輸血や傷口などへの接触によって感染する

**主な感染症**
B型肝炎、C型肝炎、HIV感染症

**感染予防法**
血液や体液と直接触れないようにする

> 感染症とその感染経路、ならびに標準予防策（スタンダードプリコーション）は、セットで覚えるのがオススメです

 **練習問題20｜解答＆解説**

インフルエンザの感染経路は飛沫感染ですので、1は×です。ノロウイルスについては経口感染ですので、2も×となります。3の疥癬は接触感染ですので、こちらも×です。

正解 4,5

（右側帯）**3** 感染症や認知症などへの対応等

# 21 三大認知症の特徴

**必修ポイント！**

☑ アルツハイマー型認知症は、記憶障害が主になります
☑ 血管性認知症では、うつ症状が出現することがあります
☑ レビー小体型認知症の特徴的な症状は、リアルな幻視です

認知症の原因疾患にはさまざまなものがあります（多くは**大脳**に病変）。そのうちの上位3つの原因疾患による認知症（**三大認知症**と表現）を解説していきます。ちなみに、この三大認知症については、現在の医学では、治る見込みは残念ながら**ありません**。

## 三大認知症のそれぞれの特徴を理解しよう

三大認知症とは、①**アルツハイマー型認知症**、②**血管性認知症**、③**レビー小体型認知症**の3つを指します。それぞれの特徴的な症状を見ていきましょう。

まず、アルツハイマー型認知症ですが、これは**記憶障害**が主症状となります。とくに、**近時記憶**（最近の記憶）がなくなることが多いです。たとえば、今、食べたはずのご飯を「食べてない」と言う、などです。

それに加えて、**失行**（意図した通りに動作ができない）や**失認**（「見ても理解できなくても、触るとわかる」など、ある感覚を介したときだけ、対象物を認知できないこと）などの症状も出てきます。また、自分が忘れていることを悟られないようにする「取り繕い」なども見られます。たとえば、自分の年齢を忘れていることを悟られないよう「女性に年齢を聞くなんて失礼よ」などと言ったりする、などです。

血管性認知症は、脳血管障害によって脳の一部分がダメージを受けることによって生じる認知症です。認知症の中核症状（174ページ）のほか、特徴的な症状として、**運動障害やうつ、アパシー（意欲低下）**などがあります。

レビー小体型認知症は、上記2つの症状と少し異なります。特徴的な症状は、**リアルな幻視**です。実際にはいないのに、「玄関に人がたくさんいる！」「床に虫がたくさんいる！」などと言い出す、といったこと起こります。また、**レム睡眠行動障害やパーキンソニズム**（パーキンソン病のような運動症状）も見られます。

## 練習問題 21

認知症について適切なものはどれか。3つ選べ。

1 アルツハイマー型認知症では、記憶障害が出現する。
2 レビー小体型認知症は完全治癒する。
3 レビー小体型認知症でレム睡眠行動障害が出現することはない。
4 血管性認知症では、認知スピードが衰える。
5 アルツハイマー型認知症では近時記憶の障害が著しくなる。

## ▼三大認知症の主な特徴

| ① アルツハイマー型認知症 | ● 健忘が初期症状で主症状<br>● 病識の低下<br>● 笑顔で流暢な会話、取り繕い<br>● もの盗られ妄想が多い<br>● 身体機能は保たれている<br>● 治療薬は、怒りやすいなどの興奮性のBPSD（174ページ）を悪化させる可能性がある |
|---|---|
| ② 血管性認知症 | ● うつ状態<br>● アパシー（意欲低下）<br>● 情動失禁（わずかな刺激で泣く、笑う、怒るなど、感情が過度に出てしまうこと）<br>● 動きが鈍く、認知スピードが衰える |
| ③ レビー小体型認知症 | ● レム睡眠行動障害<br>● うつや嗅覚低下が比較的早期から出現<br>● リアルな幻視<br>● パーキンソニズム（パーキンソン症候群）<br>● 次の4つの自律神経症状<br>　①起立性低血圧（立ちくらみ）　②血圧の変動　③失神　④便秘<br>● 転倒が多い |

> 三大認知症のほかに、常同行動（同じ行動を繰り返すこと）が見られる前頭側頭型認知症などもあります

> 65歳未満で発症する認知症に若年性認知症があります。
> これは比較的進行が早く、予後がよくないといわれています。
> 若年性認知症は、自立支援医療の対象となり、
> また、精神障害者保健福祉手帳を取得できます

## ▼治療可能な認知症とは？

| 正常圧水頭症 | 症状 | ● 脳室でつくられる脳脊髄液の吸収場所が詰まると、脳の周囲や脳室内に脳脊髄液が貯留し、認知機能が低下する<br>● 次の3つの症状（三大症状）がある<br>　①認知機能の低下<br>　②歩行障害<br>　③尿失禁 |
|---|---|---|
| | 治療 | ● シャント手術で改善する |
| 慢性硬膜下血腫 | 症状 | ● 頭部打撲により硬膜下に小さな出血が生じ、それが1〜3ヵ月かけて徐々に増大して大きな血腫となり、脳を圧迫する<br>● 意識障害、認知機能低下、歩行障害などの症状が出現する |
| | 治療 | ● 手術で血腫を取り除けば、数ヵ月以内に元の認知機能レベルに戻る可能性が高い |

> アルコール依存症なども認知症を引き起こすことがあります。
> そのほか、MCI（軽度認知障害）も覚えておきましょう。
> これは認知症予備軍といわれ、一部の人は認知症になります

 練習問題21 | 解答＆解説

レビー小体型認知症は完全治癒することはありません（一方、正常圧水頭症や慢性硬膜下出血など、原因疾患を取り除ける場合は、治る場合もあります）。よって2は×です。レビー小体型認知症ではレム睡眠行動障害が出現することが多いといわれていますので、3も×となります。

正解 1,4,5

# 認知症の症状

**必修ポイント！**

- ☑ 認知症とは、「4つの条件」が重なった状態を指します
- ☑ 脳の器質的疾患によって引き起こされます
- ☑ 認知症の症状は、中核症状とBPSDに分類されます

　認知症とは、①**後天的（中途障害）**である、②**脳の器質的疾患**により引き起こされる、③**意識がはっきりしている状態**で起こる、④**日常生活に支障をきたす**という4つが重なった状態を指します。

　②の「器質的疾患」とは、脳の「病気」（アルツハイマー病や脳血管障害など）によって認知症という症状が出現するということです。

　④の「日常生活に支障をきたす」とは、一般的な「もの忘れ」と区別するためのものです。「冷蔵庫を開けて、何を取るか忘れた」ということはわりとあるかと思いますが、これによって日常生活に大きく支障が出ることはないですよね。一方、「コンロの**火をかけたことを忘れて外出した**」（その結果、家が火事になった）、「**外に出たが家の場所を忘れて迷子になってしまった**」というのは日常生活に支障が出てしまいます。これが認知症における記憶障害になります。

## 中核症状と行動・心理症状（BPSD）

　認知症の症状は、**中核症状**と**行動・心理症状（BPSD）**に分けられます。

　中核症状はほとんどの認知症の人に出現します。主な症状は、**記憶障害**、**見当識障害**、**理解力・判断力の低下**、遂行機能障害、**失行・失認**、**注意障害**、**言語障害**などです。

　行動・心理症状（BPSD）は、行動症状と心理症状に分けられ、行動症状には**徘徊**や**暴力・暴言**などがあり、心理症状には**うつ**、**不安**、**幻覚**などがあります。その発現には**個人因**子や**環境**因子などが大きく影響し、どの症状が出るかは人によって異なります。また、認知症の進行とともに症状が悪化するわけでも**ありません**。

　基本的に中核症状がよくなることはありませんが、BPSDは環境調整や適切な医療で症状が**改善**しやすくなります。

**練習問題 22**

認知症について適切なものはどれか。3つ選べ。

　1　記憶障害はBPSDの1つである。

　2　後天的である。

　3　うつ症状を引き起こすことがある。

　4　見当識障害は見られない。

　5　意識清明の状態で出現する。

▼ 認知症の主な中核症状

| 種類 | 具体的な症状 |
|---|---|
| 記憶障害 | ● 数分前、数時間前の出来事をすぐ忘れる<br>● 同じことを何度も言う・聞く<br>● しまい忘れや置き忘れが増えて、いつも探し物をしている<br>● 約束を忘れる<br>● 昔から知っている物や人の名前が出てこない<br>● 同じものを何個も買ってくる |
| 見当識※障害<br>※時間や場所、人との関係などを把握すること | ● 日付や曜日がわからなくなる<br>● 慣れた道で迷うことがある<br>● 出来事の前後関係がわからなくなる |
| 理解力・判断力の低下 | ● 手続きや貯金の出し入れができなくなる<br>● 状況や説明が理解できなくなる<br>● テレビ番組の内容が理解できなくなる<br>● 運転などのミスが多くなる |
| 遂行機能障害 | ● 仕事や家事・趣味の段取りが悪くなる、時間がかかるようになる<br>● 調理の味付けを間違える、掃除や洗濯がきちんとできなくなる<br>● 洗面や入浴の仕方がわからなくなる |
| 失行・失認 | ● お茶を入れ、服を着るなどの日常的な動作が行えなくなる（失行）<br>● 見えているのに、それが何か理解できない、聞こえているのに、それが何の音か理解できない、など（失認） |
| 注意障害 | ● 2つ以上の作業を同時に行えない<br>● 持続的に1つのことができない<br>● たくさんの中から、適切なものを選ぶことができない |

厚生労働省・総合サイト「知ることからはじめよう みんなのメンタルヘルス」を参考に作成

認知症では、他者や社会の出来事などを理解する「社会的認知」（社会脳）の障害も出現します

▼ 中核症状と BPSD の関係

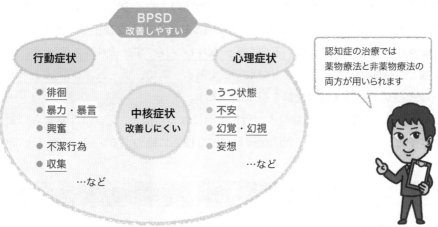

認知症の治療では薬物療法と非薬物療法の両方が用いられます

**BPSD**
改善しやすい

**行動症状**
● 徘徊
● 暴力・暴言
● 興奮
● 不潔行為
● 収集
…など

**中核症状**
改善しにくい

**心理症状**
● うつ状態
● 不安
● 幻覚・幻視
● 妄想
…など

## 練習問題 22 ｜ 解答＆解説

認知症において記憶障害は中核症状に含まれていますので、1は×です。4の「見当識障害」は認知症の中核症状です。よって4も×になります。

正解 2,3,5

# 23

# 認知症利用者や家族の地域資源

出題頻度 ★★★

**必修ポイント！**

- ☑ 認知症ケアパスは、市町村が作成します
- ☑ 認知症カフェは、認知症やその家族などが集う場です
- ☑ SOSネットワークは行方不明の認知症の人を探すシステムです

　認知症に関連して、近年、出題されているのが「**認知症の人や家族への地域資源**」です。これは、地域社会において認知症の人やその家族を支えるための制度やしくみのことです。ここではこれまでの出題実績を踏まえ、覚えておきたい内容を見ていきます。

## ✎ 認知症の人を支える地域資源には、どのようなものがあるか？

　まず、**認知症ケアパス**からです。これは、認知症発症予防から人生の最終段階まで、「いつ、どこで、どのような医療・介護サービスを受ければいいのか」の流れを標準的に示したものです。つまり「ケア（医療や介護）のパス（流れ）」ということですね。作成するのは、**市町村**となっています。

　次に、**認知症初期集中支援チーム**ですが、これは、**地域包括支援センター**に設置されることが多く、複数の専門家などが、認知症の人や家族などの**初期**支援を行うチームとなっています（その**訪問支援対象者**については次ページ）。なお、名称の「初期」の定義は、単純に「認知症初期」ではないので、注意しましょう。

　この認知症初期集中支援チームの一員に**認知症地域支援推進員**がいます。その役割は、地域における支援ネットワークの構築や、相談支援の実施などです。

　**認知症カフェ**というのもあります。これは、認知症の人やその家族が集う場です。ただ集うだけでなく、本人や家族の経験が聞ける場としても有用な存在となっています。そして、認知症カフェで活動しているのが**チームオレンジ**です。これはステップアップ講座を受講した**認知症サポーター**などでつくる支援チームで、**チームオレンジコーディネーター**はその立上げや支援の役割を担っています。

　**SOSネットワーク**とは、認知症の人が**行方不明**になった際に、警察だけでなく、地域のコンビニやガソリンスタンド、新聞配達員なども捜索に協力するシステムのことです。

## 練習問題23

認知症利用者に対する地域資源について適切なものはどれか。2つ選べ。

1　認知症ケアパスは各施設で作成しなければならない。

2　認知症初期集中支援チームは地域包括支援センターに設置されることが多い。

3　SOSネットワークは、夜間のみの対応となる。

4　チームオレンジは認知症カフェなどで活動する支援チームである。

5　認知症カフェは、認知症利用者の就労場所として設置される。

▼「認知症初期集中支援チーム」での訪問支援対象者

（1）40歳以上で、在宅で生活しており、かつ認知症が疑われる人
（2）認知症の人で、次の①②のいずれかの基準に該当する
　　①医療サービス、介護サービスを受けていない人、または中断している人で、
　　　以下のいずれかに該当する人
　　　（ア）認知症疾患の臨床診断を受けていない人
　　　（イ）継続的な医療サービスを受けていない人
　　　（ウ）適切な介護保険サービスに結びついていない人
　　　（エ）診断されたが介護サービスが中断している人
　　②医療サービス、介護サービスを受けているが、認知症の行動・心理症状が顕著なため、対応
　　　に苦慮している人

▼認知症の人を支える地域資源のキーワード

| 認知症ケアパス | ● 認知症発症予防から人生の最終段階まで、認知症の状態に応じ、相談先や、「いつ、どこで、どのような医療・介護サービスを受ければいいのか」の流れを、あらかじめ標準的に示したもの<br>● 市町村が作成する |
|---|---|
| 認知症初期集中支援チーム | ● 複数の専門家が、認知症が疑われる人や認知症の人、およびその家族を訪問し、観察・評価を行った上で、家族支援等の初期の支援を行うチーム |
| 認知症地域支援推進員 | ● 地域の中での医療・介護等の支援ネットワークの構築や、認知症対応力向上のための支援、相談支援・支援体制構築などを役割とする |
| 認知症カフェ（オレンジカフェ） | ● 認知症の人やその家族が、地域の人や専門家と相互に情報を共有し、お互いを理解し合う場 |
| チームオレンジ | ● ステップアップ講座を受講した認知症サポーター（一般住民のほか、店員、銀行員、宅配業者など、認知症を取り巻く業種の人も含む）などが支援チームをつくり、認知症の人やその家族の支援ニーズに合った具体的な支援につなげるしくみ<br>● 地域包括支援センター等に配置されるチームオレンジコーディネーターが、チームオレンジの立ち上げ支援から運営支援までを行っている |
| 認知症疾患医療センター | ● 認知症を専門に治療する医療機関<br>● 都道府県や政令指定都市に設置される |
| 若年性認知症支援コーディネーター設置事業 | ● 都道府県ごとに若年性認知症の人やその家族からの相談に対応する窓口を設置<br>● その窓口に、若年性認知症の人の自立支援に関わる関係者のネットワークを調整する若年性認知症支援コーディネーターを配置する |

認知症高齢者のことを中心に考えて支援することを
「パーソン・センタード・ケア」（PCC）といいます

 練習問題 23 | 解答＆解説

認知症ケアパスは市町村単位で作成するものとなっていますので、１は×です。SOSネットワークは、その活動時間に制限はありません。日中も対応しますので３も×です。認知症カフェは、当事者やその家族にとっての情報共有や相互理解の場であり、就労場所ではありません。よって５も×となります。

正解 2,4

3

感染症や認知症などへの対応等

# 24

# 精神に障害のある場合の介護

**必修ポイント！**

☑ 老年期うつ病では不安・緊張が目立ち、自殺を図ることもあり
☑ 高齢者の妄想性障害は、現実に近いものが多いです
☑ 老年期のアルコール依存症では、身体合併症等を併発しやすいです

精神疾患は年齢問わず発症するものですが、同じ精神疾患であっても、若年期に発症するものと、老年期に発症するものとでは、特徴がやや異なることもあります。ここでは、老年期に起こりやすい精神障害の特徴について見ていきます。

## 高齢者の精神障害で生じやすい特徴とは？

**老年期うつ病**は、とくに心気的（自分が重篤な病気にかかっていると思い込み、不安を感じている状態）な訴えが多く、気分の落ち込みよりも**不安**や**緊張**などが目立つ傾向があります。うつ病発症の要因としては、女性ホルモンや脳内神経伝達物質の異常、脳の血流障害、身体疾患、喪失体験、孤独、病前の性格、薬剤などが挙げられ、**遺伝**の関与は**少ない**とされています。老年期のうつ病はひどくなると、**自分を責める**内容の妄想（**罪業妄想**）などを持つようになり、場合によっては**自殺**に至ることもあります。

高齢者の**妄想性障害**には、①妄想のテーマが**現実の生活**を反映した**世俗的内容**が多く、**ありありと表現**される、②妄想の対象が、**特定の身近な人物**であることが多く、**具体的な名前**が名指しされることがある、③妄想の対象に対して**強い攻撃性**を示すが、実際に**攻撃に出ることは多くない**、といった特徴があります。対応には**共感**が大切です。

**老年期のアルコール依存症**は、大きく①若年期に発症し老年期まで持続した**若年発症型**と、②若年期には飲酒問題がなく、老年期になり初めて発症した**老年発症型**に分けられます。老年発症型の発症要因では家族歴や遺伝負因は少なく、身体的老化や喪失体験、社会的孤立などの環境変化によるものが多いです。特徴としては、①離脱症状が**遷延**しやすい（離脱症状が**長く**続いてしまう）、②糖尿病、高血圧などの**身体合併症**が高い確率で**出現**する、③認知症やうつ病を合併する割合が高い、などが挙げられます。

そのほか、本来は思春期に多く発症する**統合失調症**が出現するケースもあります。

## 練習問題 24

高齢者の精神障害について適切なものはどれか。2つ選べ。

　1　老年期うつ病では、妄想の症状が発現することはない。

　2　老年期うつ病では、自殺を図ることはない。

　3　高齢者の妄想性障害への対応では、共感が大切な要素である。

　4　老年期のアルコール依存症では、うつ病を合併することはない。

　5　アルコール依存症のケアには、自助グループなどの地域資源の活用も有用である。

## ▼老年期うつ病

**症状**
- とくに**心気的**（前ページ）な訴えが多くなり、めまい、しびれ、排尿障害、便秘などの**自律神経症状**が目立つ
- 気分の落ち込みよりも、**不安**や**緊張**、**焦燥**が目立つ

**治療**
- **抗うつ薬**や**抗不安薬**を用いた薬物療法など

**出題ポイント**
- 一部は**認知症に移行**することがある
- 長引きやすく、**治りにくい**
- **身体の症状が前面に出る**のが一般的である
- **自殺**を図ることもある
- **遺伝の関与は少ない**

## ▼アルコール依存症

**症状**
- 手の震え、不安、不眠、記憶障害など

**治療**
- **離脱治療**（適切な薬物療法により、離脱症状を軽減させる）と、**依存治療**（**心理療法**や**行動療法**、**カウンセリング**などにより行動パターンなどを改善させる）に分けられる

**出題ポイント**
- 老年期のアルコール依存症では、次の3つの特徴があるため、若年にくらべて**酩酊効果**が出やすく、**身体的症状が生じやすく**なる
  - ①**体内の水分量の低下**
  - ②**アルコール代謝酵素の活性低下**
  - ③**中枢神経系のアルコール感受性**の亢進
- 老年期のアルコール依存症には、次の特徴がある
  - ①**離脱症状が遷延しやすい**
    （アルコールの効果が減少しても不快気分、自律神経症状などが**長く続く**）
  - ②**糖尿病、高血圧などの身体合併症**が高い確率で出現する
  - ③**認知症やうつ病を合併**する割合が高い

## ▼統合失調症

**症状**
- **【陽性症状】**……幻聴や妄想、滅裂思考、緊張病症状（興奮と無動）、奇異な行動など、一見して異常とわかる派手な症状が現れる
- **【陰性症状】**……感情鈍麻（感情表現が乏しくなった状態）や無気力、自発性の低下、自閉など、**精神機能の減退**を反映する症状が現れる

**治療**
- **抗精神病薬**を中心とする薬物療法など

**出題ポイント**
- 40歳以降に発症した場合は、**遅発性統合失調症**と呼ぶ
- **軽症化しても症状が再発**することがある

## 練習問題 24 ｜解答＆解説

老年期うつ病では、妄想の症状も発現し、自殺を図ることもあります。よって1と2は×です。
老年期のアルコール依存症では、認知症やうつ病を合併する割合が高いので、4は×です。

**正解** 3,5

## 25 介護技術の展開① ～食事・排泄

出題頻度 ★★★

**必修ポイント！**

☑ 高齢者は摂食・嚥下プロセスで障害が起こりやすいです
☑ 誤嚥とは、食物や唾液などが気管に侵入してしまうことです
☑ 高齢者の尿失禁のキーワードは切迫性・溢流性・機能性です

介護技術の展開では、実際の介護方法についての出題ではなく、介護についてのキーワードが出題されやすいです。ここでは食事と排泄についてまとめていきます。

### 高齢者は咳反射の低下により「誤嚥」が起こりやすい

介護における「食事」でのキーワードは、<u>摂食</u>と<u>嚥下</u>です。摂食とは食物を食べること、嚥下とは、食物を口の中で咀嚼し、それを飲み込み、胃に送り込むまでの一連のプロセスのことです。

高齢者の場合、この摂食・嚥下プロセスにおいて障害が起こることが多いです。典型的な障害が<u>誤嚥</u>です。本来、食物は嚥下すると、食道を通って胃に到達します。ところが誤って気管に入ってしまうことがあります。これを誤嚥といいます。

誤嚥して異物が気管に侵入した場合、私たちの身体は<u>咳反射</u>（むせて咳が出ること）によって、異物がそれ以上、体の奥に侵入することを防ぎます。ところが、高齢者の場合は、その咳反射が起こりにくくなるため、異物が肺にまで到達するのを許してしまいがちです。その結果、肺に炎症が起こります。これが<u>誤嚥性肺炎</u>です。嚥下機能が低下している場合、刺激のために<u>氷</u>などの冷たいものを口に入れることがあります。

### 高齢者に起こりやすい三大尿失禁とは？

排泄で押さえておきたいのが、<u>尿失禁</u>です。高齢者で起こりやすいのは、①<u>我慢することができる時間が短く</u>なり漏らしてしまう<u>切迫性尿失禁</u>、②<u>前立腺肥大症</u>などで尿が出にくかったり、ダラダラと出てしまったりするような状態である<u>溢流性尿失禁</u>、③<u>手足の麻痺や認知症</u>などで適切な排尿行為ができない<u>機能性尿失禁</u>などです。また、お腹に力が入り漏れてしまう<u>腹圧性尿失禁</u>は、年齢に関係なく<u>女性</u>に多い尿失禁です。

 **練習問題 25**

次の記述について適切なものはどれか。3つ選べ。

1 前立腺肥大症では、機能性尿失禁を引き起こすことが多い。
2 腹圧性尿失禁は女性に多い。
3 誤嚥は、飲食物や唾液が気管内に入り込むことである。
4 切迫性尿失禁は咳やくしゃみなどで失禁してしまうことである。
5 嚥下は、食物などを飲み込むことである。

▼摂食・嚥下の5つのプロセス

| | | |
|---|---|---|
| ① 先行期 | 食物を取り込む前の過程。視覚、触覚、嗅覚などで食物であることの認知ができ、**無条件反射**で唾液が分泌される（成人の唾液分泌量は **1 ～ 1.5L / 日**） | |
| | ケアのポイント | |
| | ● 食物を認識できないことがあるため、食物であることがわかりやすいよう**食器の種類**や**食事場所**などにも配慮する<br>● 栄養バランスを考えつつ「**食べてもらう**」ことが重要（加工品やレトルトも可） | |
| ② 準備期 | 口唇や歯を使って口に入れられた食物は、歯や舌、頬の協調運動によって**咀嚼**され、唾液と混ぜあわされたペースト状の**食塊**となり、嚥下しやすい形に整えられる | |
| | ケアのポイント | |
| | ● **咀嚼機能低下**から食物を嚥下しやすい形に**かみ砕けない**ことがあるため、利用者に応じた飲み込みやすい食形態を配慮する | |
| ③ 口腔期 | 食塊が舌と上顎に挟まれ、喉（咽頭）に運ばれる。その際、口唇を閉じ、口の奥に食塊を送り込むために、舌を口蓋に押しつける | |
| | ケアのポイント | |
| | ● 口腔や顎関節の機能低下から、口腔内に食塊が残りやすく、**誤嚥**することがあるため、食塊が口腔内に残らないよう注意する | |
| ④ 咽頭期 | 咽頭に送り込まれた食塊が、嚥下反射（気管口を塞ぐこと＝誤嚥防止）により、食道の方向に送り込まれる。この際、**咽頭に食塊が残り**やすく、**誤嚥**することがある（食塊が咽頭から食道に送り込まれるのは通常 1 秒） | |
| | ケアのポイント | |
| | ● 嚥下しやすいよう頭部を前屈させ、**下顎を引いた姿勢**にし、**いすやテーブルの高さ・距離**、または**ベッドのポジション**なども調整する | |
| ⑤ 食道期 | 食塊が食道に入ると、**蠕動運動**により胃に送られ、食塊が逆流しないように**食道の入り口が閉じられる**。その際、食塊の**送り込みが遅れ**たり、逆流したりしたものを誤嚥することがある | すべてのプロセスで誤嚥が起こる可能性がある。また、高齢者の場合、誤嚥したことに気づかない**不顕性誤嚥**も起こり得る |
| | ケアのポイント | |
| | ● 食塊が**逆流**しないよう**食事のペース**にも配慮する | |

▼高齢者に起こりやすい三大尿失禁

**① 切迫性尿失禁**
我慢できる時間が短くなり、漏らしてしまう状態
➡ 膀胱訓練が有効

**② 溢流性尿失禁**
前立腺肥大症などで尿が出にくかったり、だらだら出てしまう状態
➡ 尿道の閉塞を解決する対応を行う

**③ 機能性尿失禁**
手足の麻痺や認知症などで適切な排尿行為ができない状態
➡ 排泄に関する一連の日常生活動作の問題点を見極めることが重要

尿失禁については、必ずしも医学的治療を要するわけではありません

練習問題 25 ｜ 解答＆解説

前立腺肥大症で引き起こされることが多い尿失禁は、溢流性尿失禁です。よって１は×です。咳やくしゃみなどでお腹に力が入って漏れてしまう尿失禁は、腹圧性尿失禁ですので、４も×となります。

正解 2,3,5

# 介護技術の展開②
## ～睡眠・口腔ケア・褥瘡

出題頻度 ★★★

**必修ポイント！**

☑ 睡眠に関するトラブルを抱えている高齢者は多いです
☑ 義歯を装着しているなどの高齢者への口腔ケアも必要です
☑ 褥瘡はさまざまな要因によって引き起こされます

ここでは、試験でも出題頻度の高い睡眠・口腔ケア・褥瘡（じょくそう）について見ていきます。

### 高齢者の睡眠トラブルのキーワードは不眠

高齢者は睡眠についてトラブルを抱えているケースが多くあります。試験対策でキーワードとなるのが**不眠**です。不眠症には大きく、①なかなか眠れない**入眠困難**、②入眠途中に目覚め、眠れなくなる**中途覚醒**、③予定より早く目覚め、その後眠れなくなる**早朝覚醒**、④眠りが浅くなる**熟眠障害**があります。

不眠症の主な要因としては、痛みなどにより引き起こされる**身体的要因**、ストレスや緊張などにより引き起こされる**心理的要因**、音や光などにより引き起こされる**物理的要因**、薬物の副作用などによって引き起こされる**薬理学的要因**などがあります。

次に口腔ケアです。口腔ケアの試験対策としては、口腔を観察するポイントと、実施する際のポイントなどを覚えておくとよいでしょう。また、義歯を装着している利用者やターミナルケアが必要な利用者などへの必要なケアについても理解しておきましょう。

最後に褥瘡です。出題頻度が高いのは**発症要因**と**好発部位**です。発症要因には大きく、①低栄養や脱水などにより引き起こされる**全身的要因**、②皮膚の脆弱化などにより引き起こされる**局所的要因**、③マンパワー不足などにより引き起こされる**社会的要因**、の3つがあります。早ければ1～2日で発生します（初期症状として**発赤**（ほっせき））。

好発部位については、「**骨が出ているところ**」がキーワードです。とくにやせている人は骨が出ているところで出現しやすいです。具体的には、仰臥位（ぎょうがい）（仰向けに横たわっている状態）のときには**仙骨部**や**肩甲骨部**、**踵骨部**（しょうこつぶ）（かかと）、側臥位（そくがい）（横向きになって横たわっている状態）のときには**大転子部**や**足関節外果部**（がいか）（外くるぶし）などです。

### 練習問題26

次の記述について適切なものはどれか。3つ選べ。

1 高齢者には、中途覚醒は見られない。
2 心理的要因によって不眠が引き起こされることはない。
3 大腿骨大転子部は褥瘡の好発部位である。
4 褥瘡発生の局所的要因には、皮膚疾患が挙げられる。
5 義歯ははずして口腔ケアを実施する。

▼**口腔ケアでのポイント**

**目的と観察時**
の
**ポイントは？**

- 毎食後の口腔ケアを基本とする
- 口腔ケアは<u>オーラルフレイル</u>（＝口腔機能低下により栄養不良や誤嚥、口腔疾患などのリスクが高まる状態）の予防にもなる
- 観察のポイントは、<u>食後の口腔ケア実施の有無（セルフケアの有無）、義歯の使用、清掃状況、うがいの実施</u>など
- セルフケアの場合には、<u>見守る</u>
- セルフケアを行わない場合には、<u>声かけにより促す</u>
- セルフケアが困難な場合には、介助者がケアを実施する
- 日ごろから噛み合わせ（咬合）が保たれているかをチェックし、咀嚼ができる状態にしておく

**口腔ケアの実施**
の
**ポイントは？**

- 食前には経口摂取の準備として<u>口腔周囲を動かす口腔ケア</u>を、<u>食後には汚れを取り除く口腔ケア</u>を実施する
- 粘膜部分は<u>洗口</u>により汚れを除去し、洗口ができない場合には<u>拭き取り</u>を行う
- 片麻痺による運動障害や感覚障害がある場合、麻痺側の口腔内が汚れやすくなるので注意

**義歯着脱時**
の
**ポイントは？**

- 食後は、義歯をはずして口腔内を清掃し、義歯は<u>ブラシを使用して流水で洗う</u>
- 夜間は、義歯をはずして清掃し、<u>きれいな水の中に漬けておく</u>
- 義歯をはずすと呼吸がしにくい、唾液を飲み込みにくい等の理由で、口腔内に入れたままにする場合でも、必ず一度はずして<u>清掃</u>してから口腔に戻す

**ターミナル期**
の
**ポイントは？**

- ターミナル期は、痰を自力で出しにくく、痰が絡みやすくなり、口腔内の乾燥も顕著になる。そこで次のケアが必要になる
  - <u>口腔内を清潔に保つ</u>
  - <u>乾燥を防ぐ</u>ために、氷片を口に入れたり、水で濡らして固く絞ったスポンジブラシや口腔ケア用ウェットティッシュなどで、こまめに口腔内を拭ったりする

▼**褥瘡の好発部位と出題ポイント**

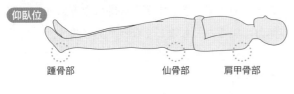

仰臥位

踵骨部　　　仙骨部　　　肩甲骨部

側臥位

足関節外果部　　大転子部

- <u>エアーマット</u>など、褥瘡予防の用具を用いている場合でも、<u>体位変換を行う</u>
- 感覚障害を有する者は、褥瘡ができやすく、浮腫がある場合も褥瘡のリスクが高い
- 清潔保持や血流促進などの目的で<u>入浴を行う</u>

**練習問題 26｜解答 ＆ 解説**

高齢者は、中途覚醒を含め、不眠症の症状が多く見られます。よって1は×です。不眠症は心理的要因（ストレスなど）によっても引き起こされますので、2も×となります。

**正解** <u>3,4,5</u>

# 27 高齢者の老いと衰え

出題頻度 ★☆☆

**必修ポイント!**

- ☑ **高齢者には食欲が落ち、体力低下が見られます**
- ☑ **高齢者は便秘になりやすいです**
- ☑ **高齢者は褥瘡ができやすく、悪化もしやすいです**

　高齢になると徐々に衰えが進んでいきます。ここでは高齢者の老いと衰えを示す変化について見ていきます。

## 老いることで、私たちの身体はどう変化していくのか?

　老いるに従い、**食欲**が落ちがちです。食欲が落ちれば、当然ながら食べる量も減り、**体重の減少**につながっていきます。また、食べる量が減れば栄養状態も低下しますから、低栄養の状態になることも考えられます。

　高齢者が低栄養状態になりやすい理由には、それ以外に**口腔や嚥下の機能低下**が挙げられます。そのため、食事の摂取がうまくいかず、栄養摂取量も減ってしまいがちになるのです。また、口腔や嚥下の機能低下は誤嚥（180 ページ）を引き起こすこともあり、その結果、**誤嚥性肺炎**の発症リスクも高くなっていきます。

　食べる量が減れば、必然的に**食物繊維**や**水分**の摂取も減ります。その結果として、便が硬くなり、高齢者の場合、**便秘になりやすく**なります。また、尿量も減少します。高齢者が便秘になりやすい要因にはほかにも、腸の動きが弱くなることも挙げられます。

　老いていくにつれ、**意欲**もだんだんと減っていきます。そうなると「〜したくない」と思うことが多くなり、その感情のままに「しない」選択ばかりしていると**活動量**も減ります。その結果、だんだんと筋力や体力、認知機能、心肺機能等の低下が進行していきます。こうした状態を**廃用症候群**といい、不適切なケアによっても起こります。

　こうした状態が続けば、**体調を崩す**ことも増えていきますが、高齢になるに従い、回復力も衰えていきますから、元通りの体力に戻ることも難しくなっていきます。

　衰えが進行し、自分で身体が動かせず、寝たきりという状態になると、自分で寝返りがうてず、体圧除去が難しくなり、**褥瘡**が起こりやすくなります。

## 練習問題 27

高齢者の状態について適切なものはどれか。3つ選べ。

1　下痢になりやすくなる。
2　体調を崩すことが増える。
3　意欲は向上しているが活動量は減る。
4　食欲が落ち、体重が減る。
5　褥瘡ができやすくなる。

| 食欲が落ち、体重が減る | ● 食欲が落ち、食べる量が減り、その結果として体重が減る |
| --- | --- |
| | ケアのポイント |
| | ● 3～6ヵ月で3kgまたは5％以上の体重減少は、健康上無視できない変化だと捉える |
| | ● 全身状態が安定している利用者も含め、日頃から定期的に（月に1回以上）、体重測定を行っておく必要がある |
| 口腔や嚥下の機能が落ちる | ● 口腔や嚥下の機能が落ちると、食事の摂取がうまくいかなくなり、食べ物を誤嚥するおそれが高まり、栄養摂取量がさらに減る |
| | ● 口腔の衛生状況が悪化することによっても食欲が低下し、誤嚥性肺炎のリスクが高まる |
| | ケアのポイント |
| | ● 食形態の工夫などを行う |
| 便秘になりやすい | ● 食物繊維や水分の摂取量が減ると便が硬くなり、身体活動が減ると腸の動きが弱くなるため、便秘がちになる。また、尿量も減少する |
| | ● 便座での座位ができなくなると、腹圧もかけづらくなり、便秘傾向が強まる |
| | ケアのポイント |
| | ● 腹部マッサージや、緩下剤の量の調整などを行う |
| 意欲や活動量が減る | ● 体力と意欲の低下が相まって、これまで行っていた動作を嫌がるようになったり、できなくなったりする |
| | ● 活気が低下し、うつらうつらすることが多くなっていき、筋肉減少が目立つようになる |
| | ケアのポイント |
| | ● 疲労感が残らないように好きな活動を続ける |
| 体調を崩すことが増える | ● 脱水になって点滴が必要となったり、発熱を繰り返すなど、体調を崩すことが増える |
| | ● 体調不良を繰り返すうちに、回復することができても、体調を崩す前と同じ状態にまでは戻らず、徐々に衰えが進行する |
| | ケアのポイント |
| | ● 体力を使うケアなどを様子を見ながら行う |
| 褥瘡ができやすい | ● 自分で体位変換をすることができない、関節が硬くなり四肢を動かせない、やせて骨があらわになる、などにより褥瘡ができやすくなる |
| | ● 圧迫や摩擦・ずれ、創部（手術等でできた傷）の不衛生、低栄養などは、褥瘡の発生や悪化の要因となる |
| | ケアのポイント |
| | ● 皮膚の清潔保持をする　● 体圧分散寝具を利用する　● 適度に体位変換を行う |

## ▼終末期ケアの出題ポイント

- 本人の意思確認ができない状況においては、医療・介護の方針を家族と相談する
- 本人が望めば入浴を行う
- 看取りへの心の準備として、家族が予期悲嘆（死による別れを予期した際の心理的反応）を表現するのを支援する
- 臨終が近づいたときは、最後まで語りかけて最期を看取る
- 独居の高齢者でも、本人の希望があれば在宅での看取りを行う
- 看取りの方針について家族の意向が変わった場合、それにあわせて変更する
- 末期がん患者の疼痛緩和は患者にあわせて行う（最初からオピオイド鎮痛薬は用いない）
- 介護老人福祉施設で入所者や家族の同意を得て、医師、看護師、介護職員等が共同で看取りの支援を行った場合、看取り介護加算を算定できる

## 練習問題27｜解答＆解説

高齢者の場合、下痢より便秘になりやすい傾向にありますので、1は×となります。3については、意欲・活動量のどちらも低下するので、×です。

正解　2,4,5

# 28 ソーシャルワーク（個人・集団・地域）

出題頻度 ★★★

**必修ポイント！**

☑ 個人・家族へのソーシャルワークは主に1対1で行います
☑ グループワーク（集団）は参加者が特定された小集団への支援
☑ コミュニティーワーク（地域）は地域をよくする活動です

ソーシャルワークについては、「3つの援助技術」が出題されます。具体的には、①個人・家族に対するもの、②集団に対するもの、③地域に対するものです。それぞれのイメージをつかむには、過去の出題を確認していくのがいいでしょう（次ページ）。

## ✐ ソーシャルワークを代表する3つの技術

まずは、個人・家族に対するソーシャルワーク（**ケースワーク**）から見ていきます。これは主に1対1で行われるもので、**ケアマネジメント**などはこれに該当します。利用者や家族の困り事に対して、どのように対応すればその問題の解決に至るかを、相談面接技術などを駆使して進めていきます。ほぼマンツーマンで対応が可能なので、**より深い部分**まで利用者にアプローチすることが可能となります。

次に、集団に対するソーシャルワーク（**グループワーク**）です。キーワードは「**特定の小集団**」で、**デイサービスでのレクリエーション**をイメージするとわかりやすいでしょう。グループワークの場合、一人ひとりに関わることが難しく、利用者それぞれが抱える障害にアプローチすることはなかなかできませんが、その一方で、利用者同士が**助け合う**など、グループならではの力が発揮されることもあります。グループワークにおけるソーシャルワーカーの役割は、**一人ひとりの力を引き出す援助**であり、時には**介入**し、時には**引く**といった関わり方が求められます。

最後の3つ目は、地域に対するソーシャルワーク（**コミュニティーワーク**）です。「地域」は、町内会から国レベルまで含む非常に幅広い概念のため、捉えにくい部分もありますが、その地域を「よくするための活動」（**ボランティアの組織化**なども含みます）がコミュニティーワークとなります。

 **練習問題 28**

ソーシャルワークにおける集団援助として、より適切なものはどれか。3つ選べ。

1 地域包括支援センターの主任介護支援専門員による認知症高齢者の家族を対象とした交流活動
2 民生委員による地域の認知症高齢者の見守り活動
3 医療機関で行われる、難病の当事者による分かち合いの場の体験
4 社会福祉協議会によるヤングケアラー支援のための地域ネットワークの構築
5 養護老人ホームの生活相談員による入所者グループに対するプログラム活動

**▼ 3つのソーシャルワークについて過去の出題例**

**① 個人・家族に対するソーシャルワーク**

- 自治体職員による外国人に対する入院費用等の個別相談
- 医療機関における医療ソーシャルワーカーによる入院中のクライエントへの相談支援
- 地域包括支援センターの社会福祉士による高齢者を虐待する家族への面接
- 社会福祉協議会の社会福祉士による成年後見制度の利用に関する面接
- 地域包括支援センターの主任介護支援専門員による家族介護者との相談
- 養護老人ホームの生活相談員による入所者グループに対するプログラム活動
- 精神保健福祉士による入院中のクライエントの心理的な問題に関する面接

「相談」や「面接」がキーワードとして使われることが多いです

**② 集団に対するソーシャルワーク**

- 社会福祉協議会による視覚障害者団体の会員に対するレクリエーション活動
- 地域包括支援センターの社会福祉士による一人暮らしの高齢者を集めた生きがいづくりのためのプログラム活動
- 医療機関で行われる難病の当事者による分かち合いの場の体験
- 特別養護老人ホームの生活相談員による入所者に対するグループ活動
- 通所介護で計画的に実施する誕生会でのゲームなどの活動
- 認知症高齢者を介護する家族の集まりにおいて行う介護方法などに関するグループ活動
- 地域の高齢者グループを対象とした介護予防活動への助言
- 介護に悩む家族を対象とした交流活動
- アルコール依存症の当事者によるセルフヘルプ活動

「グループ」など集団をイメージさせるキーワードが使われることが多いです。「特定の小集団」であれば集団に対するソーシャルワークになります

**③ 地域に対するソーシャルワーク**

- 生活支援コーディネーターによる地域住民に対する支え合い活動の組織化
- 老人クラブによる子どもに向けての昔遊びなどを通じた世代間交流の促進
- 震災被災者に対する支援のためのNPOの組織化
- NPO法人のスタッフと地域住民による高齢者の見守り活動
- 民生委員による認知症高齢者の見守り活動
- 社会福祉協議会によるヤングケアラー支援のための地域ネットワークの構築
- 社会福祉協議会による認知症の人や家族介護者のための地域サービスの整備
- NPO法人による地域住民とともに行う地域開発
- 地域包括支援センターによる地域住民のための認知症サポーター養成講座
- キャラバンメイトによる認知症サポーター研修
- 地域で生活している高齢者から講話をしてもらうなどの世代間交流

地域をよくするために行う活動（組織化、ボランティアなど）がよく出題されます

**練習問題 28 │ 解答＆解説**

2の見守り活動は、「地域」に対するソーシャルワークですので、×です。4の地域ネットワークの構築（組織化）についても、「地域」に対するソーシャルワークですので、×になります。

正解 1,3,5

# 29 コミュニケーション技術

**必修ポイント！**

☑ 受容は、利用者のありのままを受け入れることです
☑ 開かれた質問とは、「回答が限定されない」質問です
☑ 閉じられた質問とは、「回答が限定される」質問です

　介護支援専門員を含む対人援助職には、コミュニケーション技術の獲得は必須となります。近年、この分野についての出題実績も高くなってきます。ここでは、試験対策として、確実に理解しておきたいコミュニケーション技術について見ていきます。

## ✐ コミュニケーションの技法

　利用者との信頼関係を構築するために重要なのが、**受容・傾聴・共感**です。**受容**は、相手を「**ありのままを受け入れる**」こと、**傾聴**は相手の話を「**耳を傾けて聴く**」こと、そして、**共感**は「相手の感情に**寄り添う**」ことです。これらを意識しなければ、利用者との信頼関係の構築（ラポールの形成）は不可能といっても過言ではありません。

　利用者を深く理解するための技法には**質問**があり、大きく「**開かれた質問（オープンクエスチョン）**」と「**閉じられた質問（クローズドクエスチョン）**」に分けられます。

　たとえば、「今日のごきげんは、いかがですか？」という質問に対して、回答は人によって異なりますよね。これがオープンクエスチョンです。この技法を使うことで、たとえば、利用者から「今日は頭が痛い」という返答があったら、「どこが痛いですか？」など、「痛い」部分について掘り下げ、原因を探っていけます。

　一方の、クローズドクエスチョンとは、「痛い場所は、ここでいいですか？」など返答が「はい」か「いいえ」に限定される質問です。

　そのほか、相手の話を**要約**し、相手に戻す**焦点化**や、矛盾点の指摘など、自分の現状から逃げず自身を見つめてもらう**直面化**なども、利用者を理解するために有効な技術です（次ページ）。

 **練習問題 29**

面接場面におけるコミュニケーション技術について、より適切なものはどれか。3つ選べ。

1　イラストや写真などの表現方法の利用は、クライエントを混乱させるので控える。
2　直面化とは、クライエントが否認していることによって生じている話の矛盾点を指摘することをいう。
3　援助者は、クライエントの主訴の把握にあたっては、言語的な手段だけでなく、非言語的な手段も用いることが望ましい。
4　共感とは、クライエントの言動に対して、援助者自身の過去の重要な人との関係を投影することをいう。
5　クローズドクエスチョンは、明確な回答を得たいときに用いる。

## ▼コミュニケーションのさまざまな技術

### 受容
ありのままを受け入れる

### 傾聴
耳を傾けて話を聴く

### 共感
利用者の感情を、自身の感情のように受け止める

### 質問

#### 開かれた質問（オープンクエスチョン）
- 答えに縛りのない質問
- 「なぜ」で始まる質問はクライエントの戸惑いを増幅させるので注意

#### 閉じられた質問（クローズドクエスチョン）
- 「はい」「いいえ」など、答えが限定されるような質問
- 明確な回答を得たいときに有効

### 焦点化
相手の話す内容を受け止める側が要約し、相手に戻すこと

### 直面化
相手が自分自身の感情・体験・行動を見直していくことへ誘う方法

近年、コミュニケーション技術からの出題は多くなっています。上記の技術は最低限、押さえておきましょう！

## ▼面接場面でのコミュニケーションの出題ポイント

- イラストや写真、手話、ビデオなどの非言語的な多様な手段を用いて行うことも有効（クライエントの発信力・受信力を見定めて適切な手段を選ぶ）
- 相談援助者側に共感的相互理解を求めようとする姿勢が必要
- 話す内容とともに、音声、抑揚、話すときの表情や話す速さなども重要
- 部屋の雰囲気やいすの位置、相談援助者の服装などの外的条件も円滑なコミュニケーションには重要
- 初回の面接でもオープンクエスチョンを交えて行う
- 知的障害のあるクライエントとの面接でも、クライエントと直接話をする
- クライエントの言葉を反復して繰り返すことで情緒面での反応を確認する
- 予備的共感とは、事前情報をもとにクライエントの立場になって共感的姿勢を準備すること
- 波長合わせとは、相談援助者が自らの態度、言葉遣い、質問の形式などを、クライエントの反応にあわせて修正していくこと

 練習問題 29 ｜ 解答＆解説

言語でのコミュニケーションが難しい利用者がいた場合、非言語（イラストや写真など）を用いることは有効と考えますので、1は×です。4の共感は、利用者（クライエント）の感情に寄り添うことを指しますので、4も×となります。

正解 2,3,5

ここまでに学んだ試験合格の必修ポイントのまとめです。
重要語句を付属の赤シートで隠すなどして覚えていきましょう。
試験直前期にも要チェック！

▼感染経路と主な感染症のまとめ

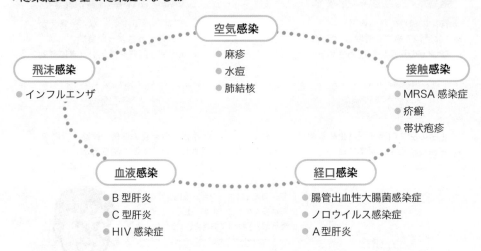

**空気感染**
- 麻疹
- 水痘
- 肺結核

**飛沫感染**
- インフルエンザ

**接触感染**
- MRSA 感染症
- 疥癬
- 帯状疱疹

**血液感染**
- B 型肝炎
- C 型肝炎
- HIV 感染症

**経口感染**
- 腸管出血性大腸菌感染症
- ノロウイルス感染症
- A 型肝炎

▼認知症患者や家族が利用できる地域資源のまとめ

| 地域資源 | 押さえておくべきポイント |
|---|---|
| 認知症ケアパス | ● 認知症発症予防から人生の最終段階までの流れをあらかじめ標準的に示したもの |
| 認知症初期集中支援チーム | ● 複数の専門家が利用者宅を訪問し、観察・評価を行った上で、家族支援等の初期の支援を行うチーム |
| 認知症地域支援推進員 | ● 地域の中での医療・介護等の支援ネットワーク構築などを役割とする |
| 認知症カフェ（オレンジカフェ） | ● 認知症の人やその家族が、地域の人や専門家と相互に情報を共有し、お互いを理解し合う場 |
| チームオレンジ | ● ステップアップ講座を受講した認知症サポーターなどが支援チームをつくり、認知症の人やその家族の支援ニーズに合った具体的な支援につなげるしくみ |
| チームオレンジコーディネーター | ● チームオレンジの立ち上げ支援から運営支援を行う人 |
| 認知症疾患医療センター | ● 都道府県や政令指定都市に設置される認知症を専門に治療する医療機関 |
| 若年性認知症支援コーディネーター設置事業 | ● 都道府県ごとに若年性認知症の人やその家族からの相談に対応する窓口を設置し、そこに若年性認知症の人の自立支援に関わる関係者のネットワークの調整役（若年性認知症支援コーディネーター）を配置する |

▼**高齢者に多い精神疾患のまとめ**

| 疾患名 | 押さえておくべきポイント |
|---|---|
| 老年期うつ病 | ● 一部は認知症に移行することがある<br>● 自殺を図ることもある |
| アルコール依存症 | ● 老年期のアルコール依存症には、主に次の特徴がある<br>　①離脱症状が遷延（長く続くこと）しやすい<br>　②糖尿病、高血圧などの身体合併症が高率に出現する<br>　③認知症やうつ病を合併する割合が高い |
| 統合失調症 | ● 陽性症状と陰性症状がある<br>● 40歳以降に発症した場合は、遅発性統合失調症と呼ぶ |

▼**ソーシャルワークのイメージ**

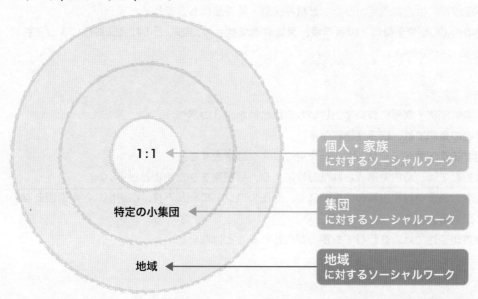

1:1　→　個人・家族に対するソーシャルワーク

特定の小集団　←　集団に対するソーシャルワーク

地域　←　地域に対するソーシャルワーク

赤字になっている語句などは、
とくに押さえておきたい内容です。
試験直前期などにも見直して、
試験本番で確実に正解できるように
なりましょう！

## 第2章　復習問題

この章で学んだ各テーマに関して試験で頻出の問題をそろえました。問題を解いて学んだことが身についているかチェックしましょう。間違えた問題はテキストを見直し、知識をしっかり定着させるのを忘れずに！

重要度：★★＞★＞無印

□□ ★★　**1**

高齢者の疾患について、より適切なものはどれか。3つ選べ。

1　症状は、しばしば非定型的である。
2　複数の疾患を有することが多いため、積極的に多くの薬剤を併用する。
3　環境の変化により、病状が変動することはない。
4　老年症候群には、認知症、うつなど精神疾患・精神症状も含まれる。
5　高齢者のQOLや予後は、療養環境、家庭や地域社会の対応などの社会的要因によって影響される。

□□ ★★　**2**

高齢者に多い症状・疾患について正しいものはどれか。3つ選べ。

1　高齢者の難聴では、伝音性難聴が多い。
2　服用する薬剤数が多くなると、副作用のリスクは増大する。
3　心房細動では、心内で形成された血栓により、脳梗塞をきたすことが多い。
4　高齢者のめまいは、内耳の障害のほか、血圧のコントロール不良、脳腫瘍などが原因となることがある。
5　加齢黄斑変性では、進行しても視力が失われることはない。

> 知識の定着度合いを確認しながら
> 1問ずつチャレンジしましょう

**解答&解説**

　**1**　多くの薬剤の服用は、副作用の出現を高めるため、2は×です。また、高齢者の疾患は、環境の変化で病状が変動するため、3も×です。　　　　　　　　　　　　　　　　　**正解** 1,4,5

　**2**　高齢者の難聴は、感音性難聴が多いため、1は×となります。5の加齢黄斑変性では、進行すると視力が失われることがありますので、5も×です。　　　　　　　　　　　**正解** 2,3,4

□□ ★★　3

在宅医療管理について、より適切なものはどれか。3つ選べ。

1　ストーマを造設しても、入浴は可能である。

2　疼痛管理などに自動注入ポンプを用いる場合には、トラブル発生時の対応方法をあらかじめ関係者間で共有しておく。

3　在宅中心静脈栄養法を実施しているときは、経口摂取を行ってはならない。

4　血液透析を行っている利用者では、シャント側の腕での血圧測定を避ける。

5　胃ろうを取り扱うときは、損傷防止のためカテーテルを回転させないようにする。


□□ ★　4

在宅酸素療法について、より適切なものはどれか。2つ選べ。

1　酸素ボンベの使用に慣れれば、医師の指示がなくても、酸素吸入量は自由に設定してよい。

2　酸素消費量が多くなるため、入浴は行わない。

3　電磁調理器の使用時には、酸素吸入は行わない。

4　鼻腔カニューレの使用中であっても、食事や会話が可能である。

5　呼吸同調型酸素供給装置を使用することで、酸素ボンベの消費を減らすことができる。


□□ ★★　5

在宅医療管理について、より適切なものはどれか。3つ選べ。

1　悪性腫瘍の疼痛管理のために麻薬を使う場合は、便秘になることが多いので、排便コントロールに留意する。

2　腹膜透析は、在宅で行うことができるため、血液透析に比べて通院回数は少ない。

3　インスリンを自己注射している場合に、冷や汗、動悸、震えが見られたら、高血糖を疑う。

4　在宅酸素療法や人工呼吸療法を実施している場合は、パルスオキシメーター購入費用の補助を受けられることがある。

5　胃ろうに栄養剤を注入する際には、水平仰臥位で実施する。

**3**　在宅中心静脈栄養法であっても経口摂取が可能であれば実施します。よって3は×です。胃ろうのカテーテルは、癒着防止のため回転させますので、5も×となります。　正解 1,2,4

**4**　酸素ボンベの酸素量は、医師の指示なくして酸素吸入量を変更してはいけません。よって1は×です。在宅酸素療法中も入浴はできますし、電磁調理器であれば引火することがありませんので、酸素吸入は可能です。よって2と3も×です。　正解 4,5

**5**　インスリンの自己注射において冷や汗や動悸などの症状が出た場合、低血糖発作を疑いますので、3は×です。胃ろうの注入は、逆流を防ぐため、頭を挙げた状態（半座位など）で実施します。よって5も×となります。　正解 1,2,4

□□ ★　6

次の記述について適切なものはどれか。３つ選べ。

1　喀痰の吸引に必要な吸引器は、介護保険により給付される。

2　膀胱留置カテーテルを留置している場合には、蓄尿バッグは、膀胱より低い位置に置く。

3　人工呼吸療法には、気管切開により行う場合や、口や鼻からマスクにより行う場合などがある。

4　インスリンの自己注射を行っている場合には、低血糖による意識レベルの変化に注意する。

5　人工透析を行っている場合には、シャント側で血圧測定を行う。


□□ ★　7

呼吸状態について適切なものはどれか。３つ選べ。

1　チアノーゼは、呼吸状態が悪いため血液中の酸素が欠乏し、皮膚や粘膜が紫藍色になることである。

2　心不全により呼吸困難をきたしている場合は、起座位又は半座位となることで呼吸困難が軽減される。

3　慢性閉塞性肺疾患（COPD）の場合は、口をすぼめて息を吸う呼吸を積極的に勧める。

4　呼吸のたびに顎であえぐような下顎呼吸が始まると、１〜２時間後に死亡することが多い。

5　チェーンストークス呼吸は、睡眠時無呼吸症候群に特徴的な呼吸である。


□□ ★★　8

検査について正しいものはどれか。３つ選べ。

1　低栄養指標には、BMI（Body Mass Index）や、血清アルブミン値などがある。

2　ヘモグロビンA1cの値は、過去１〜２ヵ月の血糖レベルを反映している。

3　大動脈疾患や進行した動脈硬化の場合は、左右の上肢で血圧に差が見られることがある。

4　狭心症は、症状がなくても心電図により必ず診断できる。

5　赤血球数や血色素の基準値は、性別で異ならない。


解答&解説

**6**　吸引器は介護保険の福祉用具に含まれていませんので、1は×です。人工透析を行い、シャントを造設している人については、シャントの反対側の腕で血圧測定をします。よって5も×です。　正解 2,3,4

**7**　慢性閉塞性肺疾患（COPD）での「口すぼめ呼吸」は、息を「吐く」ときに口をすぼめます。よって3は×です。チェーンストークス呼吸は、睡眠時無呼吸症候群の呼吸とは無関係ですので、5も×となります。　正解 1,2,4

**8**　狭心症は、心電図測定時に症状が出ないことがあるため、診断できないことがあります。よって4は×です。赤血球数や血色素の基準値は性別で異なるため、5も×です。　正解 1,2,3

# 9

次の記述について、より適切なものはどれか。3つ選べ。

1　CRP（C反応性たんぱく質）は、感染症などによる炎症の程度を示す。

2　胸部X線検査は、結核などの呼吸器疾患だけでなく、うっ血性心不全などの心疾患の診断にも有用である。

3　ノロウイルス感染症では、下痢などの症状がなくなれば、感染力はない。

4　ウイルス感染では、白血球数が上昇する。

5　尿検査は、糖尿病や腎臓病だけでなく、尿路感染症の診断にも有用である。

脳・神経の疾患について適切なものはどれか。3つ選べ。

1　筋萎縮性側索硬化症（ALS）では、眼球運動や肛門括約筋、知覚神経は末期まで保たれる。

2　筋萎縮性側索硬化症（ALS）で見られる筋力低下や筋萎縮には、筋力トレーニングが効果的である。

3　パーキンソン病では、精神症状、自律神経症状は出現しない。

4　パーキンソン病の治療は、薬物療法が基本である。

5　脳卒中は、生活習慣病によって引き起こされることがある。

# 11

循環器に関する次の記述について正しいのはどれか。3つ選べ。

1　心筋梗塞、弁膜症による心不全では、呼吸困難などの呼吸器症状は出現しない。

2　心房細動は、脳梗塞の原因の1つである。

3　心筋梗塞には、発症後短時間であれば、閉塞した冠動脈の再疎通療法が適応となる場合がある。

4　不整脈は、心臓自体の異常の他、ストレスや喫煙、睡眠不足、飲酒などで起こることもある。

5　起立性低血圧が認められた場合には、心臓の負荷を減らすため、血管拡張薬が処方される。

復習問題

問題を解きながら、自分にとって得意・不得意な内容を知ることも大切です

**9**　ノロウイルス感染症は、症状がなくなっても感染力はあり、嘔吐物や便からも感染します。よって3は×です。白血球数が上昇するのは、基本的に細菌感染です。ウイルス感染の場合、白血球数ではなくCRP（C反応性たんぱく質）の値が上昇します。よって4も×です。　　正解 1,2,5

**10**　筋萎縮性側索硬化症（ALS）の筋力低下は、筋力トレーニングで回復することはありませんので、2は×です。パーキンソン病では、精神症状・自律神経症状は出現します。よって3も×です。　　正解 1,4,5

**11**　心筋梗塞・弁膜症では呼吸困難が出現しますので、1は×です。また、起立性低血圧が認められるときには、血管収縮薬が処方されますので、5も×です。　　正解 2,3,4

□□    12
呼吸器疾患について、より適切なものはどれか。3つ選べ。
1 急性上気道炎では、ウイルス感染が疑われる場合であっても、肺炎予防のために抗菌薬を使用する。
2 誤嚥性肺炎は、口腔咽頭分泌物などを繰り返し誤嚥することにより発症する。
3 慢性閉塞性肺疾患（COPD）では、気管支拡張薬や吸入ステロイド薬が使用される。
4 慢性閉塞性肺疾患（COPD）は、介護保険法の特定疾病に指定されている。
5 慢性閉塞性肺疾患（COPD）では、発症すると症状は改善しないため、禁煙する必要はない。

□□ ★★ 13
皮膚疾患について、より適切なものはどれか。2つ選べ。
1 脂漏性湿疹では、患部を清潔に保つほか、抗真菌薬、保湿剤、ビタミン薬などが使用される。
2 帯状疱疹は、水痘・帯状疱疹ウイルス感染の再活性化によって起こる。
3 皮脂欠乏症は患部を清潔に保つことが悪化予防になることから、ナイロンタオルなどを使ってよく洗う。
4 白癬は家庭内で感染することはまれであるため、爪切りやスリッパなどは共有しても差し支えない。
5 薬疹は、長期間服用している薬剤により生じることはない。

□□ ★★ 14
感染予防について、より適切なものはどれか。3つ選べ。
1 標準予防策（スタンダード・プリコーション）の基本は、人の体液や排泄物のすべてに感染性があるものとして取り扱うことである。
2 A型肝炎は血液感染である。
3 インフルエンザはワクチンで予防可能な感染症である。
4 咳エチケットは、インフルエンザと診断されたときから心がければよい。
5 高齢者を対象とする肺炎球菌ワクチンは、定期接種となっている。

解答&解説

**12** 急性上気道炎に抗菌薬は有効でなく、処方されませんので、1が×です。慢性閉塞性肺疾患（COPD）では禁煙が必須です。よって5も×となります。　　　　　正解 **2,3,4**
**13** 皮脂欠乏症では、皮膚を傷付けないよう、ナイロンタオルやたわしなどは使わないようにしますので、3は×です。白癬は水虫であり、爪切りやスリッパは共用しないようにしますので、4も×です。また、薬疹は服薬から1～2週間で発症することが多いですが、長期間服用する薬剤で生じることもあります。よって5も×です。　　　　　正解 **1,2**
**14** A型肝炎は経口感染ですので、2は×です。4の咳エチケットは、「スタンダード・プリコーション（標準予防策）」に入りますから、インフルエンザと診断される前より実施することが求められます。よって4も×です。　　　　　正解 **1,3,5**

復習問題

□□ ★★ 15

感染予防について、より適切なものはどれか。3つ選べ。

1 手洗いでは、指先、指の間、親指、手首を洗い忘れないようにすることが基本となる。

2 手指消毒の方法としては、流水、石けん、アルコール製剤等によるものがある。

3 あらゆる人の血液、体液、分泌物、創傷のある皮膚、粘膜には感染性があると考えて取り扱うのが、標準予防策の基本である。

4 ノロウイルス感染者の嘔吐物の処理の際は、汚染した場所をアルコールで消毒すればよい。

5 手袋の使用後は、手指の消毒の必要はない。

□□ ★★ 16

認知症について適切なものはどれか。3つ選べ。

1 BPSD（認知症の行動・心理症状）は、一般に認知症が進行するほど重症化する。

2 血管性認知症では、適切な治療やリハビリテーションにより、認知機能が改善した例もある。

3 レビー小体型認知症は、幻視が特徴的で、払いのけたり、逃げるような動作を伴う。

4 アルツハイマー型認知症の治療薬は、易怒性などの興奮性のBPSD（認知症の行動・心理症状）を悪化させる可能性がある。

5 慢性硬膜下血腫による認知機能障害は、慢性化しているため、血種を除去しても回復が期待できない。

□□ ★ 17

認知症について、より適切なものはどれか。3つ選べ。

1 パーソン・センタード・ケア（PCC）は、介護者の効率を優先し、薬物療法等の医療を中心とした認知症のケアである。

2 初期では基本的ADLは保たれるが、中期には基本的ADLに支援が必要になるなど、認知症の進行過程により症状やケアの方法が異なる。

3 BPSD（認知症の行動・心理症状）は、脳の病変により症状が生じるため、個人因子や環境因子の影響は受けない。

4 アルツハイマー型認知症の初期症状としては、近時記憶の障害が著しい。

5 認知症初期集中支援チームは、認知症が疑われる者やその家族を複数の専門職が訪問し、アセスメント、家族支援などの初期の支援を包括的、集中的に行う。

**15** ノロウイルス感染者の嘔吐物処理は次亜塩素酸ナトリウムで行います。よって4は×です。手袋を使用していたとしても、手指消毒は必要ですので、5も×です。 正解 1,2,3

**16** BPSD（認知症の行動・心理症状）は、進行と重症度の相関関係はなく、軽度であっても出現しますので、1は×です。慢性硬膜下血腫による認知症は、血腫を除去すれば回復が期待できます。よって5も×です。 正解 2,3,4

**17** パーソン・センタード・ケア（PCC）は「利用者」中心のケアを指しますので、1は×です。BPSD（認知症の行動・心理症状）は、個人因子や環境因子の影響を大きく受けますので、3も×です。 正解 2,4,5

□□ ★★　18

認知症について、より適切なものはどれか。3つ選べ。

1　レビー小体型認知症では、起立性低血圧や失神による転倒、便秘などの症状はまれである。
2　認知症ケアパスとは、医療機関の連携を示すもので、介護体制は含まない。
3　若年性認知症者は、自立支援医療の対象となる。
4　認知症のSOSネットワークは、警察だけでなく、介護事業者や地域の生活関連団体等が捜索に協力して、行方不明者を発見するしくみである。
5　正常圧水頭症に見られる認知機能障害は、脳の周囲や脳室内に脳脊髄液が貯留するために生じる。

□□ ★　19

認知症について適切なものはどれか。3つ選べ。

1　介護支援専門員は、認知症の人やその家族の状況把握に加え、かかりつけ医等から情報提供を受け、アセスメントを行う。
2　若年性認知症の人が取得できるのは、知的障害者手帳である。
3　若年性認知症の人は、認知機能の低下により仕事に支障が生じ、早期に発見されるため、予後がよい。
4　「認知症カフェ」は、認知症の人の家族に対する支援の取り組みの1つであり、専門職にとっては、認知症の人やその家族の状況を把握できる場である。
5　都道府県は、若年性認知症の人の状態にあわせた適切な支援が図られるよう、医療、介護、福祉及び雇用の関係者が連携するネットワークを構築するための会議を設置する。

□□ ★　20

次の記述について適切なものはどれか。3つ選べ。

1　老年期うつ病は、認知症と明確に区別され、認知症に移行することはない。
2　せん妄は、興奮を伴うことが多いが、活動性が低下するものもある。
3　せん妄の発症の誘因として、睡眠障害、薬剤、環境の変化などが挙げられる。
4　せん妄の治療は、誘因に関わらず薬物治療を最優先とする。
5　統合失調症は、軽症化したとしても、その後症状が再発することがある。

解答&解説

**18**　レビー小体型認知症は、起立性低血圧や失神などの自律神経症状が出現しますので、1は×です。認知症ケアパスには介護体制も含まれます。よって2も×です。　正解 3,4,5

**19**　若年性認知症が取得する手帳は、精神障害者保健福祉手帳です。よって2は×です。また、若年性認知症は進行が早く、予後がよくないといわれますので、3も×です。　正解 1,4,5

**20**　老年期うつ病は認知症に移行することがありますので、1は×です。せん妄は環境因子などで発症することもあるため、必ず「薬物療法を最優先とする」というわけではありません。よって4も×です。　正解 2,3,5

排泄について、より適切なものはどれか。3つ選べ。

1　日常生活動作の低下による機能性尿失禁では、排泄に関する一連の日常生活動作の問題点を見極めることが重要である。

2　尿失禁は、すべて医学的治療を要する。

3　ポータブルトイレやおむつについては、理学療法士等の多職種と連携し、日常生活動作に適合したものを選択する。

4　切迫性尿失禁には、膀胱訓練よりも骨盤底筋訓練が有効である。

5　排便コントロールには、排便間隔を把握し、食生活や身体活動等を含めた生活リズムを整えることが大切である。

嚥下や口腔ケアについて、より適切なものはどれか。2つ選べ。

1　片麻痺による運動障害や感覚障害がある場合には、麻痺側の口腔内が汚れやすくなる。

2　成人の唾液の1日の分泌量は、100〜200mLといわれている。

3　嚥下機能が低下している場合には、感覚が鈍くなるので、氷などの冷たいものを口に入れることは避ける。

4　口腔ケアは、口腔内細菌を減少させるので、誤嚥性肺炎の予防に有効である。

5　義歯が本人に合っている場合には、義歯を外さないで口腔ケアを行う。

褥瘡について、より適切なものはどれか。3つ選べ。

1　エアーマット等除圧効果のある予防用具を用いた場合には、体位変換を行う必要はない。

2　やせている者は、褥瘡ができやすいとされている。

3　褥瘡がある場合には、入浴により末梢血流量が増加し、症状が悪化するため、入浴は避ける。

4　感覚障害を有する者は、褥瘡が生じやすい。

5　浮腫がある場合は、皮膚が引き伸ばされて薄くなるため傷つきやすくなり、褥瘡のリスクが高くなる。

**21**　尿失禁については、環境要因の改善で治る可能性もあるため、2は×です。切迫性尿失禁は膀胱訓練が有効ですので、4も×となります。　正解 **1,3,5**

**22**　成人の唾液の1日の分泌量は1〜1.5Lといわれており、2は×です。嚥下機能が低下している場合は、刺激を与えるために冷たいものを口に入れることも必要です。よって3も×です。義歯は外して口腔ケアをしますので、5も×となります。　正解 **1,4**

**23**　エアーマットを使っていても体位変換は必要ですので、1は×です。褥瘡がある場合でも清潔保持や血流促進などの目的で入浴をすべきです。よって3も×となります。　正解 **2,4,5**

□□ ★　24

終末期のケアについて、より適切なものはどれか。3つ選べ。

1　体位変換の頻度の減少や栄養状態の悪化により、褥瘡ができやすくなる。
2　本人の意思を確認できない状況下では、家族の意見が分かれることがあるため、医療・介護専門職が方針を話し合い、その結果に基づき家族を説得する。
3　終末期には、息苦しさが楽になるよう、ベッドの角度調整など姿勢の工夫をする。
4　終末期には、身体への負担が大きいため、本人が望んでも入浴は避けなければならない。
5　家族の予期悲嘆を表現できるよう支援することは、家族に対して看取りへの心の準備を促すことにつながる。


□□ ★　25

終末期ケアについて、より適切なものはどれか。2つ選べ。

1　臨終が近づいたときは、応答がなくなっても、最後まで語りかけ、最期を看取るようにする。
2　独居の高齢者については、本人が希望しても、在宅での看取りを行うべきではない。
3　看取りの方針を決めた場合には、家族の意向が変わっても、その方針は変更しない。
4　末期がん患者の疼痛緩和には、第一段階としてオピオイド鎮痛薬を用いる。
5　介護老人福祉施設において、入所者又は家族の同意を得て、医師、看護師、介護職員等が共同して看取りの支援を行った場合には、看取り介護加算を算定できる。


□□ ★★　26

集団に対するソーシャルワークとして、より適切なものはどれか。3つ選べ。

1　通所介護で計画的に実施する誕生会でのゲーム等の活動
2　民生委員による地域の認知症高齢者の見守り活動
3　一人暮らし高齢者を集めて社会福祉協議会が実施する介護予防のためのレクリエーション活動
4　認知症高齢者を介護する家族の集まりにおいて行う介護方法等に関するグループ活動
5　地域包括支援センターの主任介護支援専門員による家族介護者への相談面接


解答&解説

**24**　本人の意思が確認できない状況下であっても、家族の意見を無視して家族への説得をすることは好ましくありませんので、2は×です。終末期でも本人が望めば入浴をしたほうがよいので、4も×となります。
　　　　　正解 **1,3,5**

**25**　独居であっても、在宅での看取りが可能であれば実施しますので、2は×です。家族の意向が変わった場合は、それにあわせて看取りの方針を変更することがありますので、3も×です。オピオイド鎮痛薬は強い薬ですから、この薬を用いる前段階でほかの対応をとるべきです。よって4は×となります。　正解 **1,5**

**26**　2は地域援助、5は個別援助に分類されますので、これらは×となります。　正解 **1,3,4**

□□ ★★ 　27

地域に対するソーシャルワークとして、より適切なものはどれか。3つ選べ。

1　精神保健福祉士による入院中のクライエントの心理的な問題に関する面接
2　NPO法人による地域住民とともに行う地域開発
3　特別養護老人ホームの生活相談員による入所者に限定したグループ活動
4　社会福祉協議会による認知症の人や家族介護者のための地域サービスの整備
5　地域包括支援センターによる地域住民のための認知症サポーター養成講座

□□ ★★ 　28

面接場面におけるコミュニケーションの技術について、より適切なものはどれか。3つ選べ。

1　相談援助者側に、共感的相互理解を求めようとする姿勢が必要である。
2　話す内容とともに、音声、抑揚、話すときの表情や速さなども重要である。
3　イラストや手話、ビデオ、写真、文字盤など多様な表現方法を利用することは、クライエントを混乱させるので、避けるべきである。
4　クライエントの発信する力及び受信する力を見定めつつ適切な手段を選ぶことが必要である。
5　部屋の雰囲気やいすの位置、相談援助者の服装などの外的条件は、円滑なコミュニケーションのためには重要ではない。

□□ ★ 　29

面接場面におけるコミュニケーションについて、より適切なものはどれか。3つ選べ。

1　初回面接を行う上では、チェックリストに従ってイエスかノーで次々に答えを求めるのが望ましい。
2　知的障害のあるクライエントと面接をする際には、クライエントと直接話をするよりも、その介護者と話をする方がよい。
3　予備的共感とは、事前情報をもとにクライエントの立場に立って、共感的な姿勢を準備しておくことである。
4　波長合わせとは、相談援助者が、自らの態度、言葉遣い、質問の形式等をクライエントの反応にあわせて修正していくことである。
5　情緒面での反応を確認するために、クライエントの言葉を反復して繰り返すことは大切である。

復習問題

---

**27**　1のケースは個別援助、3のケースは集団援助に分類されます。よってこれらは×となります。

正解 **2,4,5**

**28**　コミュニケーションにおいては、状況によってイラストを用いることも有効です。よって3は×です。部屋の雰囲気やいすの位置なども、コミュニケーションでの重要な要素となりますから、5は×です。

正解 **1,2,4**

**29**　初回面接において「イエス・ノー」だけで進める方法だと聴きとれる内容が狭くなる可能性がありますので、1は×です。知的障害があっても、面接において本人と話をすることが重要です。よって2は×です。

正解 **3,4,5**

# 一問一答・チャレンジ問題

付属の赤シートをかざして
隠れ文字を答えよう!

この章で学んだ内容を一問一答形式の問題で確認しましょう。付属の赤シートを紙面に重ね、隠れ文字（赤字部分）を答えていってください。赤字部分は試験に頻出の重要単語です。試験直前もこの一問一答でしっかり最終チェックをしていきましょう!

重要度：★★＞★＞無印

|  |  |  |
|---|---|---|
| □□ 1 ★★ | せん妄は軽度の**意識障害**である。 | （§1参照） |
| □□ 2 ★ | 高齢になり、筋力や活動が低下している状態を**フレイル**という。 | （§1参照） |
| □□ 3 ★★ | 在宅自己注射は、本人の代わりに**家族介護者**が行うことができる。 | （§2参照） |
| □□ 4 ★ | インスリン投与を行っている糖尿病患者には、糖尿病以外の疾患にかかり体調を崩す**シックデイ**に注意をする。 | （§2参照） |
| □□ 5 | 悪性腫瘍疼痛管理において、麻薬の使用量を細かく調整する必要がある場合は、**自動注入ポンプ**を使用することがある。 | （§2参照） |
| □□ 6 ★★ | 血液透析を行っている利用者では、**シャント**側の腕での血圧測定を避ける。 | （§3参照） |
| □□ 7 ★ | 通院が月1〜2回で、社会復帰が可能である透析の方法を**腹膜透析**という。 | （§3参照） |
| □□ 8 | 霧状にした薬を気管や肺に吸い込むことで症状を抑えたりするのに用いる機器を**ネブライザー**という。 | （§3参照） |
| □□ 9 | 点滴栄養剤を直接血管に入れる方法を在宅**中心静脈栄養**法という。 | （§4参照） |
| □□ 10 | 胃ろうカテーテルには、胃の中で膨らませて固定する**バルーン型**と、ゴム製のストッパーで固定する**バンパー型**がある。 | （§4参照） |
| □□ 11 | 人工呼吸療法において、**侵襲的陽圧換気法**は、気管切開をして行う。 | （§5参照） |
| □□ 12 ★ | 低酸素血症を起こしている者に対して、在宅で酸素を投与する方法を**在宅酸素療法**という。 | （§5参照） |
| □□ 13 ★ | 利用者自身が膀胱内にカテーテルを挿入して尿を排泄する方法を**在宅自己導尿**という。 | （§6参照） |
| □□ 14 ★ | カテーテルを膀胱内に挿入・留置し、持続的に尿を排泄する方法を**バルーンカテーテル法**という。 | （§6参照） |
| □□ 15 ★ | 解熱せずに持続する発熱を**稽留熱**という。 | （§7参照） |
| □□ 16 | 急激な発熱と解熱を繰り返す熱を**間欠熱**という。 | （§7参照） |

□□ 17 ★ ジャパン・コーマ・スケール（JCS）では、数字が大きくなればなるほど、意識レベルは**悪く**なる。 （§7参照）

□□ 18 ★★ 呼吸困難などで呼吸が苦しい利用者が、起座位になると呼吸が楽になる状態を**起座呼吸**という。 （§7参照）

□□ 19 ★★ **下顎呼吸**がはじまると1〜2時間後には亡くなることが多い。 （§7参照）

□□ 20 ★★ **血清アルブミン**は低栄養の指標として有用である。 （§8参照）

□□ 21 ★★ AST（GOT）・ALT（GPT）は**肝機能**の指標である。 （§8参照）

□□ 22 ★★ 血清クレアチニンは**腎機能**の低下で上昇する。 （§8参照）

□□ 23 ★★ 過去1〜2ヵ月の血糖レベルを示した値は**ヘモグロビンA1c（HbA1c）**という。 （§9参照）

□□ 24 ★ 脂質異常症では、悪玉コレステロール（**LDL**コレステロール）の**高**値が動脈硬化を引き起こす。 （§9参照）

□□ 25 ★★ **C反応性たんぱく質（CRP）**は、感染症などの炎症性疾患で上昇する値である。 （§9参照）

□□ 26 ★★ 不整脈や狭心症がある場合、**24時間**心電図（ホルター心電図）が実施される。 （§9参照）

□□ 27 高齢者には、**個人差**が大きく出る。 （§10参照）

□□ 28 ★ 高齢者の疾患では、症状が**非定型的**である。 （§10参照）

□□ 29 ★ 高齢者は薬剤の**副作用**が出やすい。 （§10参照）

□□ 30 ★ 脳の血管が詰まる様態を**脳梗塞**という。 （§11参照）

□□ 31 ★ 脳の血管が破れる様態を**脳出血**という。 （§11参照）

□□ 32 脳の表面の大きな血管にできた動脈瘤が破れてくも膜下に出血する様態を**くも膜下出血**という。 （§11参照）

□□ 33 脳卒中では、**片麻痺**などの後遺症が残ることがある。 （§11参照）

□□ 34 ★★ 四肢の筋力低下が見られ、生活機能低下・嚥下障害・言語障害などが生じる神経系の難病（特定疾患）を**筋萎縮性側索硬化症（ALS）**という。 （§11参照）

□□ 35 ★★ ①振戦、②筋固縮、③無動、④姿勢歩行障害の四大運動症状が特徴的な疾病を**パーキンソン病**という。 （§11参照）

□□ 36 脊柱管狭窄症には、しばらく歩くと痛みやしびれが生じ、少し休むと歩けるようになる**間欠性跛行**が見られる。 （§12参照）

□□ 37 原因不明の自己免疫疾患であり、関節での炎症が初期症状の多くを占める疾患は、**関節リウマチ**である。 （§12参照）

□□ 38 骨密度が低下し、骨折しやすくなる疾患を**骨粗鬆症**といい、**女性**に多いとされている。 （§12参照）

□□ 39 高齢者では、股関節部である**大腿骨頸部**骨折、手首である**橈骨遠位端**骨折などが多く見られる。 （§12参照）

□□ 40 ★★ 高齢者では、原因不明で高血圧になる**本態性高血圧**が多い。

(§13 参照)

□□ 41 ★★ 高齢者では、最高血圧だけが高い**収縮期高血圧**が多い。(§13 参照)

□□ 42 ★ 心筋内の冠動脈が狭窄することにより、血液が不足し、圧迫感などを感じる疾患を**狭心症**という。(§13 参照)

□□ 43 ★ 冠動脈内で血栓ができ、それによって冠動脈が詰まり、血流が止まってしまう疾患を**心筋梗塞**という。(§13 参照)

□□ 44 ★ 胃・十二指腸潰瘍は、**ヘリコバクターピロリ**菌が原因で起こることがある。(§14 参照)

□□ 45 ★ 胃・十二指腸潰瘍では、**タール**のような黒色便が出ることがある。

(§14 参照)

□□ 46 Ａ型肝炎ウイルスの感染経路は**経口**感染である。(§14 参照)

□□ 47 ★ Ｂ型・Ｃ型肝炎ウイルスの感染経路は**血液**感染である。(§14 参照)

□□ 48 肺気腫や慢性気管支炎をまとめた名称を**慢性閉塞性肺疾患**（**COPD**）という。(§15 参照)

□□ 49 ★★ 高齢者の糖尿病は、**2型糖尿病**がほとんどである。(§16 参照)

□□ 50 ★ 悪玉（LDL）コレステロールが高値を示すと、**脂質異常症**となる。

(§16 参照)

□□ 51 ★★ ヒゼンダニが皮膚に寄生して発症する皮膚感染症を**疥癬**という。

(§17 参照)

□□ 52 ★★ **ノルウェー**（**角化型**）**疥癬**では、感染力が非常に強いので一定期間での個室管理が必要となる。(§17 参照)

□□ 53 薬疹は、薬剤の服用後**1〜2週間**で起こることが多い。(§17 参照)

□□ 54 ★ **白癬**は、足などに発生するカビである。(§17 参照)

□□ 55 ★ 中心暗点を症状として見られる疾患を、**加齢黄斑変性症**という。

(§18 参照)

□□ 56 ★ 水晶体が濁る疾患を**白内障**という。(§18 参照)

□□ 57 ★ 眼圧が上昇することによって起こる疾患を**緑内障**という。

(§18 参照)

□□ 58 日本人では、眼圧が正常でも緑内障が起こる場合がある。これを**正常眼圧緑内障**という。(§18 参照)

□□ 59 ★ 高齢者に推奨されているワクチンは、**肺炎球菌ワクチン**（5年に1回）と**インフルエンザワクチン**（毎年）がある。(§19 参照)

□□ 60 ★ あらゆる人の血液、すべての体液、分泌物、排泄物、創傷のある皮膚、粘膜には感染性があると考えて取り扱う感染予防策を**スタンダードプリコーション**という。(§19 参照)

□□ 61 ★ インフルエンザは**飛沫**感染である。(§20 参照)

□□ 62 ★ 結核は**空気**感染である。(§20 参照)

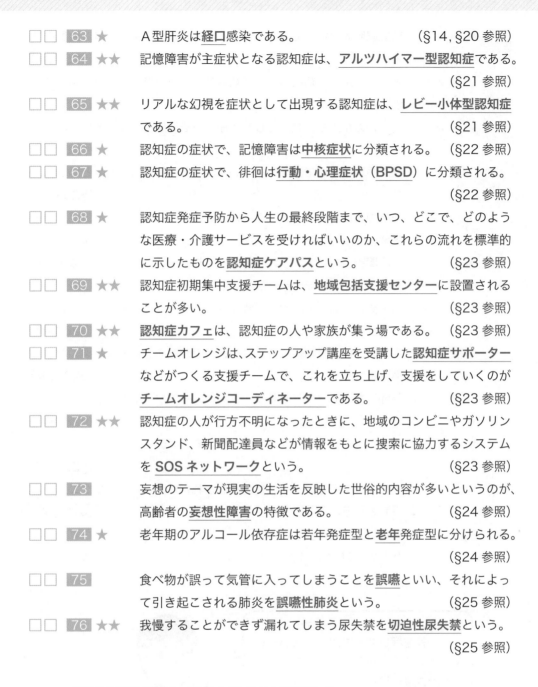

☐☐ 63 ★ A型肝炎は**経口**感染である。 （§14，§20 参照）

☐☐ 64 ★★ 記憶障害が主症状となる認知症は、**アルツハイマー型認知症**である。
（§21 参照）

☐☐ 65 ★★ リアルな幻視を症状として出現する認知症は、**レビー小体型認知症**
である。 （§21 参照）

☐☐ 66 ★ 認知症の症状で、記憶障害は**中核症状**に分類される。 （§22 参照）

☐☐ 67 ★ 認知症の症状で、徘徊は**行動・心理症状**（BPSD）に分類される。
（§22 参照）

☐☐ 68 ★ 認知症発症予防から人生の最終段階まで、いつ、どこで、どのよう
な医療・介護サービスを受ければいいのか、これらの流れを標準的
に示したものを**認知症ケアパス**という。 （§23 参照）

☐☐ 69 ★★ 認知症初期集中支援チームは、**地域包括支援センター**に設置される
ことが多い。 （§23 参照）

☐☐ 70 ★★ **認知症カフェ**は、認知症の人や家族が集う場である。 （§23 参照）

☐☐ 71 ★ チームオレンジは、ステップアップ講座を受講した**認知症サポーター**
などがつくる支援チームで、これを立ち上げ、支援をしていくのが
**チームオレンジコーディネーター**である。 （§23 参照）

☐☐ 72 ★★ 認知症の人が行方不明になったときに、地域のコンビニやガソリン
スタンド、新聞配達員などが情報をもとに捜索に協力するシステム
を **SOS ネットワーク**という。 （§23 参照）

☐☐ 73 妄想のテーマが現実の生活を反映した世俗的内容が多いというのが、
高齢者の**妄想性障害**の特徴である。 （§24 参照）

☐☐ 74 ★ 老年期のアルコール依存症は若年発症型と**老年**発症型に分けられる。
（§24 参照）

☐☐ 75 食べ物が誤って気管に入ってしまうことを**誤嚥**といい、それによっ
て引き起こされる肺炎を**誤嚥性肺炎**という。 （§25 参照）

☐☐ 76 ★★ 我慢することができず漏れてしまう尿失禁を**切迫性尿失禁**という。
（§25 参照）

付属の赤シートで隠しながら、1つひとつの
重要語句を覚えていきましょう。試験の前にも
繰り返し解くことをオススメします

一問一答・チャレンジ問題

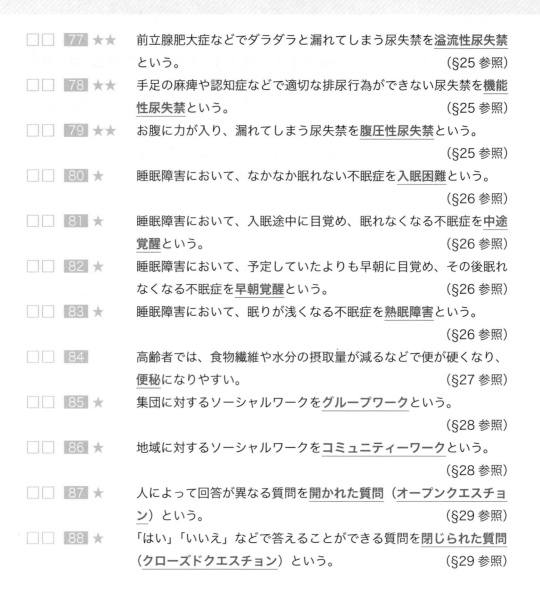

□□ 77 ★★ 前立腺肥大症などでダラダラと漏れてしまう尿失禁を<u>溢流性尿失禁</u>という。 (§25 参照)

□□ 78 ★★ 手足の麻痺や認知症などで適切な排尿行為ができない尿失禁を<u>機能性尿失禁</u>という。 (§25 参照)

□□ 79 ★★ お腹に力が入り、漏れてしまう尿失禁を<u>腹圧性尿失禁</u>という。 (§25 参照)

□□ 80 ★ 睡眠障害において、なかなか眠れない不眠症を<u>入眠困難</u>という。 (§26 参照)

□□ 81 ★ 睡眠障害において、入眠途中に目覚め、眠れなくなる不眠症を<u>中途覚醒</u>という。 (§26 参照)

□□ 82 ★ 睡眠障害において、予定していたよりも早朝に目覚め、その後眠れなくなる不眠症を<u>早朝覚醒</u>という。 (§26 参照)

□□ 83 ★ 睡眠障害において、眠りが浅くなる不眠症を<u>熟眠障害</u>という。 (§26 参照)

□□ 84 高齢者では、食物繊維や水分の摂取量が減るなどで便が硬くなり、<u>便秘</u>になりやすい。 (§27 参照)

□□ 85 ★ 集団に対するソーシャルワークを<u>グループワーク</u>という。 (§28 参照)

□□ 86 ★ 地域に対するソーシャルワークを<u>コミュニティーワーク</u>という。 (§28 参照)

□□ 87 ★ 人によって回答が異なる質問を<u>開かれた質問（オープンクエスチョン）</u>という。 (§29 参照)

□□ 88 ★ 「はい」「いいえ」などで答えることができる質問を<u>閉じられた質問（クローズドクエスチョン）</u>という。 (§29 参照)

第2章の学習、お疲れさまでした。一問一答を解いてみて知識があいまいだと感じた内容については、テキスト部分に戻って復習しましょう

# 第**3**章
# 事業者・施設と他制度

介護保険法に定められている事業者・施設の内容と、介護保険法以外の法制度について学習します。「★★★」がついているサービスの人員基準・設備基準は頻出です。確実に覚えましょう。生活保護・成年後見制度も毎年出題されます。しっかり押さえておきましょう。

## Contents

# 居宅サービス・運営基準の共通事項

出題頻度 ★★☆

**必修ポイント！**

- ☑ 居宅介護支援事業者など他サービスとの連携が求められます
- ☑ 居宅介護支援事業者への利益供与は禁止されています
- ☑ 状況によって交通費を受領することができます

　居宅サービス（49ページ）の運営基準では、すべてに共通する事項とサービスごとに異なる事項とがあります。共通する事項についてはまとめて覚えるほうが効率的ですので、ここでは主な共通事項を確認していきましょう。

　まず押さえておきたいのが、**居宅サービス計画に沿ったサービスの提供**と**提供拒否の禁止**です。利用者に計画に沿ったサービスを提供し、かつ正当な理由なくサービス提供を拒んではならないという、いってみれば大前提のルールです。

　そして、**サービス提供困難時の対応**として、利用申込者に対して適切なサービスの提供が困難な場合には、ほかの事業者を紹介するなどの措置を講じる必要がある、とも定められています。さらに、**居宅介護支援事業者等との連携**や**居宅サービス計画等の変更の援助**など、居宅介護支援事業者のみならず、ほかの保健医療・福祉サービスとの連携も求められています。

　そのほか、**居宅介護支援事業者に対する利益供与の禁止**や**利用料の受領**、**事故発生時の対応**なども共通事項となっています（次ページ）。

## ✏️ 「運営規程」で定める共通の内容とは？

　実際にサービスを提供する居宅サービス事業者は、事業所ごとに**運営規程**を定めなければなりません。そこに盛り込む内容も共通事項となっています。

　具体的には、①**事業の目的・運営の方針**、②**従業者の職種・員数・職務内容**、③**営業日・営業時間**、④**サービスの内容・利用料等の額**、⑤**通常の事業・送迎の実施地域**、⑥**緊急時等の対応方法**などを盛り込みます。なお、⑤の通常の事業・送迎の実施地域については、**交通費**等の受領にも関わってきます。

 **練習問題1**

居宅サービス事業者について適切なものはどれか。3つ選べ。

1　いかなる場合においても、交通費を受領することができない。
2　事故発生時には、速やかに市町村などへの連絡を行う。
3　居宅介護支援事業者からサービスを利用させることの対償として、金品その他の財産上の利益を供与してはならない。
4　利用者が居宅サービス計画の変更を希望する場合、報告なしに変更することができる。
5　他の保健医療・福祉サービスと連携を行わなければならない。

▼**居宅サービス・運営基準の共通事項はこれだ！**　（一部サービスは除く）

| 提供拒否の禁止 | ● 正当な理由なく<u>サービス提供を拒んではならない</u> |
|---|---|
| <u>サービス提供困難時</u>の対応 | ● 利用申込者に対して<u>適切な介護サービスを提供</u>することが<u>困難</u>であると認めた場合は、ほかの居宅サービス事業者の<u>紹介</u>や、その他<u>必要な措置</u>を講じなければならない |
| **居宅介護支援事業者等**との<u>連携</u> | ● <u>居宅介護支援事業者</u>や<u>保健医療サービス・福祉サービス提供者</u>と連携し、サービス提供終了時には情報の提供などを行う |
| <u>居宅サービス計画に沿ったサービスの提供</u> | ● 居宅サービス計画が作成されている利用者に、<u>計画に沿ったサービスを提供</u>する |
| **居宅サービス計画等の変更の援助** | ● <u>利用者</u>が居宅サービス計画の<u>変更</u>を希望する場合は、居宅介護支援事業者への<u>連絡</u>等の必要な援助を行う |
| **居宅介護支援事業者に対する<u>利益供与</u>の禁止** | ● 居宅介護支援事業者、またはその従業者に対して、利用者に特定の事業者からサービスを利用させることの<u>対償</u>として、金品その他の財産上の<u>利益</u>を供与してはならない |
| <u>利用料</u>**等の受領** | ● 法定代理受領サービスに該当するサービスを提供した際には、その利用者から利用料の一部として、<u>法定自己負担額の支払い</u>を受ける<br>● 法定代理受領サービスに該当しないサービスを提供した場合の利用料の額と、サービス費用の基準額との間に、<u>不合理な差額</u>が生じないようにする<br>● 利用者の選定により<u>通常の事業実施地域以外</u>の居宅において業務を行う場合は、<u>交通費の支払い</u>を受けることができる<br>● あらかじめ利用者・家族に支払いの内容などについて<u>説明</u>を行い、利用者の同意を得る |
| **事故発生時の対応** | ● <u>サービス提供により事故</u>が発生した場合には、<u>市町村</u>、<u>家族</u>、<u>居宅介護支援事業者</u>などへの連絡を行うなど必要な措置を講じる<br>● 事故の状況や事故に際してとった措置を<u>記録</u>する<br>● 賠償すべき事故の場合には、<u>損害賠償</u>を速やかに行う |
| <u>運営規程</u> | ● 運営規程には、主に次の7つの内容を定める<br>　①<u>事業の目的・運営の方針</u><br>　②従業者の職種・<u>員数</u>・職務内容<br>　③営業<u>日</u>・営業時間<br>　④サービスの<u>内容</u>・利用料等の額<br>　⑤通常の事業・<u>送迎</u>の実施地域<br>　⑥緊急時等の対応方法<br>　⑦その他運営に関する重要事項 |

## 練習問題1 │ 解答＆解説

通常の事業の実施地域以外でサービス提供を行った場合、利用者から交通費を受けとることができます。よって1は×です。利用者が居宅サービス計画の変更を希望する場合は、居宅介護支援事業者へ連絡等を行わなければなりません。報告なしの変更は原則できませんので、4も×です。

**正解** **2,3,5**

# 02 訪問介護

**必修ポイント！**

☑ 訪問介護では、身体介護・生活援助などを行います
☑ 身体介護には、見守り的援助や医療的ケアなども含まれます
☑ サービス提供責任者の業務には、訪問介護計画の作成があります

　訪問介護では、利用者宅を訪問し、①**身体介護**、②**生活援助**、③**通院等のための乗車または降車の介助**を行います。

　身体介護は、**入浴・排泄・食事**など、利用者の**身体に触れて行うもの**や、**特段の専門的配慮をもって行う調理**（流動食などの調理）、自立生活支援・重度化防止のための**見守り的援助**（転倒防止などの見守り、利用者と一緒に行う調理、ゴミの分別を一緒にする、など）があります。さらに、**医行為でないもの**（体温測定・血圧測定など）や**医療的ケア**（喀痰吸引・経管栄養）も身体介護に含まれます。

　生活援助では、**掃除・洗濯・一般的な調理**など家事的な内容を行いますが、家事全般が含まれているわけではありません。**利用者以外の人の洗濯や調理、花木の水やり、利用者宅の草むしり**など、生活援助に含まれない行為もありますので注意が必要です。

## 人員・設備・運営基準を押さえておこう

　訪問介護事業所の人員基準ですが、管理者・サービス提供責任者・訪問介護員を配置しなければなりません。訪問介護員は、**常勤換算2.5人**以上の配置が求められます。設備基準では、専用区画を有し、必要な設備・備品を備えることが求められます。

　サービス提供責任者には、運営基準において**訪問介護計画の作成**などの業務が定められています。ちなみに、サービス提供責任者という資格があるわけではなく、これは、介護福祉士や介護福祉士実務者研修修了者などが就ける職種です。

　また、**同居家族に対するサービス提供の禁止**なども定められています。

 **練習問題2**

介護保険における訪問介護について正しいものはどれか。3つ選べ。

　1　自動血圧測定器により血圧を測定することは、医行為にあたらないため、訪問介護員が行うことができる。

　2　利用者が大切にしている花木の水やりは、短時間であれば、生活援助として算定される。

　3　ゴミの分別が分からない利用者と一緒に分別し、ゴミ出しのルールを理解してもらうよう援助することは、生活援助として算定される。

　4　ボタン付け等の被服の補修は、生活援助として算定される。

　5　配剤された薬をテーブルの上に出し、本人が薬を飲むのを手伝うことは、身体介護として算定される。

## ▼訪問介護の3つの内容

| | | |
|---|---|---|
| **① 身体介護** | 利用者の**身体に直接接触して行う介助サービス** | ● 排泄　● 食事　● 清拭　● 入浴　● 身体整容（洗顔、整髪、爪切、耳かき、ひげそりなど）　● 体位変換　● 移動・移乗　● 外出　● 起床・就寝　● 服薬 |
| | 自立生活支援・重度化防止のための**見守り**的援助 | ● 認知症等の高齢者がリハビリパンツやパット交換をする際の**見守り・声かけ**<br>➡できるだけ自分で交換や後始末ができるように支援する<br>● 入浴、更衣などの**見守り**（必要に応じて行う介助、転倒予防のための声かけ、気分の確認などを含む）<br>● ゴミ出しの支援<br>➡ゴミの分別がわからない利用者と**一緒に**分別をして、ゴミ出しのルールを理解してもらう<br>● 車いすなどでの移動介助をしながらの買い物同行<br>➡一緒に店に行き、本人が自ら品物を選べるよう援助する…など |
| | その他**専門的知識・技術** | ● 特段の専門的配慮をもって行う調理<br>（嚥下困難者のための流動食などの調理） |
| | **医行為でない**もの | ● 体温測定　● 自動血圧測定器による**血圧測定**<br>● 軽微な切り傷ややけどなどの処置　● 湿布の貼付　● 点眼薬の点眼<br>● 一包化された内用薬の内服　● 自己導尿（138ページ）の補助<br>● ストーマのパウチの交換　…など |
| | 医療的ケア | ● 喀痰吸引　● 経管栄養（134ページ） |
| **② 生活援助** | | ● 掃除　● 洗濯　● 利用者**不在**のベッドメイク　● 衣類の整理　● 被服の補修<br>● 一般的な調理・配下膳　● 買い物　● 薬の受けとり　● ゴミ出し |
| **③ 通院等のための乗車または降車の介助** | | |

## ▼訪問介護の人員基準

| 職種 | 資格 | 人数 |
|---|---|---|
| 管理者 | ● 不要 | 1人（常勤専従） |
| サービス提供責任者 | ● 介護福祉士　● 実務者研修修了者　…など | 利用者40人に1人（常勤1人以上） |
| 訪問介護員等 | ● 介護福祉士　● 介護員養成研修修了者 | 常勤換算で2.5人以上 |

## ▼訪問介護の運営基準

| | |
|---|---|
| **同居家族に対する**サービス提供の**禁止** | ● 同居家族に対するサービスの提供を**してはならない** |
| 管理者および**サービス提供責任者**の責務 | ● 管理者は、事業所の従業者および業務の管理を一元的に行い、必要な指揮命令を行う<br>● サービス提供責任者は、**訪問介護計画**の作成のほか、主に次の5つの業務を行う<br>①利用の申込みにかかる調整<br>②利用者の状態等の把握<br>③居宅介護支援事業者等に対する利用者の服薬状況、口腔機能、その他の利用者の状態の情報提供<br>④サービス担当者会議への出席<br>⑤訪問介護員などへの指示、業務管理、研修、技術指導など |

## 練習問題2 | 解答＆解説

花木の水やりは、たとえ利用者が大切にしているものであっても、また短時間であっても、生活援助に該当しない行為ですので、算定対象となりません。よって2は×です。「利用者と一緒に行う行為」は、身体介護の「自立生活支援・重度化防止のための見守り的援助」に該当しますので、3も×です。

**正解** 1,4,5

# 03 訪問入浴介護

**必修ポイント!**

☑ 訪問入浴介護は、浴槽を提供して行われる入浴介助です
☑ 訪問入浴介護は、看護職員と介護職員で訪問します
☑ 看護職員の代わりに介護職員を充てることも可能(条件あり)

　訪問入浴介護は、「居宅要介護者について、その者の居宅を訪問し、**浴槽を提供して**行われる**入浴の介護をいう**」とされています。その目的には、利用者の心身の機能の維持などがあります。訪問介護や訪問看護でも**入浴介助**が行われますが、それらは**利用者の居宅の浴槽**で実施します。一方、訪問入浴介護の場合は、「**浴槽を提供**して行う入浴介助」です。両者の違いを理解しておきましょう。

　訪問入浴介護を行う際、**事前訪問が必須**です（計画の作成義務は**なし**）。この訪問を通じて、利用者の状態を確認するだけでなく、車両の駐車位置、浴槽の搬入ルート、給排水の方法なども確認します。

　また、入浴介助は身体の変調が起こる可能性が高いため、看護職員はバイタルの確認などを行います。また、訪問したものの**中止**になったり、**部分浴や清拭に変更**したりすることもあります（その場合、介護報酬は**減算**）。

　訪問入浴介護と聞くと、重度な利用者をイメージする人が多いかと思いますが、対象は**要介護1**以上の利用者で、軽度・中度の利用者も存在します。また、要支援1・2の利用者が対象の**介護予防**訪問入浴介護もあります。その他、通所介護等において、入浴が難しい**感染症**の利用者、人工呼吸器を装着しているなどの**医療的ケアが必要**な利用者も利用できます。

## 原則、看護職員と介護職員がペアで訪問する

　訪問入浴介護事業所の人員基準ですが、**管理者・看護職員・介護職員**を配置しなければなりません。サービス提供時、要介護者には**看護職員1人・介護職員2人**の計**3**人で対応し、要支援者には**看護職員1人・介護職員1人**の計**2**人で対応します。

　ただし、主治医の意見によって、看護職員に代えて**介護職員**を充てることもできます。

### 練習問題3

介護保険における訪問入浴介護について適切なものはどれか。2つ選べ。

1　訪問介護員が利用者の居宅を訪問し、居宅の浴槽を使用して行う。
2　感染症の要支援者は利用することができない。
3　管理者は介護福祉士でなければならない。
4　看護職員は、バイタルの確認などを行う。
5　訪問入浴介護に関する計画の作成は義務づけられていない。

## ▼訪問入浴介護の人員基準

| 職種 | 資格 | 人数 |
|---|---|---|
| 管理者 | ● 不要 | 1人（常勤専従） |
| 看護職員※ | ● 看護師<br>● 准看護師 | 1人以上 |
| 介護職員※ | ● 不要 | 要介護者：2人以上<br>要支援者：1人以上 |

※看護職員・介護職員のうち1人以上は常勤でなければならない

## ▼訪問入浴介護の介護報酬

| | |
|---|---|
| 看護職員1人と介護職員2人で行う場合 | 100％ |
| 介護職員3人で行う場合 | 95％（減算） |
| 清拭または部分浴 | 90％（減算） |

## ▼訪問入浴介護の運営基準

| | |
|---|---|
| 利用料等の受領 | ● 利用者の選定により、**通常の事業の実施地域以外の地域の居宅**において指定訪問入浴介護を行う場合、それに要する**交通費**を受けとることができる<br>● **利用者の選定**により提供される**特別な浴槽水**などにかかる費用については、受けとる**ことができる** |
| 具体的取扱方針 | ● 介護技術の進歩に対応し、適切な介護技術をもってサービスの提供を行う<br>● 1回の訪問につき、**看護職員1人・介護職員2人**をもって行うものとし、これらの者のうち1人を当該サービス提供の**責任者**とする<br>● 利用者の**身体の状況**が安定していることなどから、入浴により利用者の身体の状況などに支障を生ずるおそれがないと認められる場合、**主治医の意見を確認した上**で、**看護職員に代えて介護職員を充てる**ことができる<br>● サービスの提供に用いる設備、器具その他の用品の使用に際しては、**安全および清潔の保持**に留意し、とくに利用者の**身体に接触**する設備、器具その他の用品については、サービスの**提供ごとに消毒**したものを使用する |

訪問入浴介護事業所の設備基準として、「専用の事務室または区画について、利用申込の受付、相談などに対応するのに適切なスペースの確保」があります。
そのほか、緊急時への対応のために、事業の通常の実施地域内に協力医療機関があることが望ましいとされています

## 練習問題3｜解答＆解説

訪問入浴介護は、浴槽を提供して行われる入浴介助ですので、1は×です。感染症の利用者も利用できるサービスですので、2も×です。管理者については、特段の専門資格は不要です。よって3も×になります。

正解 **4,5**

**必修ポイント！**

☑ **訪問看護が提供される場合は、必ず主治医の指示が必要です**
☑ **特別訪問看護指示書の有効期間は 14 日間です**
☑ **要介護者でも、医療保険が優先される人がいます**

　訪問看護は、「居宅要介護者について、居宅において看護師等によって行われる<u>療養上の世話</u>または<u>必要な診療の補助をいう</u>」とされ、リハビリテーションや家族への精神的支援なども実施し、看護師は臨時応急の手当てを行うことができます。なお、訪問看護などの医療系サービスは、必ず<u>主治医の指示が必要</u>です。

　要介護者の場合、<u>介護保険の訪問看護</u>が医療保険の訪問看護に<u>優先</u>されますが（短期入所療養介護や短期入所生活介護の利用中、施設入所中は利用不可）、①<u>急性増悪等で特別訪問看護指示書が交付された</u>、②<u>末期の悪性腫瘍患者</u>、③<u>難病など厚生労働大臣が定めた者</u>、④<u>認知症を除く精神科訪問看護</u>の場合は、<u>医療保険が優先</u>です。

　なお、<u>特別訪問看護</u>指示書は、<u>有効期間が 14 日間</u>で、原則月１回までしか交付されません（<u>訪問看護</u>指示書の有効期間は最大 <u>６ヵ月</u>）。また、<u>緊急時訪問看護加算</u>を算定している訪問看護事業所は、24 時間対応しなければなりません。

##  人員基準は２つのパターンに分けられる

　訪問看護事業所の人員基準は、①<u>病院・診療所</u>が運営するものと、②<u>訪問看護ステーション</u>が運営するものに分けられます。病院・診療所には、<u>看護職員</u>を適当数配置すればよく、一方、訪問看護ステーションには、<u>管理者・看護職員</u>を配置する必要があります。また、実情に応じて、<u>理学療法士・作業療法士・言語聴覚士</u>を適当数配置できます。

　訪問介護等の医療系サービスでは必ず<u>主治医の指示が必要</u>ですが、訪問看護ではそれにもとづき看護師など（准看護師を除く）が訪問看護<u>計画書</u>を作成。実施後はその結果をもとに訪問看護<u>報告書</u>を作成し、主治医に提出する必要が<u>あります</u>。

### 練習問題4

訪問看護について正しいものはどれか。３つ選べ。

1 急性増悪時に主治医から特別訪問看護指示書が交付された場合、介護保険給付となる。
2 介護保険の指定訪問看護ステーションの管理者は、原則として、常勤の保健師又は看護師でなければならない。
3 提供にあたっては、常に利用者の病状、心身の状況及びその置かれている環境などの的確な把握に努める。
4 病院は、介護保険の指定訪問看護事業者とみなされる。
5 24 時間 365 日、サービスを提供しなければならない。

## ▼訪問看護の人員基準

病院・診療所

| 職種 | 資格 | 人数 |
|---|---|---|
| 看護職員 | ● 保健師<br>● 看護師<br>● 准看護師 | 適当数 |

訪問看護ステーション

| 職種 | 資格 | 人数 |
|---|---|---|
| 管理者 | ● 原則、保健師または看護師 | 1人（常勤） |
| 看護職員 | ● 保健師<br>● 看護師<br>● 准看護師 | 常勤換算で 2.5 人以上 |
| 理学療法士<br>作業療法士<br>言語聴覚士 | ● 理学療法士<br>● 作業療法士<br>● 言語聴覚士 | 実情に応じた適当数 |

## ▼訪問看護の運営基準

| 主治の医師との関係 | ● 事業者は、訪問看護の提供の開始に際し、主治の医師による指示を文書で受けなければならない<br>● 事業者は、主治の医師に訪問看護計画書および訪問看護報告書を提出しなければならない |
|---|---|
| 訪問看護計画書・<br>訪問看護報告書<br>の作成 | ● 看護師等（准看護師を除く）は、訪問看護計画の作成に加え、次の2つの業務を行わなければならない<br>　①当該計画の内容を利用者・家族に説明し、利用者の同意を得た上、利用者に交付する<br>　②訪問看護の訪問日、看護内容等を記載した訪問看護報告書を作成する<br>● 管理者は、これらの計画書および報告書の作成に関し、必要な指導・管理を行わなければならない |
| 同居家族に対する<br>サービス提供の禁止 | ● 同居家族に対するサービスの提供をしてはならない |

## ▼訪問看護を医療保険で提供する「厚生労働大臣が定めた者」（一部）

- 筋萎縮性側索硬化症 　● 脊髄小脳変性症
- 進行性筋ジストロフィー症
- パーキンソン病（ホーエン・ヤールの重症度分類がステージ3以上で、生活機能障害度がⅡ度またはⅢ度のものが条件）
- 頸髄損傷 　● 人工呼吸器を使用している状態

訪問看護は、株式会社など営利法人でも指定を受けることができます。
また、非法人であっても、病院・診療所であれば、開設可能です（52ページ）

## 練習問題4│解答&解説

特別訪問看護指示書が交付された場合、医療保険の訪問看護が優先されることになりますので、1は×です。24時間サービスを提供されるのは、緊急時訪問看護加算を算定する訪問看護事業所だけですので、5も×となります。

正解 2,3,4

# 訪問リハビリテーション

**必修ポイント!**

- ☑ 訪問リハビリテーションで提供されるのは維持期リハビリです
- ☑ 提供できるのは、病院・診療所・介護老人保健施設・介護医療院
- ☑ 実施内容には、訪問介護事業所への助言も含まれます

　訪問リハビリテーションは、「居宅要介護者について、居宅においてその心身の機能の維持回復を図り、日常生活の自立を助けるために行われる理学療法、作業療法その他必要なリハビリテーション」とされています。

　実施する時期を基準にリハビリテーションを分類すると、①急性期リハビリテーション、②回復期リハビリテーション、③維持期リハビリテーションの3つに分けられます。介護保険のリハビリテーションは、③の維持期リハビリテーションで提供される介護サービスです。なお、①急性期・②回復期は、ともに医療保険で提供されます。

　訪問リハビリテーションでは廃用症候群（生活不活発病）の予防・改善や、ADL（日常生活動作／日常生活で必要な基本的行為や動作）やIADL（手段的日常生活動作／ADLより複雑で高次な生活行為や動作）の維持・改善、対人交流・社会参加の維持・拡大、家族の介護負担の軽減、訪問介護事業所への自立支援技術の助言・指導、福祉用具利用・住宅改修に関する助言・指導などが行われます。

## 訪問リハビリテーションの「指定」を受けられるのは？

　訪問リハビリテーション事業所の指定は、病院、診療所、介護老人保健施設、介護医療院が受けることができます。実施するためには人員基準として、医師と理学療法士・作業療法士・言語聴覚士を配置しなければなりません。

　運営基準としては、まず訪問リハビリテーション計画を、医師および理学療法士、作業療法士または言語聴覚士が作成することとなっています。また、リハビリテーション会議を開催し、専門的見地からの情報を共有する必要があります。会議では、テレビ電話装置等を利用することができますが、利用者や家族が参加する場合には、その同意を得なければなりません。

### 練習問題5

介護保険における訪問リハビリテーションについて正しいものはどれか。3つ選べ。

1　急性期リハビリテーションを実施する。
2　介護老人福祉施設が指定を受けて実施することができる。
3　医師を配置しなければならない。
4　配置する理学療法士は非常勤でも可能である。
5　訪問介護事業所への助言も行う。

▼リハビリテーションの3つの区分

| ①急性期 リハビリテーション | ②回復期 リハビリテーション | ③維持期 リハビリテーション |
|---|---|---|
| ● 急性期病院で提供される医療サービス<br>● 疾患およびリスク管理に重点を置き、廃用症候群の予防を中心としたリハビリテーションを行う（他動的関節可動域訓練の実施…など） | ● 急性期の後を受け、疾患・リスク管理に留意し、多彩な訓練を集中的に提供する<br>● ADLの改善を中心としたリハビリテーションを行う | ● 急性期や回復期リハビリテーションが終了し、在宅ケアもしくは施設ケアに移行した患者が対象<br>● 生活機能の維持向上を中心としたリハビリテーションを行う |

| 適用 | 医療保険 | 適用 | 介護保険 |

▼訪問リハビリテーションの人員基準

| 職種 | 資格 | 人数 |
|---|---|---|
| 医師 | ● 医師 | 1人以上（常勤） |
| 理学療法士<br>作業療法士<br>言語聴覚士 | ● 理学療法士<br>● 作業療法士<br>● 言語聴覚士 | 1人以上（非常勤でも可） |

▼訪問リハビリテーションの運営基準

| 具体的取扱方針 | ● 理学療法士、作業療法士または言語聴覚士は、訪問リハビリテーション計画に従ったサービスの実施状況およびその評価について、速やかに診療記録を作成するとともに、医師に報告しなければならない<br>● リハビリテーション会議を開催し、リハビリテーションに関する専門的な見地から利用者の状況等に関する情報を、会議の構成員と共有するように努めなければならない<br>● リハビリテーション会議は、テレビ電話装置等を活用して行うことができる。ただし、利用者または家族が参加する場合、その活用について同意を得なければならない |
|---|---|
| 訪問リハビリテーション計画の作成 | ● 医師および理学療法士、作業療法士または言語聴覚士は、訪問リハビリテーション計画の作成に加え、次の2つの業務を行わなければならない。<br>①計画の内容を利用者・家族に説明し、利用者の同意を得た上、利用者に交付する。なお、事業者が、指定通所リハビリテーション事業者の指定をあわせて受け、かつリハビリテーション会議の開催等を通じて利用者に関する情報を会議の構成員が共有する等一定の要件を満たす場合は、リハビリテーション計画の作成および上記の業務を一体的に実施できる<br>②計画の実施状況およびその評価を診療録に記録する |

## 練習問題5｜解答＆解説

介護保険の訪問リハビリテーションでは、「維持期」リハビリテーションを実施しますので、1は×です。訪問リハビリテーションの指定を受けることができるのは、病院・診療所・介護老人保健施設・介護医療院に限られますので、介護老人福祉施設は指定を受けることができません。よって2も×となります。

正解 **3,4,5**

# 06 居宅療養管理指導

出題頻度 ★☆☆

**必修ポイント！**

☑ 実施者は医師・歯科医師・薬剤師・歯科衛生士・管理栄養士です
☑ 対象者は「通院が困難な利用者」です
☑ 具体的取扱方針は職種によって異なる部分があります

居宅療養管理指導は、「病院、診療所又は薬局の医師、歯科医師、薬剤師その他の者によって行われる療養上の<u>管理及び指導</u>」とされています。<u>居宅</u>によって行われるため、<u>通院が困難</u>な利用者が対象となります。

また、「管理及び指導」となっているため、実際に行われる治療や診察、処方などはこれに含まれませんので、注意しましょう。

## 各職種が「何」を実施するかを整理しよう

運営基準の中の具体的取扱方針は職種によって異なります。

医師または歯科医師は、要介護者の居宅を訪問して行う計画的・継続的な<u>医学</u>的管理・<u>歯科医学</u>的管理にもとづき、居宅介護支援事業者などに<u>情報提供</u>を行います。情報提供の方法は、<u>サービス担当者会議</u>への参加などです。

薬剤師は、医師・歯科医師の指示にもとづき、居宅で実施される<u>薬学的な管理指導</u>を行います。薬局の薬剤師は、<u>薬学的管理指導</u>計画にもとづいて管理指導を行います。

歯科衛生士は、歯科医師の指示と<u>訪問指導</u>計画にもとづき、居宅で実施される<u>口腔内の清掃・有床義歯の清掃に関する指導</u>を行います。これについては、<u>保健師</u>や<u>看護師</u>、<u>准看護師</u>が実施することがあります。

管理栄養士は、医師の指示にもとづき、居宅で行われる<u>栄養指導</u>を実施します。

なお、人員基準については、居宅療養管理指導の場合、すべてみなし指定（52ページ）のため、<u>適当数</u>となります。そのため、試験対策としては、とくに覚える必要はないでしょう。

 **練習問題6**

介護保険における居宅療養管理指導に直接携わる専門職として正しいものはどれか。3つ選べ。

　1 栄養士
　2 医師
　3 精神保健福祉士
　4 歯科衛生士
　5 看護師

## ▼居宅療養管理指導の運営基準

### 医師・歯科医師

| 具体的取扱方針 | ①訪問診療等によりつねに利用者の病状と心身の状況を把握し、計画的かつ継続的な医学的管理または歯科医学的管理にもとづいて、居宅介護支援事業者に対し、居宅サービス計画の作成等に必要な情報を提供する。また、利用者・家族に対しては、居宅サービスの利用に関する留意事項や介護方法等についての指導・助言等を行う<br>②利用者・家族からの介護に関する相談に懇切丁寧に応ずるとともに、療養上必要な事項等について理解しやすいように指導・助言を行う<br>③利用者・家族に対する指導・助言については、療養上必要な事項等を記載した文書を交付するように努めなければならない<br>④療養上適切な居宅サービスが提供されるために必要がある場合、または居宅介護支援事業者・居宅サービス事業者から求めがあった場合は、その事業者に対し、居宅サービス計画の作成、居宅サービスの提供等に必要な情報提供・助言を行う<br>⑤居宅介護支援事業者・居宅サービス事業者に対する情報提供・助言は、原則として、サービス担当者会議に参加することにより行わなければならない<br>⑥提供したサービスの内容について、速やかに診療録に記録する |
| --- | --- |

### 薬剤師

| 具体的取扱方針 | ①医師・歯科医師の指示にもとづき、利用者の心身機能の維持回復を図り、居宅における日常生活の自立に資するように妥当適切に行う<br>②懇切丁寧に行うことを旨とし、利用者・家族に対し、療養上必要な事項について、理解しやすいように指導・説明する<br>③つねに利用者の病状、心身の状況や環境の的確な把握に努め、利用者に対して適切なサービスを提供する<br>④療養上適切な居宅サービスが提供されるために必要がある場合、または居宅介護支援事業者・居宅サービス事業者から求めがあった場合は、その事業者に対して、居宅サービス計画の作成、居宅サービスの提供等に必要な情報提供・助言を行う<br>⑤居宅介護支援事業者・居宅サービス事業者に対する情報提供・助言は、原則として、サービス担当者会議に参加することにより行わなければならない<br>⑥提供したサービスの内容について、速やかに診療記録を作成するとともに、医師・歯科医師に報告する |
| --- | --- |

### 歯科衛生士・管理栄養士

| 具体的取扱方針 | ①医師・歯科医師の指示にもとづき、利用者の心身機能の維持回復を図り、居宅における日常生の自立に資するように妥当適切に行う<br>②懇切丁寧に行うことを旨とし、利用者・家族に対し、療養上必要な事項について、理解しやすいように指導・説明する<br>③つねに利用者の病状、心身の状況や環境の的確な把握に努め、利用者に対して適切なサービスを提供する<br>④提供したサービスの内容について、速やかに診療記録を作成するとともに、医師・歯科医師に報告する |
| --- | --- |

 ## 練習問題6｜解答＆解説

1の栄養士と3の精神保健福祉士は、居宅療養管理指導に直接携わることはありません。なお、1の栄養士は、「管理栄養士」と間違えやすいですが、栄養士は「都道府県知事」の免許を受けた資格で、管理栄養士は「国家資格」となります。3の精神保健福祉士は、精神疾患のある利用者や家族への相談援助を行う国家資格です。

正解 **2,4,5**

# 07

# 通所介護と地域密着型
# 通所介護（療養通所介護を含む）

出題頻度 ★★★

**必修ポイント！**

☑ 通所介護と地域密着型通所介護は定員が異なります
☑ 療養通所介護の対象は、難病等を有する重度要介護者・がん末期の者
☑ 地域密着型通所介護・療養通所介護は運営推進会議の開催が必須

　通所サービス（49ページ）は、「**老人デイサービス**等で入浴・排泄・食事等の介護、日常生活上の世話、機能訓練を行う」とされており、**定員**によって大きく2つに分類され、**定員が19人以上**のものを**通所介護**（都道府県知事が指定）、**19人未満**のものを**地域密着型通所介護**（市町村長が指定）と呼びます。

　また、地域密着型通所介護には、**定員18人以下**の療養通所介護も含まれます。療養通所介護は、**難病等を有する重度要介護者**、または**がん末期の者**であって、**サービス提供にあたり常時、看護師による観察が必要な人**が対象者として定められています。

　通所介護・地域密着型通所介護は、短時間型（機能訓練特化型など）から長時間、さらに預かりサービス（いわゆる「お泊まりデイ」：保険対象外）まで実施します。

　提供しているサービス内容は事業所によっていろいろですが、主には①機能訓練、②レスパイトケア（家族等が一時的に介護から離れ休息するのを支援すること）、③利用者の社会的孤立感の解消などを目的としています。そのほか、療養通所介護はほかのデイサービスと異なり、**報酬が1ヵ月単位で算定**されることも覚えておきましょう。

## それぞれの人員基準を整理しておこう

　人員基準は、通所介護および地域密着型通所介護では**管理者・生活相談員・看護職員・介護職員・機能訓練指導員**を配置し、療養通所介護では**看護師である管理者・看護職員**または**介護職員**を配置しなければなりません。運営基準は、地域密着型通所介護と療養通所介護では**運営推進会議を開催**しなければならず、さらに療養通所介護では**安全・サービス提供管理委員会**を開催しなければなりません（次ページ）。

### 練習問題7

介護保険における通所介護について正しいものはどれか。3つ選べ。

1 利用者の社会的孤立感の解消を図ることは指定通所介護の事業の基本方針に含まれる。
2 通所介護計画作成後に居宅サービス計画が作成された場合、その通所介護計画が居宅サービス計画に沿ったものであるか、確認する必要はない。
3 通所介護計画の目標及び内容については、利用者又は家族に説明を行うとともに、その実施状況や評価についても説明を行うものとする。
4 利用者は、利用日ごとに異なる提供時間数のサービスを受けることができる。
5 指定通所介護事業者は、指定通所介護事業所ごとに、経理を区分しなくてもよい。

### ▼通所介護・地域密着型通所介護の人員基準

| 職種 | 資格 | 人数 |
|---|---|---|
| 管理者 | ● 不要 | 1人以上（常勤専従） |
| 生活相談員 | ● 自治体で異なる | 1人以上 |
| 看護職員 | ● 看護師<br>● 准看護師 | 1人以上 |
| 介護職員 | ● 不要 | ①利用者 **15**人まで<br>➡ 1人以上<br>② **15**人を超す場合<br>➡超えた人数÷5＋1人以上 |
| 機能訓練指導員 | ● 理学療法士　● 作業療法士<br>● 言語聴覚士　● 看護職員<br>● あん摩マッサージ指圧師<br>● 一定の経験を有するはり師・きゅう師<br>　　　　　　　　　　　…など | 1人以上（兼務可） |

### ▼療養通所介護の人員基準

| 職種 | 資格 | 人数 |
|---|---|---|
| 管理者 | ● 看護師 | 1人以上（常勤） |
| 看護職員<br>または介護職員 | ● 看護師　…など | 利用者 **1.5**人に1人以上<br>（1人以上は常勤の看護師） |

### ▼通所介護・地域密着型通所介護・療養通所介護の運営基準

| 計画の作成 | ● すでに居宅サービス計画がある場合は、それに沿って通所介護計画を作成する<br>● 管理者は、計画の作成に加え、次の2つの業務を行わなければならない<br>　①当該計画の内容を利用者・家族に説明し、利用者の同意を得た上で、<br>　　利用者に交付する<br>　②計画の実施状況、および目標の達成状況を記録する |
|---|---|

### ▼会議の開催頻度

| | 運営推進会議 | 安全・サービス<br>提供管理委員会 |
|---|---|---|
| 地域密着型通所介護 | **6**カ月に1回 | ― |
| 療養通所介護 | **12**カ月に1回 | **6**カ月に1回 |

通所サービスでは、
送迎を実施しなかった場合、
基本報酬から「減算」
されます

 練習問題7 | 解答＆解説

居宅サービス計画と通所介護計画の方向性がずれていたらおかしいですので、確認する必要があります。よって2は×です。指定通所介護事業者は事業所ごとに経理を区分する必要がありますので、5も×となります。

**正解** 1,3,4

# 08

# 通所リハビリテーション

出題頻度 ★★☆

必修ポイント！

- ☑ 通所リハビリテーションは医師の指示を受けた人が利用可能
- ☑ 病院・診療所・介護老人保健施設・介護医療院でのみ実施
- ☑ 通所リハビリテーション計画は、従業者が作成します

　通所リハビリテーションは、「要介護状態となった場合においても、その利用者が可能な限りその<u>居宅</u>において、その有する能力に応じ自立した日常生活を営むことができるよう<u>生活機能の維持または向上</u>を目指し、<u>理学療法、作業療法その他必要なリハビリテーションを行う</u>ことにより、利用者の<u>心身の機能の維持回復を図る</u>ものでなければならない」とされています。脳血管障害などで身体機能に障害がある人、認知症の人、社会交流の機会の乏しい人、若年性認知症の人などが利用できます。

　通所リハビリテーションが実施できるのは、<u>病院・診療所・介護老人保健施設・介護医療院</u>のみで（<u>維持期リハビリテーション</u>を実施。すべて<u>みなし</u>指定→52ページ）、定員を定めて実施される必要があります。

##  計画の作成者には、リハビリの提供にあたる従業者も含む

　通所リハビリテーションの人員基準ですが、<u>医師・理学療法士・作業療法士もしくは言語聴覚士・看護師もしくは准看護師・介護職員</u>を配置しなければなりません。

　運営基準には<u>通所リハビリテーション計画</u>の作成についてのルールがあり、そこでは、作成するのは、医師および理学療法士、作業療法士、そのほか通所リハビリテーションの提供にあたっている<u>通所リハビリテーションの従業者</u>とされています。記録の保存もほかの居宅サービス同様、<u>完結の日から2年間保存</u>することが定められています。

　なお、送迎を行わないと、報酬が一部<u>減算</u>となります。

### 練習問題8

指定通所リハビリテーションについて正しいものはどれか。3つ選べ。

1. 利用者の生活機能の維持又は向上を目指し、心身の機能の維持回復を図るものでなければならない。
2. 介護老人福祉施設で提供される。
3. 事業所には、生活相談員を配置しなければならない。
4. 通所リハビリテーション計画は、医師及び理学療法士、作業療法士等の従業者が共同して作成する。
5. 通所リハビリテーション計画の進捗状況を定期的に評価し、必要に応じて当該計画を見直す。

▼**通所リハビリテーションの人員基準**

| 職種 | 資格 | 人数 |
|------|------|------|
| 医師 | ● 医師 | 1人以上（常勤） |
| 理学療法士<br>作業療法士<br>言語聴覚士 | ● 理学療法士<br>● 作業療法士<br>● 言語聴覚士 | 利用者 <u>100</u> 人に1人以上 |
| 看護職員 | ● 看護師<br>● 准看護師 | 利用者 <u>10</u> 人に1人以上 |
| 介護職員 | ● 不要 | |

▼**通所リハビリテーションの運営基準**

| | |
|---|---|
| **具体的取扱方針** | ● 通所リハビリテーション従業者は、指定通所リハビリテーションの提供にあたっては、懇切丁寧に行うことを旨とし、利用者、またはその家族に対し、リハビリテーションの観点から療養上必要とされる事項について、理解しやすいように<u>指導</u>または<u>説明</u>を行う<br>● 指定通所リハビリテーションの提供にあたっては、つねに利用者の<u>病状、心身の状況</u>、およびその置かれている環境の的確な把握に努め、利用者に対して適切なサービスを提供する。とくに、<u>認知症</u>である<u>要介護者</u>に対しては、必要に応じ、その特性に対応したサービス提供ができる体制を整える<br>● 指定通所リハビリテーション事業者は、<u>リハビリテーション会議の開催</u>により、リハビリテーションに関する専門的な見地から利用者の状況等に関する情報を構成員と<u>共有</u>するよう努め、利用者に対し、適切なサービスを提供する |
| <u>通所リハビリテーション計画</u>の作成 | ● 医師および<u>理学療法士</u>、作業療法士その他もっぱら指定通所リハビリテーションの提供にあたる通所リハビリテーション従業者は、診療または運動機能検査、作業能力検査等をもとに、<u>共同</u>して、利用者の心身の状況、希望およびその置かれている環境を踏まえて、リハビリテーションの目標、当該目標を達成するための具体的なサービスの内容などを記載した、通所リハビリテーション<u>計画を作成</u>しなければならない |

リハビリテーション会議は、テレビ電話装置等を活用することもできます。この場合、利用者およびその家族の同意が必要です

 **練習問題8 | 解答＆解説**

通所リハビリテーションは病院・診療所・介護老人保健施設・介護医療院でしか実施できません。2の介護老人福祉施設では実施できませんので、2は×です。通所リハビリテーションでは、生活相談員の配置は義務づけられていませんので、3も×となります。

正解 **1,4,5**

# 短期入所サービス

☑ 短期入所サービスは医療系と福祉系に分けられます
☑ 短期入所生活介護には単独型・併設型・空床利用型があります
☑ 短期入所療養介護では空床利用型のみで提供されます

　短期入所サービスには、短期入所生活介護（福祉系）と短期入所療養介護（医療系）があります。ともに、「利用者の心身の機能維持・回復」「家族の疾病・冠婚葬祭などの場合や、家族の介護負担軽減」「介護・機能訓練・必要な医療・日常生活上の世話」などを目的として利用され、短期入所療養介護ではターミナルケアも行います。

　短期入所生活介護は、①単独型・②併設型・③空床利用型の3つの類型がありますが、短期入所療養介護の場合、空床利用型のみの提供となっています。

　短期入所サービスで注意すべき点は、計画作成です。計画が必要な利用者は「おおむね4日以上継続して利用する者」になります。
「連続30日まで利用可能で、30日を超えてサービス提供を行った場合、報酬算定されない」という決まりもあります。この場合、現場では、間に1日自費を挟んで連続にならないようしているようですが、試験対策上、基本ルールを理解しておきましょう。また、送迎を実施した場合は送迎加算を算定することができます。

## 短期入所生活介護の居室は「個室」ではないことに注意

　短期入所生活介護の単独型の人員基準では、管理者・医師・生活相談員・介護または看護職員・栄養士・機能訓練指導員の配置が必要です。ただし、栄養士については、40人以下の事業者では、他施設の栄養士との連携があれば配置の必要がありません。

　短期入所サービス共通の設備基準と運営基準は次ページの通りです。短期入所生活介護の設備基準は「1つの居室の定員は4人以下」で、個室ではないので注意しましょう。また、短期入所療養介護では日帰りサービス（特定短期入所療養介護）もあります。

 練習問題9

指定短期入所療養介護について正しいものはどれか。3つ選べ。

1 家族の身体的及び精神的な負担軽減を図るために利用できる。
2 看護、医学的管理の下における介護及び機能訓練その他必要な医療並びに日常生活上の世話を行う。
3 居宅サービス計画において、あらかじめ位置付けられていない場合には、利用することができない。
4 短期入所療養介護計画は、おおむね4日以上連続して利用する場合に作成する必要がある。
5 ターミナルケアは行われない。

▼ 短期入所サービスの3つの類型

| 類型 | 内容 | 短期入所<br>生活介護 | 短期入所<br>療養介護 | 定員 |
|---|---|---|---|---|
| ① 単独型 | 短期入所生活介護のみを行う建物で行われる | ○ | × | 20人以上 |
| ② 併設型 | 特別養護老人ホームなどの本体施設に併設して行われる | ○ | × | 20人未満でも可能 |
| ③ 空床利用型 | 特別養護老人ホームの空きベッド（空床）などを利用して行われる | ○ | ○ | |

▼ 短期入所生活介護・単独型の人員基準

| 職種 | 資格 | 人数 |
|---|---|---|
| 管理者 | ● 不要 | 1人以上（常勤） |
| 医師 | ● 医師 | 1人以上 |
| 生活相談員 | ● 都道府県で異なる | 1人以上 |
| 介護職員<br>または看護職員 | ● 看護師 …など | 利用者3人に対して1人<br>（常勤換算でも可能） |
| 栄養士 | ● 栄養士 | 1人以上<br>（40人以下の事業所では、他施設の栄養士との連携があれば配置しなくてもよい） |
| 機能訓練指導員 | ● 理学療法士　　● 作業療法士<br>● 言語聴覚士　　● 看護職員<br>● あん摩マッサージ指圧師<br>● 一定の経験を有するはり師・きゅう師<br>　　　　　　　　　　　…など | 1人以上 |

▼ 短期入所サービスの設備・運営基準

| 【設備基準】<br>居室 | 短期入所生活介護の場合<br>● 1つの居室の定員は4人以下<br>● 定員を超えて提供してはならない。ただし、災害その他のやむを得ない事情がある場合は、この限りでない |
|---|---|
| 【運営基準】<br>計画の作成 | ● 管理者は、計画の作成に加え、次の業務を行わなければならない<br>　①当該計画の内容を利用者・家族に説明し、利用者の同意を得た上で利用者に交付する |

 **練習問題9** | 解答＆解説

短期入所療養介護は緊急時に利用することもあります。なので、居宅サービス計画に位置づけられていなくても利用することが可能です。よって3は×です。短期入所療養介護ではターミナルケアも行いますので、5は×です。

正解 1,2,4

# 10

# 福祉用具貸与と特定福祉用具販売

出題頻度 ★★☆

必修ポイント!

☑ 福祉用具には、レンタルと購入があります
☑ 要介護1・要支援の使える福祉用具貸与品目は一部のみです
☑ 福祉用具専門相談員を配置しなければなりません

介護保険制度における、福祉用具には、**レンタル**（福祉用具**貸与**）と購入（**特定福祉用具販売**）があります。

基本的には貸与で行われるべきなのですが、**入浴・排泄**の用に供するものについては、レンタルでは対応が難しく、販売対応になりました。

現在、販売対応になっている品目は**6つ**（①**腰掛便座**・②自動排泄処理装置の**交換可能部分**・③**排泄予測支援機器**・④**入浴補助用具**・⑤**簡易浴槽**・⑥移動用リフトの**つり具の部分**）あります。数が少ないので、まずこちらから覚えていくといいでしょう。

一方、レンタル対応（福祉用具貸与）となっているものには、**13**品目あります。こちらについては、車いす（車いす付属品を含む）・特殊寝台（特殊寝台付属品を含む）・歩行器など、覚えやすいものから順番に覚えていくとよいでしょう。

レンタルは、**要介護1**ならびに**要支援者**の人の場合、原則、**手すり・スロープ・歩行器・歩行補助つえ**のみが利用可能です。

**移動用リフト**や**自動排泄処理装置**は、本体部分は福祉用具**貸与**となっていますが、その他（つり具の部分や交換可能部分）については、特定福祉用具**販売**に分類されているので、注意が必要です。

## 貸与の場合の運営基準には「衛生管理」の定めあり

福祉用具貸与事業者および特定福祉用具販売事業者の人員基準は、**管理者**を配置し、かつ**福祉用具専門相談員**を常勤換算方法で**2人**以上配置しなければなりません。

運営基準については、**計画**の作成があり、また、福祉用具貸与の場合、福祉用具に関する**衛生管理**について定められています。

## 練習問題10

介護保険における福祉用具貸与の対象となるものとして正しいものはどれか。2つ選べ。

1 エアマットレスなどの床ずれ防止用具
2 移動用リフトのつり具の部分
3 入浴用介助ベルト
4 浴槽内いす
5 特殊寝台からの起き上がりや移乗の際に用いる介助用ベルト

## ▼福祉用具「貸与」の13品目

| 品目 | 内容 | 品目 | 内容 |
|---|---|---|---|
| ①車いす | 自走用・介助用・電動…など | ⑧スロープ | 工事が必要なく、持ち運びが容易なもの |
| ②車いす付属品 | クッション・バッテリー…など | ⑨歩行器 | 車輪のあるものとないものがある |
| ③特殊寝台 | 電動ベッド | ⑩歩行補助つえ | 多点杖・松葉杖…など（T字杖は対象外） |
| ④特殊寝台付属品 | 介助用ベルト・スライディングボード…など | ⑪認知症老人徘徊感知機器 | センサー感知式 |
| ⑤床ずれ防止用具 | エアマット…など | ⑫移動用リフト | つり具部分は除く 段差解消機も対象 |
| ⑥体位変換器 | 体位保持のみのものは対象外 | ⑬自動排泄処理装置 | 交換可能部分は除く |
| ⑦手すり | 床に置いて使用するもの…など | | |

要介護1・要支援の人が利用できるのは、13品目のうち⑦⑧⑨⑩の4つ

## ▼特定福祉用具「販売」の6品目

| 品目 | 内容 | 品目 | 内容 |
|---|---|---|---|
| ①腰掛便座 | ポータブルトイレ | ④入浴補助用具 | 入浴用いす・浴槽用手すり・すのこ・入浴用介助ベルト…など |
| ②自動排泄処理装置 | レシーバー・チューブなどの交換可能部分 | ⑤簡易浴槽 | 容易に収納できる構造の浴槽（空気式など） |
| ③排泄予測支援機器 | 排尿のタイミングを知らせる機能 | ⑥移動用リフト | つり具の部分 |

## ▼福祉用具貸与・特定福祉用具販売の人員基準

| 職種 | 資格 | 人数 |
|---|---|---|
| 管理者 | ● 不要 | 1人以上（常勤） |
| 福祉用具専門相談員 | ● 福祉用具専門相談員講習修了者<br>● 一定の国家資格保持者 | 常勤換算2人以上 |

## ▼福祉用具貸与・特定福祉用具販売の運営基準

| | |
|---|---|
| 計画の作成 | ● 福祉用具専門相談員は、計画の作成に加え、次の2つの業務を行わなければならない<br>①当該計画の内容を利用者・家族に説明し、利用者の同意を得た上で、利用者および担当の介護支援専門員に交付する<br>②計画の実施状況の把握を行い、必要に応じてその計画を変更する（福祉用具貸与のみ） |
| 衛生管理等（福祉用具貸与のみ） | ● 事業者は、従業者の清潔の保持と健康状態について必要な管理を行い、設備と備品について、衛生的な管理に努めなければならない<br>● 回収した福祉用具を、種類・材質等からみて適切な方法で速やかに消毒するとともに、すでに消毒が行われた福祉用具と行われていないものとを区分して保管<br>● 福祉用具の保管・消毒は、ほかの事業者に委託等可 |

## 練習問題10 │ 解答＆解説

移動用リフトは本体については福祉用具貸与ですが、つり具の部分は特定福祉用具販売となります。よって2は×です。入浴用介助ベルトと浴槽内いすも特定福祉用具販売となりますので、3と4も×となります。

正解 1,5

# 11

# 住宅改修

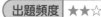 

**必修ポイント！**

- ☑ 住宅改修には5種類あり、付帯工事も含まれます
- ☑ 事業者指定制度ではなく、事前申請と事後報告が必要です
- ☑ 転居や3段階リセットでは、再度住宅改修費の受給が可能です

介護保険における住宅改修は、簡単なバリアフリー工事をイメージすると理解しやすいと思います。保険給付の対象となる住宅改修には5種類あり、具体的には、**①手すりの取り付け**、②**段差の解消**、③**滑りの防止および移動の円滑化等のための床または通路面の材料の変更**、④**引き戸等の扉の取り替え**、⑤**洋式便器等の便器の取り替え**です。

なお、給付対象には、①〜⑤の住宅改修に付帯して必要となる工事なども含まれます。たとえば、「手すりを取り付ける際に下地を補強する」などがこれに該当します。

そのほか、覚えておく必要があるのが、住宅改修を行う事業者は指定制度がないため、**工事前**の**事前申請**と、**工事後**の**事後報告**が行われることで保険給付の対象となる、ということです。「理由書」は**介護支援専門員**、あるいは**専門的知識・経験を有する者**が作成します。

## 住宅改修費が再度支給される場合とは？

住宅改修費は一度利用した場合でも**転居した場合**と、**3段階重度化した場合**（これを「**3段階リセット**」といいます）に、もう一度給付を受けることができます（3段階リセットの場合、同じ住居でも給付を受けることができます）。

なお、3段階リセットの「段階」と、要介護・要支援の「区分」はイコールでは**ありません**（次ページ）。要支援1の人が、要介護2になった場合、区分としては3区分重度化していますが、段階は2段階しか重度化していません。そのため、このケースは3段階リセットに該当せず、再度給付を受けることができません。

 **練習問題 11**

介護保険における住宅改修について正しいものはどれか。3つ選べ。

1 取り付けに際し工事の必要のない、便器を囲んで据え置いて使用する手すりは、住宅改修費の支給対象にはならない。
2 浴室の段差解消に伴う給排水設備工事は、住宅改修費の支給対象にはならない。
3 非水洗和式便器から水洗洋式便器に取り替える場合は、水洗化工事の費用も住宅改修費の支給対象になる。
4 引き戸への取替えにあわせて自動ドアを設置した場合は、自動ドアの動力部分の設置は、住宅改修費の支給対象にはならない。
5 畳敷から板製床材への変更は、住宅改修費の支給対象になる。

### ▼住宅改修の給付対象とは？

| 種類 | 住宅改修 | 付帯工事 |
|---|---|---|
| ①手すりの取り付け | 廊下、浴室、玄関などの横手すり・縦手すり・L字型手すり　…など | ● 手すりの取り付けのための壁の下地補強 |
| ②段差の解消 | 居室・廊下・トイレ・通路などの段差解消 | ● 浴室の床の段差解消に伴う給排水設備工事<br>● スロープの設置に伴う転落や脱輪防止を目的とする柵や立ち上がりの設置 |
| ③滑りの防止および移動の円滑化等のための床または通路面の材料の変更 | 畳→板・浴室の滑りにくい床材への変更　…など | ● 浴室の床の段差解消に伴う給排水設備工事<br>● スロープの設置に伴う転落や脱輪防止を目的とする柵や立ち上がりの設置 |
| ④引き戸等の扉の取り替え | 引き戸などへの変更<br>安い場合は、新設でも可 | ● 扉の取り替えに伴う壁、または柱の改修工事（ドアノブの変更も含まれる） |
| ⑤洋式便器等の便器の取り替え | 位置や向きの変更も可、水洗化は不可 | ● 便器の取り替えに伴う給排水設備工事（水洗化または簡易水洗化にかかるものを除く）<br>● 便器の取り替えに伴う床材の変更 |

### ▼段階と区分

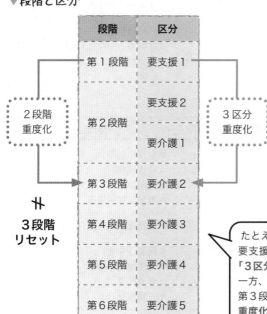

| 段階 | 区分 |
|---|---|
| 第1段階 | 要支援1 |
| 第2段階 | 要支援2 |
| | 要介護1 |
| 第3段階 | 要介護2 |
| 第4段階 | 要介護3 |
| 第5段階 | 要介護4 |
| 第6段階 | 要介護5 |

2段階重度化

3区分重度化

＃
3段階リセット

同一住宅に複数の要介護者が居住する場合、内容が異なれば住宅改修費の同時申請をすることができます

たとえば…
要支援1の人が要介護2になった場合、「3区分」重度化したことになる。
一方、「段階」で見ると、「第1段階から第3段階になった」となり、2段階しか重度化していない。よって、この場合は、3段階リセットとはならない

### 練習問題11 │解答＆解説

段差解消に伴う給排水設備工事は、付帯工事の対象となりますので、2は×です。しかし、トイレの水洗化など、バリアフリーに関係ない内容については、住宅改修費の支給対象外となります。よって3も×になります。

正解　1,4,5

## まとめ ①居宅サービス

ここまでに学んだ試験合格の必修ポイントのまとめです。
重要語句を付属の赤シートで隠すなどして覚えていきましょう。
試験直前期にも要チェック！

### ▼「訪問系」の人員基準

| サービス名 | | 管理者 | 従業者 |
|---|---|---|---|
| 訪問介護 | | ● 資格不要（常勤専従） | ● サービス提供責任者<br>● 訪問介護員等 |
| 訪問入浴介護 | | ● 資格不要（常勤専従） | ● 看護職員<br>● 介護職員 |
| 訪問看護 | 病院・診療所 | ● 規定なし | ● 看護職員 |
| | 訪問看護ステーション | ● 保健師または看護師（常勤） | ● 看護職員<br>● 理学療法士など |
| 訪問リハビリテーション | | ● 規定なし | ● 医師（常勤）<br>● 理学療法士など（非常勤でも可） |

### ▼「通所系」の人員基準

| サービス名 | 管理者 | 従業者 |
|---|---|---|
| 通所介護・<br>地域密着型通所介護 | ● 資格不要（常勤専従） | ● 生活相談員<br>● 看護職員<br>● 介護職員<br>● 機能訓練指導員 |
| 療養通所介護 | ● 看護師（常勤） | ● 看護職員または介護職員 |
| 通所<br>リハビリテーション | ● 規定なし | ● 医師（常勤）<br>● 理学療法士など<br>● 看護職員<br>● 介護職員 |

### ▼「短期入所生活介護」の人員基準

| サービス名 | 管理者 | 従業者 |
|---|---|---|
| 短期入所生活介護 | ● 資格不要（常勤） | ● 医師<br>● 生活相談員<br>● 介護職員または看護職員<br>● 栄養士<br>● 機能訓練指導員 |

## ▼ 福祉用具（貸与・販売）の種類

### 福祉用具貸与

| 品目 |
| --- |
| ① 車いす |
| ② 車いす付属品 |
| ③ 特殊寝台 |
| ④ 特殊寝台付属品 |
| ⑤ 床ずれ防止用具 |
| ⑥ 体位変換器 |
| ⑦ 手すり |
| ⑧ スロープ |
| ⑨ 歩行器 |
| ⑩ 歩行補助つえ |
| ⑪ 認知症老人徘徊感知機器 |
| ⑫ 移動用リフト |
| ⑬ 自動排泄処理装置 |

13品目！

### 特定福祉用具販売

| 品目 |
| --- |
| ① 腰掛便座 |
| ② 自動排泄処理装置（交換可能部分） |
| ③ 排泄予測支援機器 |
| ④ 入浴補助用具 |
| ⑤ 簡易浴槽 |
| ⑥ 移動用リフト（つり具の部分） |

6品目！

このページの内容は「特定福祉用具販売」→「住宅改修」→「福祉用具貸与」の順で覚えていきましょう！

住宅改修の
5種類

給付対象には、①～⑤の
住宅改修に付帯して必要となる
ものも含まれる

## ▼ 住宅改修

| |
| --- |
| ① 手すりの取り付け |
| ② 段差の解消 |
| ③ 滑りの防止および移動の円滑化等のための床または通路面の材料の変更 |
| ④ 引き戸等の扉の取り替え |
| ⑤ 洋式便器等の便器の取り替え |

## 12 定期巡回・随時対応型 訪問介護看護と夜間対応型訪問介護

出題頻度 ★★☆

必修ポイント！

☑ 定期巡回・随時対応型訪問介護看護は、24 時間サービス提供
☑ 夜間対応型訪問介護の提供時間は、22 時～6 時です
☑ 定期巡回・随時対応・随時訪問などのサービスを行います

　定期巡回・随時対応型訪問介護看護は、**24 時間**体制で、**夜間対応型訪問介護**は夜間帯（**22 時～6 時**）に事業が実施されます（**要介護者**が対象）。両者はともに**地域密着型**サービス（49 ページ）であり、サービス内容が似ていますので一緒に解説します。

　定期巡回・随時対応型訪問介護看護では、①**定期巡回**サービス、②**随時対応**サービス、③**随時訪問**サービス、④**訪問看護**サービスの４つが提供されています。①の定期巡回サービスは利用者宅を**短**時間に**定期**的に訪問するもので、③の随時訪問サービスは**必要に応じて**（＝随時）訪問するサービスです。②の随時対応サービス（夜間対応型訪問介護では、**オペレーションセンターサービス**）は利用者からの緊急時の通報に対して対応するもので、④の訪問看護サービスは看護師等が定期的または随時訪問して、医師の指示にもとづき実施するものになります。また、④の訪問看護サービスには、その事業所がすべて行う**一体型**と、訪問看護事業者と連携して行う**連携型**の２タイプがあります。

　なお、利用者が通報をするためには、**ケアコール端末**が必要ですが、これは事業者が用意しなければなりません。ただし、自宅の電話や携帯電話で対応可能なら、それを使うことができます。そのほか、定期巡回・随時対応型訪問介護看護は、**介護・医療連携推進会議**をおおむね**6 ヵ月**に**1 回**開催しなければならないことも押さえておきましょう。

 ### 両者で共通する人員基準とそれ以外とを整理しておこう

　定期巡回・随時対応型訪問介護看護と夜間対応型訪問介護で共通する人員基準は、**管理者・オペレーター・訪問介護員**の配置です。それ以外に、夜間対応型訪問介護では、**面接相談員**を、定期巡回・随時対応型訪問介護看護では**計画作成責任者や看護職員**（**看護師**等。**一体型**の場合）を配置しなければなりません。

### 練習問題 12

定期巡回・随時対応型訪問介護看護について正しいものはどれか。２つ選べ。

1 利用者が適切に随時の通報ができる場合、ケアコール端末を配布せず、携帯電話等で対応可能である。
2 社会福祉士はオペレーターとして従事できない。
3 24 時間サービス提供を行う。
4 介護・医療連携推進会議をおおむね 12 ヵ月に 1 回以上開催しなければならない。
5 准看護師はオペレーターとして従事できない。

▼定期巡回・随時対応型訪問介護看護と夜間対応型訪問介護の人員基準

| 職種 | 資格 | 人数 |
|---|---|---|
| 管理者 | ● 不要 | 1人以上（常勤専従。兼務可） |
| オペレーター | ● 看護師　● 介護福祉士　● 医師<br>● 保健師　● 准看護師　● 社会福祉士<br>● 介護支援専門員 | 1人以上 |
| 訪問介護員 | ● 介護福祉士等 | 必要数 |
| 【夜間対応型訪問介護のみ】<br>面接相談員 | ● 原則、オペレーターと同様の資格 | 必要数 |
| 【定期巡回・随時対応型<br>訪問介護看護のみ】<br>計画作成責任者 | ● オペレーターと同様の資格 | 1人以上 |
| 【定期巡回・随時対応型<br>訪問介護看護のみ】<br>看護職員<br>（一体型の場合） | ● 訪問看護ステーションと同じ（215ページ） | |

▼定期巡回・随時対応型訪問介護看護と夜間対応型訪問介護の運営基準

| | |
|---|---|
| 計画の作成 | ● 計画作成責任者（夜間対応型訪問介護では、オペレーションセンター従業者）は、計画の作成をしなければならない |
| 具体的取扱方針 | 【夜間対応型訪問介護】<br>● 随時訪問サービスを適切に行うため、オペレーションセンター従業者は、利用者の面接、および1ヵ月ないし3ヵ月に1回程度、利用者の居宅への訪問を行い、随時利用者の心身の状況、その置かれている環境等の的確な把握に努め、利用者またはその家族に対し、適切な相談および助言を行う |
| 地域との連携等 | 【定期巡回・随時対応型訪問介護看護】<br>● 介護・医療連携推進会議（テレビ電話装置等を活用して行うことができる。ただし、利用者または家族が参加する場合は、その活用について同意を得なければならない）を設置し、おおむね6ヵ月に1回以上、サービス提供状況等を報告して評価を受けるとともに、必要な要望、助言を聴く機会を設けなければならない |

夜間対応型訪問介護は、一人暮らしでなくても利用できます

 練習問題12 | 解答＆解説

介護・医療連携推進会議はおおむね6ヵ月に1回開催しなければなりませんので、4は×です。
社会福祉士も准看護師も、オペレーターとして従事できます。よって2と5も×となります。

正解 1,3

# 13

# 小規模多機能型サービス

**必修ポイント！**

- ☑ 小規模多機能型サービスは1ヵ所で通い・宿泊・訪問を行います
- ☑ 登録制で、登録定員は29人以下です
- ☑ 一部のほかの居宅サービスを利用することができません

小規模多機能型サービスは、**小規模多機能型居宅介護**と**看護小規模多機能型居宅介護**をあわせたものです。小規模多機能型居宅介護は、**通い・宿泊・訪問**を1ヵ所で行うもので、看護小規模多機能型居宅介護は、それに**訪問看護サービス**を加えたものです。登録定員は**29人**以下（サテライト型は**18人**以下）で、宿泊室の定員は**1人**です（利用者の処遇上必要な場合は**2人**）。なお、通いサービスに関しては、利用者が登録定員のおおむね**3分の1**を下回る状態を続けてはならないとされています。

小規模多機能型サービスでは、訪問看護・訪問リハビリテーション・居宅療養管理指導・福祉用具貸与以外の居宅サービスを同時に使うことができません（利用者登録も1ヵ所）。また、**運営推進会議**を**2ヵ月に1回**以上開催しなければなりません。そのほか、看護小規模多機能型居宅介護では、この事業所以外の訪問看護を利用できません。

## 📖 代表者や従業者の配置も求められる

小規模多機能型サービスの人員基準では、**代表者**が必要で、その資格要件は、①認知症ケアに従事した経験がある、もしくは②保健医療・福祉サービスの経営に携わった経験がある者で、厚生労働大臣が定める研修を修了している者です。

管理者については、3年以上、認知症ケアに従事した経験がある者で、厚生労働大臣が定めた研修を修了している者である必要があります。そのほかの人員基準としては、**介護支援専門員・従業者**の配置も求められます。

運営基準において、介護支援専門員は、登録者の**居宅サービス**計画と**小規模多機能型居宅介護計画**（看護小規模多機能型居宅介護計画）の2つを**作成**しなければなりません。

なお、利用料について、食費や宿泊費、おむつ代などは保険給付の**対象外**となるため、受領することが**できます**。

 **練習問題 13**

小規模多機能型居宅介護について正しいものはどれか。3つ選べ。

1. 登録定員は29人以下である。
2. 管理者には特段の資格は不要である。
3. 運営推進会議を6ヵ月に1回以上開催しなければならない。
4. 通いサービスを行わなければならない。
5. 介護支援専門員は、登録者の小規模多機能型居宅介護計画を作成しなければならない。

| 職種 | 資格 | 人数 |
|---|---|---|
| 代表者 | ● ①必要な知識・経験　②指定研修修了 | 1人 |
| 管理者 | ● ①必要な知識・経験　②指定研修修了<br>【看護小規模多機能型居宅介護の場合】<br>● 管理者として保健師または看護師も従事できる | 1人以上（常勤専従） |
| 介護支援専門員 | ● 介護支援専門員かつ指定された研修修了者 | 1人以上（非常勤でも可） |
| 居宅介護従業者 | ● 不要<br>　（ただし、従業者のうち看護職員を1人以上配置）<br>【看護小規模多機能型居宅介護の場合】<br>● 看護職員を常勤換算で2.5人以上配置 | 利用者3人に対し1人<br>（常勤換算でも可） |

▼小規模多機能型サービスの運営基準（小規模多機能型居宅介護・看護小規模多機能型居宅介護で共通）

| | |
|---|---|
| 登録定員<br>および利用定員 | ● 登録定員 29人以下（サテライト事業所の場合は 18人以下）<br>● 通いサービスの利用定員は、登録定員（25人まで）の2分の1から15人<br>　（サテライト事業所の場合は12人）まで。登録定員が25人を超える場合に<br>　は、登録定員26〜27人では16人まで、28人では17人まで、29人では<br>　18人までとなる<br>● 宿泊サービスは、通いサービスの利用定員の3分の1から9人（サテライト<br>　事業所の場合は6人）までとなる |
| 利用料等の受領 | ● サービス提供にかかる費用のほか、下記を利用者から受けることができる<br>　①通常の事業の実施地域以外の利用者に対して行う送迎の費用<br>　②利用者の選択により、通常の事業の実施地域以外の地域の居宅において<br>　　訪問サービスを提供する場合に要した交通費<br>　③食事、宿泊に要する費用<br>　④おむつ代 |
| 居宅サービス計画の<br>作成 | ● 管理者は、介護支援専門員に登録者の居宅サービス計画の作成に関する<br>　業務を担当させる |
| 小規模多機能型<br>居宅介護計画の作成<br><br>【看護小規模多機能型<br>居宅介護の場合】<br>看護小規模多機能型<br>居宅介護計画の作成 | ● 管理者は、介護支援専門員（介護支援専門員を配置していないサテライト<br>　事業所では研修修了者）に、小規模多機能型居宅介護計画の作成業務を<br>　担当させる<br>● 介護支援専門員は、小規模多機能型居宅介護計画の作成に加え、次の3つの<br>　業務を行わなければならない<br>　①計画の作成にあたって、その内容について利用者または家族に対して<br>　　説明し、利用者の同意を得なければならない<br>　②計画を作成した際には、利用者に交付しなければならない<br>　③計画作成後であっても、計画の実施状況や利用者の様態の変化などの<br>　　把握を行い、必要に応じて計画の変更を行う |

## 練習問題13 | 解答＆解説

管理者は、3年以上認知症ケアに従事した経験がある者で、厚生労働大臣が定めた研修を修了している者でなければならないため、2は×です。小規模多機能型居宅介護では、運営推進会議を2ヵ月に1回以上開催しなければなりません。よって3も×です。

正解 1,4,5

# 14

# 認知症対応型通所介護

出題頻度 ★★☆

必修ポイント！

☑ 認知症対応型通所介護は認知症患者専用のデイサービスです
☑ 単独型・併設型・共用型の３つの類型があります
☑ 認知症対応型通所介護の管理者には一定の要件が求められます

認知症対応型通所介護は、認知症と診断された者（急性期は除かれます）しか利用できないデイサービスです。

①単独型・②併設型・③共用型という３つの類型で提供されています（次ページ）。単独型・併設型の定員は 12 人以下、共用型の定員は 1 日あたり 1 ユニット 3 人以下と設定されています。

通常の通所介護と比較して、少人数の定員となっていますので、一人ひとりに細かな支援が期待されます。また、認知症患者の社会的孤立感の解消を図るとともに、心身の機能を維持することや、介護する家族の負担軽減なども目的として挙げられます。

## 管理者になるには、２つの要件をクリアする必要がある

次に、単独型・併設型の人員基準についてです。

認知症対応型通所介護の管理者の要件は、厚生労働大臣が定める研修を修了している者です。そのほかの人員基準としては、生活相談員・看護職員または介護職員・機能訓練指導員の配置が必要となっています。

認知症対応型通所介護全体での運営基準としては、具体的取扱方針において、利用者の認知症の症状の進行の緩和に資するよう、その目標を設定し、計画的に行わなければならないと定められています。また、運営推進会議をおおむね 6 ヵ月に 1 回開催しなければなりません。

そのほか、送迎時に居宅内で介助などに要した時間は、サービス提供時間に含まれ、屋外でサービスを提供する場合は、認知症対応型通所介護計画に位置づける必要があります。

 練習問題 14

認知症対応型通所介護について正しいものはどれか。２つ選べ。
　1　運営推進会議を開催しなければならない。
　2　機能訓練指導員を配置しなければならない。
　3　管理者は特段の資格は不要である。
　4　単独型の定員を１ユニット３人以下にしなければならない。
　5　急性期の認知症患者が利用することができる。

## ▼認知症対応型通所介護の3つの類型

| 類型 | 内容 | 定員 |
|---|---|---|
| ① 単独型 | 特別養護老人ホーム、養護老人ホーム、病院、診療所、介護老人保健施設、介護医療院、社会福祉施設、特定施設に併設されていない事業所が単独で行う | 12人以下 |
| ② 併設型 | 単独型に示されている施設に併設して行う | |
| ③ 共用型 | 指定認知症対応型共同生活介護事業所等の居間や食堂を活用して行う | 1日あたり1ユニット3人以下 |

## ▼認知症対応型通所介護の人員基準（単独型・併設型の場合）

| 職種 | 資格 | 人数 |
|---|---|---|
| 管理者 | ● 指定研修修了 | 1人以上（常勤専従） |
| 生活相談員 | ● 市町村で異なる | 1人以上 |
| 看護職員または介護職員 | ● 看護師　…など | 2人以上 |
| 機能訓練指導員 | ● 理学療法士<br>● 作業療法士<br>● 言語聴覚士<br>● 看護職員<br>● あん摩マッサージ指圧師<br>● 一定の経験を有するはり師・きゅう師<br>…など | 1人以上 |

## ▼認知症対応型通所介護の運営基準

| | |
|---|---|
| 基本方針 | ● 利用者の認知症の症状の進行の緩和に資するよう、その目標を設定し、計画的に行われなければならない<br>● 自らその提供するサービスの質の評価を行い、つねにその改善を図らなければならない |
| 認知症対応型通所介護計画の作成 | ● 管理者は、認知症対応型通所介護計画の作成に加え、次の2つの業務を行わなければならない<br>　①管理者は、認知症対応型通所介護計画の作成にあたっては、その内容について利用者またはその家族に対して説明し、利用者の同意を得なければならない。また、作成した際には利用者に交付しなければならない<br>　②従業者は、それぞれの利用者について、認知症対応型通所介護計画に従ったサービスの実施状況、目標の達成状況の記録を行う |

## 練習問題14 | 解答＆解説

管理者の資格要件は、厚生労働大臣が定める研修を修了している者ですので、誰でもなれるわけではありません。よって3は×です。単独型の定員は12人以下なので、4も×です。急性期の認知症患者は利用できませんので、5も×となります。

正解 1,2

# 15

# 認知症対応型共同生活介護

出題頻度 ★★☆

**必修ポイント！**

- ☑ 認知症対応型共同生活介護は、認知症利用者専用のグループホーム
- ☑ 1ユニットの定員は5人～9人です
- ☑ 運営推進会議は、おおむね2ヵ月に1回以上開催します

認知症対応型共同生活介護は、認知症**グループホーム**と呼ばれ、急性期の状態の者を除く認知症利用者が共同で生活するものです。**1ユニット**あたり定員**5人～9人**の共同生活住居を**1つ以上3つ以下**設置することができ、一定の条件のもと、**短期利用**として利用することもできます。**介護予防**認知症対応型共同生活介護の提供もありますが、要支援1の者は利用できません。

 **管理者と計画作成担当者は、一定の条件のもと兼務可能**

認知症対応型共同生活介護の人員基準を見ていきましょう。**代表者**は、①認知症ケアに従事した経験がある、もしくは保健医療・福祉サービスの経営に携わった経験がある者で、②厚生労働大臣が定める研修を修了している者でなければなりません。

**管理者**は、①3年以上認知症ケアに従事した経験がある者で、かつ②認知症対応型サービス事業管理者研修を修了している者でなければなりません。

**認知症対応型共同生活介護**計画を作成する**計画作成担当者**も配置しなければなりません。計画作成担当者は、①計画作成に関する知識・経験があり、かつ②厚生労働大臣が定める研修修了者でなければなりません。また、そのうちの1人は**介護支援専門員**である必要があります。そのほか、**介護従業者**を配置する必要があります。

なお、管理者と計画作成担当者については、**ユニット**ごとに配置するのが原則ですが、一定の条件をクリアすれば、そのユニット等でほかの職務を**兼務**することもできます。

運営基準については、次ページの内容のほか、**運営推進会議**をおおむね**2ヵ月に1回**開催する、ということも押さえておきましょう。

## 練習問題15

介護保険における認知症対応型共同生活介護について正しいものはどれか。3つ選べ。

1 入居の際には、主治の医師の診断書等により申込者が認知症である者であることの確認をしなければならない。

2 居間及び食堂は、同一の場所とすることができる。

3 管理者は、認知症である者の介護に3年以上従事した経験を有する者であって、所定の研修を修了している者でなければならない。

4 事業者は、利用者の食材料費、理美容代、おむつ代を負担しなければならない。

5 各事業所に設けることができる共同生活住居の数は、1以上5以下である。

▼認知症対応型共同生活介護の人員基準

| 職種 | 資格 | 人数 |
|---|---|---|
| 代表者 | ●①必要な知識・経験 かつ②指定研修修了 | 1人 |
| 管理者 | ●①必要な知識・経験 かつ②指定研修修了 | 1人以上（常勤） |
| 介護従業者 | ●不要 | 利用者**3**人に対し1人<br>（常勤換算でも可能） |
| 計画作成担当者 | ①必要な知識・経験 かつ②指定研修修了<br>（<u>1</u>人以上は、<u>介護支援専門員</u>である必要） | 利用者**3**人に対し1人<br>（常勤換算でも可能） |

▼認知症対応型共同生活介護の設備・運営基準

| | |
|---|---|
| 【設備基準】<br>共同生活住居 | ●事業所に設けることができる共同生活住居は、<u>1以上3以下</u>とする<br>（<u>サテライト事業所</u>の場合は、<u>1または2</u>）<br>●1つの共同生活住居の入居<u>定員は**5〜9人**</u><br>●居室<u>1</u>室あたりの定員は<u>1人</u><br>（利用者の処遇上必要と認められる場合には定員**2人**も可） |
| 【運営基準】<br>入退居 | ●要介護者であって認知症である者のうち、少人数による共同生活を<br>営むことに支障がない者に提供する<br>●入居の際には、主治の医師の診断書等により申込者が<u>認知症であること</u><br><u>の確認</u>をしなければならない<br>●入居申込者が<u>入院治療を要する者</u>であることなどでサービスを提供する<br>ことが困難な場合には、ほかの認知症対応型共同生活介護事業者、介護<br>保険施設、病院、診療所を紹介するなどの<u>適切な措置</u>を速やかに講じな<br>ければならない |
| 【運営基準】<br>認知症対応型<br>共同生活介護計画の<u>作成</u> | ●<u>計画作成担当者</u>は、<u>認知症対応型共同生活介護計画の作成</u>に加え、次の<br>2つの業務を行わなければならない<br>①当該計画の内容を利用者または家族に<u>説明</u>し、利用者の<u>同意</u>を得た<br>上で利用者に<u>交付</u>しなければならない<br>②計画の実施状況の把握を行い、必要に応じてその<u>計画を変更</u>する |

居間と食堂は同一の場所とすることができることや、
入退去に際してはその年月日を利用者の被保険者証に
記載する、ということも覚えておきましょう

 **練習問題15** | 解答＆解説

認知症対応型共同生活介護では、食材料費、理美容代、おむつ代は、利用者の自己負担（保険
給付の対象外）となりますので、4が×です。共同生活住居の数は、1以上3以下ですので、
5も×になります。

正解 1,2,3

# 16

# 施設サービス・運営基準の共通事項

**必修ポイント！**

☑ 要介護度や所得の多寡でサービス提供を断ることはNG

☑ 災害や虐待などやむを得ない場合を除き、定員超の入所はNG

☑ 「協力病院等を定める」には、義務と努力義務があります

ここからは施設サービス（49ページ）について見ていきます。4つの介護保険施設があり、それぞれに特徴がありますが、居宅サービス同様、共通する運営基準があります。ここでは共通する部分について解説していきますので、まとめて覚えてしまいましょう。

共通する運営基準の1つ目が、**提供拒否の禁止**です。介護保険施設の場合、「**要介護度や所得の多寡を理由にサービスの提供を拒否することを禁止**」と、どのような場合に提供拒否がNGなのかが具体的に記載されています。

また**サービス困難時の対応**についても、「適切な病院もしくは診療所等を**紹介**する等の**適切な措置を速やかに講じる**」と、居宅サービスとは異なった記載になっています。

そのほかの共通する部分としては、**定員の遵守**（災害や虐待などのやむを得ない場合を除き、定員を超えて入所させてはならない）や、**非常災害対策**（非常災害に関する具体的計画を立て、定期的に避難・救出、その他必要な訓練を行う）、**衛生管理等**（感染症等が発生・まん延しないよう、適切な処置を講ずる）、**協力病院等**（協力病院は「定めておく」、協力歯科医療機関は「定めておくよう**努める**」）など、介護保険施設で24時間生活をする利用者を守るためのルールが多く定められています。

さらに、施設サービスの取扱方針には、「緊急やむを得ない場合を除き、**身体拘束等を行ってはならない**」と定められています。

 **「栄養管理」や「口腔衛生の管理」についても定められている**

介護保険施設の運営基準には、**栄養管理**（入所者の状況に応じた栄養管理を計画的に行う）、**口腔衛生の管理**（入所者の状態に応じた口腔衛生の管理を計画的に行う）なども定められています。なお、これらは2024（令和6）年3月末までは**努力義務**の扱いとなっています。

**練習問題 16**

介護保険施設について適切なものはどれか。3つ選べ。

1 協力病院を定めなければならない。

2 緊急やむを得ない場合を除き、身体拘束は行ってはならない。

3 いかなる場合でも、定員を超えて入所させてはならない。

4 定期的に避難、救出その他必要な訓練を行う。

5 要介護度が高く、対応が難しい場合は、サービス提供を断ってもよい。

▼施設サービス・運営基準の共通事項はこれだ！

（一部サービスは除く）

| 提供拒否の禁止 | ● 介護保険施設は、原則として、入所申込に対して応じなければならず、とくに、**要介護度や所得の多寡**を理由にサービスの**提供を拒否**することは**禁止**<br>● 提供を拒むことのできる**正当な理由**がある場合とは、**入院治療の必要がある**場合（介護療養型医療施設にあっては、**入院治療の必要のない場合**）、その他入所者に対し**自ら適切な指定施設サービスを提供することが困難**なとき |
|---|---|
| **サービス提供困難時**の対応 | ● 介護保険施設は、入所申込者が**入院治療を必要**とする場合、その他入所申込者に対し**自ら適切な便宜を提供することが困難**である場合は、適切な病院もしくは診療所等を**紹介**するなどの**適切な措置**を速やかに講じる |
| 定員の遵守 | ● 入所定員、居室等の**定員を超えて入所**させてはならない。ただし、災害や虐待等の**やむを得ない場合を除く** |
| **非常災害対策** | ● 非常災害に関する具体的計画を立て、非常災害時の関係機関への**通報**および**連携体制を整備**し、定期的に**避難、救出、その他必要な訓練**を行う<br>● 訓練の実施にあたって、**地域住民の参加**が得られるよう連携に努める |
| **衛生管理等** | ● 入所者の使用する施設、食器その他の設備や飲用水の**衛生的な管理に努める**とともに、**医薬品および医療機器の管理**を適正に行う<br>● **感染症**や**食中毒**が発生し、またはまん延しないように適切な措置を講ずる |
| 協力病院等 | ● 入所者の病状の急変や入院に備えるため、あらかじめ**協力病院を定めておく**<br>● あらかじめ、**協力歯科医療機関を定めておくよう努める** |
| 施設サービスの取扱方針 | ● **施設サービス**計画にもとづき、入所者の要介護状態の軽減または悪化の防止に資するよう、心身の状況等を踏まえて、その者の**処遇（療養）を妥当適切に行う**<br>● 入所者等の生命や身体の保護のため**緊急やむを得ない場合**を除き、**身体拘束等を行ってはならない**<br>● やむを得ず身体拘束等を行う場合は、その**態様、時間、その理由を記録**する<br>● 身体拘束等の適正化のための対策を検討する委員会の開催、指針の整備、従業者研修を行う |
| 栄養管理 | ● 入所者の**栄養状態の維持・改善**を図り、自立した日常生活を営むことができるよう、各入所者の状態に応じた**栄養管理を計画的**に行う |
| 口腔衛生の管理 | ● 入所者の**口腔の健康の保持**を図り、自立した日常生活を営むことができるよう、**口腔衛生の管理体制**を整備し、各入所者の状態に応じた**口腔衛生の管理**を計画的に行う |

> 「緊急やむを得ない場合」として身体拘束が認められるのは、「切迫性」「非代替性」「一時性」のすべてを満たす場合です

## 練習問題 16 | 解答＆解説

原則、定員は遵守しなければなりませんが、災害や虐待等のやむを得ない場合は除かれます。よって3は×です。要介護度によってサービス提供を断るのは禁止されていますので、5も×となります。

**正解** 1,2,4

# 17 介護老人福祉施設

出題頻度 ★★★

**必修ポイント！**

- ☑ 指定を受けられるのは、地方公共団体と社会福祉法人のみです
- ☑ 要介護3以上の人が入所できます
- ☑ 居室の定員は1人です

　介護老人福祉施設は、<u>福祉</u>系唯一の介護保険施設です。<u>老人福祉法</u>で認可された特別養護老人ホームのうち、<u>都道府県</u>により指定を受けた施設のことを指しますので、介護老人福祉施設＝<u>特別養護老人ホーム</u>と考えて問題ありません。なお、指定を受けることができるのは、<u>地方公共団体</u>と<u>社会福祉法人</u>に限られます。

　定員は<u>30人</u>以上（<u>ユニット</u>型では1ユニットの定員は<u>原則おおむね10人以下</u>で、<u>15人を超えないもの</u>とする）で、入所者は原則、<u>要介護3</u>以上（第2号被保険者も含む）でなければなりません（特例入所として要介護1、2の人が入所することもあります）。

## 📖 入院しても3ヵ月以内に退院見込みなら、再入所できる

　介護老人福祉施設の人員基準ですが、<u>管理者・医師・生活相談員・看護職員または介護職員・機能訓練指導員・栄養士または管理栄養士・介護支援専門員</u>を配置する必要があります。

　設備基準においては、居室の定員は<u>1人</u>以下と定められています。ただし、入所者へのサービス提供上、必要と認められる場合は<u>2人</u>とすることができます。また、静養室や医務室（医療法に規定する診療所）、食堂、機能訓練室を設けます。

　運営基準では、入所者の入院期間中の取扱いとして、<u>3ヵ月以内の退院</u>見込の場合、円滑に再入所できるようにする必要があります。その間の空ベッドは空床利用型短期入所生活介護（224ページ）として利用することができます。

### 練習問題 17

指定介護老人福祉施設について正しいものはどれか。3つ選べ。

1　介護支援専門員は、入所者の処遇に支障がない場合であっても、他の職務と兼務しない常勤の者でなければならない。
2　管理者は、常勤の者でなければならないが、管理上支障がない場合には、同一敷地内にある他の事業所、施設等の職務に従事することができる。
3　居宅において日常生活を営むことができると認められる入所者に対し、円滑な退所のために必要な援助を行わなければならない。
4　入所者及びその家族から苦情を受け付けた場合でも、その内容等の記録は義務付けられていない。
5　入所者が病院等に入院する際に、おおむね3月以内に退院することが明らかに見込まれる場合には、原則として、退院後再び当該施設に円滑に入所できるようにしなければならない。

## ▼介護老人福祉施設の人員基準

| 職種 | 資格 | 人数 |
|---|---|---|
| 管理者 | ● 不要 | 1人以上<br>（常勤専従。ただし管理の支障がない場合は兼務可） |
| 医師 | ● 医師 | 適当数（非常勤可） |
| 生活相談員 | ● 自治体で異なる | 1人以上 |
| 看護職員<br>または介護職員 | ● 看護師・准看護師 …など | 入所者**3**人に対し1人<br>（その他、要件あり） |
| 機能訓練指導員 | ● 理学療法士<br>● 作業療法士<br>● 言語聴覚士<br>● 看護職員<br>● あん摩マッサージ指圧師<br>● 一定の経験を有するはり師・きゅう師<br>…など | 1人以上（兼務可） |
| 栄養士<br>または管理栄養士 | ● 栄養士　● 管理栄養士 | 1人以上<br>（定員が40人を超えない場合、配置しなくてもよい） |
| 介護支援専門員 | ● 介護支援専門員 | 1人以上（兼務可） |

## ▼介護老人福祉施設の設備・運営基準

| 【設備基準】<br>居室 | ● 1つの居室の定員は、**1**人以下<br>（必要と認められる場合は、**2人**とすることが可能） |
|---|---|
| 【運営基準】<br>入所者の<br>入院中の取扱い | ● 入所者が医療機関に**入院**しなければならなくなった場合、**3ヵ月以内に退院**できる見込みのときには、原則として、**退院後再び当該施設に円滑に入所**できるようにしなければならない |
| 【運営基準】<br>衛生管理等 | ● 感染症および食中毒の予防、およびまん延の防止のための対策を検討する委員会（感染対策委員会）をおおむね**3**ヵ月に1回以上開催する |

> 介護老人福祉施設は、身体・精神上で著しい障害があり、常時の介護を必要で、居宅で介護を受けることが困難な者が入所し、ターミナルケアも行います。そのため「終の棲家」と捉えてしまいますが、退所への支援も含まれています。
> そのほか、入所者などから苦情があった場合には、記録しなければならず、入所者の記録は、完結の日から2年間保存しなければなりません

 **練習問題17｜解答&解説**

介護老人福祉施設の介護支援専門員は、入所者の処遇に支障がない場合は、ほかの職務と兼務できます。よって1は×です。苦情に関しては、記録を残しておかなければなりませんので、4も×です。

**正解** 2,3,5

# 18 介護老人保健施設と介護医療院

出題頻度 ★★★

**必修ポイント！**

☑ 非営利団体のみが開設許可を受けることができます
☑ 介護医療院にはⅠ型療養床とⅡ型療養床があります
☑ 療養室の定員は4人以下です

　介護老人保健施設と介護医療院は、ともに医療系の介護保険施設です。介護老人保健施設は、要介護高齢者にリハビリテーション等を提供し、在宅復帰・在宅支援を目指す施設であり、介護医療院は、長期の療養が必要な要介護高齢者に医療（ターミナルケアも含む）と介護の両方を提供する施設です。

　都道府県から開設許可を受け、許可を受けることができるのは非営利団体（都道府県・市町村などの地方公共団体、医療法人、社会福祉法人など）や、その他厚生労働大臣が定める者に限られています。

　介護医療院には、重篤な身体疾患を有する人や身体合併症を有する認知症高齢者などが入所するⅠ型療養床と、それ以外の人が入所するⅡ型療養床とがあります。

　両者ともユニット型で提供されることがあり、その場合、1つのユニットの入所定員は、原則としておおむね10人以下とし、15人を超えないものとされています。

　また、小規模介護老人保健施設（サテライト型・医療機関併設型）は29人以下、小規模介護医療院は19人以下となっています。

## 人員基準での両者の共通点・相違点を整理しよう

　両者で共通の人員基準については、管理者・医師・薬剤師・看護職員・介護職員・理学療法士、作業療法士または言語聴覚士・栄養士または管理栄養士（入所定員が100人未満の場合は「配置に努めること」）・介護支援専門員の配置が必要です。これに加えて介護老人保健施設では支援相談員を、介護医療院では診療放射線技師を配置します。

　設備基準では、療養室の定員は4人以下とされています。

　運営基準については、240ページで解説した共通する部分を押さえておきましょう。

 **練習問題18**

介護老人保健施設について正しいものはどれか。2つ選べ。

1 社会福祉法人は、開設できる。

2 ユニット型では、1つのユニットの定員は15人を超えることが認められている。

3 入所定員が100人以上の場合には、栄養士又は管理栄養士を置かなければならない。

4 処置室を設けなければならない。

5 療養室の定員は1人または2人である。

## ▼介護老人保健施設の人員基準

| 職種 | 資格 | 人数 |
|---|---|---|
| 管理者 | ● 原則、都道府県知事が指定する医師 | 1人以上 |
| 医師 | ● 医師 | 入所者100人に1人以上（常勤） |
| 薬剤師 | ● 薬剤師 | 適当数 |
| 看護職員 | ● 看護師・准看護師　…など | 入所者数で異なる |
| 介護職員 | ● 不要 | 入所者数で異なる |
| 支援相談員 | ● 自治体で異なる | 1人以上 |
| 理学療法士等 | ● 理学療法士　…など | 1人以上 |
| 栄養士<br>または管理栄養士 | ● 栄養士または管理栄養士 | 入所定員が100人以上の場合、<br>1人以上（場合により兼務可） |
| 介護支援専門員 | ● 介護支援専門員 | 1人以上（兼務可） |

## ▼介護医療院の人員基準

| 職種 | 資格 | 人数 |
|---|---|---|
| 管理者 | ● 原則、都道府県知事が指定する医師 | 1人以上 |
| 医師 | ● 医師 | 療養床で異なる |
| 薬剤師 | ● 薬剤師 | 療養床で異なる |
| 看護職員 | ● 看護師・准看護師　…など | 入所者6人に対して1人 |
| 介護職員 | ● 不要 | 療養床で異なる |
| 診療放射線技師 | ● 診療放射線技師 | 適当数 |
| 理学療法士等 | ● 理学療法士　…など | 適当数 |
| 栄養士<br>または管理栄養士 | ● 栄養士または管理栄養士 | 入所定員が100人以上の場合、<br>1人以上（場合により兼務可） |
| 介護支援専門員 | ● 介護支援専門員 | 1人以上 |

※小規模介護医療院等については、基準が異なる

## ▼両者に共通する運営基準

- 計画担当者の**介護支援専門員**は定期的に入所者に**面接（モニタリング）**をする
- 入所者の**負担**で当該施設の従業者以外の者による看護および介護を受けさせては**ならない**
- 検査や投薬を妥当適切に行う
- 入退所に関して**定期的**（少なくとも**3**ヵ月ごと）に検討し、その内容等を**記録**する
- 記録は**完結**の日から**2**年間保存しなければならない

## 練習問題18 | 解答＆解説

ユニット型では、1つのユニットについて15人までとされており、15人を超えることはできません。よって2は×です。介護老人保健施設に処置室は不要なので、4は×です。また、療養室の定員は4人以下となりますので、5も×です。

正解 1,3

## まとめ ②施設・地域密着型サービス

ここまでに学んだ試験合格の必修ポイントのまとめです。
重要語句を付属の赤シートで隠すなどして覚えていきましょう。
試験直前期にも要チェック！

### ▼施設サービス・運営基準のまとめ

| | |
|---|---|
| 提供拒否の禁止 | 要介護度や所得の多寡を理由にサービスの提供を拒否することを禁止 |
| サービス提供困難時の対応 | 自ら適切な便宜を提供することが困難である場合は、適切な病院もしくは診療所等を紹介するなどの適切な措置を速やかに講じる |
| 定員の遵守 | 入所定員、居室等の定員を超えて入所させてはならない。ただし、災害や虐待等のやむを得ない場合を除く |
| 非常災害対策 | 定期的に避難、救出、その他必要な訓練を行う |
| 衛生管理等 | 感染症や食中毒が発生し、またはまん延しないように適切な措置を講ずる |
| 協力病院等 | 入所者の病状の急変や入院に備えるため、あらかじめ協力病院を定めておき、また、協力歯科医療機関を定めておくよう努める |
| 施設サービスの取扱方針 | 入所者等の生命や身体の保護のため緊急やむを得ない場合を除き、身体拘束等を行ってはならない |

### ▼「巡回型サービス」の人員基準

| サービス名 | 管理者 | 従業者 |
|---|---|---|
| 定期巡回・随時対応型訪問介護看護 | ●資格不要（常勤専従、兼務可） | ●オペレーター<br>●訪問介護員<br>●計画作成責任者<br>●看護職員 |
| 夜間対応型訪問介護 | ●資格不要（常勤専従、兼務可） | ●オペレーター<br>●訪問介護員<br>●面接相談員 |

ポイントを押さえながら効率よく覚えていきましょう。この「まとめ」ページを試験直前期の復習にも活用してください

▼ 「認知症対応型サービス」の人員基準

| サービス名 | 管理者 | 従業者 |
|---|---|---|
| 認知症対応型<br>通所介護<br>（単独型・併設型） | 指定された研修修了した者 | ● 生活相談員<br>● 看護職員または介護職員<br>● 機能訓練指導員 |
| 認知症対応型<br>共同生活介護 | ❶ 必要な知識・経験があり<br>かつ ❷ 指定された研修修了した者 | ● 介護従業者<br>● 計画作成担当者 |

▼ 「介護保険施設」の人員基準

| サービス名 | 管理者 | 従業者 | 居室（療養室）<br>の定員 |
|---|---|---|---|
| 介護老人<br>福祉施設 | ● 資格不要<br>（常勤専従。ただし管理の<br>支障がない場合は兼務可） | ● 医師<br>● 生活相談員<br>● 看護職員または介護職員<br>● 機能訓練指導員<br>● 栄養士または管理栄養士<br>● 介護支援専門員 | 1人 |
| 介護老人<br>保健施設 | ● 原則、医師 | ● 医師<br>● 薬剤師<br>● 看護職員<br>● 介護職員<br>● 支援相談員<br>● 理学療法士等<br>● 栄養士または管理栄養士<br>● 介護支援専門員 | 4人以下 |
| 介護医療院 | ● 原則、医師 | ● 医師<br>● 薬剤師<br>● 看護職員<br>● 介護職員<br>● 診療放射線技師<br>● 理学療法士等<br>● 栄養士または管理栄養士<br>● 介護支援専門員 | 4人以下 |

介護老人保健施設と介護医療院の「従業者」の基準は
ほぼ同じです。介護老人保健施設には「支援相談員」
が必要で、介護医療院では「診療放射線技師」が必要
となっています。この違いをきちんと整理しておきましょう

# 19

# 障害者総合支援制度

出題頻度 ★☆☆

**必修ポイント!**

☑ 対象となるのは、身体・知的・精神（発達含む）、難病等です
☑ 自立支援給付と地域生活支援事業があります
☑ 障害支援区分は6区分に分類されます

　障害者総合支援制度は、「障害者の日常生活及び社会生活を総合的に支援するための法律」（**障害者総合支援法**）にもとづく制度で、2013年（平成25年）4月からスタートしています。障害者総合支援法が対象とする障害者の範囲は、**身体障害者**、**知的障害者**、**精神障害者**（発達障害者を含む）、**難病等**（治療方法が確立していない疾病で、一定の障害の程度にある者）と定められています。

　障害者総合支援法にもとづく障害福祉サービスを利用する場合、**市町村**に**申請**し、**市町村**から**支給決定**を受ける必要があります。それに伴い、利用者は**障害支援区分**の認定を受けなければならず、**区分1〜区分6**までの**6段階**に分類されます。ちなみに**区分6**が**最重度**となります。なお、障害者のケアプランを**サービス等利用計画**といいます。

## 自立支援給付と地域生活支援事業

　障害者総合支援制度は、障害者の生活を支えるための給付である①**自立支援給付**と、市町村等が実施する②**地域生活支援事業**の2つにより構成されています。

　①の自立支援給付の主なものには、（1）居宅介護、重度訪問介護（肢体不自由・知的・精神が対象）、**同行**援護（視覚障害対象）、**行動**援護（行動障害のある知的障害・精神障害が対象）などの**介護給付**、（2）就労移行支援や就労継続支援などの**訓練等給付**、（3）育成医療、更生医療、精神通院医療がある**自立支援医療費**、そして（4）義肢、装具、車いすなどの**補装具費**があります。

　一方、②の地域生活支援事業には、市町村が行うものと、都道府県が行うものとがあります。**市町村**が行う必須事業には、相談支援事業や成年後見制度利用支援事業などがあり、**都道府県**が行う必須事業には、専門性の高い相談支援事業や広域的な支援事業などがあります。

 **練習問題19**

障害者総合支援法について正しいものはどれか。3つ選べ。

　1　自立支援給付と地域生活支援事業が含まれる。
　2　自立支援医療とは、育成医療、更生医療及び精神通院医療である。
　3　補装具費の支給は、地域生活支援事業の一つである。
　4　対象とする障害者には、難病の者も含まれる。
　5　サービスの利用を希望する者は、都道府県に対して支給申請を行う。

| | | | |
|---|---|---|---|
| 介護給付 | 訪問系 | 居宅介護（ホームヘルプ） | 自宅で、入浴、排泄、食事の介護などを行う |
| | | 重度訪問介護 | 重度の肢体不自由者・知的障害者・精神障害者に、自宅で、入浴、排泄、食事の介護、外出時における移動支援などを総合的に行う |
| | | 同行援護 | 視覚障害により、移動に著しい困難を有する人に、移動に必要な情報の提供（代筆・代読を含む）、移動の援護などの外出支援を行う |
| | | 行動援護 | 自己判断能力が制限されている人が行動するときに、危険を回避するために必要な支援、外出支援を行う |
| | | 重度障害者等包括支援 | 介護の必要性がとても高い人に、居宅介護など複数のサービスを包括的に行う |
| | 日中活動系 | 短期入所（ショートステイ） | 自宅で介護する人が病気の場合などに、短期間、夜間も含め、施設などで入浴、排泄、食事の介護などを行う |
| | | 療養介護 | 医療と常時介護を必要とする人に、医療機関で、機能訓練、療養上の管理、看護、介護および日常生活の世話を行う |
| | | 生活介護 | つねに介護を必要とする人に、昼間に、入浴、排泄、食事の介護などを行うとともに、創作的活動・生産活動の機会を提供する |
| | 施設系 | 施設入所支援 | 施設に入所する人に、夜間や休日に、入浴、排泄、食事の介護などを行う |
| 訓練等給付 | 居住系 | 共同生活援助（グループホーム） | 夜間や休日に、共同生活を行う住居で、相談や日常生活上の援助を行う |
| | 訓練系・就労系 | 自立訓練（機能訓練） | 自立した日常生活・社会生活ができるよう、一定期間、身体機能の維持・向上のために必要な訓練を行う |
| | | 自立訓練（生活訓練） | 自立した日常生活・社会生活ができるよう、一定期間、生活能力の維持・向上のために必要な訓練を行う |
| | | 就労移行支援 | 一般企業などへの就労を希望する人に、一定期間、就労に必要な知識および能力の向上のために必要な訓練を行う |
| | | 就労継続支援（A型＝雇用型） | 一般企業などでの就労が困難な人に、雇用して就労する機会を提供するとともに、能力等の向上のために必要な訓練を行う |
| | | 就労継続支援（B型＝非雇用型） | 一般企業などでの就労が困難な人に、就労する機会を提供するとともに、能力等の向上のために必要な訓練を行う |

厚生労働省HPをもとに作成

**3**

介護保険法以外の法制度

利用者負担は、原則、応能負担（家計の負担能力に応じた負担）で、かつ所得による上限があります

## 練習問題19｜解答＆解説

補装具の給付は、「地域生活支援事業」ではなく、自立支援給付として行われますので、3は×です。サービス利用については、「都道府県」ではなく、市町村に申請をし、支給決定を受けることになります。よって5も×となります。

正解 **1,2,4**

# 20

# 生活保護法

**必修ポイント！**

- ☑ 生活保護法は、「4つの基本原理」で成り立っています
- ☑ 生活保護法の扶助は、8つに分類されます
- ☑ 介護保険施設に入所する被保護者の食費は介護扶助で賄われます

生活保護法には、**4**つの基本原理（**国家責任**の原理・**無差別平等**の原理・**最低生活保障**の原理・**補足性**の原理）がもととなっています。とくに補足性の原理（他法他施策の**優先**：ほかの法律や施策があれば、そちらを**優先**する）の考え方は重要です。

生活保護法には**8**つの「扶助」があります（実施機関は**都道府県知事**、**市長**および福祉事務所を管理する**町村長**）。具体的には、①**生活**扶助、②**教育**扶助、③**住宅**扶助、④**医療**扶助（指定医療機関に**委託**して実施される）、⑤**介護**扶助（指定介護機関に**委託**して実施される）、⑥**出産**扶助、⑦**生業**扶助、⑧**葬祭**扶助です。

なお、被保護者の収入として認められるものには、地代や家賃などの財産収入も含まれます。

## 介護保険制度での1割負担はどの扶助で賄われているのか？

食費や被服費は生活扶助で賄われるのが原則ですが、**介護保険施設**に入所している被保護者の**食費**については**介護扶助**で賄われ、その場合の生活扶助については**介護施設入所者基本生活費**と呼びます。

また、被保護者が第1号被保険者となった場合の介護保険料は、**生活扶助**から賄われます。介護保険被保険者である被保護者が保険給付を受けた場合の自己負担は**1**割となりますが、それは**介護扶助**から賄われることとなります。40歳以上65歳未満で医療保険に加入していない被保護者の場合、第2号被保険者とはなりません。ただ、**特定疾病**により要介護認定等を受けた場合は、介護保険同等のサービスを**介護扶助**として受けることになります。この場合、介護扶助から**10**割全額が給付されます（10割扶助）。

## 練習問題20

生活保護制度について正しいものはどれか。3つ選べ。

1 被保護者の収入として認定されるものには、地代や家賃等の財産収入が含まれる。
2 保護者が急迫した状況にあるときは、保護の申請がなくても、必要な保護を行うことができる。
3 介護施設入所者基本生活費は、介護扶助として給付される。
4 教育扶助は、原則として、現物給付によって行われる。
5 介護扶助は、介護保険制度の保険給付の対象となる介護サービスと同等のサービスを要保護者に対し保障する。

## ▼生活保護法の4つの基本原理

| | | |
|---|---|---|
| ① | 国家責任の原理 | 日本国憲法第25条（生存権）に規定する理念にもとづき、国が生活に困窮するすべての国民に対し、その困窮の程度に応じ、必要な保護を行い、その最低限度の生活を保障するとともに、その自立を助長する |
| ② | 無差別平等の原理 | この法律の定める要件を満たす限り、この法律による保護を、無差別平等に受けることができる |
| ③ | 最低生活保障の原理 | この法律により保障される最低限度の生活は、健康で文化的な生活水準を維持することができるものでなければならない |
| ④ | 補足性の原理 | 保護は、生活に困窮する者が、その利用し得る資産、能力その他あらゆるものを、その最低限度の生活の維持のために活用することを要件として行われる |

## ▼生活保護法の4つの原則

| | | |
|---|---|---|
| ① | 申請保護の原則 | 保護は、要保護者、その扶養義務者、またはその他の同居の親族の申請にもとづいて開始するものとする。ただし、要保護者が急迫した状況にあるときは、保護の申請がなくても、必要な保護を行うことができる |
| ② | 基準及び程度の原則 | 保護は、厚生労働大臣の定める基準により測定した要保護者の需要をもととし、そのうち、その者の金銭または物品で満たすことのできない不足分を補う程度において行うものとする |
| ③ | 必要即応の原則 | 保護は、要保護者の年齢別、性別、健康状態等、その個人または世帯の実際の必要の相違を考慮して、有効かつ適切に行うものとする |
| ④ | 世帯単位の原則 | 保護は、世帯を単位としてその要否および程度を定めるものとする。ただし、これによりがたいときは、個人を単位として定めることができる |

## ▼生活保護法の8つの扶助

| | 類型 | 内容 | 給付方法 |
|---|---|---|---|
| ① | 生活扶助 | 食費、被服費、介護保険料 …など | 金銭 |
| ② | 教育扶助 | 義務教育に関する費用 …など | |
| ③ | 住宅扶助 | 地代、家賃 …など | |
| ④ | 医療扶助 | 医療費、入退院時などの交通費 …など | 現物 |
| ⑤ | 介護扶助 | 介護保険法に規定するサービス、介護保険施設での食費 …など | |
| ⑥ | 出産扶助 | 出産に伴う費用（医療以外） | |
| ⑦ | 生業扶助 | 生業費、高校就学に必要な費用 …など | 金銭 |
| ⑧ | 葬祭扶助 | 死亡に伴う費用（火葬、埋葬など） | |

## 練習問題20 | 解答＆解説

介護保険施設に入所している被保護者に扶助される介護施設入所者基本生活費は、生活扶助として給付されますので、3は×です。教育扶助は金銭給付で行われますので4は×となります。

正解 1,2,5

# 生活困窮者自立支援法

**必修ポイント！**

☑ 実施主体は、都道府県・市・福祉事務所を設置する町村です
☑ 必須事業と任意事業の２つに分類されます
☑ 社会福祉法人等に委託することができます

　生活困窮者自立支援法は、生活困窮者に対する<u>自立</u>の支援に関する措置を講ずることにより、生活困窮者の自立の促進を図ることを目的としています。そもそも生活困窮者の定義は、「最低限度の生活を維持することができなくなる<u>おそれ</u>のある者」となっており、生活保護費の被保護者をこれ以上増やさないようにするための施策です。実施主体は、<u>都道府県</u>や<u>市</u>、<u>福祉事務所を設置する町村</u>で、<u>必須</u>事業と<u>任意</u>事業があります。

 ## ２つの必須事業の内容をしっかり押さえておこう

　必須事業には、<u>自立相談支援</u>事業と<u>住居確保給付金</u>の支給の２つがあります。
　自立相談支援事業には、①就労の支援その他の自立の相談に関する問題についての<u>相談対応</u>、②生活困窮者の抱えている課題を<u>評価・分析</u>し、その<u>ニーズの把握</u>、③ニーズに応じた支援が計画的かつ継続的に行われるよう<u>自立支援計画</u>の策定、④自立支援計画にもとづく各種支援が包括的に行われるよう関係機関との<u>連絡調整</u>などがあります。
　自立相談支援事業の事務の全部または一部については、<u>社会福祉法人</u>、<u>NPO</u>法人などに<u>委託</u>が可能です。また、自立相談支援事業を実施する自立相談支援機関には、<u>主任相談支援員・相談支援員・就労支援員</u>を配置することが基本となっています。
　もう１つの住宅確保給付金の支給は、離職などにより経済的に困窮し、住居を失う、またはそのおそれがある者に対し、住居確保給付金を支給するというものです。住居確保給付金の支給額は、原則として賃貸住宅の家賃額で、支給期間は原則として<u>３ヵ月</u>間（<u>最大９ヵ月</u>まで）です。
　なお、任意事業については次ページにまとめていますので、確認しておきましょう。

## 練習問題 21

生活困窮者自立支援法について適切なものはどれか。３つ選べ。
1　生活困窮者自立相談支援事業は、親に扶養されている成人の子も支援の対象としている。
2　生活困窮者自立相談支援事業の自立相談支援機関には、弁護士の配置が義務付けられている。
3　生活困窮者自立相談支援事業は必須事業である。
4　生活困窮者自立相談支援事業は、社会福祉法人等に委託することはできない。
5　生活困窮者一時生活支援事業は、任意事業である。

## ▼生活困窮者自立支援法での7つの事業

### 必須事業

#### 自立相談支援事業

❶ 就労の支援その他の自立の相談に関する問題についての相談対応を行う
❷ 生活困窮者の抱えている課題を評価・分析し、そのニーズを把握する
❸ ニーズに応じた支援が計画的かつ継続的に行われるよう、自立支援計画を策定する
❹ 自立支援計画にもとづく各種支援が包括的に行われるよう、関係機関との連絡調整を実施する

#### 住宅確保給付金

離職などにより経済的に困窮し、住居を失う、またはそのおそれがある者に対して、住居確保給付金を支給することにより、安定した住居の確保と就労自立を図るもの
（支給期間は原則3ヵ月、最大9ヵ月）

### 任意事業

#### 就労準備支援事業

ただちに一般就労への移行が困難な生活困窮者に対して、一般就労に必要な基礎能力の形成を、計画的かつ一貫して支援する

#### 一時生活支援事業

住居のない生活困窮者であって、所得が一定水準以下の者に対して、一定期間内に限り、宿泊場所の供与や衣食の供与などを実施する

#### 家計改善支援事業

失業や債務問題などを抱える生活困窮者に対して、家計表などを活用して、家計収支等に関する課題の評価・分析（アセスメント）を行い、相談者の状況に応じた支援プランを作成する

#### 就労訓練事業

社会福祉法人 消費生活協同組合、NPO法人、営利企業などの自主事業として実施されるもので、対象者の状態などに応じた就労の機会の提供とあわせ、個々人の就労支援プログラムにもとづき、就労支援担当者による一般就労に向けた支援を実施する

#### 子どもの学習・生活支援事業

貧困の連鎖の防止等のため、生活困窮者である子どもに対する学習支援のほか、子どもおよびその保護者に対して、子どもの生活習慣・育成環境の改善に関する助言、教育・就労などに関する相談、必要な情報提供・助言、関係機関との連絡調整を行う

### 練習問題 21 │ 解答 & 解説

必須事業である「生活困窮者自立相談支援事業」には、主任相談支援員・相談支援員・就労支援員を配置するのが基本となっており、弁護士の配置義務はありません。よって2が×です。生活困窮者自立相談支援事業の全部または一部は、社会福祉法人、NPO法人などに委託することができますので、4も×です。

正解 1,3,5

（右欄）**3** 介護保険法以外の法制度

# 22 後期高齢者医療制度

出題頻度 ★☆☆

**必修ポイント！**

☑ 運営主体は後期高齢者医療広域連合です
☑ 被保険者は 75 歳以上、および 65 歳以上 75 歳未満の一定の者
☑ 被保険者の自己負担は所得に応じて 1 割〜3 割です

　後期高齢者医療制度は、75 歳以上の高齢者（後期高齢者）に対して、適切な医療を提供するための制度で、**高齢者医療確保法**にもとづいて実施されています。

　運営主体は、都道府県ごとにすべての市町村が加入して設立された**後期高齢者医療広域連合**となりますが、保険料の徴収などは**市町村**が行うことになっています。

　被保険者は、① **75 歳以上**の者、および② **65 歳以上 75 歳未満**であって、**一定の障害の状態にあると後期高齢者医療広域連合の認定**を受けた者です（①②とも、生活保護世帯に属する者などは**除かれます**）。

　保険料の徴収方法は、介護保険同様、**普通徴収**と**特別**徴収の方法があります。また、被保険者の自己負担は所得に応じて **1 割〜3 割**となっています。

## 後期高齢者医療制度での給付の種類

　後期高齢者医療制度では、11 種類の医療給付があります。

　具体的には、①**療養の給付**、②**療養費**、③**入院時食事療養費**、④**入院時生活療養費**、⑤**移送費**、⑥**高額療養費**、⑦**高額介護合算療養費**、⑧**保険外併用療養費**、⑨**訪問看護療養費**、⑩**特別療養費**、⑪**条例で定める給付**です。

　後期高齢者医療広域連合は、被保険者に対して、健康教育、健康診査等の**高齢者保健事業**に努めるものとされ、市町村の地域支援事業（介護予防）や国民健康保険の保健事業と**一体的に実施**することとされています。

 **練習問題 22**

後期高齢者医療制度について正しいものはどれか。3 つ選べ。

　1　運営主体は、都道府県である。

　2　75 歳以上の者であって生活保護世帯に属する者も、被保険者となる。

　3　患者の一部負担の割合は、1 割から 3 割となる。

　4　診療報酬点数表は、健康保険法に基づくものと同一である。

　5　高齢者医療確保法に基づいて実施されている。

▼後期高齢者医療制度での自己負担率はどのようにして決まるのか？

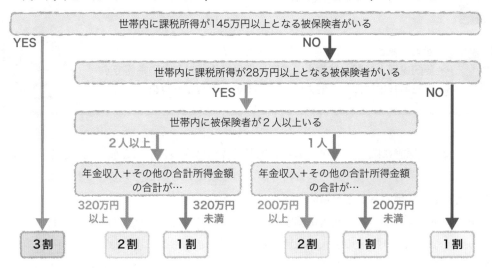

▼後期高齢者医療制度の主な給付

| | |
|---|---|
| 療養の給付 | 病気やけがにより保険医療機関にかかったときの費用のうち、自己負担額を除いた金額が給付される |
| 療養費 | 保険証を持たずに診療を受けた場合などで、医療費等の全額を自己負担した場合、市区町村にて申請することで、自己負担分を除いた額が療養費として支給される |
| 入院時食事療養費 | 被保険者が入院したときの食費のうち、標準負担額を除いた額が給付される |
| 入院時生活療養費 | 被保険者が療養病床（長期にわたり療養が必要な人のための病床）に入院したとき、食費と居住費について、標準負担額を除いた額が給付される |
| 移送費 | 負傷や疾病等により移動が困難な患者が、医師の指示により、一時的、緊急的な必要性があって移送された場合に、緊急その他やむを得なかったと広域連合が認めた場合に限り、その移送費が支給される |
| 高額療養費 | 月の1日から末日までの1ヵ月の自己負担額が限度額を超えた場合、限度額までが自己負担となり、それを超えた額はが高額療養費として給付される |
| 高額介護合算療養費 | 世帯で1年間（8月1日〜翌年7月31日）に支払った「後期高齢者医療制度の一部負担金等の額」と「介護保険の利用者負担額」の合算額が、世帯の算定基準額を超えた場合、申請することで、その超えた額が、後期高齢者医療制度と介護保険それぞれの制度から払い戻される |
| 保険外併用療養費 | 保険が適用されない療養を受けた場合で、一定の条件を満たした場合、通常の治療と共通する部分（診療・検査・投薬・入院料など）の費用は、一般の保険診療と同様に保険が適用される |
| 訪問看護療養費 | 居宅で療養している場合で、主治医の指示にもとづいて訪問看護ステーションを利用した場合、自己負担分の利用料を除いた額が給付される |
| 特別療養費 | 被保険者資格証明書の交付を受けている人が保険医療機関にかかり、医療費の全額を支払った場合、申請することで、自己負担額を除く額が給付される |

 練習問題22 │ 解答＆解説

後期高齢者医療制度の運営主体は、後期高齢者医療広域連合ですので、1は×です。生活保護世帯に属する者は適用除外（被保険者にならない）のため、2も×となります。

正解 3,4,5

# 23

# 個人情報保護法

必修ポイント！

- ☑ 個人情報とは「生存する個人」の情報です
- ☑ 要配慮個人情報とは本人に差別・偏見が生じかねない情報です
- ☑ 第三者提供に際し、個人の同意が不要な場合があります

個人情報の保護に関する法律（個人情報保護法）は、個人情報を取り扱う事業者（個人情報取扱事業者）の遵守すべき義務等が定められている法律であり、これにより**個人の権利利益**を保護することを目的とされています。

個人情報とは、**生存する個人に関する情報**であって、そこには氏名や生年月日、その他の記述などにより特定の個人を識別することができるもの、または**個人識別符号**（①身体の一部の特徴を電子計算機の用に供するために変換した符号、②役務の利用や書類において対象者ごとに割り振られる符号→具体例は次ページ）などが含まれます。

個人情報のうち、本人に対する不当な**差別・偏見**が生じないようにとくに配慮を要する情報を**要配慮個人情報**といいます。

## ✏ 個人データの第三者提供が可能な4つのケースとは？

個人情報取扱事業者とは、個人情報データベース等を事業の用に供している者をいい、国の機関や地方公共団体、独立行政法人などは、**除外**されています。

個人情報取扱事業者には、「利用の目的をできる限り特定しなければならない」、「違法または不当な行為を助長し、または誘発するおそれがある方法により、個人情報を利用してはならない」などの**義務**が課されます。

個人情報取扱事業者は、個人データを第三者に提供する場合、本人の同意を得なければなりません。ただし、①**法令**にもとづく場合、②**人の生命・身体・財産の保護**に必要で、**本人の同意**を得ることが**困難**な場合、③**公衆衛生の向上・児童の健全な育成の推進**に必要で、**本人の同意**を得ることが**困難**な場合、④**法令**の定める事務を遂行する**国の機関**などに**協力**する場合については、本人の同意は**不要**です。

 練習問題 23

個人情報保護法について正しいものはどれか。3つ選べ。

1 個人情報とは、生存する、及び死亡した個人に関する情報である。
2 DNA は個人情報に該当する。
3 個人情報取扱事業者は、従業員 1,000 人以上の事業者である。
4 個人情報を取り扱う場合、その利用の目的をできる限り特定しなければならない。
5 個人情報を第三者に提供する場合、原則としてあらかじめ本人の同意を得なければならない。

▼押さえておきたい「個人情報保護法」のキーワード

### 個人情報

生存する個人に関する情報であって、氏名や生年月日、その他の記述などにより特定の個人を識別することができるもの、または個人識別符号（右下図）が含まれるもの

### 個人情報取扱事業者

個人情報データベース等を、事業の用に供している者。
ただし、国・地方公共団体などは除く

### 要配慮個人情報

個人情報のうち、本人の人種、信条、社会的身分、病歴、前科、犯罪被害情報、その他本人に対する不当な差別、偏見が生じないようにとくに配慮を要するものとして政令で定めるもの

### 個人識別符号

個人識別符号とは、下記の2つを指す
❶ 身体の一部の特徴を電子計算機の用に供するために変換した符号
【例】顔の骨格、声紋、指紋、DNA …など
❷ 役務の利用や書類において対象者ごとに割り振られる符号
【例】旅券番号、基礎年金番号、免許証番号、保険証番号、マイナンバー …など

### 第三者提供の際、本人の同意が不要な場合

❶ 法令にもとづく場合
❷ 人の生命・身体・財産の保護に必要で、本人の同意を得ることが困難な場合
❸ 公衆衛生の向上・児童の健全な育成の推進に必要で、本人の同意を得ることが困難な場合
❹ 法令の定める事務を遂行する国の機関などに協力する場合

ここに挙げたキーワードは、試験までに覚えておきましょう。
また、「個人情報」と、そこに含まれる「要配慮個人情報」の違いもしっかり整理しておきましょう

### 練習問題23｜解答＆解説

個人情報とは、「生存する個人」に関する情報となっていますので、1は×です。個人情報取扱事業者について、現在は従業者数の規定がありません。よって3も×となります。

正解 **2,4,5**

# 24

# 高齢者虐待の防止

**必修ポイント！**

- ☑ 高齢者虐待を、養護者からと養介護施設従事者等からとに分類
- ☑ 高齢者虐待は、5つに分類されます
- ☑ 虐待の通報を受けるのは、市町村です

　高齢者虐待防止法では、高齢者を 65 歳以上の者と定義し、虐待を養護者によるものと、養介護施設従事者等（次ページ）によるものとに分類しています。

　養護者による虐待では、「生命または身体に重大な危険が生じている場合は、速やかに市町村に通報しなければならない」と定められています。通報を受けた市町村は調査を行い、状況に応じて市町村職員による立入調査が行われます（警察の許可は不要）。その際、所在地を管轄する警察署長に援助を求めることができます。一方、養介護施設従事者等による虐待は、同一施設もしくは関連施設で虐待を発見したら、市町村に通報しなければなりません。

## 高齢者虐待の5つの種類

　高齢者虐待の具体的な行為には、①身体的虐待（高齢者の身体に外傷が生じるような暴行を加える）、②ネグレクト（養護を著しく怠る。放棄・放任。たとえば、高齢者を衰弱させるような著しい減食、長時間の放置、養護者以外の同居人による高齢者虐待と同様の行為の放置など）、③心理的虐待（高齢者への著しい暴言や著しく拒絶的な対応、その他の高齢者に著しい心理的外傷を与える言動を行う）、④性的虐待（高齢者にわいせつな行為をする・させる）、⑤経済的虐待（養護者または親族が、その高齢者の財産を不当に処分したり、不当に財産上の利益を得たりする）の5つがあります。

### 練習問題 24

高齢者虐待の防止、高齢者の養護者に対する支援等に関する法律について正しいものはどれか。2つ選べ。

1　養護者による高齢者を衰弱させるような著しい減食は、高齢者虐待にあたる。

2　市町村又は市町村長は、虐待の通報又は届出があった場合には、高齢者を一時的に保護するために老人短期入所施設等に入所させることができる。

3　養介護施設には、地域包括支援センターは含まれない。

4　養護者による高齢者虐待により高齢者の生命又は身体に重大な危険が生じているおそれがあると認める場合であっても、市町村の職員は、警察の許可なく高齢者の居所に立ち入ることはできない。

5　都道府県は、養護者の負担軽減のため、養護者の相談、指導及び助言その他の必要な措置を講じなければならないならない。

## ▼高齢者虐待法での「養介護施設従事者等」の定義

| 養介護施設従事者等 | 老人福祉法と介護保険法に規定される<u>養介護施設</u>、または<u>養介護事業</u>の業務に従事する者、など |
|---|---|

### 養介護施設と養介護事業とは？

| 法律 | 養介護施設 | 養介護事業 |
|---|---|---|
| 老人福祉法 | ● 老人福祉施設<br>● 有料老人ホーム | ● 老人居宅生活支援事業 |
| 介護保険法 | ● 介護老人福祉施設<br>● 介護老人保健施設<br>● 介護療養型医療施設<br>● 介護医療院<br>● 地域密着型介護老人福祉施設<br>● 地域包括支援センター | ● 居宅サービス事業<br>● 地域密着型サービス事業<br>● 居宅介護支援事業<br>● 介護予防サービス事業<br>● 地域密着型介護予防サービス事業<br>● 介護予防支援事業 |

## ▼通報・届出を受けた場合の市町村の対応

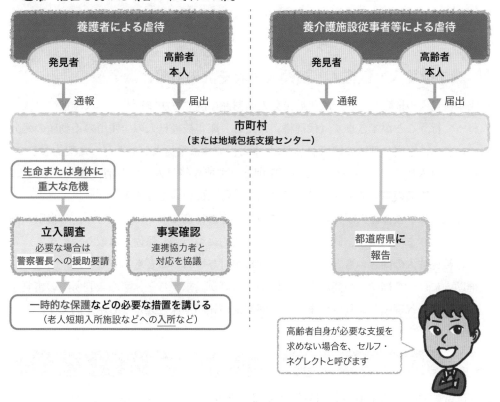

高齢者自身が必要な支援を求めない場合を、セルフ・ネグレクトと呼びます

---

### 練習問題24 | 解答＆解説

地域包括支援センターは「養介護施設」に含まれますので、3は×です。高齢者虐待防止法によって市町村職員には立入調査権が与えられていますので、警察の許可がなくても立ち入ることができます。よって4も×です。養護者の相談、指導および助言などは、「都道府県」ではなく、「市町村」の責務となりますので、5も×となります。

**正解** 1,2

# 25

# 成年後見制度①
## ～法定後見制度

**必修ポイント！**

- ☑ 判断能力が不十分になってから家庭裁判所に申立を行います
- ☑ 判断能力に応じて成年後見人・保佐人・補助人が選任されます
- ☑ 成年後見人には代理権・取消権が付与されます

　成年後見制度とは、認知症、知的障害、精神障害などにより判断能力が**不十分**である者の判断能力を成年後見人等が補っていく制度です（**民法**で規定）。①**法定後見制度**と②**任意後見制度**の2つのタイプがありますが、ここでは法定後見制度を解説します。

　法定後見制度は、対象者の**判断能力が不十分**になってから**家庭裁判所に申立**（後見開始の審判）を行い、家庭裁判所が後見人を**選任**します。申立ができる者は、**本人**とその配偶者、**四親等内の親族**ですが、状況により市町村長や検察官なども可能です（本人の同意が必要）。家庭裁判所は対象者の状況に応じて、**成年後見人・保佐人・補助人**を選任します（次ページ）。

## ✎ 成年後見人・保佐人・補助人それぞれの権限とは？

　成年後見人の権限ですが、成年被後見人の**財産**に関する法律行為を、成年被後見人に代わって行うことができます（**代理権**。ただし、成年被後見人の居住用の不動産の処分については、家庭裁判所の**許可**が必要）。また、成年被後見人が自ら行った契約などで、成年被後見人にとって不利益なものは原則として成年後見人が取り消せ**ます**（**取消権**。ただし、日用品の購入その他日常生活に関する行為については**不可**）。

　保佐人には、被保佐人が行おうとしている一定の行為について**同意**を与える権限（**同意権**）があります。また、同意を得ず行った契約について、保佐人は取り消せ**ます**。さらに、**被保佐人の同意**のもと、**一定の代理権**が付与されることもあります。

　補助人には、被補助人の**同意**をもとに補助人等が**請求**すると、家庭裁判所での審判を経て**同意権**や**代理権**が付与されますが、**同意権の範囲は保佐人よりも限定**的です。

### 練習問題 25

成年後見制度について正しいものはどれか。2つ選べ。

1. 市町村長は、四親等内の親族がいる場合には、後見開始の審判を請求できない。
2. 都道府県知事は、65歳以上の者につき、その福祉を図るため特に必要があると認めるときは、後見開始の審判の請求をすることができる。
3. 成年後見人は、家庭裁判所の許可を得ずに、成年被後見人の居住用不動産を処分できる。
4. 成年後見制度の利用の促進に関する法律に定められた基本理念には、成年被後見人等の意思決定の支援と身上の保護が適切に行われるべきことが含まれる。
5. 成年被後見人の法律行為は、原則として、取り消すことができる。

▼法定後見制度の３つのタイプ

| タイプ | 本人の判断能力 | 援助者 |
|---|---|---|
| ① 後見 | 判断能力がまったくない（重度） ➡ | 成年後見人 |
| ② 保佐 | 判断能力が著しく不十分（中度） ➡ | 保佐人 |
| ③ 補助 | 判断能力が不十分（軽度） ➡ | 補助人 |

▼「代理権」の具体例

① 預貯金に関する取引
　➡預貯金の管理、振込み依頼、払戻し、口座の変更・解約　…など
② 年金、障害手当金、その他の社会保障給付の受領
③ 家賃、地代、公共料金、保険料、ローンの返済金の支払い
④ 日用品以外の生活に必要な物品の購入
⑤ 遺産分割をすること
⑥ 保険契約の締結・変更・解除および保険金の受領
⑦ 権利証、実印、銀行印、印鑑登録カードの保管
⑧ 介護契約の締結・変更・解除および費用の支払い
　➡介護保険制度における介護サービスの利用契約、ヘルパー・家事援助者の派遣契約を含む
⑨ 介護契約以外の福祉サービスの利用契約の締結・変更・解除および費用の支払い
⑩ 福祉関係施設への入所に関する契約の締結・変更・解除および費用の支払い
⑪ 医療契約の締結・変更・解除および費用の支払い
⑫ 病院への入院に関する契約の締結・変更・解除および費用の支払い
⑬ 住居等の新築・増改築・修繕に関する請負契約の締結・変更・解除
⑭ 居住用不動産の処分をすること（家庭裁判所の許可が必要）
⑮ 借地契約の締結・変更・解除をすること
⑯ 借家契約の締結・変更・解除をすること

成年後見制度には、介護や施設入所の契約などの行為を
本人に代わって行う「身上監護」と、本人に代わって財産を
管理し、本人のために使用する「財産管理」があります。
また、成年後見人になることに特別な資格はなく（過去に
法定代理人を解任された者、破産者、未成年者などは除く）、
弁護士などの第三者後見人も増えています

 練習問題 25 │解答＆解説

市町村長の申立は、本人の福祉を図るためにとくに必要があると認めるときは、四親等内の親族の有無に関係なく行えます。よって１は×です。後見開始の審判請求を行うのは「本人等」ですが、その福祉を図るためとくに必要があると認めるときは、「都道府県知事」ではなく「市町村長」も行えます。よって２も×です。成年後見人が成年被後見人の居住用の不動産の処分をする際は家庭裁判所の許可が必要なので、３も×です。

正解 4,5

# 26

# 成年後見制度②
## ～任意後見制度

出題頻度 ★★★

**必修ポイント！**

☑ 任意後見制度は前もって契約を結んでおく制度です
☑ 公正証書以外の契約は無効となります
☑ 不正等があったら任意後見人は解任されることがあります

　ここでは、成年後見制度のもう1つのタイプである任意後見制度について見ていきます。任意後見制度は、**判断能力があある**うちに、任意後見人を定めて**契約を締結**し、万一判断能力が不十分になったときに、その**契約が有効**になる、という制度です。

### 任意後見制度では、任意後見監督人を選任する

　任意後見契約は、本人と任意後見人（資格要件は**なし**）が**前もって契約内容まで定める**ものとなっているため、その契約内容を話し合わなければなりません。ただし、その契約は二者だけで完結しているというケースでは**無効**となります。必ず**公証人**が作成する**公正証書**で締結しなければなりません。

　契約締結後、**公証人**は**後見登記**を行います。ここでいったんプロセスは終了します。

　その後、本人が判断能力が不十分になった際に、**任意後見人が家庭裁判所へ申立**を行います。家庭裁判所が**任意後見監督人**（見張り番のような業務を行う）**の選任**を行い、そこではじめて任意後見契約がスタートとなります。任意後見人の権限は**代理権**（260ページ）に限られ、任意後見契約で定められた代理権の範囲でその事務を行います。

　任意後見人は、法定後見人のように家庭裁判所が選任するわけではないので、その職務において**不正などがないかをチェックする**役割が必要です。それを担うのが、任意後見監督人です。そのため、任意後見人本人やその近い親族がなることは**できません**。

　そして、万が一、任意後見人に不正があった場合は、任意後見監督人がそれを家庭裁判所へ報告し、家庭裁判所が**任意後見人を解任**する、という流れになります。なお、任意後見契約は、任意後見監督人が選任する前でも解除できます。

## 練習問題26

成年後見制度について正しいものはどれか。3つ選べ。
1　親族も成年後見人になることができる。
2　任意後見制度では、判断能力を喪失した人に、保佐人や補助人をつけることができる。
3　その理念の一つとして、成年被後見人等の自発的意思の尊重がある。
4　本人と任意後見受任者の同意があれば、公正証書以外の方法でも任意後見契約が成立する。
5　後見開始の審判は、本人も請求することができる。

▼「任意後見制度」の契約から開始まで

| 任意後見受任者の選任と契約 | ●<u>公証人</u>が作成する<u>公正証書</u>で、本人（判断能力<u>あり</u>）と任意後見受任者が任意後見契約を締結する |
| | ●<u>公正証書以外の方式</u>で契約は<u>無効</u>である |
| | ●原則、本人と任意後見受任者が<u>公証役場に出向き</u>契約をするが、本人が入院や施設入所等をしていて公証役場に出向けない場合には、<u>公証人に出張</u>してきてもらうことができる |

↓

| 後見登記 | ●<u>公証人</u>が<u>法務局</u>へ後見登記の<u>申請</u>を行う |

↓

**いったんプロセスは終了**

**認知症等により本人の判断能力が不十分に**

↓

| 任意後見監督人の選任申立 | ●認知症等により本人の<u>判断能力が不十分</u>になったときに、<u>家庭裁判所</u>へ<u>任意後見監督人</u>の選任申立を行う（本人、任意後見受任者などから） |

↓

| 任意後見監督人の選任 | ●<u>家庭裁判所</u>により任意後見監督人が<u>選任</u>されることによって、任意後見が開始される |

↓

| 任意後見の開始 |

**任意後見監督人**

●任意後見監督人の役割は、任意後見人の<u>監督</u>で、その職務において<u>不正</u>がないよう、定期的、あるいは必要があると認めるときに、財産目録などの後見事務に関する報告を求めるなど行う
●任意後見受任者本人や、その近い親族（任意後見受任者の配偶者、直系血族および兄弟姉妹）は任意後見監督人になることが<u>できない</u>
●任意後見監督人には、第三者（弁護士、司法書士、社会福祉士、税理士などの専門職や、法律や福祉に関わる法人など）が選ばれることが多い

 練習問題26 | 解答＆解説

保佐人や補助人をつけることができるのは法定後見制度になりますので、2は×です。任意後見契約は公正証書以外では認められていませんので、4も×となります。

正解 **1,3,5**

# ③介護保険法以外の法制度

ここまでに学んだ試験合格の必修ポイントのまとめです。
重要語句を付属の赤シートで隠すなどして覚えていきましょう。
試験直前期にも要チェック！

## ▼障害者総合支援法（介護給付）・訪問系サービスの対象者一覧

| サービス名 | 対象 |
|---|---|
| 居宅介護 | 身体・知的・精神・難病 |
| 重度訪問介護 | 重度肢体不自由・重度知的障害・重度精神障害 |
| 同行援護 | 視覚障害 |
| 行動援護 | 行動障害のある知的障害・精神障害 |

## ▼生活保護法の8つの扶助

| 種類 | 内容 |
|---|---|
| ① 生活扶助 | 食費、被服費、介護保険料 …など |
| ② 教育扶助 | 義務教育に関する費用 …など |
| ③ 住宅扶助 | 地代、家賃 …など |
| ④ 医療扶助 | 医療費、入退院時などの交通費 …など |
| ⑤ 介護扶助 | 介護保険法に規定するサービス、介護保険施設での食費 …など |
| ⑥ 出産扶助 | 出産に伴う費用（医療以外） |
| ⑦ 生業扶助 | 生業費、高校就学に必要な費用 …など |
| ⑧ 葬祭扶助 | 死亡に伴う費用（火葬、埋葬など） |

## ▼生活困窮者自立支援法での2つの「必須事業」

| ① 生活困窮者<br>自立相談支援事業 | ●自立の相談に関する問題についての相談対応<br>●ニーズの把握<br>●自立支援計画の策定<br>●関係機関との連絡調整 |
|---|---|
| ② 生活困窮者<br>住居確保給付金 | ●住居確保給付金を支給することにより、安定した住居の確保と就労自立を図るもの<br>●支給期間は原則3ヵ月（最大9ヵ月） |

▼高齢者虐待の5つの種類

| 種類 | 主な内容 |
|---|---|
| ① 身体的虐待 | 高齢者の身体に外傷が生じ、または生じるおそれのある暴行を加えること |
| ② ネグレクト | 高齢者を衰弱させるような著しい減食、長時間の放置、養護者以外の同居人による高齢者虐待と同様の行為の放置など、養護を著しく怠ること |
| ③ 心理的虐待 | 高齢者に対する著しい暴言、または著しく拒絶的な対応、その他の高齢者に著しい心理的外傷を与える言動を行うこと |
| ④ 性的虐待 | 高齢者にわいせつな行為をすること、または高齢者にわいせつな行為をさせること |
| ⑤ 経済的虐待 | 養護者または高齢者の親族が、当該高齢者の財産を不当に処分すること、その他当該高齢者から不当に財産上の利益を得ること |

▼法定後見制度のまとめ

| タイプ | 援助者 | 権限 | 本人の判断能力 |
|---|---|---|---|
| ① 後見 | 成年後見人 | 多 | 判断能力がまったくない（重度） |
| ② 保佐 | 保佐人 | 中 | 判断能力が著しく不十分（中度） |
| ③ 補助 | 補助人 | 少 | 判断能力が不十分（軽度） |

▼任意後見制度の流れ

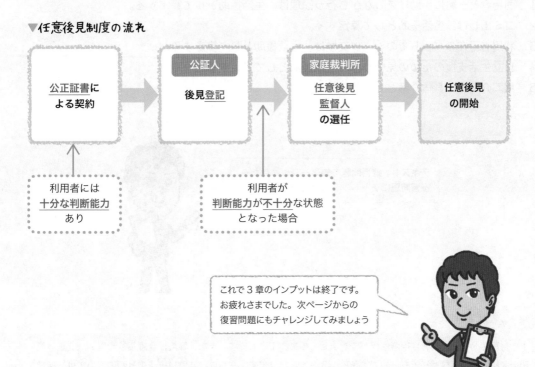

公正証書による契約 → 【公証人】後見登記 → 【家庭裁判所】任意後見監督人の選任 → 任意後見の開始

利用者には十分な判断能力あり

利用者が判断能力が不十分な状態となった場合

これで3章のインプットは終了です。お疲れさまでした。次ページからの復習問題にもチャレンジしてみましょう

## 第3章　復習問題

この章で学んだ各テーマに関して試験で頻出の問題をそろえました。問題を解いて学んだことが身についているかチェックしましょう。間違えた問題はテキストを見直し、知識をしっかり定着させるのを忘れずに！

重要度：★★＞★＞無印

### □□ ★★　1

指定居宅サービス事業の基準について正しいものはどれか。2つ選べ。

1　指定訪問介護事業者は、要介護認定を申請していない者については、申請代行を行わなければならない。
2　指定訪問介護事業者は、居宅介護支援事業者と連携し、情報提供を行う必要がある。
3　指定訪問介護事業所の職員は、介護福祉士の資格を有しなければならない。
4　指定通所リハビリテーションには、利用定員が定められている。
5　指定通所リハビリテーションは、非常災害時の計画を立てなくてよい。

### □□ ★★　2

介護保険における訪問介護について正しいものはどれか。3つ選べ。

1　利用者と一緒に手助けをしながら行う調理は、生活援助として算定する。
2　ゴミ出しは、生活援助として算定する。
3　利用者不在のベッドでのシーツ交換は、生活援助として算定する。
4　自立生活支援のための見守りは、生活援助として算定する。
5　服薬介助は、身体介護として算定する。

> テキスト、練習問題で知識を身につけたら、復習問題にチャレンジしてみましょう！

### 解答&解説

**1**　指定訪問介護事業者は申請代行ができませんので、1は×です。また、職員は介護福祉士以外（介護職員初任者研修修了者など）でも可能ですから、3も×となります。さらに、非常災害時の計画については、運営規程に定める必要がありますので、5も×となります。　　　　正解 **2,4**

**2**　利用者と一緒に手助けをしながら行う調理や、自立生活支援のための見守りは「生活援助」ではなく「身体介護」となります。よって1と4は×です。　　　　正解 **2,3,5**

□□ ★ 　3

介護保険における訪問入浴介護について正しいものはどれか。3つ選べ。

1 訪問入浴介護の目的には、心身の機能の維持が含まれる。
2 サービス提供の責任者は、入浴介護に関する知識や技術を有する者でなくてもよい。
3 緊急時の対応のため、協力医療機関は、事業の通常の実施地域内にあることが望ましい。
4 皮膚に直に接するタオル等は、利用者一人ごとに取り替えるなど、安全清潔なものを使用する。
5 事業所の専用の事務室には、利用申込の受付や相談に対応するためのスペースは必要としない。


□□ ★★ 　4

訪問看護について正しいものはどれか。2つ選べ。

1 介護保険の訪問看護費は、看護小規模多機能型居宅介護と併用して算定できる。
2 看護師は、臨時応急の手当を行うことができる。
3 訪問看護事業所の開設者は、医療法人及び社会福祉法人に限られる。
4 急性増悪時に主治医が交付する特別訪問看護指示書の有効期間は、14日間である。
5 訪問看護ステーションは、緊急時24時間連絡体制を義務づけられている。


□□ ★ 　5

介護保険における訪問リハビリテーションについて適切なものはどれか。3つ選べ。

1 理学療法士のみが実施する。
2 介護負担の軽減を目的とする。
3 病院が提供することができる。
4 回復期リハビリテーションを実施する。
5 医師を常勤で配置しなければならない。


□□ 　6

医師が行う指定居宅療養管理指導の具体的取扱方針として正しいものはどれか。3つ選べ。

1 介護認定審査会に対し、療養上の留意点に関する意見を述べる。
2 居宅介護支援事業者の求めに応じ、居宅サービス計画作成に必要な情報提供を行う。
3 居宅サービス計画作成に必要な情報提供は、原則として、サービス担当者会議に参加して行う。
4 区分支給限度基準額は設定される。
5 利用者の家族に対して介護方法等の指導を行う。

---

**3** サービス提供の責任者は、介護の知識や技術を有する者であるため、2は×です。また、訪問入浴介護を提供する事業所の事務室に受付や相談のためのスペースは必要ですから、5も×です。 **正解** 1,3,4

**4** 訪問看護と小規模多機能型居宅介護とは併用できません。よって1は×です。訪問看護事業所は株式会社等でも開設できますので、3も×です。また、訪問看護ステーションは24時間の義務づけはありませんので、5も×となります。 **正解** 2,4

**5** 理学療法士のほかに、作業療法士や言語聴覚士も実施しますので、1は×です。訪問リハビリテーションは「維持期」のリハビリテーションを実施しますので、4も×となります。 **正解** 2,3,5

**6** 居宅療養管理指導では、居宅介護支援事業者等に意見を述べることになりますので、1は×です。居宅療養管理指導は区分支給限度基準額が設定されません。よって4も×です。 **正解** 2,3,5

□□ ★★ 　7

介護保険における通所介護について正しいものはどれか。2つ選べ。

1　機能訓練指導員は、兼務することができない。
2　看護職員は、配置されることが望ましい。
3　機能訓練指導員に関する要件は、特に定められていない。
4　介護職員に関する資格要件は、特に定められていない。
5　管理者に関する資絡要件は、特に定められていない。

□□ ★★ 　8

介護保険における通所リハビリテーションについて適切なものはどれか。3つ選べ。

1　介護老人保健施設において実施される。
2　おむつ代は保険給付の対象である。
3　認知症の利用者は利用することができない。
4　食費を受けとることができる。
5　リハビリテーション会議の実施において、テレビ電話装置等を活用することができる。

□□ ★★ 　9

短期入所生活介護について正しいものはどれか。3つ選べ。

1　看護職員を配置しなければならない。
2　すべての利用者について、短期入所生活介護計画を作成しなければならない。
3　短期入所生活介護計画は、居宅サービス計画を作成した介護支援専門員が作成しなければならない。
4　災害等のやむを得ない事情がある場合には、利用定員を超えた短期入所生活介護が認められる。
5　単独型で運用することができる。

1日に解く問題数を決めるなど、計画的に進めていきましょう

解答&解説

**7**　通所介護の人員基準では、機能訓練指導員は兼務可能で、かつ資格要件も定められています。よって、1と3は×です。また、通所介護では看護職員は必ず置かなくてはいけませんので、2も×です。　正解 4,5
**8**　通所リハビリテーションのおむつ代は保険給付の対象外ですので、2は×です。また、通所リハビリテーションは認知症の利用者も利用できますので、3も×です。　正解 1,4,5
**9**　短期入所生活介護計画は、「おおむね4日以上利用する者に作成する」となっていますので、「すべて」ではありません。よって2は×です。また、計画を作成するのは「介護支援専門員」ではなく「管理者」ですので、3も×となります。　正解 1,4,5

□□ ★★ **10**

短期入所療養介護について正しいものはどれか。３つ選べ。

1　検査、投薬等は、利用者の病状に照らして妥当適切に行う。

2　送迎加算は、算定できない。

3　30日以上継続して短期入所療養介護を利用することについてやむを得ない理由がある場合には、30日を超えて短期入所療養介護費を算定できる。

4　短期入所療養介護をおおむね４日以上利用する場合は、居宅サービス計画に沿って短期入所療養介護計画を策定する。

5　介護老人保健施設が実施することができる。

□□ ★★ **11**

介護保険の給付対象となる福祉用具について正しいものはどれか。２つ選べ。

1　福祉用具貸与事業所には、福祉用具専門相談員を１人以上置かなければならない。

2　利用者の身体を滑らせるスライディングボードは、福祉用具貸与の対象となる。

3　浴槽用の手すりは、福祉用具貸与の対象となる。

4　特定福祉用具を販売する際には、福祉用具専門相談員は、利用者ごとに特定福祉用具販売計画を作成しなければならない。

5　福祉用具貸与の対象となるスロープは、持ち運びできないものでもよい。

□□ ★★ **12**

介護保険における住宅改修について正しいものはどれか。２つ選べ。

1　取付工事が必要なく据え置いて使用する手すりは、住宅改修費の支給対象にはならない。

2　居宅介護住宅改修費は、介護支援専門員が必要と認める場合に支給される。

3　ベッドサイドで排泄するためのポータブルトイレの設置は、住宅改修費の支給対象となる。

4　引き戸等への取り替えにあわせて自動ドアを設置する場合は、自動ドアの動力部分の設置は、住宅改修費の支給対象にはならない。

5　同一住宅に複数の要介護者が居住する場合は、同時期にそれぞれが住宅改修費の支給を申請することはできない。

復習問題

**10**　短期入所療養介護は、送迎加算を算定することはできますので、２は×です。一方、サービス提供が30日を超えた場合、短期入所療養介護費は算定できません。よって３も×になります。　**正解** 1,4,5

**11**　福祉用具貸与・販売ともに、その人員基準では福祉用具専門相談員を２人以上置く必要があります。よって１は×です。浴槽用の手すりは特定福祉用具販売ですので、３も×です。福祉用具貸与のスロープは持ち運びできるものでなければいけませんので、５も×です。　**正解** 2,4

**12**　居宅介護住宅改修費の支給は、「介護支援専門員」ではなく、保険者である「市町村」が認めることになりますので、２は×です。ポータブルトイレは「住宅改修」ではなく、特定福祉用具販売の対象ですので、３も×です。複数の要介護者がいる場合、住宅改修費は内容が異なれば同時申請可能です。よって５も×です。　**正解** 1,4

□□ ★★　13

小規模多機能型居宅介護について正しいものはどれか。3つ選べ。

1　登録定員は、29人以下としなければならない。
2　運営にあたり、地域住民やその自発的な活動等との連携・協力を行う等の地域との交流を図らなければならない。
3　利用者は、1ヵ所の小規模多機能型居宅介護事業所に限って、利用者登録をすることができる。
4　利用者の負担によって、利用者宅で訪問介護事業者の介護を受けさせることができる。
5　通いサービスの利用者が登録定員の2分の1を下回る状態を続けてはならない。

□□ ★　14

介護保険における認知症対応型通所介護について正しいものはどれか。3つ選べ。

1　共用型として行うことができる。
2　認知症の原因となる疾患が急性の状態にある者も対象となる。
3　機能訓練指導員を配置しなければならない。
4　送迎時に実施した居宅内での介助等に要した時間は、サービス提供時間に合まれない。
5　屋外でのサービスを提供する場合は、認知症対応型通所介護計画に位置づけられている必要がある。

□□ ★★　15

認知症対応型共同生活介護について正しいものはどれか。3つ選べ。

1　計画作成担当者は、厚生労働大臣が定める研修を修了している者でなければならない。
2　入退去に際しては、その年月日を利用者の被保険者証に記載しなければならない。
3　医師を配置しなければならない。
4　利用者の処遇上必要と認められる場合であっても、居室を二人部屋にすることはできない。
5　非常災害に対する具体的な計画を、定期的に従業者に周知しなければならない。

---

解答&解説

**13**　小規模多機能型居宅介護の登録者は、ほかの訪問介護事業者を利用することができません。よって4は×です。また、通いサービスの利用者が登録定員に対して著しく低い状態を続けてはならないとされていますが、その目安は「2分の1」ではなく、おおむね「3分の1」となっていますので、5も×となります。

正解 **1,2,3**

**14**　認知症対応型通所介護は、認知症の症状が落ち着いている人が対象で、急性期は対象ではないので、2は×です。送迎時の居宅内の介助に要した時間は、要件を満たせばサービス提供時間に含まれますので、4も×となります。

正解 **1,3,5**

**15**　認知症対応型共同生活介護の人員基準では、医師を配置する必要はありませんので、3は×です。利用者の処遇上必要である場合、二人部屋にすることが可能ですので、4も×です。

正解 **1,2,5**

□□ ★★　16

介護老人福祉施設について正しいものはどれか。3つ選べ。

1　居宅での日常生活が可能と認められる入所者に対し、円滑な退所のための援助を行わなければならない。

2　医務室は、医療法に規定する診療所でなければならない。

3　あらかじめ協力歯科医療機関を定めなければならない。

4　利用者の負担であれば、当該施設従業者以外の者による介護を受けさせることができる。

5　虐待等のやむを得ない事情がある者については、定員を超えて入所させることができる。


□□ ★★　17

介護老人保健施設について正しいものはどれか。3つ選べ。

1　施設内で入所者に対して行った緊急な医療処置については、医療保険から給付される。

2　小規模介護老人保健施設は、定員29人以下である。

3　ユニット型で提供することができない。

4　医師を配置しなければならない。

5　入所定員が100人以上の場合、栄養士または管理栄養士を配置しなければならない。


□□ ★★　18

介護医療院について、適切なものはどれか。3つ選べ。

1　社会福祉法人が開設許可を受けて開設することができる。

2　療養室の定員は1人または2人である。

3　Ⅰ型療養床とⅡ型療養床がある。

4　支援相談員を配置しなければならない。

5　併設型小規模介護医療院の定員は19人以下である。

あまり詰め込みすぎないようにして、適度に休憩を取りながら勉強することをオススメします

**16**　介護老人福祉施設の運営基準では、協力歯科医療機関について、「定めるよう努める」と規定されていますので、3は×です。また、介護老人福祉施設の利用者は、自らの負担であっても、施設職員以外の介護を受けることができません。よって4も×です。　　正解 1,2,5

**17**　施設内で行った医療処置であっても医療保険からは給付はされません。よって1は×です。介護老人保健施設ではユニット型で提供することが可能ですから、3も×です。　　正解 2,4,5

**18**　介護医療院の療養室の定員は4人以下ですので、2は×です。また、その人員基準において、支援相談員の配置は不要ですので、4も×です。　　正解 1,3,5

□□ ★　19

障害者総合支援法及び介護保険法について正しいものはどれか。3つ選べ。

1　障害福祉サービスの利用を希望する障害者は、都道府県に対して支給申請を行う。

2　40歳以上65歳未満の医療保険に加入している障害者は、原則として、介護保険の被保険者となる。

3　介護保険サービスは、重複する部分については障害福祉サービスに優先して提供される。

4　成年後見制度利用支援事業は、介護保険では任意事業であるが、障害者総合支援法では必須事業とされている。

5　介護支援専門員は、介護保険の被保険者であって居宅サービスを利用する障害者に対しては、居宅サービス計画を作成する必要はない。


□□ ★★　20

生活保護制度について正しいものはどれか。2つ選べ。

1　生活保護受給者である介護保険の第1号被保険者の保険料は、介護扶助の対象となる。

2　介護扶助の対象者は、介護保険の第1号被保険者に限定される。

3　介護予防支援計画に基づく介護予防サービスは、生活扶助の対象である。

4　介護施設入所者基本生活費は、生活扶助として給付される。

5　介護扶助の対象でも、住宅改修など現物給付が難しいサービスについては金銭給付が認められている。


□□ ★★　21

生活保護制度について正しいものはどれか。3つ選べ。

1　義務教育に係る費用は、教育扶助として給付される。

2　介護扶助による介護の給付は、介護保険法の指定を受け、かつ、生活保護法による指定を受けた事業者等に委託して行われる。

3　被保護者が介護保険の被保険者である場合は、介護保険の保険給付より介護扶助が優先して給付される。

4　介護保険制度に基づく住宅改修は、住宅扶助の対象である。

5　医療扶助による医療の給付は、入院又は通院により治療を必要とする場合に、生活保護の指定医療機関に委託して行われる。


解答&解説

**19**　1の障害者総合支援法の支給申請は、「都道府県」ではなく「市町村」です。よって1は×です。介護保険の居宅サービスを利用する場合には、居宅サービス計画が必要ですから、5も×です。　正解 **2,3,4**

**20**　生活保護受給者の介護保険料は「介護扶助」ではなく「生活扶助」の対象ですので、1は×です。また、介護扶助は第2号被保険者も対象になりますので、2も×です。3の介護予防サービスは、「生活扶助」ではなく「介護扶助」の対象となりますので、3も×となります。　正解 **4,5**

**21**　介護保険の保険給付は介護扶助に優先しますので、3は×です。また、住宅改修は介護扶助で賄われますので、4も×となります。　正解 **1,2,5**

□□ ★★ 　22

生活困窮者自立支援法について正しいものはどれか。3つ選べ。

1　実施主体は都道府県・市・福祉事務所を設置する町村である。

2　生活困窮者住居確保給付金の支給は原則1年である。

3　生活困窮者自立相談支援事業の事務の全部または一部をNPO法人が委託を受けることができる。

4　生活困窮者家計改善支援事業は必須事業である。

5　生活困窮者自立相談支援事業を実施する自立相談支援機関には、就労支援員などを配置する。


□□ 　23

後期高齢者医療制度について正しいものはどれか。3つ選べ。

1　保険料は、厚生労働省令で定める。

2　65歳以上75歳未満であって、後期高齢者医療広域連合の障害認定を受けた者も、被保険者となる。

3　生活保護世帯に属する者も、被保険者となる。

4　一部負担の割合は、原則として1割であるが、所得に応じて2割・3割となる。

5　給付には、高額療養費及び高額介護合算療養費の支給が含まれる。


□□ ★★ 　24

高齢者虐待の防止について適切なものはどれか。3つ選べ。

1　本人の希望する金銭の使用を理由なく制限することは、経済的虐待である。

2　介護支援専門員には、高齢者虐待の防止において、早期発見の役割は期待されていない。

3　高齢者の外部との接触を意図的、継続的に遮断する行為は、身体的虐待である。

4　高齢者の意欲や自立心を低下させる行為は、心理的虐待である。

5　「緊急やむを得ない場合」として身体拘束が認められるのは、「切迫性」、「非代替性」、「一時性」のいずれかを満たす場合である。

3章の学習もゴールまであと少しです。
頑張りましょう！

**22**　生活困窮者住居確保給付金の支給期間は原則3ヵ月ですので、2は×となります。また、生活困窮者家計改善支援事業は任意事業ですので、4も×となります。　正解 **1,3,5**

**23**　後期高齢者医療制度の保険料は、保険者が決定しますので、1は×です。生活保護受給者は、後期高齢者医療制度の適用除外ですので、3も×となります。　正解 **2,4,5**

**24**　介護支援専門員は高齢者虐待の防止について早期発見の役割が期待されますので、2は×です。5の「緊急やむを得ない場合」の身体拘束については、選択肢にある3要件すべてを満たす必要があります。よって5も×となります。　正解 **1,3,4**

□□ ★★ 25

成年後見制度について正しいものはどれか。3つ選べ。

1 法定後見制度は、判断能力の程度に応じて、後見、保佐及び補助の3類型に分かれている。

2 成年被後見人が行った法律行為は、いかなる場合でも取り消すことができない。

3 保佐人には、年金、障害手当金その他の社会保障給付を受領する代理権を与えることができる。

4 公正証書以外の方式で契約をしても、任意後見契約として有効である。

5 社会福祉協議会等の法人も、成年後見人に選任されることができる。


□□ ★★ 26

成年後見制度について正しいものはどれか。3つ選べ。

1 成年後見人が成年被後見人の居住用の不動産を処分する場合には、家庭裁判所の許可が必要である。

2 家庭裁判所は、本人の同意がなくても、四親等内の親族の請求により、補助開始の審判をすることができる。

3 成年後見人は、家庭裁判所が選任する。

4 任意後見監督人は、家庭裁判所が選任する。

5 任意後見人は、本人からの依頼により、市町村長が任命する。

これで3章の復習問題が終了です！お疲れさまでした。解けなかった問題は解説やテキストを読むなどして復習しましょう

解答&解説

**25** 成年被後見人が行った法律行為については、取消権によって取り消すことができるものもありますので、2は×です。任意後見契約については、公正証書は絶対要件ですので、4も×です。　正解 1,3,5

**26** 補助開始の審判は、本人の同意が必要ですので、2は×です。任意後見人を任命するのは家庭裁判所ですので、5も×です。　正解 1,3,4

# 一問一答・チャレンジ問題

付属の赤シートをかざして
隠れ文字を答えよう！

この章で学んだ内容を一問一答形式の問題で確認しましょう。付属の赤シートを紙面に重ね、隠れ文字（赤字部分）を答えていってください。赤字部分は試験に頻出の重要単語です。試験直前もこの一問一答でしっかり最終チェックをしていきましょう！

重要度：★★＞★＞無印

□□ **1** 　居宅サービス事業者は、**居宅介護支援事業者**等との連携をしなければならない。　　　　　　　　　　　　　　　　　　（§1参照）

□□ **2** ★　居宅サービス事業者は、正当な理由なく、**サービス提供**を拒否してはならない。　　　　　　　　　　　　　　　　　　　　　（§1参照）

□□ **3** ★　特段の専門的配慮をもって行う調理は**身体介護**として算定される。　　　　　　　　　　　　　　　　　　　　　　　　　　　（§2参照）

□□ **4** ★　自立生活支援・重度化防止のための見守り的援助は**身体介護**として算定される。　　　　　　　　　　　　　　　　　　　　　（§2参照）

□□ **5** ★　利用者以外の洗濯や調理、草むしりなどは、**生活援助**に含まれない。　　　　　　　　　　　　　　　　　　　　　　　　　　　（§2参照）

□□ **6** ★　訪問介護事業所には、**訪問介護員**を常勤換算2.5人以上配置しなければならない。　　　　　　　　　　　　　　　　　　　　　（§2参照）

□□ **7** ★　訪問入浴介護は、**浴槽**を提供して行う入浴介助である。（§3参照）

□□ **8** 　訪問入浴介護のサービス提供は、看護職員と**介護職員**が対応する。　　　　　　　　　　　　　　　　　　　　　　　　　　　（§3参照）

□□ **9** ★★　訪問看護を利用する場合、**主治医**の指示が必要となっている。　　　　　　　　　　　　　　　　　　　　　　　　　　　（§4参照）

□□ **10** ★★　医療保険と介護保険では、原則**介護保険**の訪問看護が優先される。　　　　　　　　　　　　　　　　　　　　　　　　　　（§4参照）

□□ **11** ★　訪問看護ステーションでは、管理者と**看護職員**を配置する。　　　　　　　　　　　　　　　　　　　　　　　　　　　　（§4参照）

□□ **12** ★★　介護保険の訪問リハビリテーションでは、**維持期**リハビリテーションが実施される。　　　　　　　　　　　　　　　　　　　（§5参照）

□□ **13** ★　訪問リハビリテーションは、病院・診療所・介護老人保健施設・**介護医療院**でしか実施できない。　　　　　　　　　　　　　　（§5参照）

□□ **14** ★　居宅療養管理指導において医師または歯科医師は、情報提供を実施する場合、原則として**サービス担当者会議**への参加で行う。　　　　　　　　　　　　　　　　　　　　　　　　　　（§6参照）

□□ **15** ★　通所介護は、定員**19**人以上であり、**都道府県知事**が指定する。　　　　　　　　　　　　　　　　　　　　　　　　　　（§7参照）

一問一答・チャレンジ問題

□□ **16** ★ 地域密着型通所介護は、定員 **19** 人未満で、**市町村長**が指定する。
（§ 7 参照）

□□ **17** ★ 療養通所介護は、定員 **18** 人以下で、**市町村長**が指定する。
（§ 7 参照）

□□ **18** 地域密着型通所介護では、**運営推進会議**を 6 ヵ月に 1 回以上開催しなければならない。
（§ 7 参照）

□□ **19** ★ 通所リハビリテーションは、病院・診療所・**介護老人保健施設**・介護医療院のみで実施される。
（§ 8 参照）

□□ **20** ★ 短期入所生活介護には、**単独型**・併設型・空床利用型の 3 つの類型がある。
（§ 9 参照）

□□ **21** ★★ 短期入所生活介護では、1 つの居室の定員は **4** 人以下となっている。
（§ 9 参照）

□□ **22** ★★ 車いすは**福祉用具貸与**として提供される。
（§10 参照）

□□ **23** ★★ ポータブルトイレは、**特定福祉用具販売**として提供される。
（§10 参照）

□□ **24** ★ 住宅改修費は、**転居**した場合と、**3** 段階重度化した場合には、再度給付を受けることができる。
（§11 参照）

□□ **25** 巡回型サービスで、24 時間体制で実施するのは、**定期巡回・随時対応型訪問介護看護**である。
（§12 参照）

□□ **26** 巡回型サービスで、夜間帯で実施するのは、**夜間対応型訪問介護**である。
（§12 参照）

□□ **27** 利用者宅を短時間に定期的に訪問するサービスを**定期巡回サービス**という。
（§12 参照）

□□ **28** 小規模多機能型居宅介護は、**通い**、宿泊、訪問を 1 ヵ所で行うことができる。
（§13 参照）

□□ **29** 小規模多機能型サービスでは、運営推進会議を **2** ヵ月に 1 回以上開催しなければならない。
（§13 参照）

□□ **30** 認知症対応型通所介護は、単独型・併設型・**共用型**で提供される。
（§14 参照）

□□ **31** 認知症対応型通所介護の単独型・併設型の定員は **12** 人以下と設定されている。
（§14 参照）

□□ **32** 認知症対応型通所介護では、運営推進会議をおおむね **6** ヵ月に 1 回開催しなければならない。
（§14 参照）

□□ **33** 認知症対応型共同生活介護の共同生活住居の 1 ユニット定員は 5 人～**9** 人である。
（§15 参照）

□□ **34** ★ 認知症対応型共同生活介護では、共同生活住居を最大 **3** つまで設置することができる。
（§15 参照）

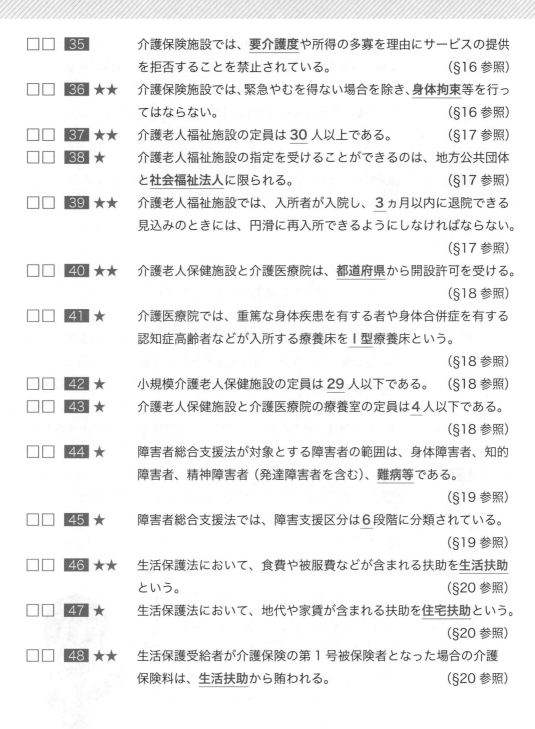

☐☐ 35 介護保険施設では、**要介護度**や所得の多寡を理由にサービスの提供を拒否することを禁止されている。 (§16 参照)

☐☐ 36 ★★ 介護保険施設では、緊急やむを得ない場合を除き、**身体拘束**等を行ってはならない。 (§16 参照)

☐☐ 37 ★★ 介護老人福祉施設の定員は **30** 人以上である。 (§17 参照)

☐☐ 38 ★ 介護老人福祉施設の指定を受けることができるのは、地方公共団体と**社会福祉法人**に限られる。 (§17 参照)

☐☐ 39 ★★ 介護老人福祉施設では、入所者が入院し、**3** ヵ月以内に退院できる見込みのときには、円滑に再入所できるようにしなければならない。 (§17 参照)

☐☐ 40 ★★ 介護老人保健施設と介護医療院は、**都道府県**から開設許可を受ける。 (§18 参照)

☐☐ 41 ★ 介護医療院では、重篤な身体疾患を有する者や身体合併症を有する認知症高齢者などが入所する療養床を**Ⅰ型療養床**という。 (§18 参照)

☐☐ 42 ★ 小規模介護老人保健施設の定員は **29** 人以下である。 (§18 参照)

☐☐ 43 ★ 介護老人保健施設と介護医療院の療養室の定員は**4** 人以下である。 (§18 参照)

☐☐ 44 ★ 障害者総合支援法が対象とする障害者の範囲は、身体障害者、知的障害者、精神障害者（発達障害者を含む）、**難病等**である。 (§19 参照)

☐☐ 45 ★ 障害者総合支援法では、障害支援区分は**6** 段階に分類されている。 (§19 参照)

☐☐ 46 ★★ 生活保護法において、食費や被服費などが含まれる扶助を**生活扶助**という。 (§20 参照)

☐☐ 47 ★ 生活保護法において、地代や家賃が含まれる扶助を**住宅扶助**という。 (§20 参照)

☐☐ 48 ★★ 生活保護受給者が介護保険の第 1 号被保険者となった場合の介護保険料は、**生活扶助**から賄われる。 (§20 参照)

どの問題も、押さえておくと試験での得点につながる内容です。付属の赤シートを使いながら 1 つひとつ確実に覚えていきましょう

一問一答・チャレンジ問題

□□ 49 就労の支援その他の自立の相談に関する問題についての相談対応を実施する生活困窮者自立支援法の必須事業を、**生活困窮者自立相談支援**事業という。 (§21 参照)

□□ 50 後期高齢者医療制度の保険料の徴収などは**市町村**が行う。

(§22 参照)

□□ 51 個人情報とは、**生存**する個人に関する情報である。 (§23 参照)

□□ 52 個人情報のうち、本人に対する不当な差別、偏見が生じないようにとくに配慮を要する情報を**要配慮個人情報**という。 (§23 参照)

□□ 53 ★ 高齢者虐待防止法では、高齢者を **65** 歳以上の者と定義されている。

(§24 参照)

□□ 54 ★★ 養護者による虐待を発見し、生命または身体に重大な危険が生じている場合は、速やかに**市町村**に通報しなければならない。

(§24 参照)

□□ 55 ★ 法定後見制度は、対象者が判断能力が不十分になってから**家庭裁判所**に申立を行い、後見人を選任する制度である。 (§25 参照)

□□ 56 ★★ 法定後見制度で申立ができる者は、本人とその配偶者、**四親等内**の親族などである。 (§25 参照)

□□ 57 ★ 家庭裁判所は対象者の状況に応じて、**成年後見人**・保佐人・補助人を選任する。 (§25 参照)

□□ 58 ★★ 任意後見契約は、**公正証書**で締結しなければならない。(§26 参照)

□□ 59 任意後見制度において本人が判断能力が不十分になった場合、任意後見人が家庭裁判所へ申立を行い、家庭裁判所が**任意後見監督人**の選任を行う。 (§26 参照)

これで本編の学習が終了しました。お疲れさまでした。あいまいな知識などがあればテキストを見直して、練習問題などに自信を持って解答できるようになったら、次ページからの模擬試験にチャレンジ！

# 予想模擬試験

## ●使い方
問題は次ページからはじまります。本番と同じように時間を計り、本試験に臨むのと同じ意識で問題を解いていきましょう。

解答用紙は 357, 359, 361 ページにあります。解答の際は本書から切り離すなどしてお使いください。なお、解答用紙はダウンロードも可能です。以下の URL よりご活用ください。

URL：https://www.kadokawa.co.jp/
　　　product/322206000162/

※本サービスは予告なく変更または終了することがあります。
　あらかじめご了承ください

## ●試験時間
各回 120 分

## ●解答 & 解説
1回目：310 ～ 324 ページ
2回目：325 ～ 339 ページ
3回目：340 ～ 355 ページ

間違えた問題はテキストに戻って内容を再チェックし、全問正解になるまで繰り返し解きましょう。

**問題1** 認知症に関する施策の総合的な推進等について正しいものはどれか。3つ選べ。
1 認知症に関する知識の普及および啓発に努めなければならない。
2 介護方法に関する調査研究の推進に努めなければならない。
3 認知症である者が地域社会で他の人々と共生することができるよう努めなければならない。
4 認知症の予防を認知症にならないことと定義づけ、政策を進めていく。
5 個人情報の保護のため、医療機関以外の研究機関との連携は行ってはならない。

**問題2** ケアマネジメントについて正しいものはどれか。3つ選べ。
1 利用者のできなくなった部分を地域資源で補うだけでよい。
2 「ケアの継続性」を図る方法である。
3 障害者総合支援法では、共生型サービスのスタートにより、すべての障害者にケアマネジメントを用いて居宅サービス計画を作成しなければならない。
4 一つひとつの地域資源の力量、資源供給システムの使い勝手などにも目を配る必要がある。
5 ストレングスを活用する。

**問題3** 次の記述について正しいものはどれか。2つ選べ。
1 介護保険制度で行う自立支援では、介護が必要な状態になったとしても、誰の助けも受けずに、利用者自身の力だけで生活を行うことを目指す。
2 利用者が地域資源と適切につながっていくことは自立支援となる。
3 自立をするためには、他者に頼ってはいけない。
4 介護保険制度で考えられている自立支援には個別性が加味されていない。
5 利用者の意欲を引き出すとともに、潜在能力、利用者の強み、できそうなことなどを見出し、それを最大限に発揮できるように支援することが重要である。

**問題4** 人員・設備・運営に関する基準が都道府県の条例に委任されるサービスはどれか。3つ選べ。
1 指定居宅介護支援
2 基準該当介護予防サービス
3 指定地域密着型サービス
4 指定介護老人福祉施設
5 指定居宅サービス

**問題5** 介護保険制度において市町村が行う事務について、正しいものはどれか。3つ選べ。
1 地域包括支援センターの設置
2 要介護認定に関する事務
3 介護保険審査会の設置
4 財政安定化基金への拠出
5 第2号被保険者に対する保険料の徴収

**問題6** 介護保険制度の被保険者について正しいものはどれか。2つ選べ。
1 市町村の区域内に住所を有する者で医療保険に加入していない者が65歳に達したとき、誕生日の前日に被保険者資格を取得する。
2 市町村の区域内に住所を有する40歳以上65歳未満の者が医療保険加入者となったとき、その前日に被保険者資格を取得する。
3 生活保護法上の救護施設の入所者は、介護保険の被保険者とならない。
4 日本国籍をもたない人が観光目的で日本国内に短期間滞在している場合、65歳以上であれば介護保険の被保険者となる。
5 65歳以上の者が適用除外施設を退所したとき、退所した前日に被保険者資格を取得する。

**問題7** 介護保険制度の財政構造について正しいものはどれか。3つ選べ。

1 第1号被保険者の保険料率の設定は各市町村が条例で定める。
2 普通徴収の保険料の納期は、2月に1回と定められている。
3 所得段階別定額保険料の所得区分は、条例で定めるところにより、6段階にすることができる。
4 市町村特別給付に要する費用については、原則その市町村の第1号被保険者の保険料により賄われる。
5 公費負担のうち、施設等給付については、国20%、都道府県17.5%、市町村12.5%の割合となる。

**問題8** 要介護認定について正しいものはどれか。3つ選べ。

1 遠隔地に居住する被保険者からの申請にかかる調査については、その被保険者の居住市町村に調査を嘱託することができる。
2 新規認定調査の委託を受けることができる指定市町村事務受託法人は、市町村長が指定を行う。
3 被保険者に主治医がいない場合、申請した被保険者は、市町村の指定する医師またはその市町村の職員である医師の診断を受けなければならない。
4 介護認定審査会の委員の任期は原則として3年である。
5 要介護認定を受けようとする被保険者は、申請書に介護保険被保険者証を添えて市町村に申請を行う。

**問題9** 要介護認定について正しいものはどれか。3つ選べ。

1 区分変更認定の有効期間は、原則として、6月間である。
2 市町村は、要介護認定を受けた被保険者が、要介護者に該当しなくなったと認めるときは、有効期間満了前であってもその認定を取り消すことができる。
3 更新認定の効力は、更新前の認定の有効期間満了日から生じる。
4 更新認定の場合、認定有効期間は原則12月間である。
5 被保険者は、原則として、有効期間満了の日の2月前から満了の日までの間に、要介護更新認定の申請を行うことができる。

**問題10** 介護保険の保険給付について正しいものはどれか。2つ選べ。

1 地域密着型サービスは、居宅サービス計画の対象となっている場合、法定代理受領方式により保険給付が現物給付化される。
2 住宅改修費は、現物給付が認められていない。
3 特定入所者介護サービス費は、償還払いである。
4 特例サービス費はすべて現物給付化される。
5 福祉用具購入費は現物給付化される。

**問題11** 都道府県知事が指定もしくは開設許可を行うものはどれか。3つ選べ。

1 居宅介護支援
2 定員29人以下の小規模介護老人保健施設
3 福祉用具貸与
4 単独型短期入所生活介護
5 療養通所介護

**問題12** 利用者負担について正しいものはどれか。3つ選べ。

1 住宅改修費にかかる利用者負担は、高額介護サービス費の対象とならない。
2 福祉用具貸与にかかる利用者負担は、高額介護サービス費の対象とならない。
3 通所リハビリテーションの食費は、保険給付の対象である。
4 定率負担分は、特定入所者介護サービス費の対象とならない。
5 高額介護サービス費は、利用者負担の合計が一定額を超えた場合に、その超えた部分について、償還払いの形で給付される。

模擬試験1回目

模擬試験2回目

模擬試験3回目

模擬試験1回目・解答&解説

模擬試験2回目・解答&解説

模擬試験3回目・解答&解説

索引

**問題13** 社会福祉法人等による利用者負担額軽減制度の対象となるサービスはどれか。2つ選べ。
1 訪問看護
2 看護小規模多機能型居宅介護
3 夜間対応型訪問介護
4 介護老人保健施設
5 介護予防短期入所療養介護

**問題14** 区分支給限度基準額が設定されないサービスはどれか。3つ選べ。
1 地域密着型介護老人福祉施設入所者生活介護
2 短期入所療養介護
3 介護医療院
4 介護予防支援
5 介護予防通所リハビリテーション

**問題15** おむつ代が保険給付の対象であるサービスについて正しいものはどれか。2つ選べ。
1 療養通所介護
2 特定施設入居者生活介護
3 介護老人保健施設
4 認知症対応型共同生活介護
5 介護医療院

**問題16** 事業者・施設の指定について、正しいものはどれか。2つ選べ。
1 入居定員30人以上の介護付有料老人ホームが特定施設となる場合、都道府県知事の指定を受ける必要がある。
2 介護予防サービス事業者は、市町村長が指定を行う。
3 地域密着型通所介護は、共生型サービスの対象となる。
4 介護医療院は、通所リハビリテーション事業者と短期入所生活介護事業者の指定があったものとみなされる。
5 通所介護事業者の指定を受けるためには、法人格は不要である。

**問題17** 包括的支援事業のうち、地域包括支援センター以外に委託ができるものはどれか。2つ選べ。
1 包括的・継続的ケアマネジメント支援
2 権利擁護
3 在宅医療・介護連携推進
4 認知症総合支援
5 総合相談支援

**問題18** 地域包括支援センターについて正しいものはどれか。3つ選べ。
1 おおむね1年以内ごとに1回、市町村が適当と認めるときは、当該地域包括支援センターの事業の内容および運営状況に関する情報を公表するよう努めなければならない。
2 地域包括支援センターごとに地域包括支援センター運営協議会を設置しなければならない。
3 包括的支援事業の基準は都道府県の条例で定める。
4 原則として主任介護支援専門員を配置する。
5 市町村から包括的支援事業の実施の委託を受けた社会福祉法人は市町村長に必要事項を届け出た上で、地域包括支援センターを設置することができる。

**問題 19** 介護予防・日常生活支援総合事業について正しいものはどれか。3つ選べ。

1 第2号被保険者の保険料は含まれない。
2 一般介護予防事業は、すべての第1号被保険者およびその支援のための活動に関わるものを対象とした事業である。
3 住民ボランティアによるサービス提供も含まれる。
4 第2号被保険者は対象外である。
5 基本チェックリストは第1号被保険者のみが対象である。

**問題 20** 指定介護予防支援事業者について正しいものはどれか。3つ選べ。

1 担当職員として、介護支援専門員を配置することができる。
2 事業の一部を居宅介護支援事業者に委託することができる。
3 管理者は常勤の主任介護支援専門員でなければならない。
4 一部の都道府県知事が指定を行うことができる。
5 事業の基準に「介護予防のための効果的な支援の方法に関する基準」が含まれている。

**問題 21** 指定居宅介護支援事業者について適切なものはどれか。3つ選べ。

1 居宅介護支援事業所ごとに運営規程を定める。
2 介護支援専門員は、利用者の被保険者資格の要介護認定の有無および要介護認定の有効期間を確かめるものとする。
3 いかなる理由があってもサービス提供を拒んではならない。
4 交通費を請求することができない。
5 利用者・家族に対し、入院時に担当介護支援専門員の氏名等を入院先の医療機関に伝えるように依頼する。

**問題 22** 居宅介護支援における具体的取扱方針について適切なものはどれか。2つ選べ。

1 介護保険施設退所後から課題分析を開始する必要がある。
2 住民の自発的な活動によるサービスを位置づけるよう努める。
3 すべての居宅系サービスは、主治医の指示のもと居宅サービス計画へ位置づけなければならない。
4 介護保険施設への紹介を行ってはならない。
5 福祉用具利用の妥当性を検討し、理由を居宅サービス計画に記載しなければならない。

**問題 23** 居宅サービス計画について適切なものはどれか。3つ選べ。

1 服薬や口腔等、利用者の心身または生活状況に係る情報を得た場合、利用者の同意を得なくても、主治の医師若しくは歯科医師又は薬剤師に提供してもよい。
2 利用者の希望による居宅サービス計画の軽微な変更があった場合、サービス担当者会議を行わなくてもよい。
3 居宅サービス計画の作成に際して意見を求めた主治の医師等に居宅サービス計画を交付しなければならない。
4 正当な理由がなく、その業務上知り得た利用者又はその家族の秘密を漏らしてはならない。
5 短期入所生活介護及び短期入所療養介護の居宅サービスへの位置づけについては、要介護認定の有効期間の半数の日数以内であるか機械的な運用が求められる。

**問題 24** Aさん（87歳　男性）は、要介護4であり、週5回の訪問介護と、軽度の認知症と診断されている妻（86歳）の介護を受けながら生活をしている。息子夫妻が遠方に住んでおり、定期的に訪問している。ある日、「妻の認知症の症状が急に悪くなり、Aさんの介護はできなくなってしまった」という連絡が介護支援専門員に入った。連絡を受けた介護支援専門員の当面の対応として適切なものはどれか。3つ選べ。

1 地域包括支援センターに相談する。
2 Aさんと妻が一緒に入所できる特別養護老人ホームを探す。
3 Aさんに連絡をした上で、状況把握のため、緊急訪問する。
4 サービス担当者会議を開催し、居宅サービス計画を見直す。
5 息子夫妻に同居するよう説得する。

模擬試験1回目

模擬試験2回目

模擬試験3回目

模擬試験1回目・解答&解説

模擬試験2回目・解答&解説

模擬試験3回目・解答&解説

索引

**問題25** Bさん（61歳　男性）は、糖尿病性網膜症で失明した。糖尿病の発症は3年前であるが、食事療法などをほとんど行わなかった。介護保険の申請をし、要介護3の認定を受けた。週末は息子夫婦が来てくれるが、平日は一人で自宅にいるため、それも不安に感じている。今後も自宅で生活をしていきたいとBさんから相談を受けた介護支援専門員の対応として適切なものはどれか。3つ選べ。

1　行動援護サービスが利用できるため、事業所を探した。
2　視覚障害者の利用者が多い共生型通所介護事業所を探した。
3　糖尿病の治療について自立支援医療を利用することとした。
4　身体障害者福祉法の適用を受けるため、身体障害者手帳の申請を勧めた。
5　息子夫婦にもできる限りの範囲で援助をしてもらうようにお願いした。

## 保健医療サービスの知識等

**問題26**　せん妄について適切なものはどれか。3つ選べ。
1　一過性の認知機能低下が見られる。
2　施設入所後に起こることがある。
3　日中に起こることが多い。
4　重篤な意識障害を引き起こすことが多い。
5　通常は数週間で治まる。

**問題27**　循環器の疾患について適切なものはどれか。2つ選べ。
1　心筋梗塞は、冠動脈の狭窄により、心筋が必要とする酸素需要に対して供給が不足する病態を指す。
2　心筋梗塞の発作では、ニトロ製剤の舌下投与が著効を示す。
3　高齢者における高血圧の大半は本態性高血圧症である。
4　心不全による呼吸困難時には、起座位ではなく、仰臥位にすることで自覚症状の改善が見られる。
5　徐脈性不整脈は、ペースメーカーの植込術が検討される。

**問題28**　呼吸器の疾患について適切なものはどれか。3つ選べ。
1　慢性閉塞性肺疾患（COPD）は有害物質を長期に吸入することで生じる肺の炎症性疾患である。
2　高齢者の誤嚥性肺炎は初期症状が顕著に出現する。
3　慢性閉塞性肺疾患（COPD）は、インフルエンザの罹患により病状が急激に悪化することがある。
4　高齢者の肺結核は、結核既感染率が高い。
5　慢性閉塞性肺疾患（COPD）の定義には、肺気腫は含まれない。

**問題29**　老年期うつ病について適切なものはどれか。2つ選べ。
1　遺伝の関与が多い。
2　自死を図ることがある。
3　認知症の二次的障害として出現することはない。
4　一般的に身体症状が前面に出る。
5　薬剤の影響は見られない。

**問題30**　消化器の疾患について適切なものはどれか。3つ選べ。
1　胃潰瘍で出血し、消化管の下流に血液が流れた場合、タール便が出ることがある。
2　胆嚢結石の場合、みぞおちに痛みが出現することがある。
3　十二指腸潰瘍は、食後に上腹部の痛みが悪化する。
4　慢性肝炎の原因の多くはウイルス性肝炎である。
5　肝硬変は薬物療法により根治する。

**問題 31** 骨・関節の疾患について適切なものはどれか。3つ選べ。
1 後縦靱帯骨化症の多くは腰椎に見られる。
2 関節リウマチは、原因不明の全身における免疫異常であり、薬物療法を中心とした治療が進められる。
3 脊柱管狭窄症では、間欠性跛行が見られる。
4 橈骨遠位端骨折は高齢者でよく見られる骨折である。
5 骨粗鬆症での運動は禁忌とされている。

**問題 32** バイタルサインについて適切なものはどれか。3つ選べ。
1 肺炎で見られる発熱を稽留熱という。
2 敗血症で発熱が見られる。
3 口すぼめ呼吸が見られると、1～2時間で死亡することが多い。
4 脳卒中で徐呼吸が見られることがある。
5 下肢で血圧測定をすることはない。

**問題 33** 検査値について適切なものはどれか。3つ選べ。
1 クレアチニン値は、腎機能が低下すると低値になる。
2 ホルター心電図の検査は入院する必要はない。
3 HbA1c は、食後血糖の値を示すものである。
4 LDL コレステロールの高値は動脈硬化の進展を引き起こす。
5 AST（GOT）は心筋梗塞を起こすと高値になる。

**問題 34** 褥瘡への対応について適切なものはどれか。2つ選べ。
1 褥瘡予防として、栄養改善は重要な視点である。
2 褥瘡防止マットレスを使用することで、体位変換を行う必要がなくなる。
3 褥瘡の発生には1週間かかる。
4 全身的要因、局所的要因、社会的要因がある。
5 一般的に痩せている利用者より肥えている利用者の方が褥瘡の発生可能性が高いとされている。

**問題 35** 認知症について適切なものはどれか。3つ選べ。
1 社会脳の障害も含まれる。
2 非薬物療法は行わない。
3 前頭側頭型認知症では、常同行動が見られる。
4 中核症状は環境調整や適切な医療でよくなる。
5 血管性認知症は、初期にうつ症状を呈することがある。

**問題 36** 高齢者の栄養・食生活について適切なものはどれか。3つ選べ。
1 嚥下困難の利用者には、適度な粘度がある食品を用いるなど、食形態にもこだわる必要がある。
2 栄養アセスメントでは、個別性を重視するため、主観的データのみを取り扱う。
3 栄養バランスを考えることより、食べてもらうことがまず重要である。
4 加工食品やレトルト食品の摂食は避けなければならない。
5 食べることは家族や近隣の人々との双方向的コミュニケーションにも関わる。

**問題 37** 在宅医療管理について正しいものはどれか。3つ選べ。
1 糖尿病患者がシックデイの時には、インスリンの効果が強く出る場合がある。
2 血液透析は在宅で利用者や家族が透析に関する処置を行うものである。
3 在宅中心静脈栄養法を行っている利用者であっても入浴は可能である。
4 経鼻経管には手術が必要である。
5 ネブライザーは霧状の薬を気管や肺に吸い込むために使われる。

模擬試験1回目

模擬試験2回目

模擬試験3回目

模擬試験1回目・解答&解説

模擬試験2回目・解答&解説

模擬試験3回目・解答&解説

索引

**問題 38** 在宅酸素療法について適切なものはどれか。2つ選べ。
1 利用者の居宅のみで行う。
2 低酸素血症を起こしている利用者が対象である。
3 酸素供給時間を延長する目的で呼吸同調器を使用することがある。
4 情報共有は医療職のみで行うことでよいとされている。
5 鼻カニューレを使用すると、会話に不便が生じる。

**問題 39** 臨終が近づいたときの兆候とケアについて適切なものはどれか。3つ選べ。
1 経口摂取は困難になる。
2 下痢になりやすい。
3 下顎呼吸が出現する。
4 発熱している場合は、医師の指示のもと解熱剤を投与することもある。
5 褥瘡はできない。

**問題 40** 要介護認定を受けていても、医療保険の訪問看護の対象者となる者はどれか。3つ選べ。
1 認知症の者
2 人工呼吸器を装着している者
3 脳血管障害の者
4 頸髄損傷の者
5 特別訪問看護指示書を交付された者

**問題 41** 居宅療養管理指導の利用者として適切なものはどれか。3つ選べ。
1 定期的に通院している歩行困難の要介護者
2 指定介護老人福祉施設に入所している要介護者
3 外出することが困難な認知症要介護者
4 小規模多機能型居宅介護を利用している要介護者
5 末期がんでターミナル状態である要介護者

**問題 42** 介護保険における訪問リハビリテーションについて適切なものはどれか。3つ選べ。
1 医師を常勤で配置する必要がある。
2 介護医療院は行うことができる。
3 急性期リハビリテーションを行う。
4 リハビリテーション会議は、利用者等の同意を得て、テレビ電話装置等を活用して行うことができる。
5 訪問介護事業所への助言・指導は行わない。

**問題 43** 短期入所療養介護について適切なものはどれか。2つ選べ。
1 管理者は、短期入所療養介護計画を作成する。
2 ターミナルケアは行わない。
3 日帰りのサービスを提供することができる。
4 療養病床を有しない病院であっても、みなし指定を受けることができる。
5 おむつ代は保険給付の対象外である。

**問題 44** 介護医療院について適切なものはどれか。3つ選べ。
1 療養室の定員は4人以下とする。
2 支援相談員を配置しなくてもよい。
3 病状は安定しているが、重篤な身体疾患を有する人などが入所対象者となる。
4 ターミナルケアは行わない。
5 施設サービス計画の作成の必要はない。

**問題45** 介護老人保健施設について適切なものはどれか。3つ選べ。
1 医療型施設のため、住民組織との連携は不要とされている。
2 管理者は原則都道府県知事の承認を受けた医師とする。
3 原則要介護3以上の者しか入所できない。
4 退所が可能か否かの検討を3月に1回行う。
5 栄養士または管理栄養士を配置しなければならない。

## 福祉サービスの知識等

**問題46** コミュニケーションの基本的技術について適切なものはどれか。3つ選べ。
1 観察は、コミュニケーション手段に含まれない。
2 「なぜ」で始まる質問は、クライエントの戸惑いを増幅させてしまう。
3 単純にクライエントの述べたことを反復するだけでは、共感にはつながらない。
4 面接は双方向のコミュニケーションといわれる。
5 オープンクエスチョンは、相談援助者側の意図や評価を含んでいないため、誘導のおそれがない。

**問題47** 支援困難事例について適切なものはどれか。3つ選べ。
1 特殊な制度を利用しなければ解決に至らない。
2 地域社会に偏見や理解不足があって必要な支援が形成されなかったりする場合もある。
3 高齢者自身が必要な支援を求めない場合を、セルフ・ネグレクトと呼ぶ。
4 支援を拒否している高齢者や家族であっても、特定の信頼できる人からの助言や支援を受け入れる場合もある。
5 制度の拡充により、経済的に困窮し、その影響が高齢者本人や家族の課題を増幅させることはなくなった。

**問題48** 個人・家族に対するソーシャルワークについて適切なものはどれか。2つ選べ。
1 地域包括支援センターの社会福祉士による権利擁護の相談
2 キャラバンメイトによる認知症サポーター研修
3 デイサービスでのレクリエーション活動
4 居宅介護支援事業者の介護支援専門員の利用者対応
5 災害ボランティアセンターの設置のための活動

**問題49** 集団に対するソーシャルワークについて適切なものはどれか。3つ選べ。
1 震災被災者に対する支援のためのボランティアの組織化
2 地域の高齢者グループを対象とした介護予防活動への助言
3 介護に悩む家族を対象とした交流活動
4 ボランティアスタッフと地域住民による高齢者の見守り活動
5 アルコール依存症の当事者によるセルフヘルプ活動

**問題50** 訪問介護について正しいものはどれか。3つ選べ。
1 サービス提供責任者は、利用者の口腔に関する問題や服薬状況等について、居宅介護支援事業者等のサービス関係者と情報共有しなければならない。
2 共生型訪問介護については、障害者総合支援法における居宅介護の指定を受けた事業所であれば、基本的には共生型訪問介護の指定を受けることができる。
3 ゴミの分別がわからない利用者と一緒に分別をしてゴミ出しのルールを理解してもらう援助は、身体介護として算定される。
4 点眼薬の点眼は医療行為であるため、訪問介護員は行うことができない。
5 同居家族がいる場合、生活援助は利用できない。

**問題 51** 訪問入浴介護について正しいものはどれか。3つ選べ。
1 原則要介護3以上の中重度者のみを対象としたサービスである。
2 人工呼吸器を装着している者は利用できない。
3 訪問入浴介護計画の作成は義務づけられていない。
4 部分浴や清拭に変更した場合、介護報酬は減算される。
5 専用の浴槽を使用し提供されるサービスである。

**問題 52** 通所介護について正しいものはどれか。3つ選べ。
1 機能訓練指導員は、理学療法士に限られる。
2 送迎時に実施した居宅内での介助等に要する時間は、居宅サービス計画および通所介護計画に位置づけた上で実施し、一定の資格要件を満たす者によって行われた場合、通所介護を行うのに要する時間に含めることができる。
3 管理者には、特段の専門資格は求められていない。
4 夜間・深夜に宿泊サービスを提供する場合には、事前に届け出る必要がある。
5 利用者に送迎を行った場合、送迎加算を算定することができる。

**問題 53** 地域密着型サービスについて適切なものはどれか。3つ選べ。
1 市町村長が指定を行う。
2 認知症対応型通所介護の併設型の定員は3人以下となっている。
3 地域密着型通所介護は、おおむね6月に1回以上、運営推進会議を開催しなければならない。
4 小規模多機能型居宅介護の介護支援専門員は、登録者の居宅サービス計画を作成しなければならない。
5 夜間対応型訪問介護の利用者は、一人暮らしでなければならない。

**問題 54** 地域密着型サービスについて適切なものはどれか。3つ選べ。
1 認知症対応型共同生活介護の管理者は3年以上認知症である者の介護に従事した経験を有する介護支援専門員でなければならない。
2 認知症対応型共同生活介護における共同生活住居の定員は5人以上9人以下である。
3 地域密着型介護老人福祉施設入所者生活介護では、おむつ代は保険給付の対象となる。
4 認知症対応型共同生活介護の計画作成担当者は介護支援専門員でなければならない。
5 地域密着型特定施設入居者生活介護は、定員が29人以下の介護専用型施設である。

**問題 55** 療養通所介護について適切なものはどれか。3つ選べ。
1 指定を受けることができるのは非営利団体のみである。
2 安全・サービス提供管理委員会をおおむね2月に1回開催しなければならない。
3 常時看護師による観察が必要な難病を有する重度要介護者またはがん末期の者などが対象となる。
4 定員は18人以下である。
5 管理者は必要な知識と技能を有する看護師でなければならない。

**問題 56** 指定介護老人福祉施設について適切なものはどれか。2つ選べ。
1 特別養護老人ホームとして認可されている施設が都道府県知事より指定を受けることで行われる施設サービスである。
2 第2号被保険者は入所することができない。
3 ターミナルケアは行われない。
4 入所者が医療機関に入院することとなった場合、6月以内に退院できる見込の時には、退院後、当該施設に円滑に再入所できるようにする。
5 要支援1および2の者は、いかなる理由があっても入所することができない。

**問題 57** 障害者の日常生活及び社会生活を総合的に支援する法律（障害者総合支援法）について適切なものはどれか。2つ選べ。
1 発達障害者は対象とならない。
2 難病患者は対象にならない。
3 市町村は、障害支援区分の認定を行う。
4 利用者負担は応能負担である。
5 精神障害者の入院医療費が支給される。

**問題 58** 生活保護制度その他関連の施策について適切なものはどれか。3つ選べ。
1 40歳以上65歳未満の者のうち、医療保険未加入である被保護者が要介護者等になったときには、介護サービス費用の全額が生活扶助として給付される。
2 介護保険施設入所者の日常生活費については介護施設入所者基本生活費として給付が行われる。
3 生活保護の扶助はすべて金銭給付として給付される。
4 介護保険施設に入所している被保護者の食費については、介護扶助で賄われる。
5 生活保護受給者の急増により、生活困窮者自立支援法が制定された。

**問題 59** 高齢者虐待の防止、高齢者の養護者に対する支援等に関する法律（高齢者虐待防止法）について適切なものはどれか。2つ選べ。
1 緊急やむを得ない場合を除いて、身体拘束は原則高齢者虐待に該当する行為である。
2 意図的に薬を過剰に服用させたりして抑制する行為は心理的虐待にあたる。
3 施設等の職員は、自分が働いている施設等で高齢者虐待を受けた高齢者を発見した場合は、都道府県に通報しなければならない。
4 市町村長は、立入調査等の場合に、職務の執行に際して必要があると認めるときは、所在地を管轄する警察署長に対し援助を求めることができる。
5 市町村または市町村長は、通報または届出があった場合には、養護者による高齢者虐待により生命または身体に重大な危険が生じているおそれがあると認められる高齢者を特別養護老人ホームへ入所させる場合、当該高齢者が原則要介護3以上でなければ措置入所させることができない。

**問題 60** 成年後見制度について適切なものはどれか。2つ選べ。
1 成年後見制度は、法定後見制度と任意後見制度に分類することができる。
2 任意後見契約は、市町村長の許可があった場合、公正証書以外で行うことができる。
3 社会福祉協議会が運営主体となっている。
4 肢体不自由があり認知症である高齢者は、法定後見制度の対象となる。
5 任意後見人は、弁護士や社会福祉士などの専門職後見人に限られる。

模擬試験1回目
模擬試験2回目
模擬試験3回目
模擬試験1回目・解答&解説
模擬試験2回目・解答&解説
模擬試験3回目・解答&解説
索引

# 模擬試験 2 回目

## 介護支援分野

**問題1** 市町村の業務について、正しいものはどれか。3つ選べ。
1 介護予防支援事業者の指定を行う。
2 介護認定審査会を設置する。
3 地域支援事業の事業者指定業務を社会福祉法人に委託することができる。
4 介護保険特別会計を設ける。
5 すべての被保険者の保険料率の決定を行う。

**問題2** 都道府県知事が指定を行うものはどれか。2つ選べ。
1 特定施設入居者生活介護
2 夜間対応型訪問介護
3 通所介護
4 看護小規模多機能型居宅介護
5 住宅改修

**問題3** 介護保険法において市町村が条例で定めることとされている事項として正しいものはどれか。2つ選べ。
1 福祉用具購入費支給限度基準額の上乗せ
2 介護報酬の算定基準
3 介護認定審査会の委員の定数
4 第2号被保険者負担率
5 介護保険審査会の公益代表委員の定数

**問題4** 介護保険の被保険者について正しいものはどれか。3つ選べ。
1 介護保険被保険者が適用除外施設に入所した場合、その当日に資格を喪失する。
2 第2号被保険者は、氏名を変更した場合であっても、保険者に届出をする必要がない。
3 すべてのサービス付き高齢者向け住宅が住所地特例対象施設となる。
4 介護保険被保険者証はすべての第1号被保険者に交付される。
5 生活保護法による保護を受けている世帯に属する者は、国民健康保険の被保険者とならない。

**問題5** 更新認定の調査ができる者について、正しいものはどれか。3つ選べ。
1 地域密着型特定施設入居者生活介護
2 地域密着型介護老人福祉施設入所者生活介護
3 地域密着型通所介護
4 地域包括支援センター
5 介護保険施設

**問題6** 要介護認定・要支援認定について正しいものはどれか。2つ選べ。
1 被保険者に主治医がいない場合は、主治医意見書を省略することができる。
2 被保険者が正当な理由なく調査に応じない場合、市町村は、認定申請を却下することができる。
3 要支援認定の基準は市町村が定める。
4 市町村は、要介護認定を受けた被保険者の介護の必要の程度が低下したことにより、現に認定されている要介護区分よりも軽度になったと認めるときは、職権により要介護区分の変更認定を行うことができる。
5 介護認定審査会の委員の定数は国が定める。

**問題7** 要介護認定について正しいものはどれか。2つ選べ。
1 成年後見人は、申請代行をすることができる。
2 認定は、原則申請日から60日以内に行われる。
3 市町村職員である保健師は、認定調査を行うことができない。
4 新規認定の認定有効期間は原則12月である。
5 区分変更認定では、3月の認定有効期間を定めることができる。

**問題8** 介護保険と他制度との関係について正しいものはどれか。3つ選べ。
1 労働者災害補償保険法によって、介護保険の給付に相当する介護補償等が受けられるとき、重複する部分の給付は介護保険からは行われない。
2 要介護者・要支援者に対し、介護保険と医療保険の両方に同様のサービスがある場合、原則として医療保険が優先される。
3 生活保護の被保護者となっている第1号被保険者が要介護状態等になった場合、介護保険の給付が優先される。
4 障害者総合支援法の自立支援給付と介護保険の給付とが重複する場合、障害者総合支援法の給付が優先される。
5 感染症法等による保険優先の公費負担医療制度と介護保険法による給付が重複する場合、介護保険の給付が優先される。

**問題9** 介護サービスの種類について正しいものはどれか。3つ選べ。
1 介護老人保健施設は、原則要介護3以上の者しか入所できない。
2 地域密着型通所介護は、要支援者は利用することができない。
3 要支援者は、介護老人福祉施設が提供する介護予防短期入所生活介護を利用することができない。
4 福祉系サービスには、共生型サービスの対象となるものがある。
5 市町村特別給付は、要介護者と要支援者ともに対象となる。

**問題10** 支給限度基準額が設定されないサービスはどれか。3つ選べ。
1 居宅介護支援
2 認知症対応型共同生活介護
3 定期巡回・随時対応型訪問介護看護
4 介護予防居宅療養管理指導
5 看護小規模多機能型居宅介護

**問題11** 利用者負担について正しいものはどれか。3つ選べ。
1 すべての要介護者と要支援者に、介護保険負担割合証が交付される。
2 市町村は、特別な理由があり定率の利用負担が一時的に困難と認められる被保険者について、定率負担を減額または免除することができる。
3 特定入所者介護サービス費の支給対象者には、介護保険負担限度額認定証が交付される。
4 訪問入浴介護は、社会福祉法人等による利用者負担額軽減制度の対象となる。
5 高額介護サービス費は、個人単位で算定される。

**問題12** 現物給付が認められていないものはどれか。2つ選べ。
1 高額医療合算介護サービス費
2 特定入所者介護サービス費
3 特例サービス費
4 居宅介護サービス計画費
5 介護予防サービス計画費

模擬試験1回目

模擬試験2回目

模擬試験3回目

模擬試験1回目・解答&解説

模擬試験2回目・解答&解説

模擬試験3回目・解答&解説

索引

**問題13** 指定居宅サービス事業者について正しいものはどれか。3つ選べ。
1 病院・診療所が訪問介護を行う場合は、非法人でも可とされている。
2 社会福祉法人は、訪問介護事業所の指定を受けることができる。
3 介護老人保健施設は、都道府県知事から開設許可を受けた場合、短期入所療養介護の指定があったものとみなされる。
4 薬局は、医療法の許可を得ている場合、介護保険の訪問看護をみなし指定として行うことができる。
5 介護医療院は、訪問リハビリテーションを行うことができる。

**問題14** 第1号被保険者の保険料のみで賄われるものはどれか。3つ選べ。
1 財政安定化基金の市町村負担分
2 財政安定化基金の貸付金にかかる返済費用
3 施設等給付にかかる費用
4 一般介護予防事業にかかる費用
5 市町村特別給付にかかる費用

**問題15** 介護保険事業計画について正しいものはどれか。2つ選べ。
1 市町村介護保険事業計画は、市町村地域福祉計画と一体のものとして作成される。
2 市町村介護保険事業計画は、3年を1期として策定される。
3 地域密着型介護老人福祉施設入所者生活介護の必要利用定員総数は、都道府県介護保険事業支援計画で定めるべき事項である。
4 各年度における地域支援事業の量の見込は、都道府県介護保険事業支援計画で定めるべき事項である。
5 介護サービス情報の公表に関する事項は、都道府県介護保険事業支援計画で定めるべき事項である。

**問題16** 保険給付の対象外となるものはどれか。3つ選べ。
1 地域密着型介護老人福祉施設入所者生活介護のおむつ代
2 地域密着型通所介護のおむつ代
3 介護保険施設の食費
4 小規模多機能型居宅介護の宿泊費
5 短期入所療養介護のおむつ代

**問題17** 財政安定化基金について正しいものはどれか。2つ選べ。
1 通常の努力を行ってもなお生じる保険料未納で、介護保険財政の収入不足が生じた場合、不足分の全額を交付金として交付する。
2 市町村に対し、介護給付費交付金を交付する。
3 国はかかる費用の25％を負担する。
4 貸付を受けた場合、3年間の分割で返済する。
5 都道府県に設置される。

**問題18** 地域支援事業について適切なものはどれか。2つ選べ。
1 要介護者は利用することができない。
2 介護予防把握事業は、包括的支援事業に含まれている。
3 一般介護予防事業の対象者には、第1号被保険者が含まれる。
4 利用料を請求することができる。
5 介護給付等費用適正化事業は、包括的支援事業に含まれている。

**問題 19** 包括的支援事業に含まれるものはどれか。3つ選べ。

1 地域リハビリテーション活動支援
2 介護予防普及啓発
3 生活支援体制整備
4 地域ケア会議推進
5 要支援者を除く介護予防支援

**問題 20** 地域包括支援センターについて正しいものはどれか。3つ選べ。

1 市町村は、地域包括支援センター運営協議会を設置する。
2 市町村は、定期的に地域包括支援センターの実施状況の評価を行う。
3 任意事業を実施することができない。
4 直営型と委託型がある。
5 NPO 法人は設置することができない。

**問題 21** 介護サービス情報の公表について正しいものはどれか。3つ選べ。

1 地域密着型サービスについては、市町村長が行う。
2 調査事務を、指定調査機関に行わせることができる。
3 調査にかかる事務手数料を徴収することができない。
4 指定情報公表センターには秘密保持義務が課される。
5 情報公表システムを用いて、地域包括支援センターの情報を提供することができる。

**問題 22** 国民健康保険団体連合会の介護保険関係業務について正しいものはどれか。3つ選べ。

1 介護給付費等審査委員会の委員を委嘱することができる。
2 居宅介護支援事業を運営することができる。
3 介護保険施設を運営することができない。
4 市町村の委託を受けて、苦情処理を行う。
5 市町村の委託を受けて、第三者行為求償事務を行う。

**問題 23** 指定介護予防支援事業者について正しいものはどれか。3つ選べ。

1 指定の更新については、6年ごとになっている。
2 地域包括支援センターの設置者は指定を受けることができる。
3 社会福祉士は担当職員になることができる。
4 地域ケア会議への協力は不要である。
5 モニタリングの結果を3月に1回記録しなければならない。

**問題 24** 民生委員から、「高齢で認知症と思われる父親と長男の2人暮らしの世帯で、介護放棄の状態のようで心配だ。」と地域包括支援センターに相談があった。長男と面会すると、「不在にすることが多いが、大丈夫だ。」と言われ、今後の訪問についても拒否された。センターの当面の対応として、より適切なものはどれか。2つ選べ。

1 長男の許可がなければ訪問もできないので、相談に来た民生委員にもしばらく家庭を訪問しないようお願いした。
2 虐待とみなし、警察に立入調査の要請をした。
3 地域ケア会議を開催することとした。
4 特別養護老人ホームへの措置入所を検討した。
5 長男への接触を増やし、訪問させてもらうように連絡をとるようにした。

模擬試験1回目
模擬試験2回目
模擬試験3回目
模擬試験1回目・解答&解説
模擬試験2回目・解答&解説
模擬試験3回目・解答&解説
索引

　Bさん（89歳女性・要介護１）はアパートで一人暮らしである。現在生活保護を受給している。身寄りがなく、今後自宅で生活を送ることに不安を感じ、施設へ入所したいと連絡が入ったと訪問介護事業所より介護支援専門員が報告を受けた。担当の介護支援専門員の対応として適切なものはどれか。２つ選べ。

1　Bさんを訪問し、現状を聴き取った。
2　自宅で安心して生活できるよう、訪問介護の日数を増やした。
3　成年後見制度の利用を勧めた。
4　近隣にある施設に見学へ行く際に同行した。
5　施設へ入所しても計画作成の担当は引き続き行う旨を伝え、安心してもらうような支援を行った。

## 保健医療サービスの知識等

**問題26**　老年症候群について適切なものはどれか。２つ選べ。
1　高齢者の難聴では、伝音性難聴が多い。
2　結晶性知能は若年より低下する。
3　白内障は、手術を行うことで視力は大きく回復する。
4　せん妄は、転居で引き起こされることがある。
5　亜鉛欠乏症は薬の副作用で引き起こされ、嗅覚障害が出現する。

**問題27**　在宅医療管理について適切なものはどれか。２つ選べ。
1　自発呼吸がない患者に対しては、侵襲的人工呼吸療法を行う。
2　腹膜透析では、シャントという針を刺すための血管を使用する。
3　経鼻経管栄養を利用している者は、入浴は禁忌である。
4　パルスオキシメーターは血中の酸素飽和度を測る機器である。
5　在宅自己導尿は、バルーンカテーテルよりも感染リスクが高い。

**問題28**　脳・神経の疾患について、適切なものはどれか。３つ選べ。
1　パーキンソン病の治療は基本薬物療法である。
2　脳卒中は、再発のおそれはない。
3　筋萎縮性側索硬化症（ALS）では、運動神経と知覚神経が障害される。
4　脊髄小脳変性症では、運動失調が見られる。
5　脳卒中の予防として、メタボリックシンドローム予防が重要である。

**問題29**　皮膚の疾患について適切なものはどれか。２つ選べ。
1　帯状疱疹は、水ぼうそうのウイルスによって発症する。
2　通常疥癬では、感染力が非常に強いので一定期間での個室管理が必要となる。
3　薬疹は、薬剤服用後すぐに発生することがほとんどである。
4　白癬は院内感染がほとんどを占め、家庭内で感染することはほぼないとされている。
5　皮膚カンジダ症は、陰部での発生がある。

**問題30**　次の記述について適切なものはどれか。３つ選べ。
1　前立腺肥大症は、前立腺がんへ進行することが多い。
2　高齢者は、２型糖尿病が多い。
3　脂質異常症では、動脈硬化との関連がある。
4　低ナトリウム血症で死に至ることはない。
5　糖尿病は、初期症状が見られないことが多い。

**問題31** 感染症について適切なものはどれか。2つ選べ。
1 ノロウイルス感染症は経口感染である。
2 MRSA感染症は空気感染である。
3 結核は飛沫感染である。
4 疥癬は接触感染である。
5 A型肝炎は、血液感染である。

**問題32** 認知症について適切なものはどれか。3つ選べ。
1 アルコール依存を原因として、認知症となる場合もある。
2 チームオレンジコーディネーターは、チームオレンジの立ち上げから運営を行う。
3 前頭側頭型認知症は、治る認知症である。
4 レビー小体型認知症は、初期にうつ症状を呈することがある。
5 認知症カフェは、認知症本人とその家族のみが参加できる家族会である。

**問題33** 高齢者の精神疾患について適切なものはどれか。3つ選べ。
1 アルコール依存症は、老年期になって初めて発症することもある。
2 老年期うつ病では、めまいが生じることがある。
3 統合失調症の大半は、中年期以降に発症する。
4 妄想性障害の対象は身近な人物が多い。
5 統合失調症では、薬物療法を行わない。

**問題34** リハビリテーションについて適切なものはどれか。3つ選べ。
1 感覚障害では、やけどに注意する。
2 急性期リハビリテーションでは、自動的関節可動域訓練を主として行う。
3 維持的リハビリテーションは介護保険制度のもとで提供される。
4 機能回復を目的としており、代償的アプローチは行わない。
5 痛みのために、不活発な生活に陥ることがある。

**問題35** 食事の介護について適切なものはどれか。2つ選べ。
1 食欲がないという課題は、食事前のおやつを減らすことで解決できることがある。
2 「献立を考える」「買い物に出かける」という行為は、食事の一連の生活行為とはみなさないことで、食事の適切なアセスメントを行うことができる。
3 誤嚥リスクのある利用者に対しては、速やかに経管栄養へ移行する。
4 食事の際、ややあごを挙上させることで、嚥下しやすくなる。
5 先行期で誤嚥を引き起こすことがある。

**問題36** 高齢者に多いとされる排尿障害について適切なものはどれか。3つ選べ。
1 腹圧性尿失禁では、導尿やバルーンカテーテルを利用する。
2 溢流性尿失禁では、尿道の閉塞を解決する対応を行う。
3 機能性尿失禁では、一連の日常生活動作の問題点を見極め、間に合うように環境を整える。
4 頻尿がある場合、水分や薬剤での調整を行う。
5 切迫性尿失禁では、骨盤底筋訓練などで骨盤底筋群の筋力を高める。

**問題37** ターミナルケアについて適切なものはどれか。2つ選べ。
1 つじつまのあわないことを言うようになる。
2 チェーンストークス呼吸が出現した場合、家族を呼ぶ。
3 口腔内が乾くので、氷片などを口に入れる。
4 発熱することはない。
5 唇などが青紫色になるアテトーゼが見られる。

模擬試験1回目

模擬試験2回目

模擬試験3回目

模擬試験1回目・解答&解説

模擬試験2回目・解答&解説

模擬試験3回目・解答&解説

索引

**問題 38**　次の記述について適切なものはどれか。3つ選べ。
1　入浴時は、ヒートショックに留意する。
2　入浴は、虐待を発見する機会になる。
3　高齢者には不顕性誤嚥が見られることがある。
4　熟眠障害は不眠症に含まない。
5　介護職はひげそりを行うことができない。

**問題 39**　訪問看護について適切なものはどれか。3つ選べ。
1　家族への精神的支援を行う。
2　要介護者が急性増悪で特別訪問看護指示書の交付を受けた場合、14日間に限り、医療保険の訪問看護は提供されない。
3　病院は、看護師を常勤換算で2.5人以上配置しなければならない。
4　短期入所療養介護利用中は利用できない。
5　訪問看護指示書の有効期間は最大6月である。

**問題 40**　介護保険における訪問リハビリテーション事業者について適切なものはどれか。2つ選べ。
1　医師の診療に基づき、訪問リハビリテーション計画が作成される。
2　介護老人保健施設は、みなし指定として行うことができる。
3　看護師を配置しなければならない。
4　住宅改修について、本人または家族に直接指導を行う。
5　訪問看護ステーションの理学療法士が訪問した場合も訪問リハビリテーション費を算定することができる。

**問題 41**　介護保険における通所リハビリテーションについて適切なものはどれか。2つ選べ。
1　精神科デイケアを介護保険の通所リハビリテーションとして行うことができる。
2　診療所が行うことができる。
3　回復期リハビリテーションを行う。
4　リハビリテーション会議でテレビ電話等を利用する場合、利用者及びその家族に同意を得なければならない。
5　送迎加算を算定することができる。

**問題 42**　定期巡回・随時対応型訪問介護看護について適切なものはどれか。2つ選べ。
1　社会福祉法人等による利用者負担額軽減制度の対象外である。
2　理学療法士はオペレーターに従事することができる。
3　常勤専従の管理者を配置する。
4　オペレーターは事業所に常駐しなければならない。
5　要介護者のみが対象である。

**問題 43**　看護小規模多機能型居宅介護について適切なものはどれか。3つ選べ。
1　登録定員は29人以下である。
2　介護支援専門員は、登録者の居宅サービス計画を作成する。
3　看護師は管理者になることができない。
4　配置される介護支援専門員は非常勤でもよい。
5　宿泊室の定員は4人以下である。

**問題 44**　介護老人保健施設について適切なものはどれか。3つ選べ。
1　災害等やむを得ない場合であっても、定員を超えて入所させてはならない。
2　定期的に避難、救出その他必要な訓練を行わなければならない。
3　療養室は個室でなければならない。
4　入所者の負担により、当該施設の従業者以外の者による看護および介護を受けさせてはならない。
5　検査や投薬を妥当適切に行う。

**問題45** 介護医療院について適切なものはどれか。3つ選べ。
1 身体合併症を有する認知症高齢者は、Ⅰ型療養床に入所する。
2 リハビリテーションを行う必要はない。
3 計画担当介護支援専門員は、定期的に入所者に面接しなければならない。
4 緊急やむを得ない場合を除き、身体拘束を行ってはならない。
5 併設型小規模介護医療院は、入所定員が29人以下である。

## 福祉サービスの知識等

**問題46** ソーシャルワークについて適切なものはどれか。3つ選べ。
1 個人・家族に対するソーシャルワークでは、面接を主な手段として展開する。
2 個人・家族に対するソーシャルワークでは、インテーク面接から支援が始まり、支援を必要とする人すべてが面接にくる。
3 集団に対するソーシャルワークにおいては、参加者が集団より自由に離脱する権利を有する。
4 集団に対するソーシャルワークは、治療的集団への支援は対象とならない。
5 地域に対するソーシャルワークでは、既存の地域集団に働きかけ、そのニーズを明らかにし、適切に地域福祉計画に反映できるような参加の道も探っていく。

**問題47** コミュニケーション技術について適切なものはどれか。2つ選べ。
1 傾聴は、相手の話す内容と思いに積極的に耳と心を傾ける態度やありようを指す。
2 インテーク面接は必ず1回で終わるようにしなければならない。
3 イエスノーで答えられないような質問を「閉じられた質問」という。
4 面接を行う際、面接場所の設定やいすの位置を決めることは重要である。
5 共感は、利用者のありのままを受け入れるという意味である。

**問題48** 集団に対するソーシャルワークとしてより適切なものはどれか。2つ選べ。
1 精神科クリニックで行われる、アルコール依存症の当事者による分かち合いの体験
2 NPO法人のスタッフと地域住民による高齢者の見守り活動
3 地域支援事業として行われる、虚弱高齢者のグループを対象とした介護予防活動への助言
4 社会福祉協議会のボランティアコーディネーターによる災害ボランティアセンターの設置準備
5 地域の問題や多様な地域資源について評価するための地域アセスメント

**問題49** 地域に対するソーシャルワークとしてより適切なものはどれか。3つ選べ。
1 社会福祉協議会による、介護に悩む家族を対象とした交流活動
2 地域包括支援センターによる地域住民のための認知症サポーター養成講座
3 難病患者の家族の会による会員向けの介護体験報告会
4 震災被災者に対する支援のためのボランティアの組織化
5 自治体と大学の協力による認知症カフェの設置・運営

**問題50** 訪問介護について適切なものはどれか。3つ選べ。
1 利用者不在のベッドでのシーツ交換は、生活援助として算定される。
2 訪問介護員による薬の受けとりは、身体介護として算定される。
3 利用者と一緒に手助けや声かけを行う調理は、身体介護として算定される。
4 ストーマのパウチの交換は身体介護として算定される。
5 花木の水やりは生活援助として算定される。

模擬試験1回目

模擬試験2回目

模擬試験3回目

模擬試験1回目・解答&解説

模擬試験2回目・解答&解説

模擬試験3回目・解答&解説

索引

**問題 51** 短期入所生活介護について適切なものはどれか。2つ選べ。
1 定員にかかわらず、栄養士を配置しなければならない。
2 空床利用型の定員は20人以上である。
3 短期入所生活介護計画は、すべての利用者に作成する必要はない。
4 利用目的が社会的利用に限定されている。
5 居室の定員は4人以下である。

**問題 52** 福祉用具について適切なものはどれか。2つ選べ。
1 スライディングボードは、特定福祉用具販売の対象である。
2 体位変換器は、体位の保持のみを目的とするものも給付対象となる。
3 移動用リフトのつり具の部分は、特定福祉用具販売の対象である。
4 簡易浴槽は、空気式のものは給付対象外である。
5 工事を伴わない手すりは、福祉用具貸与として給付される。

**問題 53** 住宅改修について適切なものはどれか。3つ選べ。
1 便器の取り替えに伴う給排水設備工事は対象となる。
2 ドアノブの変更は対象外である。
3 都道府県知事から指定を受けて実施される。
4 玄関に設置する手すりの工事は対象となる。
5 要介護状態区分が3段階以上重度化した場合、再度住宅改修費の支給を受けることができる。

**問題 54** 運営推進会議をおおむね2月に1回以上開催しなければならないものはどれか。2つ選べ。
1 小規模多機能型居宅介護
2 認知症対応型通所介護
3 認知症対応型共同生活介護
4 療養通所介護
5 地域密着型通所介護

**問題 55** 次の記述について適切なものはどれか。2つ選べ。
1 夜間対応型訪問介護では、利用者に対する面接を1月ないし3月に1回程度の居宅訪問により行わなければならない。
2 療養通所介護のおむつ代は保険給付の対象である。
3 地域密着型介護老人福祉施設入所者生活介護は、支給限度基準額が設定されている。
4 認知症対応型共同生活介護の居室の定員は原則1人である。
5 介護予防認知症対応型通所介護は、要支援1の者は利用できない。

**問題 56** 指定介護老人福祉施設について適切なものはどれか。3つ選べ。
1 機能訓練指導員を配置しなければならない。
2 感染対策委員会をおおむね3月に1回開催しなければならない。
3 あらかじめ協力病院および協力歯科医療機関を定めておかなければならない。
4 ユニット型介護老人福祉施設の1ユニットの定員は、15人を超えないものとされている。
5 入所者の記録は、入所日から2年間保存しなければならない。

**問題 57** 生活困窮者自立支援制度での必須事業はどれか。2つ選べ。
1 生活困窮者家計改善支援事業
2 生活困窮者一時生活支援事業
3 生活困窮者自立相談支援事業
4 生活困窮者就労準備支援事業
5 生活困窮者住居確保給付金の支給

**問題 58** 生活保護制度について適切なものはどれか。2つ選べ。
1 介護保険における住宅改修費は、住宅扶助として給付される。
2 介護保険料は、介護扶助として給付される。
3 介護扶助は原則現物給付である。
4 医療扶助は原則現物給付である。
5 生活保護受給者が通所介護を利用する際の食費については、介護扶助から給付される。

**問題 59** 高齢者虐待の防止、高齢者の養護者に対する支援等に関する法律（高齢者虐待防止法）について適切なものはどれか。3つ選べ。
1 被虐待者本人が市町村に届け出ることも可能である。
2 高齢者の生命または身体に重大な危険が生じている場合、速やかに市町村へ通報しなければならない。
3 養介護施設で虐待を発見した場合の通報先は、都道府県となる。
4 管轄の警察署長は、虐待のおそれがある家庭等に立入調査を行うことができる。
5 高齢者虐待防止法における養護者とは、別居の親族も含む。

**問題 60** 成年後見制度について適切なものはどれか。3つ選べ。
1 身上監護を行う。
2 法定後見制度の申立先は家庭裁判所である。
3 居住用不動産の処分には、家庭裁判所の許可が必要である。
4 公正証書で契約をした場合、後見登記は不要である。
5 第三者後見人は年々減少傾向にある。

模擬試験1回目

模擬試験2回目

模擬試験3回目

模擬試験1回目・解答&解説

模擬試験2回目・解答&解説

模擬試験3回目・解答&解説

索引

## 介護支援分野

**問題1** 都道府県知事が指定するものはどれか。2つ選べ。
1 介護予防支援
2 介護予防訪問看護
3 療養通所介護
4 介護老人福祉施設
5 介護予防認知症対応型共同生活介護

**問題2** 市町村の事務について、正しいものはどれか。3つ選べ。
1 介護保険の収入および支出について介護保険特別会計を設けなければならない。
2 市町村特別給付を実施する。
3 居宅サービス事業者の指定を行う。
4 市町村介護保険事業計画作成のために、都道府県より技術的助言を受けることができる。
5 財政安定化基金を設置する。

**問題3** 市町村長が指定する事業者が提供するサービスとして正しいものはどれか。3つ選べ。
1 居宅介護支援
2 定期巡回・随時対応型訪問介護看護
3 通所介護
4 看護小規模多機能型居宅介護
5 訪問入浴介護

**問題4** 都道府県が行う事務について正しいものはどれか。3つ選べ。
1 保険給付、地域支援事業に対する財政負担
2 介護サービス情報の公表および必要と認める場合の調査
3 区分支給限度基準額の設定
4 種類支給限度基準額の設定
5 指定市町村事務受託法人の指定

**問題5** 介護保険の被保険者について正しいものはどれか。3つ選べ。
1 第2号被保険者の保険料については、社会保険診療報酬支払基金が医療保険者から介護給付費・地域支援事業支援納付金として徴収し、全体をプールした上で、各市町村に対し、それぞれの介護給付等に対して同一割合になるよう一律に交付される。
2 第2号被保険者は、市町村の区域内に住所を有する40歳以上の者である。
3 第1号被保険者は、氏名の変更があった場合、その日から14日以内に介護保険の保険者へ届出を行わなければならない。
4 住所地特例被保険者は、保険者に対し、住所地特例施設を変更する場合は、住所地特例変更届を提出する必要がある。
5 保険者は、被保険者資格を有することとなった者全員に対し、その適用される日が到達するまでに、介護保険被保険者証を交付しなければならない。

**問題6** 新規認定の調査ができる者について、正しいものはどれか。2つ選べ。
1 指定市町村事務受託法人
2 訪問介護事業者
3 市町村職員
4 介護保険施設
5 地域密着型特定施設入居者生活介護

**問題7** 要介護認定・要支援認定について正しいものはどれか。3つ選べ。
1 保険者である市町村は、被保険者本人によるサービス選択という介護保険の理念が損なわれるため、サービスの種類の指定を行うことはできない。
2 変形性関節症は、介護保険における特定疾病である。
3 主治医意見書は要介護認定申請書と同時に提出しなければならない。
4 脊柱管狭窄症は、介護保険における特定疾病である。
5 介護認定審査会の委員の任期について、市町村が条例に定める場合にあっては、2年を超え3年以下の期間にすることができる。

**問題8** 介護保険法における給付が優先するものについて正しいものはどれか。2つ選べ。
1 戦傷病者特別援護法における療養給付
2 老人福祉法に基づく市町村の措置による特別養護老人ホームへの入所
3 感染症の予防及び感染症の患者に対する医療に関する法律
4 生活保護法の介護扶助
5 船員保険法における療養給付

**問題9** 要介護認定における認定調査票の認定調査項目として正しいものはどれか。3つ選べ。
1 生活機能に関連する項目
2 認知機能に関連する項目
3 サービス利用の有無に関連する項目
4 社会生活の適応に関連する項目
5 家族関係に関連する項目

**問題10** 要介護認定における主治医意見書の項目として正しいものはどれか。3つ選べ。
1 傷病に関する意見
2 特別な医療に関する意見
3 起居動作に関する意見
4 前回認定結果に関する意見
5 認知症の中核症状に関する意見

**問題11** 保険給付について正しいものはどれか。2つ選べ。
1 特例施設介護サービス費は、市町村が必要と認めた場合、費用の9割、8割または7割相当額を基準に市町村が定める額を償還払いで支給するものである。
2 福祉用具購入費は、高額介護サービス費の対象となる。
3 地域密着型介護老人福祉施設入所者生活介護は、特定入所者介護サービス費の対象外である。
4 居宅介護サービス計画費については、費用の9割、8割または7割が現物給付される。
5 介護保険施設サービスとは、都道府県知事の許可を受けた介護老人保健施設により行われるサービスである。

**問題12** 支給限度基準額が設定されないサービスはどれか。3つ選べ。
1 特定施設入居者生活介護
2 利用期間を定めて行う認知症対応型共同生活介護
3 夜間対応型訪問介護
4 介護予防支援
5 地域密着型介護老人福祉施設入所者生活介護

模擬試験1回目

模擬試験2回目

模擬試験3回目

模擬試験1回目・解答&解説

模擬試験2回目・解答&解説

模擬試験3回目・解答&解説

索引

**問題 13** 利用者負担について正しいものはどれか。2つ選べ。
1 市町村は、災害により負担能力の減退が認められる場合、被保険者に対して、定率負担を減額または免除することができる。
2 地域支援事業の拡充により、高額介護予防サービス費は給付されなくなった。
3 地域密着型特定施設入居者生活介護は、高額介護サービス費の対象外となる。
4 特定入所者介護サービス費と社会福祉法人等による利用者負担額軽減制度は併用できない。
5 現金、預貯金等が一定額を超えている場合、特定入所者介護サービス費の対象外となる。

**問題 14** 指定居宅サービス事業者について正しいものはどれか。3つ選べ。
1 病院・診療所が訪問看護を行う場合、法人格がなくても指定される。
2 共生型居宅サービスの指定は、市町村長が行う。
3 介護老人保健施設は、訪問リハビリテーションについて、申請をしなくても、指定申請があったものとみなされる。
4 指定の更新の要件は、新規指定の場合と同じである。
5 市町村長は、居宅介護サービス費の支給に関して必要があると認めるときは、事業者やその従業者等に対し、報告・帳簿書類の提出または提示・出頭を求めたり、事業所に立ち入っての設備・帳簿書類等の検査をさせたりすることができる。

**問題 15** 指定介護予防支援事業者について正しいものはどれか。3つ選べ。
1 介護予防支援事業を行う者として、都道府県知事に申請を行い、その指定を受けたものである。
2 地域包括支援センターの設置者の申請により、指定が行われる。
3 指定の更新については、5年ごとになっている。
4 指定介護予防支援の一部を、厚生労働省令で定める者に委託できる。
5 原則として、サービス担当者会議を開催しなければならない。

**問題 16** 指定地域密着型サービス事業者について正しいものはどれか。3つ選べ。
1 指定をしようとするときは、市町村はあらかじめその旨を都道府県知事に届け出なければならない。
2 一部のサービスについては、公募により指定を行うことができる。
3 都道府県知事は、指定地域密着型サービスの事業所に対して、事業者による業務管理体制の整備に関して必要があると認めるときは、事業者等に報告等を求めることができる。
4 認知症対応型共同生活介護の指定申請があった場合、利用定員の総数が市町村介護保険事業計画に定める必要利用定員にすでに達しているとき、市町村長は指定をしないことができる。
5 指定を行うにあたり付された条件に違反したとき、都道府県知事は、その指定地域密着型サービス事業者の指定を取り消し、あるいは、期間を定めて、その指定の全部または一部の効力を停止することができる。

**問題 17** 次の記述において正しいものはどれか。3つ選べ。
1 すべての第1号被保険者に、介護保険負担割合証が交付される。
2 介護保険事業にかかる事務に要する費用については、全額が各市町村の一般財源で賄われる。
3 市町村は、災害等の事情により、負担能力が低下したことが認められるなど特別の理由があるものについては、条例により保険料の減免や徴収猶予を行うことができる。
4 介護報酬の請求は、通常サービス提供月の翌月10日までに行う。
5 第2号被保険者である健康保険の被保険者に対しての介護保険料には、事業主負担はない。

**問題 18** 地域支援事業について適切なものはどれか。2つ選べ。
1 介護予防・日常生活支援総合事業にかかる費用については、第2号被保険者の保険料が含まれる。
2 包括的支援事業の対象者には、第2号被保険者が含まれる。
3 家族介護支援事業は、包括的支援事業に含まれている。
4 第1号介護予防支援事業については、包括的支援事業のみで行われる。
5 介護予防把握事業は、任意事業である。

**問題 19** 介護予防・日常生活支援総合事業に含まれるものはどれか。3つ選べ。

1 地域リハビリテーション活動支援事業
2 介護予防普及啓発事業
3 生活支援体制整備事業
4 一般介護予防事業評価事業
5 認知症総合支援事業

**問題 20** 地域包括支援センターについて正しいものはどれか。3つ選べ。

1 地域住民の心身の健康保持や生活安定のために必要な援助を行うことにより、その保健医療の向上と福祉の増進を包括的に支援することを目的とする施設である。
2 地域包括支援センター運営協議会の議を経ることなく、介護予防支援の一部を居宅介護支援事業者に委託することができる。
3 保健師・社会福祉士・主任介護支援専門員を原則配置しなければならない。
4 職員には守秘義務が課される。
5 都道府県の条例で定める基準を遵守しなければならない。

**問題 21** 次の記述について適切なものはどれか。3つ選べ。

1 介護保険の保険給付を受ける権利は、2年を経過したときは、時効によって消滅する。
2 介護保険料等介護保険法の規定による徴収金を徴収する権利は、2年を経過したとき、時効によって消滅する。
3 市町村が介護報酬を過払いした場合の返還請求権は、2年を経過したときは、時効によって消滅する。
4 事業者の不正請求によって、市町村が介護報酬を過払いした場合の返還請求権は、2年を経過したときは、時効によって消滅する。
5 保険料の督促による時効の中断については、その性格上、効力を有しない。

**問題 22** 指定居宅介護支援事業者について適切なものはどれか。3つ選べ。

1 管理者は常勤でなければならない。
2 要介護度が重度であるという理由で行うサービス提供の拒否が正当な理由として認められる。
3 償還払いにより利用料の支払を受けた場合、当該利用料の額等を記載した指定居宅介護支援提供証明書を利用者に対して交付しなければならない。
4 管理者は、介護支援専門員以外の者に、居宅サービス計画の作成に関する業務を担当させてもよい。
5 居宅サービス計画に訪問介護が位置づけられている場合、訪問介護計画の提出を求めるものとする。

**問題 23** 指定介護予防支援事業者について適切なものはどれか。3つ選べ。

1 介護保険負担割合証を確認した上で定率負担を請求しなければならない。
2 事業所ごとに、管理者を置かなければならない。
3 医療サービスとの連携に十分配慮して行わなければならない。
4 介護予防サービス計画の作成にあたり、当該地域の住民による自発的な活動によるサービスを位置づける必要はない。
5 指定介護予防サービス事業者に対して、サービスの提供状況や利用者の状態等に関する報告を少なくとも1月に1回、聴取しなければならない。

模擬試験1回目
模擬試験2回目
模擬試験3回目
模擬試験1回目・解答&解説
解答&解説 模擬試験2回目・
解答&解説 模擬試験3回目・
索引

**問題24** Aさん（59歳男性・要支援2）は、脳梗塞後遺症による軽度の片麻痺がある。妻と2人暮らしであるが、妻は近所のスーパーで正社員として働いているため、日中は一人で自宅にいる。退院時、認定調査を受けたが、現在のところサービス利用は希望していない。最近、認知症のような症状が出てきており、近くの居宅介護支援事業所へ妻が相談に訪れた。所属する介護支援専門員の対応として適切なものはどれか。3つ選べ。

1　妻から訪問介護利用の希望があったため、契約をし、介護予防サービス計画作成のためのアセスメントを行う日程調整を行った。
2　認知症の診断を受けることができる専門病院を紹介した。
3　介護保険制度の説明を行い、利用できるサービスについて説明した。
4　介護予防認知症対応型通所介護の利用手続きを行った。
5　今後については、妻の介護負担軽減も考えていくよう助言した。

**問題25** Aさんは、要介護1の認定を受けた。一人で立位や座位を保つことができるが、左脚に軽い麻痺があるため、一人で入浴するのが怖いと言っている。週末は息子夫婦が来てくれるが、平日は一人で自宅（賃貸住宅）にいるため、それも不安に感じている。居宅サービス計画を作成するにあたって、介護支援専門員の対応として適切なものはどれか。3つ選べ。

1　賃貸住宅のため、住宅改修ができない旨を伝え、危険防止のため自宅での入浴を控えるよう伝えた。
2　息子夫婦にもできる限りの範囲で援助をしてもらうようにお願いした。
3　入浴をサービス内容に含めた通所介護の利用を提案した。
4　日中一人暮らしであるため、介護老人福祉施設への入所を勧めた。
5　訪問介護の利用を提案した。

## 保健医療サービスの知識等

**問題26** 高齢者の身体的特徴について適切なものはどれか。3つ選べ。
1　近年の医療では、手術で入院し、入院中に歩行困難になることはない。
2　サルコペニアは、筋力や筋肉量が減少する状態をいう。
3　肺胞壁の弾力性は衰え、胸郭の動きも柔軟性を失う。
4　加齢に伴い、カルシウム、コラーゲン量は減少するが、リンは変化しない。
5　関節では、軟骨が次第に硬くなっていく。

**問題27** 高齢者の特徴について適切なものはどれか。3つ選べ。
1　症状が非定型的である。
2　個人差は生じない。
3　急性疾患のみが生じる。
4　薬剤に対する反応が特徴的である。
5　多くの疾患を併せもつ。

**問題28** 高齢者に多い疾病について、適切なものはどれか。2つ選べ。
1　糖尿病の三大合併症とは、網膜症・腎症・心不全である。
2　HDLコレステロールが高値を示すと、脂質異常症となる。
3　筋萎縮性側索硬化症（ALS）では、病勢の進行を遅らせることができる薬剤が存在する。
4　心筋梗塞と喫煙習慣の関係はほとんどない。
5　十二指腸潰瘍では、タールのような黒色便が出ることがある。

**問題29** 皮膚の疾患について適切なものはどれか。3つ選べ。
1　ノルウェー疥癬では、疥癬トンネルと呼ばれる発疹ができる。
2　皮脂欠乏症では、ナイロンタオルを使用し汚れを落とす必要がある。
3　薬疹は、投与された薬に対するアレルギー反応である。
4　脂漏性湿疹は加齢により皮脂が分泌されない疾患である。
5　帯状疱疹では、水疱が身体の左右のどちらか帯状に出現する。

**問題 30**　次の記述について適切なものはどれか。2つ選べ。
1　褥瘡では発赤が見られる。
2　摂食・嚥下のプロセスにおける準備期では誤嚥が見られない。
3　褥瘡は大転子部に出現することがない。
4　眠りが浅く、すっきりと目覚めることができない状態を熟眠障害という。
5　口腔ケアをおこなう際、義歯はつけたままで行う方がよい。

**問題 31**　排泄の介護について適切なものはどれか。2つ選べ。
1　腹圧性尿失禁は、高齢者のみで引き起こされる。
2　便秘の際には、医師からの処方により緩下剤が使用されることがあるため、情報の共有を適切に行う必要がある。
3　排泄介助やおむつ交換などで、家族介護者へ負担がかかっていることも考慮し、家族への配慮と支援にも留意しなければならない。
4　高齢者の下痢については、水分は控えるようにする。
5　認知症利用者に対しては、介護者への負担を考え、速やかにおむつ着用へ移行できるようにする。

**問題 32**　入浴の介護について適切なものはどれか。3つ選べ。
1　身体の清潔のみを目的とする。
2　全身を観察できる機会になる。
3　大浴場では、プライバシーに配慮する必要はない。
4　手浴・足浴によって血液循環の活性化を図ることができる。
5　福祉用具の導入を検討することも重要である。

**問題 33**　口腔ケアについて適切なものはどれか。3つ選べ。
1　オーラルフレイルの予防につながる。
2　歯の喪失により、運動能力の低下を引き起こすことがある。
3　食物を嚥下したときには嚥下反射により、気管口を開放し、誤嚥を防ぐ。
4　常に上下の歯を対合させて咬合を保ち、咀嚼ができる状態にしておく。
5　食塊が咽頭から食道に送り込まれるには、通常10秒程度かかる。

**問題 34**　リハビリテーションについて適切なものはどれか。3つ選べ。
1　在宅において嚥下障害などが起こり、専門的対応が必要な場合、一般病床へ入院しリハビリテーションを行う方法もある。
2　炊事・洗濯・掃除・買い物など、生活関連の応用動作を QOL という。
3　廃用症候群は不適切なケアによってつくられる。
4　左半側空間無視は、右半分を無視する障害である。
5　早期の社会復帰を目指すリハビリテーションを回復期リハビリテーションという。

**問題 35**　認知症について適切なものはどれか。3つ選べ。
1　血管性認知症では、アパシーが見られる。
2　若年性認知症は進行が比較的早いといわれている。
3　身体症状を呈することはない。
4　MCI はすべて認知症へ移行する認知症予備軍と呼ばれる病態である。
5　認知症疾患の多くは、大脳に病変が起こる。

**問題 36**　認知症の行動・心理症状（BPSD）と呼ばれるものはどれか。3つ選べ。
1　実行機能障害
2　収集
3　言語障害
4　被害妄想
5　抑うつ

模擬試験1回目
模擬試験2回目
模擬試験3回目
模擬試験1回目・解答&解説
模擬試験2回目・解答&解説
模擬試験3回目・解答&解説
索引

**問題 37** 認知症ケアについて適切なものはどれか。3つ選べ。

1 認知症ケアパスの作成・普及は市町村が行うよう求められている。
2 認知症疾患医療センターは地域包括支援センターに設置される。
3 チームオレンジは、ステップアップ講座を受講した認知症サポーター等が支援チームを作り、具体的な支援につなげるしくみである。
4 医療・介護サービス等の提供に関し、個々の資源の整備に係る数値目標だけでなく、これらの施策のアウトカム指標の在り方についても検討し、できる限りの定量的評価を目指す。
5 認知症初期集中支援チームは、都道府県単位で設置される。

**問題 38** 在宅医療管理について適切なものはどれか。2つ選べ。

1 インスリン注射については、介護福祉士または一定の研修を受けた介護職員が行うことができる。
2 悪性腫瘍疼痛管理で使用する医療用麻薬は、副作用が出現しない。
3 胃ろうの造設においては、チューブ型バンパーは交換しやすいというメリットがある。
4 自発呼吸がない患者に対しては、侵襲的人工呼吸療法を行う。
5 回腸ストーマからは、液状の排泄物が排出される。

**問題 39** 感染症について適切なものはどれか。3つ選べ。

1 満60歳から満64歳の者でも状態により肺炎球菌ワクチンの接種対象者となる。
2 高齢者介護施設での集団感染例としては、MRSAなどの薬剤耐性菌による感染症が挙げられる。
3 インフルエンザは空気感染である。
4 嘔吐物の処理には、布製エプロンを使うとよい。
5 C型肝炎は、血液を媒介して感染する。

**問題 40** 訪問看護について適切なものはどれか。3つ選べ。

1 リハビリテーションを行う。
2 特別訪問看護指示書の有効期間は最大6ヵ月である。
3 看護師は、訪問看護ステーションの管理者に従事することができる。
4 要介護認定を受けている者に対しては、医師の指示書は不要である。
5 同居家族に対するサービス提供を行ってはならない。

**問題 41** 介護保険における訪問リハビリテーション事業者について適切なものはどれか。3つ選べ。

1 医療保険では維持期リハビリテーション、介護保険では急性期、回復期リハビリテーションを実施する。
2 介護老人福祉施設が行う場合、指定があったものとみなされる。
3 福祉用具利用について、本人または家族に直接指導を行う。
4 配置する理学療法士については、非常勤でもよい。
5 介護負担軽減を目指す。

**問題 42** 居宅療養管理指導について適切なものはどれか。3つ選べ。

1 薬局が実施することがある。
2 栄養士が居宅を訪問し、栄養管理に関する情報提供や指導・助言を行う。
3 歯科衛生士が、訪問歯科診療を行った歯科医師の指示に基づき、管理指導計画を作成し、居宅を訪問して口腔ケアあるいは摂食・嚥下機能に関する実地指導を行う。
4 利用者の同意を得て、介護支援サービスを提供する介護支援専門員に必ず情報提供を行う。
5 口腔や歯の問題を持つ利用者に対しては、歯科医師や歯科衛生士が行うものであり、看護師によって助言や指導を行うことはない。

**問題 43** 通所リハビリテーションについて適切なものはどれか。3つ選べ。
1 感染対策委員会を実施する場合、テレビ電話装置等を活用することができる。
2 社会交流の機会の増加を目的とする。
3 要介護5の利用者は対象とならない。
4 医師は非常勤でよい。
5 若年性認知症利用者も対象となる。

**問題 44** 短期入所療養介護について適切なものはどれか。2つ選べ。
1 介護老人福祉施設で行うサービスである。
2 介護負担軽減という目的はない。
3 定員を定める必要はない。
4 気管切開を行っている要介護者は利用できない。
5 すべての利用者に短期入所療養介護計画を作成する必要はない。

**問題 45** 介護老人保健施設について適切なものはどれか。3つ選べ。
1 病院・診療所に併設されている小規模な介護老人保健施設をサテライト型小規模介護老人保健施設という。
2 支援相談員を配置しなければならない。
3 記録は完結の日から5年間保存しなければならない。
4 非常災害対策の訓練の実施にあたっては、地域住民の参加が得られるよう連携に努めなければならない。
5 定期的にモニタリングを行わなければならない。

## 福祉サービスの知識等

**問題 46** 集団に対するソーシャルワークとしてより適切なものはどれか。3つ選べ。
1 特別養護老人ホームの入所者に対して実施するレクリエーション活動
2 医療ソーシャルワーカーによる入院患者に対する面接
3 認知症カフェで行われるプログラム活動
4 地域包括支援センターが実施する家族介護者の会での活動
5 一人暮らし高齢者に対する見守りボランティア団体の組織化

**問題 47** 地域に対するソーシャルワークとしてより適切なものはどれか。3つ選べ。
1 NPO法人が地域住民とともに行う地域開発
2 社会福祉協議会による地域住民のための認知症サポーター養成講座
3 メンバーから希望があった旅行について、グループで計画した。
4 地域で生活している高齢者から講話をしてもらうなどの世代間交流
5 認知症高齢者を介護する家族の集まりにおいて行う介護方法等に関するグループ活動

**問題 48** 訪問介護について適切なものはどれか。3つ選べ。
1 管理者は訪問介護計画書を作成する。
2 訪問介護計画書は、利用者の同意を得なければならない。
3 訪問介護員は、身分証を毎回携行しなければならない。
4 管理者は、介護福祉士の資格を有しておかなければならない。
5 管理者は、管理上支障がなければ事業所の他の職務に従事することができる。

**問題 49** 通所介護について適切なものはどれか。2つ選べ。
1 定員が30人以上である。
2 栄養士を配置しなければならない。
3 管理者は、通所介護計画を作成しなければならない。
4 災害等やむを得ない場合を除き、定員を超えて、サービス提供を行ってはならない。
5 おむつ代は保険給付の対象である。

模擬試験1回目

模擬試験2回目

模擬試験3回目

模擬試験1回目・解答&解説

模擬試験2回目・解答&解説

模擬試験3回目・解答&解説

索引

**問題 50**　短期入所生活介護について適切なものはどれか。3つ選べ。
1　機能訓練指導員を配置しなければならない。
2　適宜必要に応じてレクリエーション行事を行う。
3　医師を配置しなければならない。
4　送迎を行わない場合、送迎減算が行われる。
5　短期入所生活介護計画は介護支援専門員が作成する。

**問題 51**　認知症対応型共同生活介護について正しいものはどれか。2つ選べ。
1　運営推進会議を6ヵ月に1回以上開催しなければならない。
2　1ユニットの定員は5人以上9人以下で設定しなければならない。
3　要支援者は入居することができない。
4　サテライト型認知症対応型共同生活介護の共同生活住居の数は1または2となる。
5　代表者の資格要件は特に定められていない。

**問題 52**　福祉用具について適切なものはどれか。3つ選べ。
1　特殊寝台については、床板の高さが無段階に調整できる機能がつくものは、給付対象外となる。
2　排泄予測支援に関する機器は、特定福祉用具販売の対象となる。
3　松葉杖は、給付対象外である。
4　工事を伴う手すりの据え付けは、福祉用具貸与の対象外となる。
5　背もたれや座面の角度が変化するタイプの車いすも給付対象となる。

**問題 53**　住宅改修について適切なものはどれか。2つ選べ。
1　住宅改修が必要な理由書については、住宅改修についての相談助言等を行っている建築家の専門家も作成することができる。
2　洋式便器の位置の変更は給付対象となるが、向きの変更は給付対象外である。
3　昇降機や段差解消機など、動力によって段差を解消する機器を設置する工事は、住宅改修に付帯して必要となる住宅改修として給付対象となる。
4　引き戸などの新設が扉位置の変更などに比べて費用が安い場合は、「引き戸等の新設」は「引き戸等への扉の取り替え」に含まれ、給付対象となる。
5　便器の取り替えに伴い発生する水洗化の費用は、住宅改修に付帯して必要となる住宅改修として給付対象となる。

**問題 54**　次の記述について適切なものはどれか。3つ選べ。
1　夜間対応型訪問介護事業に従事するオペレーターについて、社会福祉士は従事することはできない。
2　認知症対応型通所介護事業所には、機能訓練指導員を配置する必要はない。
3　認知症対応型通所介護の併設型の定員は12人以下である。
4　認知症対応型共同生活介護では、1事業所に設けることができる共同生活住居は1以上3以下である。
5　小規模多機能型居宅介護における管理者は、3年以上認知症である者の介護に従事した経験を有し、認知症対応型サービス事業管理者研修を修了した者に限られる。

**問題 55**　次の記述について適切なものはどれか。2つ選べ。
1　介護予防認知症対応型共同生活介護は、要支援1の者は利用できない。
2　小規模多機能型居宅介護に登録している利用者は、訪問看護にかかる費用の額は算定できない。
3　小規模多機能型居宅介護事業者は、おおむね2ヵ月に1回以上、介護・医療連携推進会議を開催しなければならない。
4　地域密着型特定施設入居者生活介護は、支給限度基準額が設定されているサービスである。
5　地域密着型介護老人福祉施設入所者生活介護は、在宅復帰の支援を行う。

**問題 56**　指定介護老人福祉施設について適切なものはどれか。3つ選べ。
1　配置する医師は常勤でなければならない。
2　身体上又は精神上著しい障害があるため、常時の介護を必要とし、かつ、居宅においてこれを受ける者が困難な者が利用することができる。
3　入所定員が 30 人以上となっている。
4　地域との連携は求められていない。
5　社会福祉法人は指定を受けることができる。

**問題 57**　生活保護制度について適切なものはどれか。3つ選べ。
1　保護の申請があって手続きが開始される。
2　原則個人単位で扶助される。
3　保護の実施機関は国である。
4　最低生活が保障される。
5　補足性の原理に基づく。

**問題 58**　高齢者虐待の防止、高齢者の養護者に対する支援等に関する法律（高齢者虐待防止法）について適切なものはどれか。2つ選べ。
1　養護者とは、同居家族に限られる。
2　地域包括支援センターにおける虐待は、高齢者虐待とみなさない。
3　緊急やむを得ない場合を除いて、身体拘束は原則として高齢者虐待に該当する行為となる。
4　高齢者を 65 歳以上の者としている。
5　市町村は、立入調査を民営の地域包括支援センターに委託することができる。

**問題 59**　成年後見制度について適切なものはどれか。3つ選べ。
1　法定後見制度は、対象者の判断能力が不十分になる前に家庭裁判所へ申立を行う。
2　任意後見契約は、法務省令で定める様式の公正証書によってしなければならない。
3　任意後見監督人が選任される前においても、任意後見契約を解除することはできない。
4　任意後見人の配偶者は、任意後見監督人になることができない。
5　成年後見人は、本人の財産に関する法律行為を本人に代わって行うことができる。

**問題 60**　次の記述について適切なものはどれか。3つ選べ。
1　後期高齢者医療制度の患者負担は一律で 1 割である。
2　後期高齢者医療制度の運営主体は市町村である。
3　個人情報保護法における個人情報には、個人識別符号が含まれる。
4　個人情報保護法では、あらかじめ本人の同意を得ず、個人データを第三者に提供してはならないとされている。
5　個人情報保護法において、要配慮個人情報に病歴が含まれる。

模擬試験1回目

模擬試験2回目

模擬試験3回目

模擬試験1回目・解答&解説

模擬試験2回目・解答&解説

模擬試験3回目・解答&解説

索引

# 模擬試験 1 回目・解答&解説

## 介護支援分野

| 問 1 | 問 2 | 問 3 | 問 4 | 問 5 | 問 6 | 問 7 | 問 8 | 問 9 | 問 10 |
|---|---|---|---|---|---|---|---|---|---|
| 1, 2, 3 | 2, 4, 5 | 2, 5 | 2, 4, 5 | 1, 2, 4 | 1, 3 | 1, 4, 5 | 1, 3, 5 | 1, 2, 4 | 1, 2 |

| 問 11 | 問 12 | 問 13 | 問 14 | 問 15 | 問 16 | 問 17 | 問 18 | 問 19 | 問 20 |
|---|---|---|---|---|---|---|---|---|---|
| 2, 3, 4 | 1, 4, 5 | 2, 3 | 1, 3, 4 | 3, 5 | 1, 3 | 3, 4 | 1, 4, 5 | 2, 3, 5 | 1, 2, 5 |

| 問 21 | 問 22 | 問 23 | 問 24 | 問 25 |
|---|---|---|---|---|
| 1, 2, 5 | 2, 5 | 2, 3, 4 | 1, 3, 4 | 2, 4, 5 |

## 保健医療サービスの知識等

| 問 26 | 問 27 | 問 28 | 問 29 | 問 30 | 問 31 | 問 32 | 問 33 | 問 34 | 問 35 |
|---|---|---|---|---|---|---|---|---|---|
| 1, 2, 5 | 3, 5 | 1, 3, 4 | 2, 4 | 1, 2, 4 | 2, 3, 4 | 1, 2, 4 | 2, 4, 5 | 1, 4 | 1, 3, 5 |

| 問 36 | 問 37 | 問 38 | 問 39 | 問 40 | 問 41 | 問 42 | 問 43 | 問 44 | 問 45 |
|---|---|---|---|---|---|---|---|---|---|
| 1, 3, 5 | 1, 3, 5 | 2, 3 | 1, 3, 4 | 2, 4, 5 | 3, 4, 5 | 1, 2, 4 | 1, 3 | 1, 2, 3 | 2, 4, 5 |

## 福祉サービスの知識等

| 問 46 | 問 47 | 問 48 | 問 49 | 問 50 | 問 51 | 問 52 | 問 53 | 問 54 | 問 55 |
|---|---|---|---|---|---|---|---|---|---|
| 2, 4, 5 | 2, 3, 4 | 1, 4 | 2, 3, 5 | 1, 2, 3 | 3, 4, 5 | 2, 3, 4 | 1, 3, 4 | 2, 3, 5 | 3, 4, 5 |

| 問 56 | 問 57 | 問 58 | 問 59 | 問 60 |
|---|---|---|---|---|
| 1, 5 | 3, 4 | 2, 4, 5 | 1, 4 | 1, 4 |

## 介護支援分野

**問題1　正解　1,2,3**

1　正しい。認知症に関する知識の普及および啓発に努めることは、認知症に関する施策の総合的な推進等に含まれる。

2　正しい。介護方法に関する調査研究の推進に努めることは、認知症に関する施策の総合的な推進等に含まれる。

3　正しい。認知症である者が地域社会で他の人々と共生することができるよう努めることは、認知症に関する施策の総合的な推進等に含まれる。

4　誤り。「認知症の予防＝認知症にならないこと」は、認知症に関する施策の総合的な推進等の定義ではない。

5　誤り。適切に個人情報を利用し、医療機関以外の研究機関などとも連携する必要がある。ただし、個人情報を利用する際は、あらかじめ文書による同意を得る必要がある。

**問題2　正解　2,4,5**

1　誤り。利用者のできなくなった部分を補うのは地域資源のみではない。自分自身の力（ストレングス）の活用も重要である。

2　正しい。ケアマネジメントは、介護や医療などのサービスを必要とする人が、必要な支援を継続的に受けられるようにするための方法である。

3　誤り。障害者のケアプランは、サービス等利用計画という。サービス等利用計画を作成するのは相談支援専門員（障害者のケアマネジャー）であり、指定特定相談支援事業所（障害者のケアプランセンター）に所属している。

4　正しい。ケアマネジメントは、サービスを必要とする人々が、必要な支援を適切に受けられるようにするために、一つひとつの地域資源の力量、資源供給システムの使い勝手などに目を配る必要がある。

5　正しい。ケアマネジメントでは、ストレングスを活用する必要がある。ストレングスとは、個人が持つ強みや能力のことを指し、その人が抱える問題や困難に対して、自己決定や自己解決を促すことが可能となる。

**問題3　正解　2,5**

1　誤り。介護保険制度は、誰の助けも受けずに、利用者自身の力だけで生活を行うことを目指すものではなく、社会全体で高齢者を支えていくためにできた制度である。

2　正しい。自立支援にはさまざまな意味があるが、できることを自分で行うことや、利用者が地域資源と適切につながり、QOL（生活の質）の向上を目指すなどといったことも含まれる。

3　誤り。利用者自身や家族だけで介護の問題を抱え込むのではなく、地域資源（介護サービスなど）を活用しながら生活していくことも重要である。

4　誤り。介護保険制度では、被保険者のニーズは一人ひとり異なるため個別性が重要である。

5　正しい。利用者の意欲を引き出すとともに、さまざまな強みを最大限に発揮できるように支援することが重要である。利用者の意欲を引き出していく支援方法をエンパワメントアプローチという。

**問題4　正解　2,4,5**

1　誤り。指定居宅介護支援は、人員・設備・運営に関する基準が市町村の条例に委任される。

2　正しい。基準該当介護予防サービスは、人員・設備・運営に関する基準が都道府県の条例に委任される。

3　誤り。指定地域密着型サービスは、人員・設備・運営に関する基準が市町村の条例に委任される。

4　正しい。指定介護老人福祉施設は、人員・設備・運営に関する基準が都道府県の条例に委任される。

5　正しい。指定居宅サービスは、人員・設備・運営に関する基準が都道府県の条例に委任される。

**問題5　正解　1,2,4**

1　正しい。地域包括支援センターの設置は、市町村が行う。

2　正しい。要介護認定に関する事務は、市町村が行う。

模擬試験1回目

模擬試験2回目

模擬試験3回目

模擬試験1回目・解答&解説

模擬試験2回目・解答&解説

模擬試験3回目・解答&解説

索引

3　誤り。介護保険審査会の設置は、<u>都道府県</u>が行う。間違いやすいのは「介護認定審査会」であるが、この設置は<u>市町村</u>が行う。

4　正しい。財政安定化基金への拠出は、<u>市町村</u>が行う。

5　誤り。第2号被保険者に対する保険料の徴収は、<u>医療保険者</u>が行う。

---

### 問題6　正解　1,3

1　正しい。介護保険の資格取得は、原則、その<u>当日</u>であるが、満年齢到達時は、誕生日の<u>前日</u>に資格を取得することとなる。

2　誤り。市町村の区域内に住所を有する40歳以上65歳未満の者が医療保険に加入した場合は、<u>当日</u>に資格を取得する。

3　正しい。生活保護法上の救護施設は<u>適用除外</u>施設となるため、その入所者は、介護保険の被保険者と<u>ならない</u>。

4　誤り。観光目的の者は、市町村の区域内に<u>住所</u>を有しないなど、介護保険の被保険者要件を満た<u>さない</u>ため、被保険者に<u>ならない</u>。

5　誤り。市町村の区域内に住所を有する65歳以上の者が、適用除外施設を退所した場合、<u>当日</u>に第1号被保険者の資格を取得する。

---

### 問題7　正解　1,4,5

1　正しい。第1号被保険者の保険料率の設定は、各<u>市町村</u>が<u>条例</u>で定めることとなっている。なお、第2号被保険者の保険料については、<u>医療保険者</u>が定めることになっている。

2　誤り。普通徴収の保険料の納期は、<u>市町村条例</u>で定める。第1号被保険者の保険料の徴収方法はほかに、<u>特別</u>徴収があり、これは公的年金（老齢年金・障害年金・遺族年金など）から<u>天引き</u>されて<u>市町村</u>に納入される方法である。

3　誤り。所得段階別定額保険料の所得区分は、条例で定めるところにより、<u>細分化</u>すること（10段階や11段階にすること）はできるが、6段階にすることはできない。

4　正しい。市町村特別給付の費用は、原則、その市町村の第<u>1</u>号被保険者の保険料により賄われる。市町村特別給付とは、<u>市町村</u>独自に定めた給付で、<u>要介護者・要支援者</u>などが対象となる。

5　正しい。<u>施設</u>等給付の公費負担割合は、国<u>20</u>％、都道府県<u>17.5</u>％、市町村<u>12.5</u>％の割合となっている。ちなみに、<u>居宅</u>給付の公費負担割合は、国<u>25</u>％、都道府県<u>12.5</u>％、市町村<u>12.5</u>％となる。

---

### 問題8　正解　1,3,5

1　正しい。認定調査については、<u>保険者</u>が行うことが原則となっている。しかし、住所地特例などで、遠隔地に居住する被保険者からの申請にかかる調査を実施しなければならない場合、その被保険者の<u>居住市町村</u>に調査を嘱託することが可能である。

2　誤り。新規認定調査の委託を受けることができる指定市町村事務受託法人は、<u>都道府県知事</u>が指定を行う。

3　正しい。被保険者に主治医がいない場合、申請した被保険者は、<u>市町村の指定</u>する医師、またはその<u>市町村の職員</u>である医師の診断を受け、その医師が意見書を記入することとなる。これを拒否した場合は、申請が<u>却下</u>されることになる。

4　誤り。介護認定審査会の委員の任期は<u>2</u>年である。ただし、市町村が条例で定めた場合、<u>2</u>年を超え<u>3</u>年以下の期間にすることができる。

5　正しい。要介護認定を受けようとする被保険者は、申請書に<u>介護保険被保険者証</u>を添えて、保険者である<u>市町村</u>に申請を行う。また、介護保険被保険者証を取得していない第<u>2</u>号被保険者については、<u>健康保険被保険者証</u>等を添付する。

---

### 問題9　正解　1,2,4

1　正しい。区分変更認定の有効期間は、原則として、新規認定と同様、<u>6</u>ヵ月間である。ただし、<u>3</u>ヵ月間まで短縮することができ、かつ<u>12</u>ヵ月間まで延長することができる。

2　正しい。選択肢にある通り、市町村は、要介護認定を受けた被保険者が、要介護者に該当しなくなったと認めるときは、有効期間満了<u>前</u>であってもその認定を取り消すことが可能である。

3　誤り。更新認定の効力は、更新前の認定の有効期間満了日の<u>翌日</u>から生じる。たとえば、更新前

の認定の有効期間満了日が3月31日であった場合、更新認定の効力は4月1日から有効となる。
4　正しい。更新認定の場合、認定有効期間は、原則12ヵ月間となっている。ただし、3ヵ月間に短縮することができ、かつ36ヵ月間まで延長することができる。さらに、前回の認定結果と同様であった場合は48ヵ月間まで延長が可能である。
5　誤り。被保険者は、原則として、有効期間満了の日の60日前から満了の日までの間に、要介護更新認定の申請を行うことができる。

問題10　正解　1,2

1　正しい。地域密着型サービスは、原則として、法定代理受領方式により保険給付が現物給付化される。なお、選択肢にある「居宅サービス計画の対象となっている」とは、作成された居宅サービス計画にそのサービスが位置づけられている、ということである。
2　正しい。住宅改修費は、現物給付が認められておらず、償還払いで給付される。償還払いとなるサービスはほかに、特定福祉用具販売、高額介護サービス費、高額医療合算サービス費、特例サービス費がある。
3　誤り。特定入所者介護サービス費は、現物給付である。特例サービス費と間違えることがあるため注意が必要である。
4　誤り。特例サービス費は、償還払いである。
5　誤り。福祉用具購入費は、償還払いである。

問題11　正解　2,3,4

1　誤り。居宅介護支援は、市町村長が指定するものである。
2　正しい。定員に関わらず、小規模介護老人保健施設は、都道府県知事が開設許可を行うものである。
3　正しい。福祉用具貸与は、都道府県知事が指定を行うものである。
4　正しい。単独型短期入所生活介護は、都道府県知事が指定を行うものである。また、併設型・空床利用型も、都道府県知事が指定を行う。
5　誤り。療養通所介護は、市町村長が指定するものである。なお、療養通所介護は、地域密着型通所介護の一類型である。

問題12　正解　1,4,5

1　正しい。住宅改修費にかかる利用者負担は、高額介護サービス費の対象とならない。高額介護サービス費の対象となるのは、特定福祉用具販売を除く居宅サービス、介護予防サービス、施設サービス、地域密着型サービス、地域密着型介護予防サービスの定率負担分である。
2　誤り。福祉用具貸与にかかる利用者負担は、高額介護サービス費の対象となる。
3　誤り。通所リハビリテーションの食費は、保険給付の対象外である。
4　正しい。定率負担（1割～3割）分は、特定入所者介護サービス費の対象とならない。特定入所者介護サービス費の対象となる部分は、食費、居住費、滞在費である。
5　正しい。選択肢にある通り、高額介護サービス費は、利用者負担の合計が一定額を超えた場合、その超えた部分について、償還払いで給付される。

テキストに書かれた内容の応用的な問題も出題されます。テキスト部分で基本をしっかりと押さえた上で、模試の解説も読みながら知識を増やしていきましょう

模擬試験1回目

模擬試験2回目

模擬試験3回目

模擬試験1回目・解答&解説

模擬試験2回目・解答&解説

模擬試験3回目・解答&解説

索引

**問題13　正解　2,3**

1　誤り。訪問看護は、社会福祉法人等による利用者負担額軽減制度の<u>対象外</u>である。
2　正しい。看護小規模多機能型居宅介護は、社会福祉法人等による利用者負担額軽減制度の<u>対象</u>である。
3　正しい。夜間対応型訪問介護は、社会福祉法人等による利用者負担額軽減制度の<u>対象</u>である。
4　誤り。介護老人保健施設は、社会福祉法人等による利用者負担額軽減制度の<u>対象外</u>である。
5　誤り。介護予防短期入所療養介護は、社会福祉法人等による利用者負担額軽減制度の<u>対象外</u>である。

**問題14　正解　1,3,4**

1　正しい。地域密着型介護老人福祉施設入所者生活介護は、区分支給限度基準額が設定<u>されない</u>サービスである。
2　誤り。短期入所療養介護は、区分支給限度基準額が設定<u>される</u>サービスである。
3　正しい。介護医療院は、区分支給限度基準額が設定<u>されない</u>サービスである。
4　正しい。介護予防支援は、区分支給限度基準額が設定<u>されない</u>サービスである。
5　誤り。介護予防通所リハビリテーションは、区分支給限度基準額が設定<u>される</u>サービスである。

**問題15　正解　3,5**

1　誤り。療養通所介護は、おむつ代が保険給付の<u>対象外</u>である。なお、おむつ代が保険給付の対象となるものは、<u>介護保険施設</u>（<u>介護老人福祉施設・介護老人保健施設・介護医療院</u>など）、<u>地域密着型介護老人福祉施設入所者生活介護</u>、<u>短期入所生活介護</u>、<u>短期入所療養介護</u>である。
2　誤り。特定施設入居者生活介護は、おむつ代が保険給付の<u>対象外</u>である。
3　正しい。介護老人保健施設は、おむつ代が保険給付の<u>対象</u>である。
4　誤り。認知症対応型共同生活介護は、おむつ代が保険給付の<u>対象外</u>である。
5　正しい。介護医療院は、おむつ代が保険給付の<u>対象</u>である。

**問題16　正解　1,3**

1　正しい。入居定員30人以上の介護付有料老人ホームが、特定施設となる場合、<u>都道府県知事</u>の指定を受ける必要があり、定員29人以下であれば、<u>市町村長</u>の指定（地域密着型特定施設入居者生活介護）となる。
2　誤り。介護予防サービス事業者は、<u>都道府県知事</u>が指定を行う。
3　正しい。地域密着型通所介護は、共生型サービスの<u>対象</u>となっている。
4　誤り。介護医療院は、通所リハビリテーション事業者と短期入所<u>療養介護事業者の指定</u>があったものと<u>みなされる</u>。<u>介護老人保健施設</u>も同様である。
5　誤り。通所介護事業者の指定を受けるためには、<u>法人格</u>が必要である。<u>福祉</u>系サービスについては、すべて<u>法人格</u>がないと指定されないため、注意が必要である。

**問題17　正解　3,4**

1　誤り。包括的・継続的ケアマネジメント支援業務は、地域包括支援センターが<u>実施しなければならない</u>事業である。
2　誤り。権利擁護業務は、地域包括支援センターが<u>実施しなければならない</u>事業である。
3　正しい。在宅医療・介護連携推進事業は、地域包括支援センター以外に<u>委託ができる</u>事業である。そのほかの包括的支援事業のうち、地域包括支援センター以外に委託できる事業は、<u>認知症総合支援</u>事業、<u>生活支援体制整備事業</u>である。
4　正しい。認知症総合支援事業は、地域包括支援センター以外に<u>委託ができる</u>事業である。
5　誤り。総合相談支援業務は、地域包括支援センターが<u>実施しなければならない</u>事業である。

**問題18　正解　1,4,5**

1　正しい。地域包括支援センターについては、おおむね<u>1年以内ごとに1回</u>、<u>市町村</u>が適当と認めるときは、当該地域包括支援センターの事業の内容および運営状況に関する<u>情報を公表</u>するよう<u>努め</u>なければならないとされている。
2　誤り。地域包括支援センター運営協議会は、<u>市町村</u>ごとに設置しなければならない。地域包括支

援センター運営協議会では、<u>地域包括支援センター</u>の設置等に関すること、<u>業務</u>の方針や<u>職員</u>の確保などについて協議される。

3　誤り。包括的支援事業の<u>基準</u>は、都道府県ではなく、<u>市町村</u>の条例で定める。包括的支援事業を含む<u>地域支援事業</u>については、<u>市町村</u>条例で定められる。

4　正しい。地域包括支援センターには、原則として、<u>主任介護支援専門員</u>を配置しなければならない。地域包括支援センターにはそのほか、<u>保健師</u>、<u>社会福祉士</u>を配置する必要がある。

5　正しい。選択肢にある通り、市町村から包括的支援事業の実施の委託を受けた<u>社会福祉</u>法人は、<u>市町村長</u>に必要事項を届け出た上で、地域包括支援センターを設置することができる。

## 問題19　正解　2,3,5

1　誤り。介護予防・日常生活支援総合事業の財源には、<u>第2号</u>被保険者の保険料も<u>含まれる</u>。一方、同じく地域支援事業である包括的支援事業と任意事業の財源には、<u>第2号</u>被保険者の保険料は<u>含まれない</u>。

2　正しい。介護予防・日常生活支援総合事業の中にある「一般介護予防事業」の対象者は、すべての<u>第1号</u>被保険者、および<u>その支援のための活動に関わるもの</u>である。そのもう1つの事業である「第1号事業（介護予防・生活支援サービス事業）」の対象者は、<u>要支援者</u>、<u>基本チェックリスト該当者</u>、<u>継続利用要介護者</u>となっている。

3　正しい。介護予防・日常生活支援総合事業には、<u>住民ボランティア</u>によるサービス提供も含まれる。

4　誤り。第1号事業（介護予防・生活支援サービス事業）の対象者には、<u>要支援者</u>や<u>継続利用要介護者</u>も含まれているため、<u>第2号</u>被保険者であっても対象となる。

5　正しい。介護予防・日常生活支援総合事業で用いられる基本チェックリストは、<u>第1号</u>被保険者のみが対象である。

## 問題20　正解　1,2,5

1　正しい。指定介護予防支援事業者の担当職員として、<u>介護支援専門員</u>を配置することができる。そのほかの担当職員としては、<u>保健師</u>、<u>社会福祉士</u>、<u>経験ある看護師</u>、<u>高齢者保健福祉に関する相談業務等に3年以上従事した社会福祉主事</u>も定められている。

2　正しい。指定介護予防支援事業の一部について、厚生労働省令で定める者（<u>居宅介護支援事業者</u>）に<u>委託</u>することができる。

3　誤り。指定介護予防支援事業者の管理者は、<u>常勤の専従</u>で、資格は求められていない。なお、指定介護予防支援事業者の管理者は、管理に支障がない場合は、ほかの職務との<u>兼務が可能</u>である。

4　誤り。指定介護予防支援事業者は、<u>市町村長</u>が指定を行う。

5　正しい。指定介護予防支援事業の基準には、「<u>介護予防のための効果的な支援</u>の方法に関する<u>基準</u>」が含まれている。この基準では、<u>目標志向型</u>の<u>介護予防サービス</u>計画を立てなければならない、と定められている。

## 問題21　正解　1,2,5

1　正しい。選択肢にある通り、居宅介護支援事業所ごとに<u>運営規程</u>を定める必要がある。運営規程では、事業の<u>目的</u>、<u>運営</u>の方針、<u>職員</u>について、<u>利用料</u>、通常の事業の<u>実施地域</u>などを定める。

2　正しい。指定居宅介護支援事業者の介護支援専門員は、利用者の被保険者資格の<u>要介護認定</u>の有無、および要介護認定の<u>有効期間</u>を確かめる必要がある。また、遅くとも有効期間満了日の<u>30日</u>前までに利用者の要介護認定の<u>更新</u>の申請を行うようにしなければならない。

3　誤り。指定居宅介護支援事業者がサービス提供を拒んではならないのは、<u>正当な理由</u>がない限りである。正当な理由とは、事業所の現員からは利用申込に<u>応じきれない</u>、利用申込者の居住地が通常の事業実施地域<u>以外</u>である、などである。

4　誤り。指定居宅介護支援事業者では、通常の事業実施地域<u>以外</u>に訪問した場合、利用者の<u>同意</u>のもと、交通費を請求することができる。

5　正しい。選択肢にある通り、指定居宅介護支援事業者は、<u>利用者・家族</u>に対して<u>入院</u>時に、担当介護支援専門員の氏名等を入院先の医療機関に伝えるように依頼する。

模擬試験1回目

模擬試験2回目

模擬試験3回目

模擬試験1回目・解答&解説

模擬試験2回目・解答&解説

模擬試験3回目・解答&解説

索引

**問題22　正解　2,5**

1　誤り。介護保険退所後から課題分析を開始すると、サービスの手配が間にあわない可能性がある。よって、退所前（すなわち入所中）から課題分析を開始する必要がある。

2　正しい。介護支援専門員は、当該地域の住民による自発的な活動によるサービス等の利用も含めて居宅サービス計画上に位置づけるように努めなければならない。

3　誤り。主治医の指示のもと居宅サービス計画へ位置づけなければならないのは、医療系サービスである。

4　誤り。利用者に必要が生じた場合、介護保険施設への紹介を行う必要がある。

5　正しい。居宅介護支援を行う際、福祉用具利用の妥当性を検討し、理由を居宅サービス計画に記載しなければならない。

**問題23　正解　2,3,4**

1　誤り。服薬や口腔等、利用者の心身または生活状況に係る情報を得た場合、利用者の同意を得て、主治の医師、もしくは歯科医師、または薬剤師に提供する必要がある。

2　正しい。利用者の希望による居宅サービス計画の軽微な変更があった場合、サービス担当者会議を行わなくてもよいとされている。

3　正しい。居宅サービス計画の作成に際して意見を求めた主治の医師等に、居宅サービス計画を交付しなければならない。

4　正しい。選択肢にある通り、正当な理由がなく、業務上知り得た利用者、またはその家族の秘密を漏らしてはならない。利用者または家族の個人情報を取り扱う場合は、必ず書面にて同意を得ておかなければならない。

5　誤り。短期入所生活介護、および短期入所療養介護の居宅サービスへの位置づけについては、要介護認定の有効期間の半数を超えてはならないが、機械的な運用ではなく、個別で対応する必要がある。

**問題24　正解　1,3,4**

1　正しい。多職種連携の観点から、地域包括支援センターに相談する。地域包括支援センターでは認知症ケアパスなどの地域資源があるため、協力を仰ぐとよい。

2　誤り。妻は現状で要介護認定を受けていないようなので、特別養護老人ホームに同時に入所することはできない。

3　正しい。Aさんに連絡をした上で訪問し、状況を聴き、方法を探していくことが望ましい。

4　正しい。サービス担当者会議を開催し、現状に合致した居宅サービス計画へ変更するため、居宅サービス計画を見直す必要がある。

5　誤り。Aさんと妻は現在の所息子夫妻との同居を希望しているということは、この問題からは読み取ることができない。

**問題25　正解　2,4,5**

1　誤り。視覚障害であるBさんは、行動援護サービスは利用できない。行動援護サービスは、重度肢体不自由者、知的障害者、精神障害者が対象となるサービスである。視覚障害者が対象となる障害福祉サービスは同行援護である。

2　正しい。共生型通所介護事業所であれば、同じ視覚障害者がいるかもしれないため、Bさんが通所しやすいと考えられる。

3　誤り。糖尿病の治療に自立支援医療は利用できない。自立支援医療には、更生医療、育成医療、精神通院医療があり、いずれも糖尿病の治療は対象外である。

4　正しい。身体障害者手帳を取得すると、利用できるサービスが増えるため、本人の意向を聴き、申請することは適切であると考える。

5　正しい。週末だけでなく、可能な範囲でほかの日にも来てもらうことで、Bさんにも安心していただけると考えるため、息子夫婦にも協力を頼む必要がある。

## 保健医療サービスの知識等

### 問題 26　正解　1,2,5

1　正しい。選択肢にある通り、せん妄では、<u>一過性</u>の認知機能<u>低下</u>が見られる。
2　正しい。せん妄はさまざまな要因によって引き起こされるが、その１つに、「施設入所<u>後</u>に起こる」というのがある。
3　誤り。せん妄はとくに<u>夜間</u>に見られ、<u>日中</u>に起こることは少ない。
4　誤り。せん妄は、<u>軽度</u>の意識障害を引き起こすことが多い。せん妄は、<u>夜間</u>に引き起こされることが多く、その場合を<u>夜間</u>せん妄という。
5　正しい。せん妄は通常、<u>数週間</u>で治まる。先述の通り、せん妄は多くの原因によって引き起こされるが、その対処法としては、<u>原因を取り除く</u>ことが重要である。

### 問題 27　正解　3,5

1　誤り。選択肢にある「<u>冠動脈の狭窄</u>により、心筋が必要とする<u>酸素</u>需要に対して供給が<u>不足</u>する病態」というのは、<u>狭心症</u>である。心筋梗塞は、<u>冠動脈が詰まり</u>、心筋の細胞が<u>壊死</u>し、細胞に酸素を送り出すことが<u>できない</u>病態である。
2　誤り。<u>ニトロ製剤</u>の<u>舌下</u>投与が著効を示すのは、<u>狭心症</u>の発作である。心筋梗塞の治療法としては、詰まった血管を<u>通す</u>、バイパス手術、などがある。
3　正しい。選択肢にある通り、高齢者における高血圧の大半は<u>本態性</u>高血圧症である。本態性高血圧症とは、原因がはっきりしていない高血圧症を指し、原因がはっきりしている高血圧症は<u>二次性</u>高血圧症という。
4　誤り。心不全による<u>呼吸困難</u>時には、<u>起座位</u>または<u>半座位</u>にすることで、自覚症状の改善が見られる。
5　正しい。徐脈性不整脈とは、拍動が１分間に<u>60 回</u>以下のものを指し、生活に支障が生じた場合、<u>ペースメーカー</u>の植込術が検討される。

### 問題 28　正解　1,3,4

1　正しい。選択肢にある通り、慢性閉塞性肺疾患（COPD）は、<u>有害物質を長期</u>に吸入することで生じる肺の<u>炎症性疾患</u>を指す。低酸素血症が進展すると、<u>在宅酸素療法</u>を実施することがある。
2　誤り。高齢者の誤嚥性肺炎は初期症状があまり<u>出ない</u>ことがある。それにより<u>重症化</u>し、時には<u>死</u>に至るため、注意が必要である。
3　正しい。慢性閉塞性肺疾患（COPD）は、<u>インフルエンザ</u>の罹患により病状が急激に<u>悪化</u>することがある。
4　正しい。高齢者の肺結核は、若い頃に結核に感染し、体内の結核菌が<u>再活性化</u>することで発症することが多い。そのため、高齢者では結核既感染率が<u>高い</u>。
5　誤り。慢性閉塞性肺疾患（COPD）の定義に、<u>肺気腫が含まれている</u>。慢性閉塞性肺疾患（COPD）は、介護保険の<u>特定疾病</u>に該当している。

### 問題 29　正解　2,4

1　誤り。老年期うつ病では、<u>遺伝</u>の関与は少ないとされている。老年期うつ病の原因としては、<u>身体疾患</u>や<u>喪失</u>体験、病前の<u>性格</u>などがあるといわれている。
2　正しい。老年期うつ病では、<u>妄想</u>がひどくなり、<u>自死</u>を図ることがある。
3　誤り。老年期うつ病は、認知症の<u>二次的</u>障害（いわゆる <u>BPSD</u>）として出現することがある。
4　正しい。老年期うつ病の症状としては、気分の落ち込みだけでなく、<u>睡眠障害</u>、<u>めまい</u>、<u>しびれ</u>、<u>排尿</u>障害などがあり、一般的に身体症状が前面に<u>出る</u>といわれている。
5　誤り。老年期うつ病は、<u>薬剤</u>の影響で見られることが<u>ある</u>。

### 問題 30　正解　1,2,4

1　正しい。胃潰瘍で出血し、消化管の下流に血液が流れた場合、<u>黒い</u>便である<u>タール</u>便が出ることがある。<u>下部</u>消化管出血（小腸や大腸での出血）では<u>鮮血</u>が見られる。
2　正しい。選択肢にある通り、胆嚢結石では、<u>みぞおち</u>に痛みが出現することがある。

模擬試験１回目

模擬試験２回目

模擬試験３回目

模擬試験１回目・解答&解説

模擬試験２回目・解答&解説

模擬試験３回目・解答&解説

索引

3　誤り。十二指腸潰瘍は空腹時に痛みを生じる。一方、胃潰瘍は、食後に上腹部の痛みが悪化する。

4　正しい。慢性肝炎の原因の多くは、ウイルス性肝炎となっている。日本でのウイルス性肝炎は、B型とC型が多く、慢性肝炎にはそのほかアルコール性肝炎もある。

5　誤り。肝硬変は、肝移植でしか完治しない。

## 問題31　正解　2,3,4

1　誤り。後縦靱帯骨化症の多くは頸部に見られる。腰部に見られるのは脊柱管狭窄症である。

2　正しい。選択肢にある通り、関節リウマチは、原因不明の全身における免疫異常であり、薬物療法を中心とした治療が進められる。免疫異常とは、免疫システムが本来攻撃するべきでない自分自身の細胞や組織を攻撃し、損傷を与えてしまうものである

3　正しい。選択肢にある通り、脊柱管狭窄症の症状として、間欠性跛行が見られる。脊柱管狭窄症は、下肢にしびれを生じさせる疾患であり、介護保険の特定疾患である。

4　正しい。選択肢にある通り、橈骨遠位端骨折（手首）は高齢者でよく見られる骨折である。高齢者に多い骨折としてはほかに、大腿骨頸部骨折、脊椎圧迫骨折、上腕骨近位端骨折などがある。

5　誤り。骨粗鬆症では、軽い運動や日光浴が必要である。骨粗鬆症とは、骨の密度が低下して骨がもろくなる病気であり、骨折を伴う骨粗鬆症は、介護保険の特定疾病である。

## 問題32　正解　1,2,4

1　正しい。肺炎で見られる発熱を稽留熱という。稽留熱とは、解熱せずに持続する発熱を指し、熱型はほかに、急激な発熱と解熱を繰り返す間欠熱、微熱になって再び高熱になる弛張熱などがある。

2　正しい。敗血症では、発熱が見られる。敗血症とは、細菌やウイルスなどの病原体が体内に侵入して、免疫反応が過剰になることで全身的な炎症反応が引き起こされ、重篤な状態に至るものである。

3　誤り。1〜2時間で死亡することが多い呼吸は下顎呼吸である。口すぼめ呼吸は、慢性閉塞性肺疾患（COPD）の患者に効果的な呼吸法である。

4　正しい。脳卒中では徐呼吸（1分間に9回以下の呼吸）が見られることがある。徐呼吸は、糖尿病性ケトアシドーシスでも見られる。

5　誤り。血管などの状態により、下肢で血圧測定をすることもある。

## 問題33　正解　2,4,5

1　誤り。クレアチニン値は、腎機能が低下すると高値になる。また、腎機能の数値として血清尿素窒素（BUN）があるが、これも腎機能の低下により高値になる。

2　正しい。ホルター心電図の検査は日常生活をしながら測定するため、入院する必要はない。

3　誤り。HbA1cは、過去1〜2ヵ月の血糖レベルを示すものである。食後血糖は食後に測定した血糖値である。

4　正しい。選択肢にある通り、LDLコレステロールの高値は動脈硬化の進展を引き起こす。LDLコレステロールとは、いわゆる悪玉コレステロールを指す。

5　正しい。AST（GOT）は心筋梗塞を起こすと高値になる。AST（GOT）が肝機能を示す数値であることもあわせて覚えておくとよい。

## 問題34　正解　1,4

1　正しい。褥瘡予防の全身的要因に低栄養があり、栄養改善は重要な視点である。全身的要因としてはそのほか、やせ、加齢、薬剤の副作用などが挙げられる。

2　誤り。褥瘡防止マットレスを使用していても、体位変換は必要である。

3　誤り。褥瘡は、早ければ1〜2日で生じる。

4　正しい。褥瘡の発症要因としては、全身的要因、局所的要因、社会的要因がある。

5　誤り。一般的に痩せている利用者のほうが骨が突出していることが多いため、全身的要因として、褥瘡の発生可能性が高いとされている。

## 問題35　正解　1,3,5

1　正しい。認知症は、単に記憶障害や見当識障害だけが引き起こされるだけでなく、いわゆる社会

脳の障害も含まれる。社会脳が障害されることで、他人の気持ちが考えられなくなるなど、社会活動に影響を与えてしまう。

2　誤り。認知症の治療では、<u>回想法</u>などの<u>非薬物療法</u>も実施される。認知症の非薬物療法には、ほかに<u>現実見当識訓練</u>などがある。

3　正しい。前頭側頭型認知症では、<u>常同行動</u>（同じ行動を繰り返すこと）が見られる。前頭側頭型認知症ではほかに、<u>イライラ</u>したり、<u>我慢</u>ができなかったりする症状が出現するが、記憶は比較的<u>保たれている</u>といわれる。

4　誤り。中核症状は基本的によくなることはない。環境調整や適切な医療で症状が改善するのは、<u>BPSD</u>（行動・心理症状）である。

5　正しい。血管性認知症は、初期に<u>うつ症状</u>を呈することがある。

### 問題36　正解　1,3,5

1　正しい。選択肢にある通り、<u>嚥下困難</u>の利用者には、適度な<u>粘度</u>がある食品を用いるなど、<u>食形態</u>にもこだわる必要がある。

2　誤り。栄養アセスメントでは、<u>主観的</u>データと<u>客観的</u>データの両方を取り扱う。

3　正しい。栄養バランスを考えることも必要であるが、<u>食べてもらうこと</u>がまず<u>重要</u>である。

4　誤り。<u>加工食品</u>や<u>レトルト</u>食品の摂食で、栄養補給することも必要である。

5　正しい。食べることは単に栄養補給することだけではなく、家族や近隣の人々との<u>双方向的コミュニケーション</u>にも関わる。

### 問題37　正解　1,3,5

1　正しい。糖尿病患者が<u>シックデイ</u>（糖尿病<u>以外</u>の病気の日）のときには、インスリンの効果が<u>強く出る</u>場合がある。

2　誤り。<u>在宅</u>で利用者や家族が透析に関する処置を行うのは、<u>腹膜透析</u>である。

3　正しい。在宅中心静脈栄養法を含め、<u>在宅医療管理</u>を行っている人であっても入浴は可能である。

4　誤り。経鼻経管は手術<u>なし</u>で、<u>鼻</u>から管を入れる方法で実施する。一方、<u>胃ろう</u>や<u>腸ろう</u>の造設では<u>手術</u>を実施する。

5　正しい。選択肢にある通り、ネブライザーは<u>霧状</u>の薬を、<u>気管</u>や肺に吸い込むために使われる。

### 問題38　正解　2,3

1　誤り。在宅酸素療法は、<u>居宅</u>だけでなく<u>外出先</u>（酸素ボンベを用いて）で行うことも可能である。

2　正しい。在宅酸素療法は、慢性閉塞性肺疾患（COPD）などで、<u>低酸素血症</u>を起こしている人が対象である。

3　正しい。選択肢にある通り、在宅酸素療法では、酸素供給時間を<u>延長</u>する目的で、<u>呼吸同調器</u>を使用することがある。

4　誤り。在宅酸素療法で取り扱う情報共有は、<u>医療職</u>や<u>介護</u>職などで行う。

5　誤り。鼻カニューレを使用しても、会話に不便が<u>生じない</u>。

解説文の赤字で書かれた部分は、本試験でも問われがちな重要ポイントです。
赤シートで隠しながら1つひとつ覚えていきましょう

模擬試験1回目

模擬試験2回目

模擬試験3回目

模擬試験1回目・解答&解説

模擬試験2回目・解答&解説

模擬試験3回目・解答&解説

索引

**問題39　正解　1,3,4**

1　正しい。臨終が近づいたとき、経口摂取は困難になる。
2　誤り。臨終が近づいたときには、便秘になりやすいといわれている。
3　正しい。臨終が近づいたとき、下顎呼吸が出現する。
4　正しい。臨終が近づいたときに発熱している場合は、医師の指示のもと解熱剤を投与することもある。
5　誤り。臨終が近づいたとき、褥瘡はできやすくなる。

**問題40　正解　2,4,5**

1　誤り。認知症の者は、介護保険の訪問看護の対象となる。
2　正しい。人工呼吸器を装着している者は、要介護認定を受けていても、医療保険の訪問看護の対象となる。
3　誤り。脳血管障害の者は、介護保険の訪問看護の対象となる。
4　正しい。頸髄損傷の者は、要介護認定を受けていても、医療保険の訪問看護の対象となる。
5　正しい。特別訪問看護指示書を交付された者は、要介護認定を受けていても、医療保険の訪問看護の対象となる。

**問題41　正解　3,4,5**

1　誤り。定期的に通院しているため、居宅療養管理指導の利用者として適切ではない。
2　誤り。指定介護老人福祉施設に入所しているため、居宅療養管理指導の利用者として適切ではない。
3　正しい。外出することが困難な認知症要介護者は、居宅療養管理指導の利用者として適切である。
4　正しい。小規模多機能型居宅介護を利用している要介護者は、居宅療養管理指導の利用者として適切である。
5　正しい。末期がんでターミナル状態である要介護者は、居宅療養管理指導の利用者として適切である。

**問題42　正解　1,2,4**

1　正しい。訪問リハビリテーション事業者は、医師を常勤で配置する必要がある。
2　正しい。訪問リハビリテーション事業者は、介護医療院が指定を受けて行うことができる。訪問リハビリテーション事業者はほかに、病院、診療所、介護老人保健施設が指定を受けることができる（病院、診療所についてはみなし指定である）。
3　誤り。介護保険における訪問リハビリテーションでは、維持期リハビリテーションを行う。
4　正しい。訪問リハビリテーション事業者が行うリハビリテーション会議は、利用者等の同意を得て、テレビ電話装置等を活用して行うことができる。
5　誤り。訪問リハビリテーション事業者は、訪問介護事業所への助言・指導を行う。

**問題43　正解　1,3**

1　正しい。短期入所療養介護事業所の管理者は、短期入所療養介護計画を作成する。短期入所療養介護計画は、4日以上利用する利用者について作成することになる。
2　誤り。短期入所療養介護では、ターミナルケアを行う。
3　正しい。短期入所療養介護では、日帰りのサービス（特定短期入所療養介護）を提供することができる。
4　誤り。短期入所療養介護では、療養病床を有しない病院については、みなし指定を受けることができない。
5　誤り。短期入所療養介護は、おむつ代は保険給付の対象である。おむつ代が保険給付の対象となるのは、介護保険施設（介護老人福祉施設・介護老人保健施設・介護医療院など）、地域密着型介護老人福祉施設入所者生活介護、短期入所生活介護、短期入所療養介護である。

**問題44　正解　1,2,3**

1　正しい。選択肢にある通り、介護医療院の療養室の定員は、4人以下である。
2　正しい。選択肢にある通り、介護医療院は、支援相談員を配置しなくてもよい。

3 　正しい。介護医療院の入所対象者は、病状は安定しているが、重篤な身体疾患を有する人などである。介護医療院にはⅠ型療養床とⅡ型療養床があり、Ⅰ型療養床は、重篤な身体疾患を有する者・認知症高齢者で身体合併症を有する者などが対象となり、Ⅱ型療養床はそれ以外の者が入所するとされている。

4 　誤り。介護医療院では、ターミナルケアを行う。

5 　誤り。介護医療院には、計画作成介護支援専門員を配置し、施設サービス計画を作成することとなる。

**問題45** 　正解　2,4,5

1 　誤り。介護老人保健施設では、地域住民、またはその自発的な活動等との連携および協力を行う者などとの地域との交流に努めなければならない。

2 　正しい。介護老人保健施設の管理者は原則、都道府県知事の承認を受けた医師である。また都道府県知事の承認があれば、医師以外の者も管理者になることができる。

3 　誤り。介護老人保健施設は、要介護1以上の者が入所できる。

4 　正しい。選択肢にある通り、介護老人保健施設では、退所が可能か否かの検討を、3ヵ月に1回行う必要がある。

5 　正しい。選択肢にある通り、介護老人保健施設では、栄養士または管理栄養士を配置しなければならない。

## 福祉サービスの知識等

**問題46** 　正解　2,4,5

1 　誤り。観察も重要なコミュニケーション手段である。

2 　正しい。「なぜそんなことをしたのですか？」などの「なぜ」で始まる質問は、クライエントの戸惑いを増幅させてしまう。

3 　誤り。クライエントの述べたことを反復しただけでも、安心感など共感につながることもある。

4 　正しい。面接はお互いのやりとりが重要であるため、双方向のコミュニケーションといわれる。

5 　正しい。オープンクエスチョンは、答えが限定されていないため、相談援助者側の意図や評価を含んでおらず、誘導のおそれがない。

**問題47** 　正解　2,3,4

1 　誤り。支援困難事例に特化した特殊な制度はない。こうしたケースでは、支援困難となった要因を探っていくことが重要である。

2 　正しい。地域社会に偏見や理解不足などから、必要な支援が形成されなかったりすることもある。

3 　正しい。選択肢にある通り、高齢者自身が必要な支援を求めない場合を、セルフ・ネグレクトと呼ぶ。

4 　正しい。選択肢にある通り、支援を拒否している高齢者や家族であっても、特定の信頼できる人からの助言や支援を受け入れる場合もあり、このようなキーパーソンを探し、支援につなげていく方法も有効である。

5 　誤り。経済的困窮がフォーマルサービスの使い控えなどに進展し、高齢者本人や家族の課題を増幅させることもある。

**問題48** 　正解　1,4

1 　正しい。地域包括支援センターの社会福祉士による権利擁護の相談は、個人・家族に対するソーシャルワークである。

2 　誤り。キャラバンメイトによる認知症サポーター研修は、地域に対するソーシャルワークである。

3 　誤り。デイサービスでのレクリエーション活動は、集団に対するソーシャルワークである。

4 　正しい。居宅介護支援事業者の介護支援専門員の利用者対応は、個人・家族に対するソーシャルワークである。

5 　誤り。災害ボランティアセンターの設置のための活動は、地域に対するソーシャルワークである。

模擬試験1回目

模擬試験2回目

模擬試験3回目

模擬試験1回目・解答&解説

模擬試験2回目・解答&解説

模擬試験3回目・解答&解説

索引

## 問題49 　正解　2,3,5

1　誤り。震災被災者に対する支援のためのボランティアの組織化は、地域に対するソーシャルワークである。

2　正しい。地域の高齢者グループを対象とした介護予防活動への助言は、集団に対するソーシャルワークである。

3　正しい。介護に悩む家族を対象とした交流活動は、集団に対するソーシャルワークである。

4　誤り。ボランティアスタッフと地域住民による高齢者の見守り活動は、地域に対するソーシャルワークである。

5　正しい。アルコール依存症の当事者によるセルフヘルプ活動は、集団に対するソーシャルワークである。

## 問題50 　正解　1,2,3

1　正しい。選択肢にある通り、訪問介護事業所のサービス提供責任者は、利用者の口腔に関する問題や服薬状況等について、居宅介護支援事業者等のサービス関係者と情報共有しなければならない。

2　正しい。共生型訪問介護については、障害者総合支援法における居宅介護の指定を受けた事業所であれば、基本的には共生型訪問介護の指定を受けることができる。

3　正しい。ゴミの分別がわからない利用者と一緒に分別をしてゴミ出しのルールを理解してもらう援助は、自立支援の援助となり、身体介護として算定される。

4　誤り。点眼薬の点眼は、医行為でないものとして、訪問介護員が身体介護として行うことができる。訪問介護員ができる「医行為でないもの」として、体温測定、自動血圧測定器での血圧測定、一包化された内用薬の内服などがある。

5　誤り。同居家族がいる場合であっても、同居家族が障害や疾病がある、またはそのほかの事情により（家族が不在など）生活援助を利用することができる。

## 問題51 　正解　3,4,5

1　誤り。訪問入浴介護は、要介護1以上の利用者を対象としたサービスである。また、介護予防訪問入浴介護もあるため、軽度の利用者も利用可能である。

2　誤り。対象者が人工呼吸器を装着していても利用することができる。また、感染症に罹患している利用者なども利用が可能である。

3　正しい。選択肢にある通り、訪問入浴介護においては、訪問入浴介護計画の作成は義務づけられていない。

4　正しい。選択肢にある通り、訪問入浴介護を実施するにあたり、部分浴や清拭に変更した場合、介護報酬は減算される。

5　正しい。訪問入浴介護とは、専用の浴槽を使用し提供されるサービスである。一方、利用者の居宅の浴槽を利用して行う場合は、訪問介護の入浴介助（身体介護）となる。

## 問題52 　正解　2,3,4

1　誤り。機能訓練指導員は、理学療法士に限定されず、作業療法士、言語聴覚士、看護職員、柔道整復師、あん摩マッサージ指圧師、はり師またはきゅう師も従事することができる。

2　正しい。通所介護の送迎時に実施した居宅内での介助等に要する時間については、居宅サービス計画および通所介護計画に位置づけた上で実施し、かつ介護福祉士等、一定の資格要件および経験年数を満たす者によって行われた場合、1日30分以内を限度に、通所介護を行うのに要する時間に含めることができる。

3　正しい。通所介護事業所の管理者には、特段の専門資格は求められていない。また、管理に支障がない場合、ほかの職務に従事することができる。

4　正しい。通所介護事業者が夜間・深夜に宿泊サービスを提供する場合には、介護保険外サービスとなり、事前に届け出る必要がある。

5　誤り。利用者に送迎を行わなかった場合、介護報酬が減算される。通所系サービスでは、送迎を行わなかった場合、すべて減算となる。

**問題 53　正解　1,3,4**

1　正しい。地域密着型サービスは市町村長が指定を行う。

2　誤り。認知症対応型通所介護の併設型の定員は、12人以下となっている。

3　正しい。選択肢にある通り、地域密着型通所介護は、おおむね6ヵ月に1回以上、運営推進会議を開催しなければならない。

4　正しい。選択肢にある通り、小規模多機能型居宅介護の介護支援専門員は、登録者の居宅サービス計画と小規模多機能型居宅介護計画を作成しなければならない。

5　誤り。夜間対応型訪問介護は、一人暮らしでなくても利用できる。

**問題 54　正解　2,3,5**

1　誤り。認知症対応型共同生活介護の管理者は、3年以上認知症である者の介護に従事した経験を有する者で、研修修了者でなければならない。

2　正しい。選択肢にある通り、認知症対応型共同生活介護における共同生活住居の定員は、5人以上9人以下である。認知症対応型共同生活介護は、1事業所に3つの共同生活住居を配置することができる。

3　正しい。地域密着型介護老人福祉施設入所者生活介護では、おむつ代は保険給付の対象となる。おむつ代が保険給付の対象となるのは、介護保険施設（介護老人福祉施設・介護老人保健施設・介護医療院など）、地域密着型介護老人福祉施設入所者生活介護、短期入所生活介護、短期入所療養介護である。

4　誤り。認知症対応型共同生活介護の計画作成担当者は、研修修了者となっている。ただし、事業所に1人以上の介護支援専門員を配置しなければならない。

5　正しい。選択肢にある通り、地域密着型特定施設入居者生活介護は、定員が29人以下の介護専用型施設である。

**問題 55　正解　3,4,5**

1　誤り。療養通所介護の指定を受けることができるのは、非営利団体に限らない。株式会社等も可能である。

2　誤り。療養通所介護では、安全・サービス提供管理委員会をおおむね6ヵ月に1回開催しなければならない。あわせて12ヵ月に1回の運営推進会議の実施も必要である。

3　正しい。選択肢にある通り、療養通所介護は、常時看護師による観察が必要な難病を有する重度要介護者とがん末期の者などが対象となる。

4　正しい。選択肢にある通り、療養通所介護の定員は18人以下である。

5　正しい。療養通所介護の管理者は、必要な知識と技能を有する看護師でなければならない。

**問題 56　正解　1,5**

1　正しい。介護老人福祉施設は、特別養護老人ホームとして認可されている施設が、都道府県知事より指定を受けることで行われる施設サービスである。

2　誤り。介護老人福祉施設は、要介護3以上の者が入所でき、第2号被保険者も入所することができる。

3　誤り。介護老人福祉施設では、ターミナルケアも行われる。

4　誤り。選択肢にある通り、介護老人福祉施設では、入所者が医療機関に入院することとなった場合、3ヵ月以内に退院できる見込のときには、退院後、当該施設に円滑に再入所できるようにする。

5　正しい。要支援1および2の者は、いかなる理由があっても介護老人福祉施設に入所することはできない。

**問題 57　正解　3,4**

1　誤り。障害者総合支援法では、発達障害者も対象となる。

2　誤り。障害者総合支援法では、難病患者も対象となる。障害者総合支援法で対象となる障害者の定義は、身体障害者、知的障害者、精神障害者（発達障害者を含む）、難病患者となっている。

3　正しい。選択肢にある通り、障害者総合支援法において、市町村は、障害支援区分の認定を行う。

4　正しい。選択肢にある通り、障害者総合支援法の利用者負担は応能負担である。応能負担とは、

模擬試験1回目

模擬試験2回目

模擬試験3回目

模擬試験1回目・解答&解説

模擬試験2回目・解答&解説

模擬試験3回目・解答&解説

索引

利用者の所得に応じて利用者負担を決める方法である。

5　誤り。精神障害者の通院医療費（自立支援給付費における精神通院医療）が支給される。

---

**問題58　正解　2,4,5**

1　誤り。40歳以上65歳未満の者のうち、医療保険未加入である被保護者が要介護者等になったとき、介護サービス費用の全額が介護扶助として給付される。

2　正しい。選択肢にある通り、介護保険施設入所者の日常生活費については、介護施設入所者基本生活費として給付が行われる。

3　誤り。生活保護の扶助は、現物給付と金銭給付で給付される。

4　正しい。介護保険施設に入所している被保護者の食費については、介護扶助で賄われる。なお、通常、食費は生活扶助で賄われる。そのため、これは例外として覚えておく必要がある。

5　正しい。生活保護受給者の急増により、生活困窮者自立支援法が制定された。生活困窮者自立支援法の対象者は、生活困窮者（就労の状況、心身の状況、地域社会との関係性その他の事情により、現に経済的に困窮し、最低限度の生活を維持することができなくなるおそれのある者）である。

---

**問題59　正解　1,4**

1　正しい。緊急やむを得ない場合を除いて、身体拘束は原則、高齢者虐待に該当する行為となる。身体拘束における緊急やむを得ない場合とは、切迫性・非代替性・一時性の3つすべてがそろった場合である。

2　誤り。意図的に薬を過剰に服用させるなどして抑制する行為は、身体的虐待にあたる。

3　誤り。施設等の職員は、自分が働いている施設等で高齢者虐待を受けた高齢者を発見した場合は、市町村に通報しなければならない。

4　正しい。市町村長は、立入調査等の場合に、職務の執行に際して必要があると認めるときは、所在地を管轄する警察署長に対し援助を求めることができる。

5　誤り。市町村または市町村長は、通報または届出があった場合には、養護者による高齢者虐待により生命または身体に重大な危険が生じているおそれがあると認められる高齢者を、特別養護老人ホームへ入所させる場合、当該高齢者の要介護度に関係なく、措置入所させることができる。

---

**問題60　正解　1,4**

1　正しい。選択肢にある通り、成年後見制度は、法定後見制度と任意後見制度に分類することができる。

2　誤り。任意後見契約は、公正証書以外で行うことができない。公正証書以外で契約されたものはすべて無効となる。

3　誤り。成年後見制度は民法に規定されているもので、社会福祉協議会が運営主体ではない。

4　正しい。選択肢にある通り、肢体不自由があり認知症である高齢者は、法定後見制度の対象となる。

5　誤り。任意後見人は、親族等もなることができる。ただし、任意後見監督人は親族等が就任することはできない。

> 1回目の模擬試験、お疲れさまでした。
> 明確に解答できなかった問題や間違えた問題などは、試験本番で正解できるように復習しておきましょう

# 模擬試験 2 回目・解答＆解説

模擬試験1回目

模擬試験2回目

模擬試験3回目

模擬試験1回目・解答＆解説

模擬試験2回目・解答＆解説

模擬試験3回目・解答＆解説

索引

## 介護支援分野

| 問 1 | 問 2 | 問 3 | 問 4 | 問 5 | 問 6 | 問 7 | 問 8 | 問 9 | 問 10 |
|---|---|---|---|---|---|---|---|---|---|
| 1, 2, 4 | 1, 3 | 1, 3 | 2, 4, 5 | 2, 4, 5 | 2, 4 | 1, 5 | 1, 3, 5 | 2, 4, 5 | 1, 2, 4 |

| 問 11 | 問 12 | 問 13 | 問 14 | 問 15 | 問 16 | 問 17 | 問 18 | 問 19 | 問 20 |
|---|---|---|---|---|---|---|---|---|---|
| 1, 2, 3 | 1, 3 | 2, 3, 5 | 1, 2, 5 | 2, 3 | 2, 3, 4 | 4, 5 | 3, 4 | 3, 4, 5 | 1, 2, 4 |

| 問 21 | 問 22 | 問 23 | 問 24 | 問 25 |
|---|---|---|---|---|
| 2, 4, 5 | 1, 2, 5 | 1, 2, 3 | 3, 5 | 1, 4 |

## 保健医療サービスの知識等

| 問 26 | 問 27 | 問 28 | 問 29 | 問 30 | 問 31 | 問 32 | 問 33 | 問 34 | 問 35 |
|---|---|---|---|---|---|---|---|---|---|
| 3, 4 | 1, 4 | 1, 4, 5 | 1, 5 | 2, 3, 5 | 1, 4 | 1, 2, 4 | 1, 2, 4 | 1, 3, 5 | 1, 5 |

| 問 36 | 問 37 | 問 38 | 問 39 | 問 40 | 問 41 | 問 42 | 問 43 | 問 44 | 問 45 |
|---|---|---|---|---|---|---|---|---|---|
| 2, 3, 4 | 1, 3 | 1, 2, 3 | 1, 4, 5 | 1, 4 | 2, 4 | 3, 5 | 1, 2, 4 | 2, 4, 5 | 1, 3, 4 |

## 福祉サービスの知識等

| 問 46 | 問 47 | 問 48 | 問 49 | 問 50 | 問 51 | 問 52 | 問 53 | 問 54 | 問 55 |
|---|---|---|---|---|---|---|---|---|---|
| 1, 3, 5 | 1, 4 | 1, 3 | 2, 4, 5 | 1, 3, 4 | 3, 5 | 3, 5 | 1, 4, 5 | 1, 3 | 1, 4 |

| 問 56 | 問 57 | 問 58 | 問 59 | 問 60 |
|---|---|---|---|---|
| 1, 2, 4 | 3, 5 | 3, 4 | 1, 2, 5 | 1, 2, 3 |

## 介護支援分野

### 問題1　正解　1,2,4

1　正しい。選択肢にある通り、市町村は、<u>介護予防支援事業者</u>の指定を行う。
2　正しい。市町村は<u>介護認定審査会</u>を設置する。
3　誤り。<u>地域支援</u>事業の事業者<u>指定</u>業務を、社会福祉法人に委託することはできない。
4　正しい。選択肢にある通り、市町村は、介護保険<u>特別</u>会計を設ける。
5　誤り。市町村は、<u>第1号</u>被保険者の保険料率の決定のみを行う。一方、第2号被保険者の保険料を決めるのは、<u>医療保険者</u>である。

### 問題2　正解　1,3

1　正しい。特定施設入居者生活介護は、<u>都道府県知事</u>が指定を行うものである。
2　誤り。夜間対応型訪問介護は、<u>市町村長</u>が指定を行うものである。
3　正しい。通所介護は、<u>都道府県知事</u>が指定を行うものである。
4　誤り。看護小規模多機能型居宅介護は、<u>市町村長</u>が指定を行うものである。
5　誤り。<u>住宅改修</u>は、指定されて実施するものではない。

### 問題3　正解　1,3

1　正しい。福祉用具<u>購入</u>費支給限度基準額の上乗せは、<u>市町村</u>が<u>条例</u>で定めることとされている事項である。
2　誤り。介護報酬の算定基準は、<u>国</u>が定める事項である。
3　正しい。介護認定審査会の委員の定数は、<u>市町村</u>が<u>条例</u>で定めることとされている事項である。
4　誤り。第2号被保険者負担率は、<u>国</u>が定める事項である。
5　誤り。介護保険審査会の公益代表委員の定数は、<u>都道府県</u>が<u>条例</u>で定めることとされている事項である。

### 問題4　正解　2,4,5

1　誤り。介護保険被保険者が<u>適用除外</u>施設に入所した場合、その<u>翌日</u>に資格を喪失する。
2　正しい。選択肢にある通り、第2号被保険者は、介護保険に関する<u>届出</u>の必要がない。一方、第1号被保険者については、変更があった場合、<u>14日</u>以内に<u>届出</u>をする必要がある。
3　誤り。すべてではなく、<u>有料老人ホーム</u>に該当するサービス付き高齢者向け住宅が、住所地特例対象施設となる。
4　正しい。選択肢にある通り、介護保険被保険者証は<u>すべての第1号</u>被保険者に交付される。一方、<u>第2号</u>被保険者については、<u>要介護・要支援認定</u>の申請をした人と、<u>交付</u>の申請をした人に対して交付される。
5　正しい。生活保護法による保護を受けている世帯に属する者は、国民健康保険の適用<u>除外</u>となるため、被保険者とならない。

### 問題5　正解　2,4,5

1　誤り。<u>地域密着型特定施設入居者生活介護</u>は、更新認定の調査ができない。
2　正しい。<u>地域密着型介護老人福祉施設入所者生活介護</u>は、更新認定の調査ができる。ただし、<u>新規</u>認定の調査はできない。
3　誤り。<u>地域密着型通所介護</u>は、更新認定の調査ができない。
4　正しい。<u>地域包括支援センター</u>は、更新認定の調査ができる。ただし、<u>新規</u>認定の調査はできない。
5　正しい。<u>介護保険施設</u>は、更新認定の調査ができる。ただし、<u>新規</u>認定の調査はできない。

### 問題6　正解　2,4

1　誤り。被保険者に主治医がいない場合、<u>市町村の指定</u>する医師、もしくは<u>市町村の職員</u>である医師が主治医意見書を記載することとなる。そのため、主治医意見書を省略することはできない。
2　正しい。選択肢にある通り、被保険者が正当な理由なく調査に応じない場合、市町村は、認定申請を<u>却下</u>することができる。

3　誤り。要支援認定の基準は、市町村長ではなく、<u>国</u>が定める。

4　正しい。選択肢にある通り、市町村は、要介護認定を受けた被保険者の介護の必要の程度が<u>低下</u>したことにより、現に認定されている要介護区分よりも<u>軽度</u>になったと認めるときは、職権により要介護区分の<u>変更</u>認定を行うことができる。なお、重度になった場合は、職権で変更認定は<u>できない</u>ため、注意が必要である。

5　誤り。介護認定審査会の委員の定数は、国ではなく、<u>市町村</u>が<u>条例</u>で定める。

### 問題7　正解　1,5

1　正しい。成年後見人は、要介護認定等の申請代行をすることができる。その他、申請代行ができるのは、<u>地域包括支援センター</u>、<u>居宅介護支援事業者</u>、<u>地域密着型介護老人福祉施設入所者生活介護</u>、<u>介護保険施設</u>、<u>民生委員</u>、<u>社会保険労務士</u>などである。

2　誤り。市町村による認定は、原則申請日から<u>30日</u>以内に行われる。

3　誤り。<u>市町村</u>職員である保健師は、認定調査を行うことができる。認定調査が行えるか否かは、職種で判断するのではなく、<u>市町村</u>職員であるか否かで判断する。

4　誤り。新規認定の認定有効期間は、原則、<u>6ヵ月</u>である。新規認定は、<u>3ヵ</u>月まで短縮・<u>12ヵ</u>月まで延長することができる。

5　正しい。区分変更認定では、<u>3ヵ月</u>の認定有効期間を定めることができる。区分変更認定の認定有効期間は、原則、<u>6ヵ月</u>であり、<u>3ヵ月</u>まで短縮・<u>12ヵ月</u>まで延長することができる。

### 問題8　正解　1,3,5

1　正しい。労働者災害補償保険法によって、介護保険の給付に相当する介護補償等が受けられるとき、労働者災害補償保険法が<u>優先</u>するため、重複する部分の給付は介護保険からは行われない。

2　誤り。要介護者・要支援者に対し、介護保険と医療保険の両方に同様のサービスがある場合、原則として介護保険が<u>優先される</u>。

3　正しい。選択肢にある通り、生活保護の被保護者となっている第1号被保険者が要介護状態等になった場合、介護保険の給付が<u>優先される</u>。

4　誤り。障害者総合支援法の自立支援給付と介護保険の給付とが重複する場合、介護保険法の給付が<u>優先される</u>。

5　正しい。選択肢にある通り、感染症法等による保険優先の公費負担医療制度と介護保険法による給付が重複する場合、介護保険の給付が<u>優先される</u>。

### 問題9　正解　2,4,5

1　誤り。介護老人保健施設は、要介護<u>1</u>以上の者が入所できる。原則、要介護3以上の者しか入所できないのは、<u>介護老人福祉施設</u>、<u>地域密着型介護老人福祉施設入所者生活介護</u>である。

2　正しい。<u>地域密着型通所介護</u>は、要支援者は利用することができない。要支援者は、<u>地域支援</u>事業の<u>第1号通所</u>事業を利用する。

3　誤り。<u>要支援</u>者は、介護老人<u>福祉</u>施設が提供する介護予防短期入所生活介護を、利用することが可能である。

4　正しい。福祉系サービス（訪問介護や通所介護、短期入所生活介護など）は、共生型サービスの対象と<u>なる</u>。

5　正しい。選択肢にある通り、市町村特別給付は、<u>要介護者</u>と<u>要支援者</u>の両方が対象となる。市町村特別給付とは、<u>第1号被保険者</u>の保険料を財源として、要介護者・要支援者に対して、介護保険法で定められた介護サービス・予防サービスのほか、市町村の<u>条例</u>により<u>独自</u>の給付として必要なサービスを実施することができる、というものである。

### 問題10　正解　1,2,4

1　正しい。居宅介護支援は、支給限度基準額が設定<u>されない</u>サービスである。

2　正しい。認知症対応型共同生活介護は、支給限度基準額が設定<u>されない</u>サービスである。

3　誤り。定期巡回・随時対応型訪問介護看護は、支給限度基準額が設定<u>される</u>サービスである。

4　正しい。介護予防居宅療養管理指導は、支給限度基準額が設定<u>されない</u>サービスである。

5　誤り。看護小規模多機能型居宅介護は、支給限度基準額が設定<u>される</u>サービスである。

模擬試験1回目

模擬試験2回目

模擬試験3回目

模擬試験1回目・解答＆解説

模擬試験2回目・解答＆解説

模擬試験3回目・解答＆解説

索引

**正解** **1,2,3**
1　正しい。介護保険負担割合証は、すべての要介護者と要支援者に交付される。
2　正しい。選択肢にある通り、市町村は、特別な理由があり、定率の利用負担が一時的に困難と認められる被保険者に対して、定率負担を減額または免除することができる。また、保険料についても同様に減免することができる。
3　正しい。選択肢にある通り、特定入所者介護サービス費の支給対象者には、介護保険負担限度額認定証が交付される。
4　誤り。訪問入浴介護は、社会福祉法人等利用者負担額軽減制度の対象外となる。
5　誤り。高額介護サービス費は、世帯単位で算定される。

**問題12** **正解** **1,3**
1　正しい。高額医療合算介護サービス費は、現物給付が認められない。償還払いでの給付となる。
2　誤り。特定入所者介護サービス費は、現物給付である。
3　正しい。特例サービス費は、現物給付が認められない。償還払いでの給付となる。
4　誤り。居宅介護サービス計画費は、現物給付である。
5　誤り。介護サービス計画費は、現物給付である。

**問題13** **正解** **2,3,5**
1　誤り。病院・診療所が訪問介護を行う場合は、法人格が必要である。非法人で指定を受けることができるのは、医療系居宅サービス（居宅療養管理指導、訪問看護、訪問リハビリテーション、通所リハビリテーション、短期入所療養介護）に限られ、かつ医療法における病院、診療所、薬局のみである。
2　正しい。選択肢にある通り、社会福祉法人は、訪問介護事業所の指定を受けることができる。
3　正しい。選択肢にある通り、介護老人保健施設は、都道府県知事から開設許可を受けた場合、短期入所療養介護の指定があったものとみなされる。
4　誤り。薬局が介護保険の訪問看護を行う場合、指定申請が必要である。薬局は居宅療養管理指導のみ、みなし指定となる。
5　正しい。選択肢にある通り、介護医療院は、訪問リハビリテーションを行うことができるが、指定申請は必要である。

**問題14** **正解** **1,2,5**
1　正しい。財政安定化基金の市町村負担分は、第1号被保険者の保険料のみで賄われるものである。
2　正しい。財政安定化基金の貸付金にかかる返済費用は、第1号被保険者の保険料のみで賄われるものである。
3　誤り。施設等給付にかかる費用は、第2号被保険者の保険料も使われる。
4　誤り。一般介護予防事業にかかる費用は、第2号被保険者の保険料も使われる。
5　正しい。市町村特別給付にかかる費用は、第1号被保険者の保険料のみで賄われるものである。

**問題15** **正解** **2,3**
1　誤り。市町村介護保険事業計画は、市町村地域福祉計画と調和が保たれたものとして作成される。一体として作成されるものは、市町村老人福祉計画である。
2　正しい。選択肢にある通り、市町村介護保険事業計画は、3年を1期として策定される。介護保険事業計画の策定は、市町村、都道府県とも3年を1期としていることを、しっかり覚えておこう。
3　正しい。選択肢にある通り、地域密着型介護老人福祉施設入所者生活介護の必要利用定員総数は、都道府県介護保険事業支援計画で定めるべき事項である。地域密着型介護老人福祉施設入所者生活介護の必要利用定員総数については、市町村介護保険事業計画においても定めるべき事項となっているので、あわせて覚えておこう。
4　誤り。各年度における地域支援事業の量の見込は、市町村介護保険事業計画で定めるべき事項である。
5　誤り。介護サービス情報の公表に関する事項は、都道府県介護保険事業支援計画で定めるよう努

める事項である。

### 問題16　正解　2,3,4

1　誤り。地域密着型介護老人福祉施設入所者生活介護のおむつ代は、保険給付の対象<u>となる</u>。
2　正しい。地域密着型通所介護のおむつ代は、保険給付の対象<u>外となる</u>。
3　正しい。介護保険施設の食費は、保険給付の対象<u>外となる</u>。
4　正しい。小規模多機能型居宅介護の宿泊費は、保険給付の対象<u>外となる</u>。
5　誤り。短期入所療養介護のおむつ代は、保険給付の対象<u>となる</u>。

### 問題17　正解　4,5

1　誤り。通常の努力を行ってもなお生じる保険料未納で、介護保険財政の収入不足が生じた場合、不足分の全額ではなく、<u>2分の1</u>を交付金として交付する。残りの2分の1は、<u>貸付</u>を受けることとなる。
2　誤り。市町村に対し介護給付費交付金を交付するのは、<u>社会保険診療報酬支払</u>基金である。
3　誤り。財政安定化基金については、国はかかる費用の<u>3分の1</u>を負担する。また、都道府県と市町村もそれぞれ<u>3分の1</u>ずつ負担をする。
4　正しい。選択肢にある通り、財政安定化基金から貸付を受けた市町村は、<u>3年</u>間の<u>分割</u>で返済する。
5　正しい。選択肢にある通り、財政安定化基金は、<u>都道府県</u>に設置される。

### 問題18　正解　3,4

1　誤り。地域支援事業は、<u>要介護者</u>も利用することができる。
2　誤り。介護予防把握事業は、<u>介護予防・日常生活支援総合事業</u>の<u>一般介護予防</u>事業に含まれている。
3　正しい。選択肢にある通り、一般介護予防事業の対象者は、<u>すべての第1号</u>被保険者と、それを<u>支援</u>する者である。
4　正しい。地域支援事業では、<u>介護予防把握事業</u>以外について、<u>利用料</u>を請求することができる。
5　誤り。介護給付等費用適正化事業は、<u>任意</u>事業に含まれている。

### 問題19　正解　3,4,5

1　誤り。地域リハビリテーション活動支援は、<u>介護予防・日常生活支援総合事業</u>に含まれている。
2　誤り。介護予防普及啓発は、<u>介護予防・日常生活支援総合事業</u>に含まれている。
3　正しい。生活支援体制整備は、<u>包括的支援</u>事業に含まれている。
4　正しい。地域ケア会議推進は、<u>包括的支援</u>事業に含まれている。
5　正しい。要支援者を除く介護予防支援は、<u>包括的支援</u>事業に含まれている。

### 問題20　正解　1,2,4

1　正しい。<u>市町村</u>は、地域包括支援センター運営協議会を設置する。地域包括支援センター運営協議会の構成員は、<u>医療・保健福祉関係者</u>、<u>介護サービス・介護予防サービス</u>に関する事業者、地域ケアに関する<u>学識経験者</u>、<u>被保険者</u>など、地域の実情に応じて、<u>市町村長</u>が選定する。
2　正しい。選択肢にある通り、<u>市町村</u>は、<u>定期的</u>に地域包括支援センターの実施状況の<u>評価</u>を行う。
3　誤り。地域包括支援センターは、市町村から<u>委託</u>を受けて、<u>任意</u>事業を実施することができる。
4　正しい。地域包括支援センターには、<u>直営型</u>と<u>委託型</u>がある。委託型とは、<u>市町村</u>から包括的支援事業の実施の<u>委託</u>を受けた<u>社会福祉</u>法人等が、<u>市町村長</u>に必要事項を<u>届け出</u>た上で、地域包括支援センターを設置するものである。
5　誤り。<u>NPO法人</u>は、地域包括支援センターを設置することができる。

### 問題21　正解　2,4,5

1　誤り。地域密着型サービスの介護サービス情報の公表は、<u>都道府県</u>が行う。
2　正しい。<u>都道府県知事</u>は、介護サービス情報の公表に関する調査事務を、<u>指定調査機関</u>に行わせることができる。
3　誤り。<u>都道府県知事</u>は、介護サービス情報の公表に関する調査にかかる事務<u>手数料</u>を徴収することができる。

模擬試験1回目

模擬試験2回目

模擬試験3回目

模擬試験1回目・解答&解説

模擬試験2回目・解答&解説

模擬試験3回目・解答&解説

索引

4　正しい。都道府県知事が指定した指定情報公表センターには、秘密保持義務が課される。
5　正しい。選択肢にある通り、情報公表システムを用いて、地域包括支援センターの情報を提供することができる。

**問題22　正解　1,2,5**

1　正しい。国民健康保険団体連合会は、介護給付費等審査委員会の委員を委嘱することができる。介護給付費等審査委員会は、市町村から委託を受けて、介護給付費請求書や、介護予防・日常生活支援総合事業費請求書の審査を行う。
2　正しい。国民健康保険団体連合会は、居宅介護支援事業を運営することができる。
3　誤り。国民健康保険団体連合会は、介護保険施設を運営することができる。
4　誤り。国民健康保険団体連合会は、独自業務として、苦情処理を行う。市町村の委託ではないので注意する。
5　正しい。選択肢にある通り、国民健康保険団体連合会は、市町村の委託を受けて、第三者行為求償事務を行う。

**問題23　正解　1,2,3**

1　正しい。指定介護予防支援事業者の指定の更新については、6年ごとになっている。
2　正しい。地域包括支援センターの設置者は、指定介護予防支援事業者の指定を受けることができる。
3　正しい。選択肢にある通り、社会福祉士は担当職員になることができる。担当職員はほかに、保健師、介護支援専門員、経験ある看護師、高齢者保健福祉に関する相談業務等に3年以上従事した社会福祉主事が従事することができる。
4　誤り。指定介護予防支援事業者は、地域ケア会議において、個別のケアマネジメントとの事例などの情報提供や意見の開陳などの求めがあった場合、これに協力するよう努めなければならない。
5　誤り。指定介護予防支援事業者は、モニタリングの結果を1ヵ月に1回記録しなければならない。

**問題24　正解　3,5**

1　誤り。相談に来た民生委員には、引き続き家庭訪問をお願いしたほうがよい。
2　誤り。「介護放棄の状態のようで心配だ」とあるが、その言葉だけで虐待とみなすのは時期尚早である。
3　正しい。地域ケア会議を開催し、今後の対応を検討する必要がある。
4　誤り。虐待とみなすことは時期尚早であるため、特別養護老人ホームへの措置入所は現状では必要ない。
5　正しい。長男への接触を増やし、信頼関係を構築するとともに、訪問させてもらえるように連絡をとる必要がある。

**問題25　正解　1,4**

1　正しい。今の段階では訪問介護事業所からの報告だけなので、真意がわからない。Bさんを訪問し、現状を聴き取る必要がある。
2　誤り。施設入所を希望されているので、訪問介護の日数を増やすことは適切でない。
3　誤り。成年後見制度の利用対象者は、判断能力が不十分な者である。Bさんは現状で成年後見制度の対象とならない。
4　正しい。施設入所を希望されているBさんと、近隣にある施設に見学へ行く際に同行することは適切である。
5　誤り。施設へ入所した場合、計画作成の担当は引き続き行うことはできない。

**保健医療サービスの知識等**

**問題26　正解　3,4**

1　誤り。高齢者の難聴では、感音性難聴が多い。感音性難聴とは、内耳から聴神経にかけて障害が引き起こされるものである。一方、伝音性難聴は、外耳から中耳にかけて何らかの障害が起こるものである。

2 　誤り。結晶性知能は老年期まで低下<u>しない</u>。結晶性知能とは、個人が長年にわたる<u>経験</u>や、<u>教育</u>・<u>学習</u>などから獲得していく知能である。それと対をなすものに<u>流動性知能</u>がある。これは新しい環境に<u>適応</u>するために、<u>新しい情報</u>を獲得し、それを<u>処理</u>し、<u>操作</u>していく知能である。

3 　正しい。白内障は、眼内レンズの<u>交換</u>手術を行うことで視力は大きく回復する。

4 　正しい。せん妄は、<u>転居</u>によって引き起こされることがある。ちなみに、せん妄を引き起こす要因には、それ以外にもさまざまなものがある。

5 　誤り。亜鉛欠乏症は薬の副作用で引き起こされることもあり、<u>味覚</u>障害が出現する。

---

**問題27**　**正解**　<u>1,4</u>

1 　正しい。自発呼吸がない患者に対しては、<u>気管切開</u>を伴う侵襲的人工呼吸療法を行う。一方、非侵襲的人工呼吸療法は、<u>口鼻マスク</u>を使用して実施するものである。

2 　誤り。シャントという針を刺すための血管を使用するのは、<u>血液</u>透析である。<u>血液</u>透析は、医療機関に週<u>2～3</u>回程度通院し実施する。

3 　誤り。<u>経鼻経管栄養</u>を利用している者であっても、入浴は可能である。

4 　正しい。パルスオキシメーターは<u>指先</u>に装着し、血中の<u>酸素飽和</u>度を測る機器である。

5 　誤り。在宅自己導尿は、バルーンカテーテルよりも感染リスクが<u>低い</u>。

---

**問題28**　**正解**　<u>1,4,5</u>

1 　正しい。パーキンソン病の治療は、基本的に<u>薬物</u>療法である。なお、パーキンソン病では、<u>振戦</u>・<u>筋固縮</u>・<u>無動</u>・<u>姿勢歩行障害</u>の四大運動症状が見られる。

2 　誤り。脳卒中は、再発することが<u>ある</u>。脳卒中には、血管が詰まる<u>脳梗塞</u>と、脳内で出血する<u>脳出血</u>、<u>くも膜下出血</u>がある。

3 　誤り。筋萎縮性側索硬化症（ALS）では、<u>運動</u>神経が障害される。筋萎縮性側索硬化症（ALS）は、介護保険の<u>特定疾病</u>の1つである原因不明の疾患で、徐々に全身の<u>骨格筋</u>が萎縮してしまう。

4 　正しい。脊髄小脳変性症では、<u>運動失調</u>が見られる。脊髄小脳変性症とは、<u>歩行時のふらつき</u>や、<u>手の震え</u>、<u>ろれつが回らない</u>などを症状とする<u>神経</u>疾患である。

5 　正しい。脳卒中の予防として、<u>メタボリックシンドローム</u>（内臓脂肪症候群）の予防が重要である。メタボリックシンドロームとは、<u>腹囲</u>が大きいことに加えて、<u>血圧</u>の上昇、空腹時の<u>高血糖</u>、脂質の<u>異常値</u>のうち2つ以上が当てはまる状態を指す。

高齢者によく見られる疾患は、本試験でも出題が多いです。どんな病気で、どのように対応すべきかなどを確実に覚えておきましょう

模擬試験1回目

模擬試験2回目

模擬試験3回目

模擬試験1回目・解答&解説

模擬試験2回目・解答&解説

模擬試験3回目・解答&解説

索引

**問題29** 正解 1,5

1 正しい。選択肢にある通り、帯状疱疹は、水ぼうそうのウイルス（水痘ウイルス）によって発症する。
2 誤り。感染力が非常に強く、一定期間での個室管理が必要となるのは、通常疥癬ではなく、ノルウェー（角化型）疥癬である。
3 誤り。薬疹は、薬剤服用後1〜2週間して発生することが多い。
4 誤り。白癬は、タオルや足拭きマットを共用することで感染することが多いため、院内感染より家庭内感染が多いとされている。
5 正しい。皮膚カンジダ症は、おむつ内などの陰部での発生がある。

**問題30** 正解 2,3,5

1 誤り。前立腺肥大症は、前立腺がんへ進行することはない。前立腺肥大症とは、男性によく見られる疾患の1つで、前立腺が腫れて尿道を圧迫することによって尿の流れが阻害される症状を引き起こす疾患である。
2 正しい。高齢者は、2型糖尿病が多い。1型糖尿病は、自己免疫疾患の一種で、若年層で発症することが多い。一方、2型糖尿病は、主に成人で発症し、膵臓がインスリンをつくり続けているものの、身体の細胞が十分にそれを利用できず、血糖値が上昇するもので、肥満、運動不足、高齢、遺伝的要因などが原因となることが多い。
3 正しい。脂質異常症は動脈硬化と密接につながりがあるといわれている。脂質異常症には、高コレステロール血症や、高中性脂肪血症などがある。
4 誤り。低ナトリウム血症が重篤になると、死に至ることがある。
5 正しい。選択肢にある通り、糖尿病では、初期症状が見られないことが多い。

**問題31** 正解 1,4

1 正しい。選択肢にある通り、ノロウイルス感染症は、経口感染である。
2 誤り。MRSA感染症は、接触感染である。
3 誤り。結核は、空気感染である。
4 正しい。選択肢にある通り、疥癬は、接触感染である。
5 誤り。A型肝炎は、経口感染である。

**問題32** 正解 1,2,4

1 正しい。アルコール依存を原因として、認知症となる場合もある。認知症は大脳が原因として引き起こされるため、さまざまな要因で起こる。
2 正しい。チームオレンジコーディネーターは、チームオレンジの立ち上げから運営までを担う。チームオレンジとは、近隣の認知症サポーターがチームを組み、認知症の人や家族に対する生活面の早期からの支援などを行う取り組みである。
3 誤り。前頭側頭型認知症は、治らない認知症である。治る認知症として有名なのが、慢性硬膜下血腫と正常圧水頭症である。
4 正しい。レビー小体型認知症は、初期にうつ症状を呈することがある。
5 誤り。認知症カフェは、認知症本人や家族に加え、その支援にあたる人も参加できる。

**問題33** 正解 1,2,4

1 正しい。選択肢にある通り、アルコール依存症は、老年期になって初めて発症することもある。
2 正しい。選択肢にある通り、老年期うつ病では、めまいが生じることがある。
3 誤り。統合失調症の大半は、思春期に発症する。40歳以降に発症した場合を遅発性統合失調症というが、発症するケースはまれである。
4 正しい。高齢者の妄想性障害の対象は、身近な人物が多い。
5 誤り。統合失調症では、薬物療法を中心に行う。ただし、心理社会療法なども組み合わせて実施するため、多様なアプローチが重要であるといわれている。

**問題34** 正解 1,3,5

1 正しい。感覚障害では、熱さを感じることができないため、やけどに注意する。

2　誤り。急性期リハビリテーションでは、他動的関節可動域訓練（リハビリ専門職など、他人によって行われる訓練）を主として行う。

3　正しい。介護保険制度では、維持的リハビリテーションが提供される。医療保険制度では、急性期リハビリテーション、回復期リハビリテーションが提供される。

4　誤り。リハビリテーションでは、利き手の変換など、代償的アプローチも実施する。

5　正しい。痛みのために、動きたくない意識が先行する。それによって不活発な生活に陥ることがある。

### 問題35　正解　1,5

1　正しい。食欲がないという課題は、食事前のおやつを減らし、空腹感を保つことで解決できることがある。

2　誤り。「献立を考える」「買い物に出かける」という行為も、食事の一連の生活行為となり、利用者の状態を正しく把握するための情報となる。それによって食事の適切なアセスメントを行うことが可能となる。

3　誤り。誤嚥リスクのある利用者に対しても、口からの食事方法を検討し、経管栄養への移行は最終手段である。

4　誤り。食事の際、あごを引くことで嚥下しやすくなる。逆に、あごを挙げて飲み込むと、誤嚥のおそれが高まる。

5　正しい。先行期だけでなく、すべての摂食・嚥下プロセスで誤嚥を引き起こす可能性がある。

### 問題36　正解　2,3,4

1　誤り。腹圧性尿失禁では、導尿やバルーンカテーテルを利用することはない。腹圧性尿失禁とは、咳やくしゃみなどでお腹に力が入ることによって尿が漏れてしまうもので、女性に多いとされている。

2　正しい。溢流性尿失禁では、前立腺肥大症などによる尿道の閉塞を解決する対応を行う。

3　正しい。機能性尿失禁では、手足の麻痺や認知症などによって、適切な排尿行為ができないため、一連の日常生活動作の問題点を見極め、間に合うように環境を整えていく必要がある。

4　正しい。頻尿がある場合、水分や薬剤での調整を行う。ただし、水分を控えすぎると脱水になることもあるため、注意が必要である。

5　誤り。骨盤底筋訓練などで骨盤底筋群の筋力を高めるのは、腹圧性尿失禁の対応法として適切である。

### 問題37　正解　1,3

1　正しい。ターミナル期には、意識がもうろうとし、つじつまのあわないことを言うようになる。

2　誤り。ターミナル期において家族を呼ばなければならない呼吸は、下顎呼吸である。チェーンストークス呼吸とは、小さい呼吸から徐々に大きな呼吸となったあと、次第に呼吸が小さくなり、一時的に呼吸停止となるような呼吸を、30秒から2分くらいの周期で繰り返す呼吸である。

3　正しい。ターミナル期には、口腔内が乾くので、氷片などを口に入れるとよいとされる。

4　誤り。ターミナル期であっても、発熱することがある。

5　誤り。唇などが青紫色になる状態はチアノーゼといい、ターミナル期にも見られる。アテトーゼとは、自分の意思とは関係なく手足などが動く不随意運動が繰り返される状態のこと。

### 問題38　正解　1,2,3

1　正しい。入浴時は、ヒートショックに留意する。ヒートショックとは、気温の変化によって血圧が上下し、心臓や血管の疾患が起こることである。

2　正しい。入浴は、全身を観察する機会となるので、虐待を発見する機会となる。

3　正しい。高齢者には不顕性誤嚥が見られることがある。不顕性誤嚥とは、嚥下機能の低下などにより、本人が誤嚥したことに気づかないことである。

4　誤り。熟眠障害も不眠症に含まれる。不眠症にはほかに、入眠困難、中途覚醒、早朝覚醒がある。

5　誤り。介護職はひげそりを行うことが可能である。

模擬試験1回目

模擬試験2回目

模擬試験3回目

模擬試験1回目・解答&解説

模擬試験2回目・解答&解説

模擬試験3回目・解答&解説

索引

## 問題39　正解　1,4,5

1　正しい。訪問看護は家族への<u>精神的支援</u>を行う。訪問看護の内容にはほかに、病状の<u>観察</u>と<u>情報収集</u>、療養上の世話、診療の補助、<u>リハビリテーション</u>、<u>療養指導</u>、<u>在宅での看取りの支援</u>などがある。

2　誤り。要介護者が急性増悪で特別訪問看護指示書の交付を受けた場合、14日間に限り、介護保険の訪問看護は提供<u>されず</u>、<u>医療保険</u>の訪問看護が提供される。

3　誤り。病院は、看護師を<u>適当数</u>配置する。看護師を常勤換算2.5人以上配置しなければならないのは、<u>訪問看護ステーション</u>である。

4　正しい。訪問看護は、短期入所療養介護利用中は利用することが<u>できない</u>。<u>短期入所生活介護</u>利用中や<u>施設入所</u>中も同様である。

5　正しい。<u>訪問看護</u>指示書の有効期間は最大<u>6ヵ月</u>である。一方、<u>特別訪問看護</u>指示書の有効期間は<u>14</u>日間である。

## 問題40　正解　1,4

1　正しい。訪問リハビリテーション事業者は、<u>医師の診療</u>に基づき、利用者の病状、心身の状況、希望、およびその置かれている環境を踏まえて、目標や目標達成をするための具体的なサービス内容等を記載した<u>訪問リハビリテーション</u>計画を作成しなければならない。

2　誤り。介護老人<u>保健</u>施設は、訪問リハビリテーション事業者の指定を受けることが<u>できる</u>が、みなし指定として行うことは<u>できない</u>。<u>介護医療院</u>も同様である。

3　誤り。訪問リハビリテーション事業所に看護師を配置する必要はない。訪問リハビリテーション事業所に配置しなければならないのは、<u>医師</u>や<u>理学療法士・作業療法士・言語聴覚士</u>である。

4　正しい。訪問リハビリテーションには、<u>住宅改修</u>について、本人または家族に<u>直接指導</u>を行うという役割がある。

5　誤り。訪問看護ステーションから理学療法士が訪問した場合であっても、<u>訪問リハビリテーション</u>費の算定ではなく、<u>訪問看護費</u>の算定となる。

## 問題41　正解　2,4

1　誤り。介護保険における通所リハビリテーションでは、精神科デイケアを実施することが<u>できない</u>。

2　正しい。通所リハビリテーションを行うことができるのは、<u>病院</u>、<u>診療所</u>、<u>介護老人保健施設</u>、<u>介護医療院</u>である。

3　誤り。介護保険における通所リハビリテーションでは、<u>維持期</u>リハビリテーションを行う。

4　正しい。選択肢にある通り、リハビリテーション会議で<u>テレビ電話</u>装置等を活用する場合、「利用者及びその家族」の<u>同意</u>を得なければならない。

5　誤り。通所リハビリテーションでは、送迎加算を算定することはできず、送迎を実施しなかった場合は基本報酬から<u>減算</u>されることになる。

## 問題42　正解　3,5

1　誤り。定期巡回・随時対応型訪問介護看護は、<u>社会福祉法人等による利用者負担額軽減</u>制度の対象<u>である</u>。

2　誤り。理学療法士は定期巡回・随時対応型訪問介護看護事業所のオペレーターに従事することが<u>できない</u>。オペレーターに従事することができるのは、<u>看護師</u>、<u>介護福祉士</u>、<u>医師</u>、<u>保健師</u>、<u>准看護師</u>、<u>社会福祉士</u>、<u>介護支援専門員</u>である。

3　正しい。定期巡回・随時対応型訪問介護看護事業所には、<u>常勤専従</u>の管理者を配置する。なお、管理に支障がない場合、ほかの職務と<u>兼務</u>することができる。

4　誤り。定期巡回・随時対応型訪問介護看護事業所のオペレーターは、訪問介護員等と<u>兼務</u>が可能なので、事業所に常駐する必要は<u>ない</u>。

5　正しい。定期巡回・随時対応型訪問介護看護は、<u>要介護者</u>のみが対象である。

## 問題43　正解　1,2,4

1　正しい。選択肢にある通り、看護小規模多機能型居宅介護事業所の登録定員は、<u>29人</u>以下である。なお、<u>サテライト</u>型看護小規模多機能型居宅介護の定員は、<u>18人</u>以下である。

2　正しい。看護小規模多機能型居宅介護事業所の介護支援専門員は、登録者の<u>居宅サービス</u>計画と

看護小規模多機能型居宅介護計画を作成しなければならない。

3 誤り。看護小規模多機能型居宅介護の管理者は、事業所などで3年以上認知症ケアに従事した経験があり、厚生労働大臣が定める研修修了者、または保健師、看護師であればなることが可能である。

4 正しい。看護小規模多機能型居宅介護事業所に配置される介護支援専門員には、常勤の縛りはない。ただし、厚生労働大臣が定める研修修了者である必要がある。

5 誤り。看護小規模多機能型居宅介護の宿泊室の定員は、1人である。ただし、利用者の処遇上必要と認められる場合は、2人とすることができる。

**問題44 正解 2,4,5**

1 誤り。介護老人保健施設では、定員を超えて入所させてはならないが、災害等やむを得ない場合は、その限りではない（定員を超えて受け入れてもよい）となっている。

2 正しい。介護老人保健施設では、定期的に避難、救出その他必要な訓練を行わなければならないとされている。

3 誤り。介護老人保健施設の療養室の定員は、4人以下である。

4 正しい。介護老人保健施設では、入所者の負担により、当該施設の従業者以外の者による看護および介護を受けさせてはならない、とされている。

5 正しい。介護老人保健施設では、検査や投薬を妥当適切に行うとされている。また、入所者のために往診を求め、または通院させる場合は、その医師または歯科医師に対して、診療状況に関する情報提供を行うとともに、その医師等から必要な情報提供を受けて適切な診療を行わなければならない。

**問題45 正解 1,3,4**

1 正しい。介護医療院では、身体合併症を有する認知症高齢者は、Ⅰ型療養床に入所することとなる。介護医療院にはⅠ型療養床とⅡ型療養床があるが、Ⅱ型療養床にはⅠ型療養症対象者以外の者が入所する。

2 誤り。介護医療院では、理学療法士・作業療法士・言語聴覚士を配置し、リハビリテーションを行う必要がある。

3 正しい。介護医療院の計画担当介護支援専門員は、定期的に入所者に面接しなければならないとされている。

4 正しい。選択肢にある通り、介護医療院では、緊急やむを得ない場合を除き、身体拘束を行ってはならない。

5 誤り。併設型小規模介護医療院は、入所定員が19人以下である。

直前期には、赤シートを使いながら模擬試験の解説を読み直しましょう。重要なポイントがまとまっているので、知識の整理や復習にも役立ちます

模擬試験1回目

模擬試験2回目

模擬試験3回目

模擬試験1回目・解答&解説

模擬試験2回目・解答&解説

模擬試験3回目・解答&解説

索引

## 福祉サービスの知識等

**問題46 正解 1,3,5**

1 正しい。選択肢にある通り、個人・家族に対するソーシャルワークでは、面接を主な手段として展開してくこととなる。

2 誤り。個人・家族に対するソーシャルワークでは、インテーク面接から支援が始まるが、支援を必要とする人すべてが面接にくるわけではない。

3 正しい。選択肢にある通り、集団に対するソーシャルワークにおいては、参加者が集団から自由に離脱する権利がある。

4 誤り。集団に対するソーシャルワークは、治療的集団（患者など）への支援も対象となる。

5 正しい。地域に対するソーシャルワークでは、既存の地域集団に働きかけ、そのニーズを明らかにし、地域をよくするために、適切に地域福祉計画に反映できるような参加の道も探っていくことが必要である。

**問題47 正解 1,4**

1 正しい。傾聴は、相手の話す内容と思いに積極的に耳と心を傾ける態度やありようを指す。

2 誤り。インテーク面接は1回で終わらせる必要はなく、終わらない場合には、2回3回と続けてもよい。

3 誤り。イエスノーで答えられないような質問を「開かれた質問」という。「閉じられた質問」は、イエスノーなどで答えられる質問である。

4 正しい。面接を行う際、面接場所の設定やいすの位置を決めることも重要である。対面法とは、向かいあって座る座り方、直角法は机の端などをはさんで直角に座る座り方である。

5 誤り。利用者のありのままを受け入れることは受容という。共感とは、利用者の感情を我が事のように感じることである。

**問題48 正解 1,3**

1 正しい。精神科クリニックで行われる、アルコール依存症の当事者による分かち合いの体験は、集団に対するソーシャルワークである。

2 誤り。NPO法人のスタッフと地域住民による高齢者の見守り活動は、地域に対するソーシャルワークである。

3 正しい。地域支援事業として行われる、虚弱高齢者のグループを対象とした介護予防活動への助言は、集団に対するソーシャルワークである。

4 誤り。社会福祉協議会のボランティアコーディネーターによる災害ボランティアセンターの設置準備は、地域に対するソーシャルワークである。

5 誤り。地域の問題や多様な地域資源について評価するための地域アセスメントは、地域に対するソーシャルワークである。

**問題49 正解 2,4,5**

1 誤り。社会福祉協議会による、介護に悩む家族を対象とした交流活動は、集団に対するソーシャルワークである。

2 正しい。地域包括支援センターによる地域住民のための認知症サポーター養成講座は、地域に対するソーシャルワークである。

3 誤り。難病患者の家族の会による会員向けの介護体験報告会は、集団に対するソーシャルワークである。

4 正しい。震災被災者に対する支援のためのボランティアの組織化は、地域に対するソーシャルワークである。

5 正しい。自治体と大学の協力による認知症カフェの設置・運営は、地域に対するソーシャルワークである。

**問題50 正解 1,3,4**

1 正しい。選択肢にある通り、利用者がベッド上に不在である場合のベッドでのシーツ交換は、生

活援助として算定される。
2　誤り。訪問介護員による薬の受けとりは、生活援助として算定される。利用者とともに外出し、薬を受けとった場合は、身体介護として算定される。
3　正しい。利用者と一緒に手助けや声かけを行う調理は、自立生活支援のための見守り的援助として、身体介護として算定される。
4　正しい。ストーマのパウチの交換は、医行為でないものとして身体介護として算定される。
5　誤り。花木の水やりは「日常生活の援助」に該当しない行為として生活援助として算定されない。

**問題51　正解　3,5**
1　誤り。短期入所生活介護では、定員が40人を超えない場合、他施設の栄養士との連携があれば、栄養士を配置しなくてもよい。
2　誤り。短期入所生活介護の単独型では、定員20人以上という設定があるが、空床利用型では定員が設定されていない。
3　正しい。短期入所生活介護計画は、おおむね4日以上利用する利用者に作成する必要があるため、すべての利用者に作成する必要はない。
4　誤り。短期入所生活介護の利用目的には、利用者の心身の状況や本人の疾病、冠婚葬祭、出張等、利用者の家族の身体的および精神的な負担の軽減などがあり、社会的理由に限られない。
5　正しい。選択肢にある通り、短期入所生活介護の居室の定員は、4人以下である。

**問題52　正解　3,5**
1　誤り。スライディングボードは、特殊寝台付属品として、福祉用具貸与の対象である。
2　誤り。体位変換器は、利用者の身体の下に挿入して、体位の変換を容易にする機能のある用具である。クッションなど体位の保持のみを目的とするものは、給付対象とならない。
3　正しい。移動用リフトのつり具の部分は、特定福祉用具販売の対象である。なお、本体は福祉用具貸与の対象となる。
4　誤り。簡易浴槽は、空気式のものも給付対象となる。
5　正しい。工事を伴わない手すりは、福祉用具貸与として給付される。手すりの取り付けに工事を伴うものは、住宅改修として給付される。

**問題53　正解　1,4,5**
1　正しい。住宅改修において、「便器の取り替えに伴う給排水設備工事」は、住宅改修の付帯工事として対象となる。
2　誤り。住宅改修では、引き戸等への扉の取り替えの中に、「ドアノブの変更」も含まれているため、対象となる。
3　誤り。住宅改修は、事業者指定制ではない。
4　正しい。住宅改修の保険給付となる「手すり」は、廊下、トイレ、浴室、玄関、玄関から道路までの通路などに設置されるものが対象となる。
5　正しい。要介護状態区分が3段階以上重度化した場合や、転居した場合は、再度、住宅改修費の支給を受けることができる。

**問題54　正解　1,3**
1　正しい。小規模多機能型居宅介護では、運営推進会議をおおむね2ヵ月に1回以上開催しなければならない。
2　誤り。認知症対応型通所介護では、運営推進会議をおおむね6ヵ月に1回以上開催しなければならない。
3　正しい。認知症対応型共同生活介護では、運営推進会議をおおむね2ヵ月に1回以上開催しなければならない。
4　誤り。療養通所介護では、運営推進会議をおおむね12ヵ月に1回以上開催しなければならない。
5　誤り。地域密着型通所介護では、運営推進会議をおおむね6ヵ月に1回以上開催しなければならない。

模擬試験1回目

模擬試験2回目

模擬試験3回目

模擬試験1回目・解答&解説

模擬試験2回目・解答&解説

模擬試験3回目・解答&解説

索引

1　正しい。選択肢にある通り、夜間対応型訪問介護では、利用者に対する<u>面接</u>を<u>1ヵ月</u>ないし<u>3ヵ月</u>に<u>1回程度</u>の居宅訪問により行わなければならない。
2　誤り。療養通所介護のおむつ代は、保険給付の<u>対象外</u>である。おむつ代が保険給付の対象となるのは、<u>介護保険施設</u>、<u>地域密着型介護老人福祉施設入所者生活介護</u>、<u>短期入所生活介護</u>、<u>短期入所療養介護</u>である。
3　誤り。<u>地域密着型介護老人福祉施設入所者生活介護</u>は、支給限度基準額が設定されていない。
4　正しい。認知症対応型共同生活介護の居室の定員は、原則<u>1人</u>である。ただし、利用者の処遇上必要である場合は<u>2人</u>とすることができる。
5　誤り。介護予防認知症対応型通所介護は、<u>要支援1</u>・<u>要支援2</u>の者が利用することができる。

1　正しい。介護老人<u>福祉</u>施設には、<u>機能訓練</u>指導員を配置しなければならない。介護老人福祉施設に配置しなければならないそのほかの人員は、<u>管理者</u>、<u>医師</u>、<u>生活相談員</u>、<u>看護職員</u>または<u>介護職員</u>、<u>栄養士</u>または<u>管理栄養士</u>、<u>介護支援専門員</u>である。
2　正しい。選択肢にある通り、介護老人福祉施設では、<u>感染対策委員会</u>をおおむね<u>3ヵ月</u>に<u>1回</u>開催しなければならない。
3　誤り。介護老人福祉施設において、あらかじめ定めておかなければならないのは<u>協力</u>病院で、<u>協力歯科</u>医療機関の場合は「<u>定めるよう努めなければならない</u>」である。
4　正しい。ユニット型介護老人福祉施設の1ユニットの定員は、原則おおむね<u>10人以下</u>とし、<u>15人</u>を超えないものとされている。
5　誤り。介護老人福祉施設における入所者の記録は、「<u>入所日</u>」からではなく、<u>完結の日から2年間</u>保存しなければならない。

1　誤り。生活困窮者<u>家計改善</u>支援事業は、生活困窮者自立支援制度では<u>任意</u>事業となっている。失業や債務問題などを抱える生活困窮者に対して、<u>家計表</u>等を活用して、<u>家計収支</u>等に関する課題の評価・分析を行い、相談者の状況に応じた<u>支援プラン</u>を作成するものである。
2　誤り。生活困窮者<u>一時生活支援</u>事業は、生活困窮者自立支援制度では<u>任意</u>事業となっている。<u>住居</u>のない生活困窮者であって、<u>所得</u>が一定水準以下の者に対して、<u>一定期間内</u>に限り、宿泊場所の供与や<u>衣食</u>の供与等を実施するものである。
3　正しい。生活困窮者<u>自立相談</u>支援事業は、生活困窮者自立支援制度の<u>必須</u>事業である。生活保護に至る<u>前</u>の段階の<u>自立支援</u>を強化するため、生活困窮者から<u>相談</u>を受けて支援を行うものである。
4　誤り。生活困窮者<u>就労準備</u>支援事業は、生活困窮者自立支援制度では<u>任意</u>事業となっている。ただちに一般就労への移行が困難な生活困窮者に対して、一般就労に必要な<u>基礎能力</u>の形成を、<u>計画的</u>かつ<u>一貫</u>して行うものである。
5　正しい。生活困窮者<u>住居確保給付金</u>の支給は、生活困窮者自立支援制度の<u>必須</u>事業である。離職等により経済的に困窮し、<u>住居</u>を失った、あるいはそのおそれのある者に対し、安定した<u>住居</u>の確保と<u>就労</u>自立を図るものである。

1　誤り。介護保険における住宅改修費は、<u>介護</u>扶助として給付される。
2　誤り。介護保険料は、<u>生活</u>扶助として給付される。
3　正しい。選択肢にある通り、介護扶助は、原則<u>現物</u>給付である。
4　正しい。選択肢にある通り、医療扶助は、原則<u>現物</u>給付である。
5　誤り。生活保護受給者が通所介護を利用する際の食費については、介護扶助からは給付され<u>ない</u>。食費の<u>全額</u>を<u>生活保護受給者</u>が支払う（なお、生活保護受給者には、食費を含む生活費として<u>生活</u>扶助が給付されている）。一方、介護保険施設に入所した場合の食費は<u>介護</u>扶助で賄われる。

**問題 59　正解　1,2,5**

1　正しい。虐待の通報は市町村に対して行うが、虐待を発見したものだけでなく、被虐待者本人が市町村に届け出ることも可能である。

2　正しい。高齢者の生命または身体に重大な危険が生じている場合は、速やかに「市町村へ通報しなければならない」。また、それ以外の場合は、速やかに「市町村に通報するよう努めなければならない」。この２つの文言の違いには注意しよう。

3　誤り。養介護施設で虐待を発見した場合の通報先は、市町村である。虐待の通報先は、いかなる場合であっても市町村となることを覚えておこう。

4　誤り。虐待のおそれがある家庭等に立入調査を行うことができるのは市町村長である。市町村長は、立入調査等の場合に、職務の執行に際して必要があると認めるときは、所在地を管轄する警察署長に対し援助を求めることができる。

5　正しい。高齢者虐待防止法における養護者とは、「高齢者を現に養護する者であって養介護施設従事者等以外の者」を指し、別居の者も含む。

**問題 60　正解　1,2,3**

1　正しい。成年後見制度では、身上監護と財産管理を行う。身上監護とは、介護契約や施設入所契約、病院入院手続きなどの行為を本人に代わって行うことである。一方、財産管理とは、本人に代わって財産を管理し、それを本人のために使用していくことである。

2　正しい。選択肢にある通り、法定後見制度の申立先は、家庭裁判所である。法定後見制度とは、対象者の判断能力が不十分になった場合に、本人または四親等内の親族が家庭裁判所に申立をする制度である。

3　正しい。成年後見人は、本人の財産に関する法律行為を本人に代わって行うことができるが、居住用不動産の処分については、家庭裁判所の許可が必要である。

4　誤り。任意後見制度では、公正証書で契約をし、その後、公証人が法務局へ後見登記の申請を行うことが必要である。

5　誤り。司法書士、弁護士、社会福祉士などの第三者後見人（専門職後見人）は、年々増加傾向にある。

> ２回目の模擬試験、お疲れさまでした。解答を見て自己採点し、間違えた問題などは解説を読み返して復習しておきましょう

模擬試験1回目

模擬試験2回目

模擬試験3回目

模擬試験1回目・解答&解説

模擬試験2回目・解答&解説

模擬試験3回目・解答&解説

索引

# 模擬試験 3 回目・解答&解説

## 介護支援分野

| 問 1 | 問 2 | 問 3 | 問 4 | 問 5 | 問 6 | 問 7 | 問 8 | 問 9 | 問 10 |
|---|---|---|---|---|---|---|---|---|---|
| 2, 4 | 1, 2, 4 | 1, 2, 4 | 1, 2, 5 | 1, 3, 4 | 1, 3 | 2, 4, 5 | 3, 4 | 1, 2, 4 | 1, 2, 5 |

| 問 11 | 問 12 | 問 13 | 問 14 | 問 15 | 問 16 | 問 17 | 問 18 | 問 19 | 問 20 |
|---|---|---|---|---|---|---|---|---|---|
| 1, 5 | 1, 4, 5 | 1, 5 | 1, 4, 5 | 2, 4, 5 | 1, 2, 4 | 2, 3, 4 | 1, 2 | 1, 2, 4 | 1, 3, 4 |

| 問 21 | 問 22 | 問 23 | 問 24 | 問 25 |
|---|---|---|---|---|
| 1, 2, 4 | 1, 3, 5 | 2, 3, 5 | 2, 3, 5 | 2, 3, 5 |

## 保健医療サービスの知識等

| 問 26 | 問 27 | 問 28 | 問 29 | 問 30 | 問 31 | 問 32 | 問 33 | 問 34 | 問 35 |
|---|---|---|---|---|---|---|---|---|---|
| 2, 3, 5 | 1, 4, 5 | 3, 5 | 1, 3, 5 | 1, 4 | 2, 3 | 2, 4, 5 | 1, 2, 4 | 1, 3, 5 | 1, 2, 5 |

| 問 36 | 問 37 | 問 38 | 問 39 | 問 40 | 問 41 | 問 42 | 問 43 | 問 44 | 問 45 |
|---|---|---|---|---|---|---|---|---|---|
| 2, 4, 5 | 1, 3, 4 | 4, 5 | 1, 2, 5 | 1, 3, 5 | 3, 4, 5 | 1, 3, 4 | 1, 2, 5 | 3, 5 | 2, 4, 5 |

## 福祉サービスの知識等

| 問 46 | 問 47 | 問 48 | 問 49 | 問 50 | 問 51 | 問 52 | 問 53 | 問 54 | 問 55 |
|---|---|---|---|---|---|---|---|---|---|
| 1, 3, 4 | 1, 2, 4 | 2, 3, 5 | 3, 4 | 1, 2, 3 | 2, 4 | 2, 4, 5 | 1, 4 | 3, 4, 5 | 1, 5 |

| 問 56 | 問 57 | 問 58 | 問 59 | 問 60 |
|---|---|---|---|---|
| 2, 3, 5 | 1, 4, 5 | 3, 4 | 2, 4, 5 | 3, 4, 5 |

## 介護支援分野

**問題1** 正解 2,4

1 誤り。介護予防支援は、市町村長が指定するものである。
2 正しい。介護予防訪問看護は、都道府県知事が指定するものである。
3 誤り。療養通所介護は、市町村長が指定するものである。
4 正しい。介護老人福祉施設は、都道府県知事が指定するものである。
5 誤り。介護予防認知症対応型共同生活介護は、市町村長が指定するものである。

**問題2** 正解 1,2,4

1 正しい。市町村は、介護保険の収入および支出について介護保険特別会計を設ける。介護保険給付に関する支出はこの特別会計から行われる。
2 正しい。市町村は市町村特別給付を実施する。なお、財源は原則として第1号被保険者の保険料のみで賄われる。
3 誤り。居宅サービス事業者の指定を行うのは都道府県知事である。また都道府県知事は介護予防サービス事業や介護保険施設なども指定（開設許可）する。
4 正しい。市町村は、市町村介護保険事業計画作成のために、都道府県より技術的助言を受けることができる。市町村介護保険事業計画を変更する際なども都道府県知事に届け出る必要がある。
5 誤り。財政安定化基金が設置されるのは、都道府県である。

**問題3** 正解 1,2,4

1 正しい。居宅介護支援は、市町村長が指定する事業者が提供するサービスである。
2 正しい。定期巡回・随時対応型訪問介護看護は、市町村長が指定する事業者が提供するサービスである。
3 誤り。通所介護は、都道府県知事が指定する事業者が提供するサービスである。
4 正しい。看護小規模多機能型居宅介護は、市町村長が指定する事業者が提供するサービスである。
5 誤り。訪問入浴介護は、都道府県知事が指定する事業者が提供するサービスである。

**問題4** 正解 1,2,5

1 正しい。保険給付、地域支援事業に対する財政負担は、都道府県が行う事務である。財政負担については、国や市町村も行うこととなっている。
2 正しい。介護サービス情報の公表および必要と認める場合の調査は、都道府県が行う事務である。これは、すべての事業者・施設の情報についても同様である。
3 誤り。区分支給限度基準額の設定は、国が行う事務である。なお、区分支給限度基準額の上乗せを行う場合は、市町村が条例で定めなければならない。
4 誤り。種類支給限度基準額の設定は、市町村長が行う事務である。
5 正しい。指定市町村事務受託法人の指定は、都道府県が行う事務である。

**問題5** 正解 1,3,4

1 正しい。第2号被保険者の保険料は、社会保険診療報酬支払基金が医療保険者から介護給付費・地域支援事業支援納付金として徴収し、各市町村に一律に交付される。第1号被保険者の保険料は、市町村が特別徴収または普通徴収という形で徴収する。
2 誤り。第2号被保険者は、市町村の区域内に住所を有する40歳以上65歳未満の者で、医療保険加入者である。
3 正しい。第1号被保険者は、氏名の変更があった場合、その日から14日以内に介護保険の保険者へ届出を行わなければならない。なお、第2号被保険者については、届出は不要とされている。
4 正しい。住所地特例被保険者は、保険者に対し、住所地特例施設を変更する場合は、住所地特例変更届を提出しなければならない。住所地特例適用届や住所地特例終了届も同様である。
5 誤り。保険者は、被保険者資格を有することとなった第1号被保険者に対し、その適用される日が到達するまでに、介護保険被保険者証を交付しなければならない。

模擬試験1回目

模擬試験2回目

模擬試験3回目

模擬試験1回目・解答&解説

模擬試験2回目・解答&解説

模擬試験3回目・解答&解説

索引

**問題6　正解　1,3**
1　正しい。指定市町村事務受託法人は、新規・区分変更・更新認定の調査ができる。
2　誤り。訪問介護事業者は、認定調査を実施することができない。
3　正しい。市町村職員は、新規・区分変更・更新認定の調査ができる。
4　誤り。介護保険施設は、更新認定の調査はできるが、新規認定の調査はできない。
5　誤り。地域密着型特定施設入居者生活介護は、認定調査を実施することができない。

**問題7　正解　2,4,5**
1　誤り。保険者である市町村は、サービスの種類の指定を行うことができる。介護支援専門員は、その意見に基づき、居宅サービス計画を作成する必要がある。
2　正しい。変形性関節症は、介護保険における特定疾病である。
3　誤り。主治医意見書は要介護認定申請があった際に、市町村が主治医に記入を求めるものである。
4　正しい。脊柱管狭窄症は、介護保険における特定疾病である。
5　正しい。介護認定審査会の委員の任期は2年であるが、市町村が条例に定める場合にあっては、2年を超え3年以下の期間にすることができる。

**問題8　正解　3,4**
1　誤り。戦傷病者特別援護法における療養給付は、介護保険給付に優先する。
2　誤り。老人福祉法に基づく市町村の措置による特別養護老人ホームへの入所は、介護保険給付に優先する。
3　正しい。感染症の予防及び感染症の患者に対する医療に関する法律は、介護保険給付が優先する。
4　正しい。生活保護法の介護扶助は、介護保険給付が優先する。
5　誤り。船員保険法における療養給付は、介護保険給付に優先する。

**問題9　正解　1,2,4**
1　正しい。「生活機能」に関連する項目は、要介護認定における認定調査票の認定調査項目に含まれている。
2　正しい。「認知機能」に関連する項目は、要介護認定における認定調査票の認定調査項目に含まれている。
3　誤り。「サービス利用の有無」に関連する項目は、要介護認定における認定調査票の認定調査項目に含まれていない。
4　正しい。「社会生活の適応」に関連する項目は、要介護認定における認定調査票の認定調査項目に含まれている。
5　誤り。「家族関係」に関連する項目は、要介護認定における認定調査票の認定調査項目に含まれていない。

**問題10　正解　1,2,5**
1　正しい。「傷病」に関する意見は、要介護認定における主治医意見書の項目に含まれている。
2　正しい。「特別な医療」に関する意見は、要介護認定における主治医意見書の項目に含まれている。
3　誤り。「起居動作」に関する意見は、要介護認定における主治医意見書の項目に含まれていない。
4　誤り。「前回認定結果」に関する意見は、要介護認定における主治医意見書の項目に含まれていない。
5　正しい。「認知症の中核症状」に関する意見は、要介護認定における主治医意見書の項目に含まれている。

**問題11　正解　1,5**
1　正しい。特例施設介護サービス費は、市町村が必要と認めた場合、費用の9割、8割または7割相当額を基準に市町村が定める額を償還払いで支給するものである。償還払いとは、いったん被保険者が全額を立て替え、所定の手続きのあと保険給付分が返金（償還）される保険給付の方法である。
2　誤り。「福祉用具購入費」は、高額介護サービス費の対象とならない。
3　誤り。地域密着型介護老人福祉施設入所者生活介護は、特定入所者介護サービス費の対象である。
4　誤り。居宅介護サービス計画費については、自己負担額が0円であるため、費用の10割が現物

給付される。
5　正しい。介護保険施設サービスとは、都道府県知事の許可を受けた介護老人保健施設により行われるサービスである。また、介護医療院も都道府県知事が許可をする介護保険施設である。

**問題12　正解　1,4,5**
1　正しい。「特定施設入居者生活介護」は、支給限度基準額が設定されないサービスである。
2　誤り。利用期間を定めて行う「認知症対応型共同生活介護」は、支給限度基準額が設定されるサービスである。
3　誤り。「夜間対応型訪問介護」は、支給限度基準額が設定されるサービスである。
4　正しい。「介護予防支援」は、支給限度基準額が設定されないサービスである。
5　正しい。「地域密着型介護老人福祉施設入所者生活介護」は、支給限度基準額が設定されないサービスである。

**問題13　正解　1,5**
1　正しい。災害などの特別な理由により被保険者の負担能力が一時的に減退した場合、市町村は、定率の利用負担を減額または免除することができる。
2　誤り。現在も「高額介護予防サービス費」は給付されている。
3　誤り。地域密着型特定施設入居者生活介護は、高額介護サービス費の対象である。
4　誤り。特定入所者介護サービス費と社会福祉法人等による利用者負担額軽減制度は、併用することが可能である。
5　正しい。特定入所者介護サービス費は、利用者の現金、預貯金等が一定額を超えている場合、低所得者であったとしても、特定入所者介護サービス費の対象外となる。要支援者も同様である。

**問題14　正解　1,4,5**
1　正しい。医療法に基づく病院・診療所が訪問看護を行う場合、法人格がなくても指定されることとなる。病院・診療所はほかに、居宅療養管理指導、訪問リハビリテーション、通所リハビリテーション、短期入所療養介護についても、法人格がなくても指定される。
2　誤り。共生型居宅サービスの指定は、都道府県知事が行う。
3　誤り。介護老人保健施設は、訪問リハビリテーションを実施しようとする場合、指定申請を行い、都道府県知事から指定を受けなければならない。一方、通所リハビリテーションは「みなし指定」として実施できる。
4　正しい。指定の更新の要件は、新規指定の場合と同じである。事業者・施設の指定は6年ごととなっている。
5　正しい。市町村長は、居宅介護サービス費の支給に関して必要があると認めた場合、事業者やその従業者等に対して、報告、帳簿書類の提出または提示、出頭を求めたり、事業所に立ち入って設備や帳簿書類等の検査をさせたりすることができる。

それぞれの問題を自信を持って解くことができましたか？　あいまいな部分などは解説を読むなどして、本試験までに確実に理解しておきましょう

模擬試験1回目

模擬試験2回目

模擬試験3回目

模擬試験1回目・解答&解説

模擬試験2回目・解答&解説

模擬試験3回目・解答&解説

索引

**問題15　正解　2,4,5**

1　誤り。指定介護予防支援事業者とは、介護予防支援事業を行う者として、<u>市町村長</u>に申請を行い、その指定を受けた者をいう。

2　正しい。指定介護予防支援事業者は、<u>地域包括支援センター</u>の設置者の申請により、個々の事業所ごとに指定が行われる。

3　誤り。指定介護予防支援事業者について、指定の更新は、<u>6年</u>ごとになっている。その他の事業者・施設についても<u>6年</u>ごとの更新が必要である。

4　正しい。指定介護予防支援事業者は、指定介護予防支援の一部を、<u>厚生労働省令</u>で定める者に委託することができる。なお、「厚生労働省令で定める者」とは、<u>指定居宅介護支援事業者</u>である。

5　正しい。指定介護予防支援事業者においては、原則として、<u>サービス担当者会議</u>を開催しなければならない。モニタリングについては、利用者宅の訪問が<u>3ヵ月</u>に1回、結果の記録は<u>1ヵ月</u>に1回と定められている。

**問題16　正解　1,2,4**

1　正しい。選択肢にある通り、指定地域密着型サービス事業者の指定をしようとする場合、市町村はあらかじめその旨を<u>都道府県知事</u>に届け出なければならない、と定められている。

2　正しい。指定地域密着型サービス事業者は、<u>公募</u>により指定を行える。介護保険の公募指定とは、介護保険サービスを提供する事業者を<u>選定する手続き</u>のことで、自治体や都道府県が<u>公募</u>によって選定することで、適切かつ質の高い介護サービスを提供することが目的とされている。

3　誤り。指定地域密着型サービスの事業所に対して、事業者による業務管理体制の整備に関して必要があると認めるときは、事業者等に報告等を求めることができるのは、<u>市町村長</u>である。

4　正しい。選択肢にある通り、認知症対応型共同生活介護の指定申請があった場合、利用定員の総数が市町村介護保険事業計画に定める必要利用定員にすでに達しているとき、<u>市町村長</u>は指定を<u>しない</u>ことができる。

5　誤り。指定を行うにあたり付された条件に違反したとき、その指定地域密着型サービス事業者の指定を取り消したり、期間を定めてその指定の全部または一部の効力を停止したりすることができるのは、<u>市町村長</u>である。

**問題17　正解　2,3,4**

1　誤り。介護保険負担割合証が交付されるのは、すべての<u>要介護者・要支援者</u>であり、「すべての第1号被保険者に」ではない。

2　正しい。介護保険事業にかかる事務費は、その全額が、各市町村の<u>一般財源</u>で賄われる。その他の保険給付費などは市町村の<u>介護保険特別会計</u>で賄われる。

3　正しい。<u>市町村</u>は、負担能力が低下したことが認められるなど特別の理由があるものについては、条例により保険料の<u>減免</u>や<u>徴収猶予</u>を行うことができる。

4　正しい。事業者・施設が行う介護報酬の請求は、通常サービス提供月の<u>翌月10日</u>までに行う。請求先は本来保険者である市町村であるが、介護保険の場合、すべての審査・支払いが<u>国民健康保険団体連合会</u>に委託されているため、<u>国民健康保険団体連合会</u>に請求することとなる。

5　誤り。第2号被保険者である健康保険の被保険者に対しての介護保険料には、事業主負担が<u>ある</u>。

**問題18　正解　1,2**

1　正しい。「介護予防・日常生活支援総合事業」にかかる費用については、第<u>2号</u>被保険者の保険料が含まれる。なお、同じ地域支援事業にある包括的支援事業・任意事業については、第2号被保険者の保険料は含まれ<u>ない</u>。

2　正しい。「包括的支援事業」は、<u>第2号被保険者</u>であっても利用できるものがある。

3　誤り。「家族介護支援事業」は、<u>任意</u>事業に含まれている。

4　誤り。第1号介護予防支援事業は、<u>介護予防・日常生活支援総合事業と包括的支援</u>事業の2つで行われる。

5　誤り。「介護予防<u>把握</u>事業」は、<u>一般介護予防</u>事業である。一般介護予防事業にはほかに、介護予防<u>普及啓発</u>事業、地域介護予防<u>活動支援</u>事業、一般介護予防事業<u>評価</u>事業、地域<u>リハビリテーション活動支援</u>事業がある。

## 問題 19　正解　1,2,4

1　正しい。地域リハビリテーション活動支援事業は、介護予防・日常生活支援総合事業に含まれる。
2　正しい。介護予防普及啓発事業は、介護予防・日常生活支援総合事業に含まれる。
3　誤り。生活支援体制整備事業は、包括的支援事業に含まれる。
4　正しい。一般介護予防事業評価事業は、介護予防・日常生活支援総合事業に含まれる。
5　誤り。認知症総合支援事業は、包括的支援事業に含まれる。

## 問題 20　正解　1,3,4

1　正しい。地域包括支援センターは、地域住民の心身の健康保持や生活安定のために必要な援助を行うことにより、その保健医療の向上と福祉の増進を包括的に支援することを目的とする施設である。地域包括支援センターには、市町村直轄の直営型と、社会福祉法人等に委託する委託型がある。
2　誤り。介護予防支援の一部を居宅介護支援事業者に委託するためには、地域包括支援センター運営協議会の議を経なければならない。
3　正しい。地域包括支援センターには、保健師・社会福祉士・主任介護支援専門員の３職種を原則配置しなければならない。
4　正しい。地域包括支援センターの職員には守秘義務が課される。
5　誤り。地域包括支援センターは、都道府県ではなく、市町村の条例で定める基準を遵守しなければならない。

## 問題 21　正解　1,2,4

1　正しい。選択肢にある通り、介護保険の保険給付を受ける権利は、2年を経過したときは、時効によって消滅する。
2　正しい。介護保険法の規定による徴収金を徴収する権利は、2年を経過したとき、時効によって消滅する。
3　誤り。市町村が介護報酬を過払いした場合の返還請求権は、5年を経過したときは、時効によって消滅する。
4　正しい。事業者の不正請求によって、市町村が介護報酬を過払いした場合の返還請求権は、2年を経過したときは、時効によって消滅する。同じ返還請求権であっても、過払いと不正請求で時効が異なるため注意が必要である。
5　誤り。保険料の督促による時効の中断は、効力を有する。

## 問題 22　正解　1,3,5

1　正しい。指定居宅介護支援事業所の管理者は常勤でなければならない。なお、管理に支障がない場合については、他の職務に従事することができる。
2　誤り。指定居宅介護支援事業者では、サービス提供の拒否について、「要介護度が重度である」という理由は、正当な理由として認められない。
3　正しい。償還払いにより利用料の支払いを受けた場合、当該利用料の額等を記載した指定居宅介護支援提供証明書を利用者に対して交付しなければならない。
4　誤り。指定居宅介護支援事業所の管理者は、従業者である介護支援専門員にのみ、居宅サービス計画の作成に関する業務を担当させる。
5　正しい。指定居宅介護支援事業者は、居宅サービス計画に訪問介護が位置づけられている場合、訪問介護計画の提出を求めるものとする。法的に位置づけられたそのほかの個別サービス計画も同様である。

## 問題 23　正解　2,3,5

1　誤り。指定介護予防支援事業については、定率負担は発生しない。そのため、介護保険負担割合証の確認は不要である。
2　正しい。指定介護予防支援事業所ごとに、管理者を置かなければならない。なお、指定介護予防支援事業者の管理者は特段の資格は不要である。
3　正しい。指定介護予防支援事業者は、医療サービスとの連携に十分配慮して行わなければならな

模擬試験1回目

模擬試験2回目

模擬試験3回目

模擬試験1回目・解答&解説

模擬試験2回目・解答&解説

模擬試験3回目・解答&解説

索引

い。たとえば、主治医の指示書の有無などは、必ず確認することとされている。
4　誤り。指定介護予防支援事業者は、介護予防サービス計画の作成にあたり、当該地域の住民による自発的な活動によるサービスを位置づけるようにする。ボランティア活動などがこれにあたる。
5　正しい。指定介護予防支援事業者は、指定介護予防サービス事業者に対して、サービスの提供状況や利用者の状態等に関する報告を、少なくとも1ヵ月に1回、聴取する必要がある。これはモニタリングの一環であり、担当職員はその結果を1ヵ月に1回、記録しなければならない。訪問は少なくとも3ヵ月に1回となっている。

## 問題24　正解　2,3,5
1　誤り。この段階での希望は妻からであり、本人からの希望がなく、かつ本人との面接もしていない段階での契約は、時期が早い。
2　正しい。症状が出ているだけであるため、認知症と決めつけることはできない。認知症の診断を受けることができる専門病院を紹介することは適切である。
3　正しい。この段階において、今後のことを踏まえて介護保険制度の説明を行い、利用できるサービスについて説明するという対応は、適切である。
4　誤り。認知症と診断されていないため、介護予防認知症対応型通所介護の利用手続きを行うことはできない。
5　正しい。今後については、妻が一人で抱え込むことのないよう、妻の介護負担軽減も考えていくように助言する、というのは適切である。

## 問題25　正解　2,3,5
1　誤り。賃貸住宅でも家主等の許可があれば住宅改修は可能である。
2　正しい。息子夫婦にもできる限りの範囲で援助をしてもらうようにお願いすることは、インフォーマルサポートの活用として適切である。
3　正しい。入浴ができていない現状を踏まえ、入浴をサービス内容に含めた通所介護の利用を提案することは適切である。
4　誤り。日中一人暮らしであるというだけで、介護老人福祉施設への入所を勧めることは適切でない。
5　正しい。入浴介助を含めた訪問介護の利用を提案することは適切である。

## 保健医療サービスの知識等

## 問題26　正解　2,3,5
1　誤り。手術で入院し、入院中に歩行困難になることもある。
2　正しい。サルコペニアは、筋力や筋肉量が減少する状態のことである。全身状態を示すフレイルと間違いやすいので注意が必要である、
3　正しい。肺胞壁の弾力性は衰え、胸郭の動きも柔軟性を失う。それによって一般的に持久力なども低下するといわれている。
4　誤り。加齢に伴い、カルシウム、コラーゲン量だけでなく、リンは減少する。これらの減少は、身体の働きが低下する要因ともなる。
5　正しい。関節では、軟骨が次第に硬くなっていく。それによって変形性関節症などを引き起こすこともある。

## 問題27　正解　1,4,5
1　正しい。高齢者は、症状が非定型的（それぞれの疾患の典型的な症状の出方をしないこと）となるため、初期症状が見逃されてしまうことがある。
2　誤り。高齢者では、個人差が大きく生じる。
3　誤り。高齢者では、慢性疾患が多く生じる。また急性疾患であっても、治りにくいという特徴もある。
4　正しい。高齢者は、薬剤に対する反応が特徴的である。一般的に副作用の出現が高まるといわれている。
5　正しい。高齢者は、多くの疾患をあわせ持つことが多い。それによって多くの薬を服用している「多剤併用（ポリファーマシー）」の状態になっているケースも多い。

## 問題28　正解　3,5

1　誤り。糖尿病は多くの合併症を引き起こすとされているが、三大合併症といわれると、網膜症・腎症・神経障害を指す。これは介護保険の特定疾病としても定められている。
2　誤り。LDLコレステロールが高値を示すと、脂質異常症となる。LDLコレステロールはいわゆる「悪玉コレステロール」のことであり、「善玉コレステロール」をHDLコレステロールという。
3　正しい。筋萎縮性側索硬化症（ALS）では、病勢の進行を遅らせることができる薬剤が存在する。しかし、治癒する薬剤は残念ながらまだ存在しない。
4　誤り。心筋梗塞と喫煙習慣は大きく関係するといわれる。
5　正しい。胃潰瘍や十二指腸潰瘍などの上部消化管出血では、タールのような黒色便が出ることがある。下部消化管出血（大腸がんなど）では、鮮血が下血として現れる。

## 問題29　正解　1,3,5

1　正しい。選択肢にある通り、ノルウェー（角化型）疥癬では、疥癬トンネルと呼ばれる発疹ができる。
2　誤り。皮脂欠乏症では、皮脂を取り過ぎないようナイロンタオルは使わないようにする。
3　正しい。薬疹は、投与された薬に対するアレルギー反応であり、通常は服薬から1〜2週間で出現することが多いといわれている。
4　誤り。脂漏性湿疹は、皮脂が過剰分泌され、炎症を起こす疾患である。
5　正しい。選択肢にある通り、帯状疱疹では、水疱が身体の左右のどちらか帯状に出現する疾患である。帯状疱疹の原因は水痘（水ぼうそう）ウイルスといわれる。

## 問題30　正解　1,4

1　正しい。褥瘡の初期症状では発赤が見られる。褥瘡については、骨が出ている部分（具体的には、大転子部、仙骨部など）によく出現する。
2　誤り。摂食・嚥下のプロセスにおける準備期でも、誤嚥が見られる。
3　誤り。褥瘡は大転子部に出現することがある。
4　正しい。眠りが浅く、すっきりと目覚めることができない状態を熟眠障害といい、不眠症の1つといわれる。高齢者に多い不眠症にはほかに、入眠困難、中途覚醒、早朝覚醒がある。
5　誤り。口腔ケアを行う際、義歯を外して行う。その際、義歯は乾燥しないように保管する必要がある。

## 問題31　正解　2,3

1　誤り。腹圧性尿失禁は、女性に多く、高齢者のみで引き起こされるものではない。
2　正しい。便秘の際には、医師からの処方により緩下剤が使用されることがあるため、情報の共有を適切に行う必要がある。また、高齢者の場合は水分の補給などにも注意する必要がある。
3　正しい。排泄介助やおむつ交換などで、家族介護者へ負担がかかっていることも考慮し、家族への配慮と支援にも留意しなければならない。レスパイトケア（家族の介護負担軽減のための支援）も重要なポイントである。
4　誤り。高齢者が下痢になった場合、脱水になる可能性が高くなるため、水分を摂取しなければならない。
5　誤り。認知症高齢者であっても、尿意・便意の有無を見極める必要があり、速やかなおむつへの移行は適切ではない。

## 問題32　正解　2,4,5

1　誤り。入浴の目的は、身体の清潔（生理的な意義）のほかに、心理的な意義や社会的な意義もある。
2　正しい。入浴の介護では、全身を観察できる機会となる。あざの有無等が確認できるため、虐待を発見する機会にもなる。
3　誤り。大浴場であっても、プライバシーに配慮する必要がある。
4　正しい。入浴では、手浴・足浴によって血液循環の活性化を図ることができる。また、シャワー浴などでも血液循環の活性化は望めるが、湯冷めしないように注意する必要がある。
5　正しい。入浴の介護を行う際、福祉用具の導入を検討することも重要である。なお、入浴に関連する福祉用具は、特定福祉用具販売として保険給付される。

**問題33　正解　1,2,4**

1　正しい。口腔ケアは、オーラルフレイルの予防につながる。オーラルフレイルとは、口腔機能の低下により、栄養不良や誤嚥、口腔疾患などのリスクが高まる状態を指す。
2　正しい。選択肢にある通り、歯の喪失により、運動能力の低下を引き起こすことがある。歯の喪失はほかに、嚥下障害や栄養不良のリスクなどを引き起こすといわれている。
3　誤り。食物を嚥下したときには嚥下反射により、気管口を閉塞し、誤嚥を防ぐ。
4　正しい。つねに上下の歯を対合させて咬合（噛み合わせ）を保つことによって、咀嚼ができる状態となる。この状態を保つことは咀嚼・嚥下プロセスをスムーズに進めていくために重要である。
5　誤り。食塊が咽頭から食道に送り込まれるには、通常1秒程度である。

**問題34　正解　1,3,5**

1　正しい。在宅において嚥下障害などが起こり、専門的対応が必要な場合、一般病床へ入院しリハビリテーションを行う方法もある。なお、病院で行われるリハビリテーションは、急性期リハビリテーションと回復期リハビリテーションである。
2　誤り。炊事・洗濯・掃除・買い物など、生活関連の応用動作を IADL（手段的日常生活動作）という。なお。QOL とは、「Quality of Life」の略で「生活の質」を表す言葉である。
3　正しい。選択肢にある通り、廃用症候群は不適切なケアによってつくられる。不適切なケアの例としては、歩くことができるにも関わらず、一日中車いすで移動することを続けてしまい、その結果、下肢筋力が低下し、歩くことができなくなってしまう、などが挙げられる。
4　誤り。左半側空間無視は、左半分を無視する障害である。
5　正しい。選択肢にある通り、早期の社会復帰を目指すリハビリテーションを回復期リハビリテーションという。一方、介護保険では、現状の状態をキープするためのリハビリテーション（維持期リハビリテーション）が実施される。

**問題35　正解　1,2,5**

1　正しい。選択肢にある通り、血管性認知症ではアパシーが見られる。アパシーとは、動機づけや感情の欠如、社会的関心の低下、行動の抑制などを特徴とする症状を指す。
2　正しい。若年性認知症は、個人差はあるものの、進行が比較的早いといわれている。若年性認知症の特徴としてはほかに、仕事や社会的な活動に影響が出ることが多い、家族への負担（経済的なものを含む）が大きい、などが挙げられる。
3　誤り。認知症では、転倒や歩行困難、摂食・嚥下障害、失禁などの身体症状を呈することがある。
4　誤り。MCI（軽度認知障害）は認知症になる前段階の状態で、認知機能の低下は見られるが、日常生活に支障が出るほどの障害ではない状態を指す。認知症予備軍とも呼ばれるが、認知症に移行するのは、「すべて」ではなく、一部の人である。
5　正しい。認知症疾患の多くは、大脳に病変が起こることで発症する。たとえば、アルツハイマー病では、神経細胞の死滅などが起こり、脳の縮小が進行していく。

**問題36　正解　2,4,5**

1　誤り。実行機能障害は、認知症の中核症状である。
2　正しい。収集は、認知症の行動・心理症状（BPSD）である。
3　誤り。言語障害は、認知症の中核症状である。
4　正しい。被害妄想は、認知症の行動・心理症状（BPSD）である。
5　正しい。抑うつは、認知症の行動・心理症状（BPSD）である。

**問題37　正解　1,3,4**

1　正しい。認知症ケアパスの作成・普及は、市町村が行うよう求められている。認知症ケアパスとは、認知症発症予防から人生の最終段階まで、認知症の容態に応じ、相談先や、いつ・どこで・どのような医療・介護サービスを受ければいいのかといった流れを、あらかじめ標準的に示したものである。
2　誤り。認知症疾患医療センターは、都道府県や政令指定都市に設置される。認知症疾患医療センターとは、認知症を専門に治療する医療機関である。

3 正しい。チームオレンジは、ステップアップ講座を受講した認知症サポーター等が支援チームをつくり、具体的な支援につなげるしくみである。認知症サポーターとは、認知症を持つ人やその家族、介護者を支援する人たちのことを指す。

4 正しい。認知症のケアにおいては、医療・介護サービス等の提供に関し、個々の資源の整備に関わる数値目標だけでなく、これらの施策のアウトカム（施策・事業の実施により発生する効果・成果）指標の在り方についても検討し、できる限り定量的評価（数値・数量での評価）を目指す。

5 誤り。認知症初期集中支援チームの多くは、地域包括支援センターに設置される。認知症初期集中支援チームとは、認知症の初期段階にある人々やその家族をサポートする専門家のチームで、医師、看護師、ソーシャルワーカー、リハビリテーションスタッフ、栄養士、認知症地域支援推進員などが含まれる。

## 問題 38　正解　4,5

1 誤り。インスリン注射は医療行為となるため、介護福祉士等は実施できない。介護福祉士または一定の研修を受けた介護職員が行うことができる医療的ケアは、喀痰吸引・経管栄養である。

2 誤り。悪性腫瘍疼痛管理で使用する医療用麻薬は副作用が出現する。医療用麻薬の副作用には、眠気、吐き気、便秘などがある。

3 誤り。胃ろうに用いられるチューブ型バンパーは交換しにくい。その反面、抜けにくいというメリットもある。

4 正しい。自発呼吸がない患者に対しては、気管切開を行い、侵襲的人工呼吸療法を行う。気管切開を行わず、口鼻マスクなどで行う人工呼吸療法を非侵襲的人工呼吸療法という。

5 正しい。選択肢にある通り、回腸ストーマからは液状の排泄物が排出される。大腸に形成されたストーマについては、形成部位によって便の性状が異なる。

## 問題 39　正解　1,2,5

1 正しい。肺炎球菌ワクチンの接種対象者は、満65歳以上の者、および60歳から65歳未満の者で、心臓、腎臓、呼吸器の機能に自己の身辺の日常生活活動が極度に制限される程度の障害や、ヒト免疫不全ウイルスにより日常生活がほとんど不可能な程度の障害がある人が対象となる。

2 正しい。高齢者介護施設での集団感染例としては、MRSAなどの薬剤耐性菌による感染症が挙げられる。MRSAはメチシリン耐性黄色ブドウ球菌を指し、抗生物質メチシリンに対する薬剤耐性を獲得した黄色ブドウ球菌である。

3 誤り。インフルエンザは飛沫感染である。

4 誤り。嘔吐物処理は再感染を防ぐため、撥水性（水をはじく性質があること）で使い捨てのものが望ましいとされている。

5 正しい。選択肢にある通り、C型肝炎は、血液を媒介して感染する。なお、A型肝炎は経口感染であり、B型肝炎はC型肝炎同様、血液感染となる。

## 問題 40　正解　1,3,5

1 正しい。選択肢にある通り、訪問看護はリハビリテーションを行う。訪問看護の業務としてはほかに、病状の観察と情報収集、療養上の世話、診療の補助、精神的支援、家族支援、療養指導、在宅での看取りの支援などがある。

2 誤り。特別訪問看護指示書の有効期間は14日間である。一方、通常の訪問看護指示書の有効期間は最大6ヵ月である。

3 正しい。看護師は、訪問看護ステーションの管理者に従事することができる。訪問看護ステーションの管理者はほかに、保健師が従事することができる。

4 誤り。訪問看護を利用するためには、医師の指示書が必要となる。

5 正しい。選択肢にある通り、訪問看護では、同居家族に対するサービス提供を行ってはならない。

模擬試験1回目

模擬試験2回目

模擬試験3回目

模擬試験1回目・解答&解説

模擬試験2回目・解答&解説

模擬試験3回目・解答&解説

索引

**問題41　正解　3,4,5**

1　誤り。リハビリテーションの分類としては、医療保険では急性期、回復期リハビリテーションを、介護保険では維持期リハビリテーションを実施することとなっている。

2　誤り。訪問リハビリテーションについては、介護老人福祉施設は実施することができない。訪問リハビリテーションを実施することができるのは、病院、診療所、介護老人保健施設、介護医療院に限られている。

3　正しい。訪問リハビリテーションでは、福祉用具の利用方法などについて、本人または家族に直接指導を行うことができ、これが訪問リハビリテーションを利用する大きなメリットとなる。

4　正しい。訪問リハビリテーション事業所には、理学療法士・作業療法士・言語聴覚士などを配置しなければならないが、それらは非常勤でも可とされている。ただし、医師は常勤の者を配置しなければならない。

5　正しい。訪問リハビリテーションで目指すことの1つは、介護負担軽減である。訪問リハビリテーションのそのほかの業務内容には、廃用症候群の予防と改善、基本的動作能力の維持回復、ADL（日常生活動作）とIADL（手段的日常生活動作）の維持回復、対人交流や社会参加の維持拡大、訪問介護事業所等に対する自立支援技術の助言・指導などがある。

**問題42　正解　1,3,4**

1　正しい。選択肢にある通り、居宅療養管理指導は薬局が実施することがある。薬局は居宅療養管理指導を実施するにあたり、みなし指定として実施することができる。

2　誤り。居宅療養管理指導は、栄養士が実施することはできない。居宅を訪問し、栄養管理に関する情報提供や指導・助言を行うことができるのは、管理栄養士である。

3　正しい。歯科衛生士が、訪問歯科診療を行った歯科医師の指示に基づき、管理指導計画を作成し、居宅を訪問して口腔ケアあるいは摂食・嚥下機能に関する実地指導を行う。

4　正しい。居宅療法管理指導では、選択肢にある通り、利用者の同意を得て、介護支援サービスを提供する介護支援専門員に必ず情報提供を行う。情報提供は原則としてサービス担当者会議に参加することによって行うものとされている。

5　誤り。口腔や歯の問題を持つ利用者に対しての助言や指導は、歯科医師や歯科衛生士だけでなく、看護師や保健師、准看護師によって行われることもある。

**問題43　正解　1,2,5**

1　正しい。通所リハビリテーションでは、事業所における感染症の予防およびまん延の防止のための対策を検討する委員会（感染対策委員会）を実施する場合、テレビ電話装置等を活用することができる。

2　正しい。選択肢にある通り、通所リハビリテーションは、社会交流の機会の増加を目的とする。それ以外の通所リハビリテーションの目的としては、心身の機能の維持回復、認知症の症状の軽減と落ち着きある日常生活の回復、ADL（日常生活動作）やIADL（手段的日常生活動作）の維持回復、コミュニケーション能力や社会関係能力の維持回復などがある。

3　誤り。通所リハビリテーションの対象者は要介護1以上の者となっている。

4　誤り。通所リハビリテーションに配置する医師は常勤でなければならない。

5　正しい。通所リハビリテーションの対象者として若年性認知症利用者も含まれている。通所リハビリテーションの利用者としてはほかに、脳血管障害やパーキンソン病、関節リウマチなどで身体機能に障害がある人、認知症の行動・心理症状（BPSD）があり、理解力や判断力が低下している認知症の人、ADLやIADLの維持回復を図りたい人、閉じこもりがちで社会交流の機会の乏しい人などが想定される。

**問題44　正解　3,5**

1　誤り。介護老人福祉施設では、短期入所生活介護を行う。

2　誤り。短期入所療養介護には、介護負担軽減という目的もあり、そうしたニーズを持つ介護者も利用者に含まれる。それ以外の短期入所療養介護の利用者としては、医学的なニーズをもった利用者、リハビリテーションに対するニーズをもった利用者などが挙げられる。

3 正しい。短期入所療養介護は空床利用型（空きベッドを利用する方法）で実施されるため、定員を定める必要はない。

4 誤り。短期入所療養介護の利用者としては、医学的なニーズをもった利用者が挙げられるため、気管切開を行っている要介護者も利用することは可能である。

5 正しい。短期入所療養介護計画は、おおむね4日以上利用する者に対して作成すればよいため、すべての利用者に短期入所療養介護計画を作成する必要はない。

### 問題45　正解　2,4,5

1 誤り。病院・診療所に併設されている小規模な介護老人保健施設を、医療機関併設型小規模介護老人保健施設という。サテライト型介護老人保健施設は、医療機関に併設されていない小規模介護老人保健施設である。

2 正しい。選択肢にある通り、介護老人保健施設には、支援相談員を配置しなければならない。生活相談員と混同しないよう、注意が必要である。

3 誤り。介護老人保健施設においては、記録を完結の日から2年間保存しなければならない。このルールはほかの事業者・施設も同様である。

4 正しい。介護老人保健施設では、非常災害対策の訓練の実施にあたっては、地域住民の参加が得られるよう連携に努めなければならない。

5 正しい。介護老人保健施設では、定期的にモニタリングを行わなければならない。ただし、介護保険施設のモニタリングについて具体的な期間は定められていない。

## 福祉サービスの知識等

### 問題46　正解　1,3,4

1 正しい。特別養護老人ホームの入所者に対して実施するレクリエーション活動は、集団に対するソーシャルワークである。

2 誤り。医療ソーシャルワーカーによる入院患者に対する面接は、個人・家族に対するソーシャルワークである。

3 正しい。認知症カフェで行われるプログラム活動は、集団に対するソーシャルワークである。

4 正しい。地域包括支援センターが実施する家族介護者の会での活動は、集団に対するソーシャルワークである。

5 誤り。一人暮らし高齢者に対する見守りボランティア団体の組織化は、地域に対するソーシャルワークである。

本試験では、満点を取る必要はありません。
自分の得意分野を伸ばし、まずは各模試で
8割を取ることを目標にしましょう

模擬試験1回目

模擬試験2回目

模擬試験3回目

模擬試験1回目・解答&解説

模擬試験2回目・解答&解説

模擬試験3回目・解答&解説

索引

**正解** 1,2,4

1 正しい。選択肢にある通り、NPO法人が行う地域住民とともに行う地域開発は、地域に対するソーシャルワークである。
2 正しい。選択肢にある通り、社会福祉協議会による地域住民のための認知症サポーター養成講座は、地域に対するソーシャルワークである。
3 誤り。メンバーから希望があった旅行について、グループで計画することは、集団に対するソーシャルワークである。
4 正しい。選択肢にある通り、地域で生活している高齢者から講話をしてもらうなどの世代間交流は、地域に対するソーシャルワークである。
5 誤り。認知症高齢者を介護する家族の集まりにおいて行う介護方法等に関するグループ活動は、集団に対するソーシャルワークである。

**問題48** **正解** 2,3,5

1 誤り。訪問介護事業所において、訪問介護計画書を作成するのはサービス提供責任者である。
2 正しい。訪問介護計画の作成にあたっては、その内容について利用者、またはその家族に対して説明し、利用者の同意を得なければならない。
3 正しい。訪問介護事業所の管理者は、訪問介護員等に身分を証する書類を携行させ、初回訪問時および利用者またはその家族から求められたときは、これを提示すべき旨を指導しなければならない。
4 誤り。訪問介護事業所の管理者は、特段の資格は必要ない。
5 正しい。訪問介護事業所の管理者は、常勤専従で1人配置しなければならないが、管理上支障がなければ、事業所のほかの職務に従事することができる。

**問題49** **正解** 3,4

1 誤り。通所介護事業所の定員は19人以上である。なお、市町村長が指定する地域密着型通所介護は、定員が19人未満である。
2 誤り。通所介護事業所への栄養士の配置は不要である。
3 正しい。選択肢にある通り、通所介護事業所の管理者は、通所介護計画を作成しなければならない。また、管理者には特段の資格は不要だが、常勤専従で1人以上配置する必要がある。
4 正しい。通所介護事業所では、災害等やむを得ない場合を除き、定員を超えて、サービス提供を行ってはならない。なお、この規定については、ほかの事業者・施設でも共通である。
5 誤り。通所介護では、おむつ代は保険給付の対象外である。おむつ代が保険給付の対象となるのは、介護保険施設、地域密着型介護老人福祉施設入所者生活介護、短期入所生活介護、短期入所療養介護である。

**問題50** **正解** 1,2,3

1 正しい。選択肢にある通り、短期入所生活介護には、機能訓練指導員を配置しなければならない。機能訓練指導員の職種は、理学療法士、作業療法士、言語聴覚士、看護職員、柔道整復師、あん摩マッサージ指圧師、はり師またはきゅう師の資格を有する者である。
2 正しい。短期入所生活介護では、適宜必要に応じてレクリエーション行事を行い、サービスは漫然かつ画一的なものとならないように配慮する。
3 正しい。短期入所生活介護事業所には、医師を1人以上配置しなければならない。この医師は併設型の場合、本体施設に勤務の者が兼務することが可能である。
4 誤り。短期入所生活介護では、利用者の心身の状態や家族などの事情等から送迎が必要と認められた利用者に送迎を行った場合、送迎加算がされる。
5 誤り。短期入所生活介護計画は管理者が作成する。なお、事業所に介護支援専門員の資格を有する者がいる場合は、その者に短期入所生活介護のとりまとめを行わせることが望ましいという規定はあるが、短期入所生活介護事業所に介護支援専門員の配置義務はない。

**問題51** **正解** 2,4

1 誤り。認知症対応型共同生活介護では、運営推進会議をおおむね2ヵ月に1回以上開催しなけれ

ばならない。

2　正しい。認知症対応型共同生活介護の1ユニットの定員は<u>5人以上9人以下</u>で設定しなければならない。

3　誤り。要支援2の者は、介護予防認知症対応型共同生活介護として入居することが<u>できる</u>。

4　正しい。認知症対応型共同生活介護において、サテライト事業所の共同生活住居の数は<u>1</u>または<u>2</u>となる。

5　誤り。認知症対応型共同生活介護の代表者は、認知症ケアに<u>従事</u>、もしくは保健医療・福祉サービスの<u>経営経験</u>がある者で、<u>厚生労働大臣が定める研修</u>を修了している者でなければならない。

**問題 52　正解　2,4,5**

1　誤り。特殊寝台については、床板の高さが無段階に調整できる機能がつくものは、<u>給付対象</u>となる。特殊寝台とはいわゆる<u>介護ベッド</u>のことを指す。

2　正しい。選択肢にある通り、排泄予測支援に関する機器は、特定福祉用具<u>販売</u>の対象となる。排泄予測支援機器とは、利用者が<u>常時</u>装着した上で、膀胱内の状態を感知し、<u>尿量</u>を推定するものであって、一定の量に達したと推定された際に、排尿の機会を居宅要介護者等またはその介護を行う者に自動で通知するものである。

3　誤り。松葉杖は、歩行補助つえとして、<u>給付対象</u>となる。なお、歩行補助杖の中でも、<u>ロフストランドクラッチ</u>や<u>多点杖</u>などは給付対象になる一方、<u>T字杖</u>などは安価であるが対象外であるため、注意が必要である。

4　正しい。工事を伴う手すりの据え付けは、福祉用具貸与ではなく<u>住宅改修</u>として保険給付の対象となる。福祉用具貸与としては、工事を<u>伴わない</u>手すり（置き手すりなど）が対象となる。

5　正しい。選択肢にある通り、背もたれや座面の<u>角度が変化</u>するタイプの車いすも給付対象となる。そのほか、<u>電動</u>車いすや、足が上がる<u>ティルト</u>機能がついている車いすも対象となる。

**問題 53　正解　1,4**

1　正しい。住宅改修が必要な理由書については、基本的に<u>介護支援専門</u>員等が作成するが、市町村が行う福祉用具・住宅改修支援事業等として、住宅改修についての相談助言等を行っている<u>福祉、保健、医療</u>または<u>建築家</u>の専門家も作成することができる。

2　誤り。介護保険の住宅改修では、洋式便器等への<u>便器の取り替え</u>が給付対象となるだけでなく、洋式便器の<u>位置</u>の変更、<u>向き</u>の変更も給付対象となる。

3　誤り。昇降機や段差解消機など、<u>動力</u>によって段差を解消する機器を設置する工事は、給付の<u>対象外</u>となる。

4　正しい。住宅改修の項目である引き戸等への取り替えについては、基本的に取り替えが原則であるが、引き戸などの<u>新設</u>が、扉位置の変更などに比べて<u>費用が安い</u>場合は、引き戸等の<u>新設</u>は「引き戸等への扉の取り替え」に含まれ、<u>給付対象</u>となる。

5　誤り。便器の取り替えに伴い発生する水洗化の費用は、バリアフリーと関係ない工事であるため、給付<u>対象外</u>である。

**問題 54　正解　3,4,5**

1　誤り。社会福祉士は、夜間対応型訪問介護事業のオペレーターに従事することが<u>できる</u>。オペレーターに従事できる職種は、社会福祉士のほか、<u>看護師</u>、<u>介護福祉士</u>、<u>医師</u>、<u>保健師</u>、<u>准看護師</u>、<u>介護支援専門員</u>である。

2　誤り。認知症対応型通所介護事業所には、<u>機能訓練指導員</u>を配置<u>しなければならない</u>。なお、<u>機能訓練指導員</u>は、ほかの職種と兼務することができる。

3　正しい。認知症対応型通所介護の単独型・併設型の定員は<u>12</u>人以下である。

4　正しい。認知症対応型共同生活介護事業所に設けることができる共同生活住居は<u>1以上3以下</u>である。なお、1つの共同生活住居の入居定員は<u>5〜9</u>人であり、居室1室あたりの定員は<u>1</u>人である。ただし、利用者の処遇上必要と認められる場合は、<u>2</u>人も可能である。

5　正しい。選択肢にある通り、小規模多機能型居宅介護における<u>管理者</u>は、<u>3</u>年以上認知症である者の介護に従事した経験を有し、<u>認知症対応型サービス事業管理者</u>研修を修了した者に限られる。

模擬試験1回目

模擬試験2回目

模擬試験3回目

模擬試験1回目・解答&解説

模擬試験2回目・解答&解説

模擬試験3回目・解答&解説

索引

**正解** <u>1,5</u>

1 正しい。介護予防認知症対応型共同生活介護は、要支援<u>2</u>の者のみ利用することができ、要支援<u>1</u>の者は利用<u>できない</u>。
2 誤り。小規模多機能型居宅介護に登録している利用者は、<u>訪問看護</u>にかかる費用の額は算定<u>できる</u>。そのほかに小規模多機能型居宅介護の利用者が算定できる居宅サービスは、<u>訪問リハビリテーション</u>、<u>居宅療養管理指導</u>、<u>福祉用具貸与</u>である（<u>特定福祉用具販売</u>、<u>住宅改修</u>も利用可能である）。
3 誤り。小規模多機能型居宅介護事業者は、おおむね<u>2ヵ月</u>に1回以上、介護・医療連携推進会議ではなく、<u>運営推進会議</u>を開催しなければならない。介護・医療連携推進会議は、<u>定期巡回・随時対応型訪問介護看護</u>で開催される。
4 誤り。地域密着型特定施設入居者生活介護は、支給限度基準額が設定<u>されていない</u>サービスである。
5 正しい。選択肢にある通り、地域密着型介護老人福祉施設入所者生活介護は、<u>在宅復帰の支援</u>を行う。なお、地域密着型介護老人福祉施設入所者生活介護とは、定員<u>29</u>人以下の特別養護老人ホームである。

**正解** <u>2,3,5</u>

1 誤り。指定介護老人福祉施設に配置する医師は、<u>非常勤</u>でも可とされている。
2 正しい。選択肢にある通り、指定介護老人福祉施設は、「身体上又は精神上著しい障害があるため、常時の介護を必要とし、かつ、居宅においてこれを受ける者が困難な者」が利用<u>できる</u>。入所の対象は、原則、要介護<u>3</u>以上であるが、要介護<u>1</u>または<u>2</u>の者も<u>特例</u>入所として入所が認められることがある。
3 正しい。選択肢にある通り、指定介護老人福祉施設の入所定員は、30人以上となっている。ちなみに、定員が<u>29</u>人以下である場合は、<u>市町村長</u>が指定する<u>地域密着型介護老人福祉施設入所者生活介護</u>となる。
4 誤り。指定介護老人福祉施設は、事業の運営にあたり、地域住民またはその自発的な活動等（ボランティア団体等）との<u>連携</u>および<u>協力</u>を行うなどの地域との交流を図る必要がある。
5 正しい。指定介護老人福祉施設は、<u>地方公共団体</u>および<u>社会福祉法人</u>が指定を受けることができる。

**正解** <u>1,4,5</u>

1 正しい。生活保護は、要保護者、その扶養義務者またはその他の同居の親族の<u>申請</u>にもとづいて開始される。ただし、要保護者が急迫した状況にあるときは、保護の申請がなくても、必要な保護を行うことができる。
2 誤り。生活保護は、原則、<u>世帯</u>単位で保護の要否や程度が定められる。ただし、これに拠りがたい場合は、<u>個人</u>を単位にすることができる。
3 誤り。保護の実施機関は、<u>都道府県知事</u>、<u>市長</u>および福祉事務所を管理する<u>町村長</u>である。
4 正しい。生活保護法において保障される最低限度の生活とは、<u>健康</u>で<u>文化</u>的な生活水準を維持することができるものでなければならない、とされている。
5 正しい。<u>補足性</u>の原理とは、その利用し得る資産、能力その他あらゆるものを、その最低限度の生活の維持のために活用することを要件として行われ、かつ民法に定める扶養義務者の扶養およびほかの法律に定める扶助は、すべてこの法律による保護に<u>優先</u>して行われるものとすることを指す。

**正解** <u>3,4</u>

1 誤り。高齢者虐待防止法に定められる養護者とは、同居家族だけではなく、<u>別居</u>家族も含まれる。
2 誤り。地域包括支援センターは、<u>養介護施設</u>として定められているため、地域包括支援センターにおける虐待は、高齢者虐待となる。
3 正しい。選択肢にある通り、緊急やむを得ない場合を除いて、<u>身体拘束</u>は原則として高齢者虐待に該当する行為となる。身体拘束における緊急やむを得ない場合とは、<u>切迫性</u>・<u>非代替性</u>・<u>一時性</u>のすべてを満たす場合である。
4 正しい。高齢者虐待防止法では高齢者を<u>65</u>歳以上の者と規定している。
5 誤り。立入調査を実施するのは<u>市町村</u>職員に限定されているため、民営の地域包括支援センターに委託することはできない。

模擬試験1回目

模擬試験2回目

模擬試験3回目

模擬試験1回目・解答&解説

模擬試験2回目・解答&解説

模擬試験3回目・解答&解説

索引

**問題 59** 正解 **2,4,5**

1　誤り。法定後見制度は、対象者の判断能力が<u>不十分になってから</u>家庭裁判所へ申立を行い、家庭裁判所によって成年後見人等が選任されるものである。

2　正しい。任意後見契約は、法務省令で定める様式の<u>公正証書</u>によってしなければならず、<u>公正証書以外の契約は一切認められない</u>。

3　誤り。任意後見監督人が選任される<u>前</u>であっても、任意後見契約を解除することが可能<u>である</u>。

4　正しい。任意後見監督人は、<u>本人</u>、<u>配偶者</u>、<u>直系血族</u>、<u>兄弟姉妹</u>はなることができ<u>ない</u>。

5　正しい。成年後見人は、<u>代理権</u>を有するため、本人の財産に関する法律行為を本人に代わって行うことができる。

**問題 60** 正解 **3,4,5**

1　誤り。後期高齢者医療制度の患者負担は、所得に応じて、<u>1割</u>・<u>2割</u>・<u>3割</u>となっている。

2　誤り。後期高齢者医療制度の運営主体は、都道府県ごとに、すべての<u>市町村</u>が加入して設立された<u>後期高齢者医療広域連合</u>である。ただし、保険料の徴収や管理などの事務は<u>市町村</u>が行う。

3　正しい。選択肢にある通り、個人情報保護法における個人情報には、<u>個人識別符号</u>が含まれる。個人識別符号とは、その情報だけでも特定の個人を識別できる文字、番号、記号、符号等であり、生体認証を変換した符号（<u>顔</u>・<u>DNA</u>・<u>声紋</u>など）や公的な番号（<u>マイナンバー</u>・<u>保険証番号</u>・<u>パスポート番号</u>など）を指す。

4　正しい。選択肢にある通り、個人情報保護法では、あらかじめ本人の<u>同意</u>を得ず、個人データを第三者に提供してはならないとされている。ただし、<u>法令</u>にもとづく場合などの例外はある。

5　正しい。選択肢にある通り、個人情報保護法において、要配慮個人情報に<u>病歴</u>が含まれる。要配慮個人情報としてはほかに、<u>人種</u>、<u>信条</u>、<u>社会的身分</u>、<u>犯罪の経歴</u>、<u>犯罪によって害を被った事実</u>、<u>障害があること</u>、<u>健康診断の結果</u>などがある。

> 3回目の模擬試験、お疲れさまでした。手ごたえはいかがでしたか？　最初からすべてを解けなくても大丈夫です。焦らずに1つひとつ理解を深めていきましょう

# 模擬試験1回目・解答用紙

## 介護支援分野

| 問題番号 | 解答欄 |
|---|---|
| 問題 1 | ① ② ③ ④ ⑤ |
| 問題 2 | ① ② ③ ④ ⑤ |
| 問題 3 | ① ② ③ ④ ⑤ |
| 問題 4 | ① ② ③ ④ ⑤ |
| 問題 5 | ① ② ③ ④ ⑤ |
| 問題 6 | ① ② ③ ④ ⑤ |
| 問題 7 | ① ② ③ ④ ⑤ |
| 問題 8 | ① ② ③ ④ ⑤ |
| 問題 9 | ① ② ③ ④ ⑤ |
| 問題 10 | ① ② ③ ④ ⑤ |
| 問題 11 | ① ② ③ ④ ⑤ |
| 問題 12 | ① ② ③ ④ ⑤ |
| 問題 13 | ① ② ③ ④ ⑤ |
| 問題 14 | ① ② ③ ④ ⑤ |
| 問題 15 | ① ② ③ ④ ⑤ |
| 問題 16 | ① ② ③ ④ ⑤ |
| 問題 17 | ① ② ③ ④ ⑤ |
| 問題 18 | ① ② ③ ④ ⑤ |
| 問題 19 | ① ② ③ ④ ⑤ |
| 問題 20 | ① ② ③ ④ ⑤ |
| 問題 21 | ① ② ③ ④ ⑤ |
| 問題 22 | ① ② ③ ④ ⑤ |
| 問題 23 | ① ② ③ ④ ⑤ |
| 問題 24 | ① ② ③ ④ ⑤ |
| 問題 25 | ① ② ③ ④ ⑤ |

## 保健医療サービスの知識等

| 問題番号 | 解答欄 |
|---|---|
| 問題 26 | ① ② ③ ④ ⑤ |
| 問題 27 | ① ② ③ ④ ⑤ |
| 問題 28 | ① ② ③ ④ ⑤ |
| 問題 29 | ① ② ③ ④ ⑤ |
| 問題 30 | ① ② ③ ④ ⑤ |
| 問題 31 | ① ② ③ ④ ⑤ |
| 問題 32 | ① ② ③ ④ ⑤ |
| 問題 33 | ① ② ③ ④ ⑤ |
| 問題 34 | ① ② ③ ④ ⑤ |
| 問題 35 | ① ② ③ ④ ⑤ |
| 問題 36 | ① ② ③ ④ ⑤ |
| 問題 37 | ① ② ③ ④ ⑤ |
| 問題 38 | ① ② ③ ④ ⑤ |
| 問題 39 | ① ② ③ ④ ⑤ |
| 問題 40 | ① ② ③ ④ ⑤ |
| 問題 41 | ① ② ③ ④ ⑤ |
| 問題 42 | ① ② ③ ④ ⑤ |
| 問題 43 | ① ② ③ ④ ⑤ |
| 問題 44 | ① ② ③ ④ ⑤ |
| 問題 45 | ① ② ③ ④ ⑤ |

## 福祉サービスの知識等

| 問題番号 | 解答欄 |
|---|---|
| 問題 46 | ① ② ③ ④ ⑤ |
| 問題 47 | ① ② ③ ④ ⑤ |
| 問題 48 | ① ② ③ ④ ⑤ |
| 問題 49 | ① ② ③ ④ ⑤ |
| 問題 50 | ① ② ③ ④ ⑤ |
| 問題 51 | ① ② ③ ④ ⑤ |
| 問題 52 | ① ② ③ ④ ⑤ |
| 問題 53 | ① ② ③ ④ ⑤ |
| 問題 54 | ① ② ③ ④ ⑤ |
| 問題 55 | ① ② ③ ④ ⑤ |
| 問題 56 | ① ② ③ ④ ⑤ |
| 問題 57 | ① ② ③ ④ ⑤ |
| 問題 58 | ① ② ③ ④ ⑤ |
| 問題 59 | ① ② ③ ④ ⑤ |
| 問題 60 | ① ② ③ ④ ⑤ |

キリトリ線

解答用紙
ダウンロード
URL：https://www.kadokawa.co.jp/
product/322206000162/

| 介護支援分野 | 保健医療サービスの知識等 | 福祉サービスの知識等 |
|---|---|---|
| /25 | /20 | /15 |

# 模擬試験2回目・解答用紙

| 介護支援分野 | 解答欄 |
|---|---|
| 問題 1 | ① ② ③ ④ ⑤ |
| 問題 2 | ① ② ③ ④ ⑤ |
| 問題 3 | ① ② ③ ④ ⑤ |
| 問題 4 | ① ② ③ ④ ⑤ |
| 問題 5 | ① ② ③ ④ ⑤ |
| 問題 6 | ① ② ③ ④ ⑤ |
| 問題 7 | ① ② ③ ④ ⑤ |
| 問題 8 | ① ② ③ ④ ⑤ |
| 問題 9 | ① ② ③ ④ ⑤ |
| 問題 10 | ① ② ③ ④ ⑤ |
| 問題 11 | ① ② ③ ④ ⑤ |
| 問題 12 | ① ② ③ ④ ⑤ |
| 問題 13 | ① ② ③ ④ ⑤ |
| 問題 14 | ① ② ③ ④ ⑤ |
| 問題 15 | ① ② ③ ④ ⑤ |
| 問題 16 | ① ② ③ ④ ⑤ |
| 問題 17 | ① ② ③ ④ ⑤ |
| 問題 18 | ① ② ③ ④ ⑤ |
| 問題 19 | ① ② ③ ④ ⑤ |
| 問題 20 | ① ② ③ ④ ⑤ |
| 問題 21 | ① ② ③ ④ ⑤ |
| 問題 22 | ① ② ③ ④ ⑤ |
| 問題 23 | ① ② ③ ④ ⑤ |
| 問題 24 | ① ② ③ ④ ⑤ |
| 問題 25 | ① ② ③ ④ ⑤ |

| 保健医療サービスの知識等 | 解答欄 |
|---|---|
| 問題 26 | ① ② ③ ④ ⑤ |
| 問題 27 | ① ② ③ ④ ⑤ |
| 問題 28 | ① ② ③ ④ ⑤ |
| 問題 29 | ① ② ③ ④ ⑤ |
| 問題 30 | ① ② ③ ④ ⑤ |
| 問題 31 | ① ② ③ ④ ⑤ |
| 問題 32 | ① ② ③ ④ ⑤ |
| 問題 33 | ① ② ③ ④ ⑤ |
| 問題 34 | ① ② ③ ④ ⑤ |
| 問題 35 | ① ② ③ ④ ⑤ |
| 問題 36 | ① ② ③ ④ ⑤ |
| 問題 37 | ① ② ③ ④ ⑤ |
| 問題 38 | ① ② ③ ④ ⑤ |
| 問題 39 | ① ② ③ ④ ⑤ |
| 問題 40 | ① ② ③ ④ ⑤ |
| 問題 41 | ① ② ③ ④ ⑤ |
| 問題 42 | ① ② ③ ④ ⑤ |
| 問題 43 | ① ② ③ ④ ⑤ |
| 問題 44 | ① ② ③ ④ ⑤ |
| 問題 45 | ① ② ③ ④ ⑤ |

| 福祉サービスの知識等 | 解答欄 |
|---|---|
| 問題 46 | ① ② ③ ④ ⑤ |
| 問題 47 | ① ② ③ ④ ⑤ |
| 問題 48 | ① ② ③ ④ ⑤ |
| 問題 49 | ① ② ③ ④ ⑤ |
| 問題 50 | ① ② ③ ④ ⑤ |
| 問題 51 | ① ② ③ ④ ⑤ |
| 問題 52 | ① ② ③ ④ ⑤ |
| 問題 53 | ① ② ③ ④ ⑤ |
| 問題 54 | ① ② ③ ④ ⑤ |
| 問題 55 | ① ② ③ ④ ⑤ |
| 問題 56 | ① ② ③ ④ ⑤ |
| 問題 57 | ① ② ③ ④ ⑤ |
| 問題 58 | ① ② ③ ④ ⑤ |
| 問題 59 | ① ② ③ ④ ⑤ |
| 問題 60 | ① ② ③ ④ ⑤ |

キリトリ線

解答用紙
ダウンロード
URL：https://www.kadokawa.co.jp/
product/322206000162/

| 介護支援分野 | 保健医療サービスの知識等 | 福祉サービスの知識等 |
|---|---|---|
| /25 | /20 | /15 |

# 模擬試験3回目・解答用紙

## 介護支援分野

| 問題番号 | 解答欄 |
|---|---|
| 問題 1 | ① ② ③ ④ ⑤ |
| 問題 2 | ① ② ③ ④ ⑤ |
| 問題 3 | ① ② ③ ④ ⑤ |
| 問題 4 | ① ② ③ ④ ⑤ |
| 問題 5 | ① ② ③ ④ ⑤ |
| 問題 6 | ① ② ③ ④ ⑤ |
| 問題 7 | ① ② ③ ④ ⑤ |
| 問題 8 | ① ② ③ ④ ⑤ |
| 問題 9 | ① ② ③ ④ ⑤ |
| 問題 10 | ① ② ③ ④ ⑤ |
| 問題 11 | ① ② ③ ④ ⑤ |
| 問題 12 | ① ② ③ ④ ⑤ |
| 問題 13 | ① ② ③ ④ ⑤ |
| 問題 14 | ① ② ③ ④ ⑤ |
| 問題 15 | ① ② ③ ④ ⑤ |
| 問題 16 | ① ② ③ ④ ⑤ |
| 問題 17 | ① ② ③ ④ ⑤ |
| 問題 18 | ① ② ③ ④ ⑤ |
| 問題 19 | ① ② ③ ④ ⑤ |
| 問題 20 | ① ② ③ ④ ⑤ |
| 問題 21 | ① ② ③ ④ ⑤ |
| 問題 22 | ① ② ③ ④ ⑤ |
| 問題 23 | ① ② ③ ④ ⑤ |
| 問題 24 | ① ② ③ ④ ⑤ |
| 問題 25 | ① ② ③ ④ ⑤ |

## 保健医療サービスの知識等

| 問題番号 | 解答欄 |
|---|---|
| 問題 26 | ① ② ③ ④ ⑤ |
| 問題 27 | ① ② ③ ④ ⑤ |
| 問題 28 | ① ② ③ ④ ⑤ |
| 問題 29 | ① ② ③ ④ ⑤ |
| 問題 30 | ① ② ③ ④ ⑤ |
| 問題 31 | ① ② ③ ④ ⑤ |
| 問題 32 | ① ② ③ ④ ⑤ |
| 問題 33 | ① ② ③ ④ ⑤ |
| 問題 34 | ① ② ③ ④ ⑤ |
| 問題 35 | ① ② ③ ④ ⑤ |
| 問題 36 | ① ② ③ ④ ⑤ |
| 問題 37 | ① ② ③ ④ ⑤ |
| 問題 38 | ① ② ③ ④ ⑤ |
| 問題 39 | ① ② ③ ④ ⑤ |
| 問題 40 | ① ② ③ ④ ⑤ |
| 問題 41 | ① ② ③ ④ ⑤ |
| 問題 42 | ① ② ③ ④ ⑤ |
| 問題 43 | ① ② ③ ④ ⑤ |
| 問題 44 | ① ② ③ ④ ⑤ |
| 問題 45 | ① ② ③ ④ ⑤ |

## 福祉サービスの知識等

| 問題番号 | 解答欄 |
|---|---|
| 問題 46 | ① ② ③ ④ ⑤ |
| 問題 47 | ① ② ③ ④ ⑤ |
| 問題 48 | ① ② ③ ④ ⑤ |
| 問題 49 | ① ② ③ ④ ⑤ |
| 問題 50 | ① ② ③ ④ ⑤ |
| 問題 51 | ① ② ③ ④ ⑤ |
| 問題 52 | ① ② ③ ④ ⑤ |
| 問題 53 | ① ② ③ ④ ⑤ |
| 問題 54 | ① ② ③ ④ ⑤ |
| 問題 55 | ① ② ③ ④ ⑤ |
| 問題 56 | ① ② ③ ④ ⑤ |
| 問題 57 | ① ② ③ ④ ⑤ |
| 問題 58 | ① ② ③ ④ ⑤ |
| 問題 59 | ① ② ③ ④ ⑤ |
| 問題 60 | ① ② ③ ④ ⑤ |

キリトリ線

解答用紙
ダウンロード
URL：https://www.kadokawa.co.jp/
product/322206000162/

| 介護支援分野 | 保健医療サービスの知識等 | 福祉サービスの知識等 |
|---|---|---|
| /25 | /20 | /15 |

# 索引

模擬試験1回目

模擬試験2回目

模擬試験3回目

模擬試験1回目・解答&解説

模擬試験2回目・解答&解説

模擬試験3回目・解答&解説

索引

模擬試験1回目

模擬試験2回目

模擬試験3回目

模擬試験1回目・解答&解説

模擬試験2回目・解答&解説

模擬試験3回目・解答&解説

索引

馬淵 敦士（まぶち あつし）

かいごのがっこう ベストウェイケアアカデミー学校長。株式会社ベストウェイ代表取締役社長。近畿大学非常勤講師。小学校教諭専修免許状・特別支援学校教諭専修免許状・介護支援専門員・介護福祉士・社会福祉士・公認心理師。修士（教育学）・奈良教育大学大学院教育学研究科修了。

大学在学中より障がい者のホームヘルパー・ガイドヘルパーに従事し、卒業後、NPO法人CIL豊中に入職。法人設立時より理事に就任し、サービス提供責任者や管理者に従事する。専門的福祉教育の充実化を目指し、2007年1月、株式会社ベストウェイを設立。代表取締役に就任。大阪府豊中市を中心に、「かいごのがっこう ベストウェイケアアカデミー」を設置し、介護人材の育成を行っている。介護系受験対策に精通し、介護福祉士・ケアマネジャー受験対策講座を各地で開催し、全国合格率を大幅に上回る実績を残している。主な著書に『ゼロからスタート！馬淵敦士のケアマネ1冊目の教科書』『ゼロからスタート！馬淵敦士の介護福祉士1冊目の教科書』（以上、KADOKAWA）がある。

この1冊で合格！　馬淵敦士のケアマネ テキスト&問題集

2023年11月10日　初版発行
2024年 6月20日　 3版発行

著者／馬淵 敦士

発行者／山下 直久

発行／株式会社KADOKAWA
〒102-8177　東京都千代田区富士見2-13-3
電話　0570-002-301（ナビダイヤル）

印刷所／株式会社加藤文明社印刷所
製本所／株式会社加藤文明社印刷所